考古学专刊
甲种第三十八号

王仲殊文集
第3卷
——古代中国与日本等东亚诸国的关系

王仲殊 著

中国社会科学院考古研究所 编辑
社会科学文献出版社 出版

A Collection of Wang Zhongshu's Works

Vol. III
Cultural Relationships between Ancient
China and Eastern Asian Countries

Wang Zhongshu

内 容 简 介

本文集收录中国社会科学院考古研究所学者王仲殊先生 70 余篇学术论文以及田野考古调查发掘报告。文集分 4 卷，各卷题目依次为"考古学通论及中国考古学的若干课题"、"中日两国古代铜镜及都城形制的比较研究"、"古代中国与日本等东亚诸国的关系"和"中国古代遗址、墓葬的调查发掘"。王仲殊先生始终强调考古调查发掘工作必须与历史文献记载相结合，中国考古学研究应该与世界考古学接轨。他的治学方针和研究成果在本文集中得到充分的显示与有力的见证。

本书可供考古学者、历史学者和文物、博物馆部门的研究人员阅读、参考。

目　　录

古代的中日关系

——从志贺岛的金印到高松塚的海兽葡萄镜 …………… 1

日本高松塚古坟的年代和被葬者

——为高松塚古坟发掘十周年而作 ………………… 16

再论日本高松冢古坟的年代及所葬何人的问题 …………… 22

关于好太王碑文辛卯年条的释读 ………………………… 34

再论好太王碑文辛卯年条的释读 ………………………… 48

日本遣隋使・遣唐使概述 ………………………………… 61

裴世清与小野妹子

——日本圣德太子的对中国政策 …………………… 70

关于日本第 7 次遣唐使的始末 …………………………… 75

井真成与阿倍仲麻吕・吉备真备 ………………………… 85

日本最近发现的太安万侣墓 ……………………………… 94

关于《魏志・倭人传》、《后汉书・倭传》的标点和解释 …… 103

从日本出土的铜镜看三世纪倭与中国江南的交往 ………… 116

论日本出土的吴镜 ………………………………………… 123

再论日本出土的景初四年铭三角缘盘龙镜 ……………… 152

论日本巨大古坟箸墓所葬何人的问题

——是卑弥呼抑或是台与 …………………………… 163

论所谓"倭面土国"之存在与否 ………………………… 172

从中日两国文献资料看古代倭的国名及其他有关问题 …… 188

从古代中日两国的交流看宗像·冲之岛的祭祀遗址 …………… 209
从中国看古代日本的"东国"
　　——论埼玉稻荷山古坟铁剑的铭文 ………………………… 220
东晋南北朝时代中国与海东诸国的关系 ………………………… 233
新罗的历史·文化及都城的形制 ………………………………… 257
论开元通宝对古代日本货币制度的影响
　　——兼论开元通宝传入琉球列岛的经路 …………………… 270
论琉球国"万国津梁之钟"的制作地问题 ……………………… 289
灿烂的出云古代文化 ……………………………………………… 309
从东亚石棚（支石墓）的年代
　　说到日本弥生时代开始于何时的问题 ……………………… 317
中国考古学研究应与世界考古学接轨
　　——访当代著名考古学家王仲殊 …………………………… 326
见微知著　博通中西
　　——王仲殊先生访谈记 ……………………………………… 334

附录

墨西哥古代文化简述 ……………………………………………… 344
阿尔巴尼亚考古旅行记 …………………………………………… 355

CONTENTS

Ancient Sino-Japan Relationship: Focusing on the Gold Seal from Shikano-
    Shima Island and Bronze Mirror from Takamatsuzuka Tumulus   1

Notes on the Date and Owner of the Takamatsuzuka Tumulus, Japan   16

Re-discussion on the Date and Owner of the Takamatsuzuka Tumulus   22

Decipherment on the Xinmao-year Paragraph of the Inscription on the
    Haotaiwang Stele   34

Re-discussion on the Xinmao-year Paragraph of the Inscription on the
    Haotaiwang Stele   48

Summary of the Japanese Envoys to Sui and Tang Empires   61

Ono no Imoko and Pei Shiqing: Crown Prince Shyotoku's Diplomatic
    Policy towards Sui and Tang Empires   70

The Historical Details of the Seventh Japanese Envoy to Tang Empire   75

Jing Zhencheng, Abe no Nakamaro and Kibi no Makibi   85

The Newly Discovered O no Yasumaro's Tomb in Japan   94

Textual Study on *Wo Biography* of *Wei Zhi* (《魏志·倭人传》)
    and *Hou Han Shu* (《后汉书·倭传》)   103

Cultural Communication between *Wo* and *Jiangnan* Area in the 3rd
    Century: Focusing on the Unearthed Mirrors in Japan   116

Remarks on the Wu Mirrors Unearthed in Japan   123

Re-discussion on Bronze Mirror with Coiled Dragon Design and
    Chronological Inscription of "Fouth Year of Jinchu Era"   152

Himiko or Toyo: Discussion on the Owner of the Grand Hashihaka Tumulus in Japan	163
Did there Exist So-called "Womiantuguo State" in Ancient Japan?	172
Literal Evidences on the Country Name of *Wo*	188
Ritual Sites on Okinoshima Island within the Munakata Area: from the Viewpoint of Ancient Sino-Japanese Communication	209
"Azuma no Kuni (Eastern State)" in Ancient Chinese Literature Resources	220
Relationships between China and Eastern States beyond the Sea in the Period of Eastern Jin and Northern and Southern Dynasties	233
Silla's History, Culture and Layout of Capital	257
Kaiyuantongbao's Impact on the Designing of Ancient Japanese Coins	270
"Bell of the International Bridge" in Liuqiu Kingdom: Problem of its Produce Area	289
The Splendid Ancient Izumo Culture	309
The Beginning of Yayoi Period in Japan: Focusing on the Date of Dolmens in Eastern Asia	317
Conforming Chinese Archaeology to the Contemporary World Archaeology: Interview of Prof. Wang Zhongshu	326
Seeking the True History of East and West: An Interview with Porf. Wang Zhongshu	334

Appendix

Brief Introduction to Ancient Mexico Culture	344
Archaeological Tour in Albania	355

古代的中日关系

——从志贺岛的金印到高松塚的海兽葡萄镜

作为太平洋西部的岛国，古代日本走向国际化的主要目标在于大陆的中国。从公元1世纪开始，日本长期谋求与中国交往。随着东亚国际形势和日本国内形势的变化，中日两国之间的关系也处在不断地变化之中。在到7世纪为止的700年间，日本对中国关系的开展可以分为"初发期"、"确立期"、"急进期"和"成熟期"等四个时期。

1世纪是日本对中关系的"初发期"。据《后汉书·东夷传》记载，当时日本列岛上百余国并存，其中与中国汉朝设在朝鲜半岛的乐浪郡有联系的约三十国。奴国是三十国中的一国，其位置在今九州北部的福冈县境内。据《后汉书》《光武帝纪》和《东夷传》记载，建武中元二年（公元57年）奴国王遣使到东汉的首都雒阳朝贡，光武帝赐以印绶。1784年，在福冈市志贺岛发现"汉委奴国王"的金印（图1）。长期以来，主要是因为金印的钮作蛇形，印文为刻凿而非铸出，与中国古代的印章制度不合，学术界有认为它是赝品的。1956年在中国云南省晋宁石寨山的考古调查发掘中发现了滇王的金印，对照《史记·西南夷列传》的记载，可以确认是西汉武帝于元封二年（公元前109

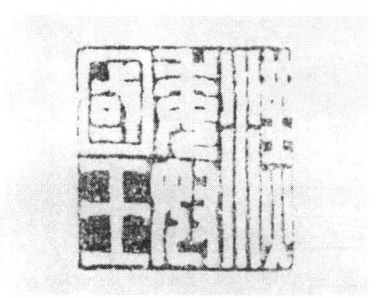

图1 "汉委奴国王"金印

年）赐给滇王的。1959年我在《说滇王之印与汉委奴国王印》的论文中指出，由于滇王的金印也具有蛇形的钮，其印文亦为刻凿而非铸出，可以证明"汉委奴国王"的金印是东汉光武帝所赐的原物无疑[1]。这枚贵重的金印在志贺岛出土，说明中国古代史书的记载是何等的正确！

据《三国志·魏志·东夷传》记载，奴国的人口有2万余户之多，与同在九州北部的末卢国（4千余户）、伊都国（1千余户）、不弥国（1千余户）相比，显然是大国。在考古调查发掘中发现的许多弥生时代的遗迹和遗物说明，以稻作农耕和青铜器铸造为代表的奴国的社会生产力是相当发达的。从《魏志·东夷传》的记载看来，3世纪时邪马台国对九州北部诸国有一定的支配权。但是，早在1世纪中期，邪马台国的势力尚未发展，奴国应有充分的自主权。由于奴国面临对马海峡，与朝鲜半岛的海上交通便利，所以能率先派遣使者经由半岛西海岸的乐浪郡，前往雒阳。总之，古代日本走向国际化的最初的一大步是从今福冈市的博多湾迈出的。

学者们都认为《后汉书》《安帝纪》和《东夷传》所记倭国王之名为"帅升"，但我主张其名实为"帅升等"[2]。帅升等应该是邪马台国的男王。他于汉安帝永初元年（公元107年）遣使到雒阳朝贡，献上"生口"（奴隶）160人。这说明，到了2世纪初期，邪马台国的国力已有所增长，所以能继奴国之后，遣使与中国建立关系。以奴隶为贡品，正是此后邪马台国的一贯做法。

据《后汉书·东夷传》和《三国志·魏志·东夷传》记载，男王统治邪马台国约70、80年，到了2世纪的60~70年代，即东汉的桓、灵之间，倭国大乱。日本学者从弥生时代的高地性集落、武器及牺牲者的遗骨等方面论证战乱的情形。奈良县东大寺山古坟出土的大铁刀在铭文中有汉灵帝的"中平"年号，表明它的制作在2世纪的80年代，与倭国大乱的年代相当，所以受到学者们的重视（图2）。我以中国

图2 "中平"纪年铭铁刀

各地发现的其他有"中平"纪年铭的器物为依据，推测它是今四川省境内的广汉郡的产品（柄饰是以后在日本改配的）。由于"中平"以后中国黄河流域也发生大乱，倭国与以雒阳为都城的东汉的官方交往断绝，所以判断这柄铁刀是3世纪的汉末、三国时代从中国的江南传入日本的[3]。

3世纪初期，历时数十年的倭国大乱结束，开始了以邪马台国女王卑弥呼为代表的新时期。经过多年的休养生息，邪马台国的国力逐渐充实，对九州北部诸国的控制权也得到加强。卑弥呼女王谋求登上东亚的国际政治舞台，积极开展与中国亲善的外交活动，从而使日本的对中关系进入了我所说的"确立期"。

当时，中国分裂为魏、吴、蜀三国，故称三国时代。魏的领域在包括黄河流域的中原和北方地区，国势最强。魏明帝景初二年（公元238年），以司马懿为统帅的魏军讨灭了割据辽东的公孙渊，克复了设在朝鲜半岛的乐浪、带方两郡。于是，邪马台国于次年景初三年（公元239年）派遣难升米等使者前往带方郡，进而到达魏的首都洛阳。邪马台国与魏亲善的目的也许是多方面的。但是，从《魏志·东夷传》所记种种事实看来，主要的目的是为了借重作为东亚第一大国的中国的威望，巩固并提高卑弥呼在日本列岛的政治地位。

从魏的方面来说，公孙氏虽已讨灭，但辽东和朝鲜半岛的形势仍然严峻。在高句丽、韩、涉等土著民族的武装袭击下，乐浪郡和带方郡的安全受到威胁。与倭国交好，或许可以改善魏在半岛上的困难处境。因此，以难升米为首的邪马台国使团为魏所重视，在洛阳受到优厚的待遇。魏帝颁发诏书，册封卑弥呼为"亲魏倭王"，赐以金印，并以许多礼物相赠，其中包括铜镜百枚。翌年正始元年（公元240年），魏由带方郡派遣官员梯儁随同归国的难升米等回访邪马台国，向卑弥呼送致诏书、金印和各种礼物，使两国的友好关系进一步确立。

此后，邪马台国又于正始四年（公元243年）派伊声耆、掖邪狗等为使者，到洛阳朝贡。正始六年（公元245年），魏帝颁发诏书，赐首次访魏的难升米以黄幢，委托带方郡送致。正始八年（公元247年），邪马台国与敌国狗奴国相争，卑弥呼遣使到带方郡告急。新任的郡太守王颀立刻派官员张政前往调停，并将两年前所赐黄幢交付邪马台国的实权人物难升米。卑弥呼死后，张政协助难升米等处理善后，立她的宗女台与为王。为了表示感谢，以台与为新女王的邪马台国派掖邪狗等20

人陪张政归国，到洛阳向魏进贡。在从景初三年（公元239年）至正始八年（公元247年）的短短8年内，邪马台国派使者经带方郡访问洛阳3次，专程访问带方郡1次，魏由带方郡派官员访问邪马台国2次。两国交往之频繁，关系之密切，这在东洋古代史上是极少类例的。

魏帝所赐"亲魏倭王"的金印至今没有被发现。但是，赐给卑弥呼的铜镜达百枚之多，可以估计其中的一部分已从日本各地的古坟中出土。从以河南省洛阳地区为中心的中国黄河流域出土的东汉和魏晋时期的铜镜种类来看，它们应该是"内行花纹镜"、"方格规矩镜"、"夔凤镜"、"兽首镜"、"双头龙凤纹镜"和"位至三公镜"等。在中国的三国时代，与江南的吴相比，魏的铸镜业不甚发达，所造铜镜多属东汉以来的旧式镜。其实，在魏帝赐给卑弥呼的礼物清单中，首先列举的是"绛地交龙锦"、"绛地绉粟罽"、"蒨绛"、"绀青"、"绀地句文锦"、"细斑华罽"、"白绢"等纺织品，然后是黄金和铁刀，最后才是铜镜、真珠和铅丹，正说明镜的数量虽不少，但质量未必很精美。要之，魏帝所赐礼物的重点不在于铜镜，而是在于各种珍贵的纺织品。可以说，邪马台国的使者除了完成政治上的使命以外，还为在中国的洛阳和日本的邪马台国之间开辟了一条"丝绸之路"。

学者们把日本出土的300余枚所谓"舶载的"三角缘神兽镜看成是魏帝所赐的"卑弥呼之镜"，这便是三角缘神兽镜的"魏镜说"（图3）。但是，直到今天，在中国的全境，始终没有发现哪怕是一枚三角缘神兽镜。同样，在介于中国和日本之间而起桥梁作用的朝鲜半岛也完全没有三角缘神兽镜出土。我从镜的形制、图纹和铭文等各方面考察，坚信只在日本才出土的三角缘神兽镜不是来自中国的舶载品，而是东渡的中国吴的工匠在日本制作的[4]。

图3 三角缘神兽镜

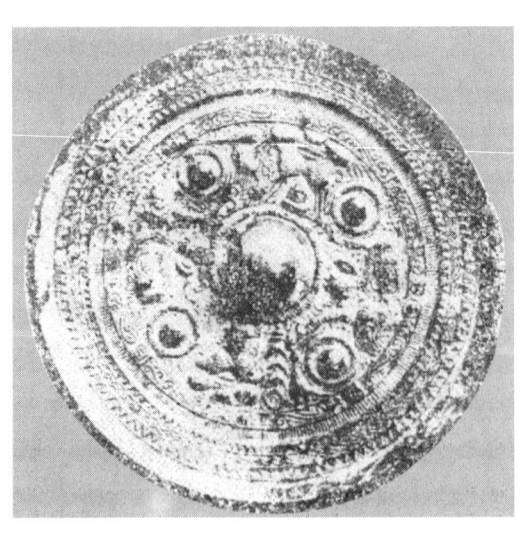

个别三角缘神兽镜铭辞中的"景初三年"、"正始元年"的纪年，曾是"魏镜说"的有力的依据。但是，按照我的考证，景初三年镜和正始元年镜的铭辞全文却说明它们正是渡来的吴的工匠在日本所作[5]。景初三年邪马台国遣使向中国魏朝进贡，魏朝亦派官员于正始元年往邪马台国回访，这是非常重大的国际政治事件。因此，作为纪念，寄身邪马台国的吴的工匠在其所作镜铭中使用了"景初三年"和"正始元年"的年号。我的这一判断，已被1986年10月京都府福知山市出土的景初四年盘龙镜的铭辞所证实（图4）。如所周知，在中国的历史上，"景初四年"是不存在的。只是由于在难升米等使者回到邪马台国之前，身在异域的吴的工匠不知魏已改称此年为正始元年，所以继在其所作三角缘神兽镜的铭辞中使用"景初三年"的纪年之后，又在其所作盘龙镜的铭辞中使用"景初四年"的纪年，"景初四年"其实是正始元年[6]。总之，景初三年镜、景初四年镜和正始元年镜在日本出土，既证实了《魏志·东夷传》所记倭与魏的官方的关系，也说明了倭与中国江南吴地之间存在着民间的交往[7]。

图4 景初四年铭盘龙镜

3世纪日本与中国江南吴地的民间的交往，除了上述东渡的吴的工匠在邪马台国作镜之外，还包括倭人西渡到吴的会稽郡进行贸易。据《后汉书·东夷传》和《三国志·吴志》记载，在会稽郡东方的远海中有亶洲，传说秦始皇遣方士徐福率童男童女数千人至此洲不归，世代相传，到东汉后期和三国时代人口发展到数万户，其人民时有去会稽郡贸易的。我认为亶洲是日本列岛的一部分，所以推测奈良县东大寺山古坟出土的"中平"纪年铭大铁刀是东汉末年从江南的会稽郡传入日本的。进入三国时代以后，亶洲与会稽郡的贸易有了进一步的发展。因此，吴

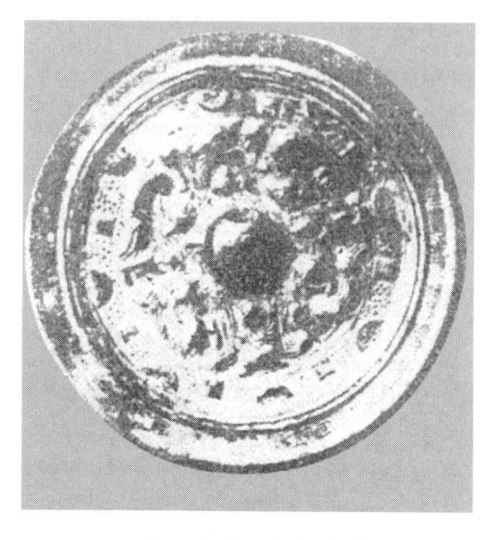

图5 赤乌元年铭神兽镜

地所作的铜镜便大量传入日本（图5）。日本各地古坟出土的铜镜，如山梨县鸟居原古坟的赤乌元年对置式神兽镜、兵库县安仓古坟的赤乌七年对置式神兽镜、冈山市庚申山古坟的对置式神兽镜、神户市梦野丸山古坟的重列式神兽镜、京都府椿井大塚山古坟的画文带对置式神兽镜、大阪府和泉黄金塚古坟的画文带环状乳神兽镜、姬路市奥山大塚古坟的佛像夔凤镜等，都是确实无疑的吴镜。从三国时代中国南北分裂、魏吴敌对的政治形势来看，它们应该是从江南的吴地直接传入日本，而不是经由北方的魏境传入日本的[8]。总之，大量吴镜存在于日本各地的古坟中，这正是亶洲人民西渡到吴的会稽郡进行贸易的结果。

泰始元年（公元265年），晋武帝废黜魏帝而即位。可能仍然以台与（正始八年初立时为13岁，至此年应为31岁）为女王的邪马台国及时地于次年泰始二年（公元266年）派遣使者到洛阳朝贡，企图维持自魏景初三年（公元239年）以来的友好关系。但是，从此年以后，两国之间的官方的交往却长期断绝了。

然而，从考古学方面来看，日本与中国江南之间的民间交往仍继续存在。例如，按照我的考察，福井县泰远寺山古坟出土的铜镜和奈良县新山古坟出土的铜带饰都是中国江南的产品（图6），它们是西晋中后期至东晋前期，即3世纪末至4世纪中期从江南直接传入日本的[9]。江南的吴国虽然被晋武帝的军队灭亡了，但日本列岛上的人民仍然有渡

图6 新山古坟出土的铜带饰

海去吴的故地从事贸易的。可以说，3世纪至4世纪倭与中国江南的民间的交往，为5世纪倭五王与中国东晋、南朝进行官方的交往开辟了道路。

从3世纪末到4世纪初，中国北方战乱频起，终于酿成从公元307年开始的称为"永嘉之乱"的大乱。在匈奴等少数民族的武力攻击下，洛阳和长安相继陷落。建武元年（公元317年）晋元帝在江南即位，以改名建康的吴的故都为都城，史称东晋。此后，宋、齐、梁、陈四朝也继续以建康为首都，史称南朝。从4世纪初期至5世纪后期，中国北方始终处在混乱状态之中，而江南的建康则是中国政治、经济和文化的重心所在。据《宋书·倭国传》等史书记载，在从晋安帝义熙九年（公元413年）至宋顺帝昇明二年（公元478年）的65年间，讚、珍、济、兴、武等倭五王先后遣使到建康朝贡达10次之多，充分说明了倭与东晋、南朝亲善的高度积极性。因此，我称5世纪为日本对中关系的"急进期"。

考古学的研究表明，经过4世纪以来百余年的经营，5世纪倭国的社会经济进一步发展，国力大为增长，在武器军备方面尤有显著的改进。大阪府河内平野的巨大古坟，显示了倭王在日本国内的强大统治权。这样，以倭王为首的统治集团便急切地谋求向海外扩张，首先是企图控制朝鲜半岛南部的新罗和百济，进而与半岛北部的高句丽相抗衡。为了实现以上的计划，他们必须得到中国方面的支持。这便是倭王们屡次遣使亲善的主要目的，在他们致宋的皇帝的表文中表露无遗（图7）。

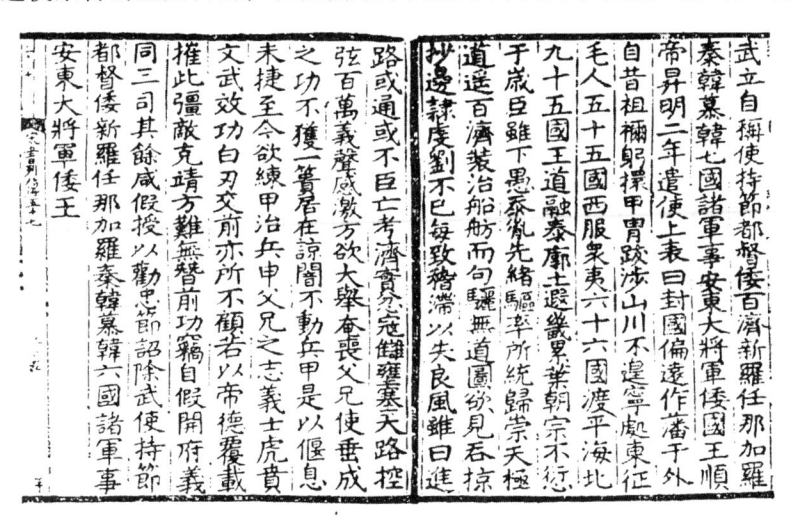

图7 倭王武致宋顺帝表文（《宋书·倭国传》）

从南朝方面来说，为了抵抗来自北朝的巨大军事压力，必须与包括倭国在内的海东诸国交好。但是，在海东诸国中，除不向中国朝贡的新罗不论以外，倭国在实力上不如高句丽强大，在与南朝的关系上又不如百济亲近。因此，宋的皇帝授高句丽王为征东大将军乃至车骑大将军，授百济王为镇东大将军，却仅授倭王为安东将军。只是到了最后，宋顺帝才晋升倭王武为安东大将军。由于在埼玉县稻荷山古坟出土的铁剑上发现了重要的铭文，日本学者进一步考定倭王武即《日本书纪》中的雄略天皇。考古学和古代史研究表明，在雄略天皇统治期间，倭国的国力和倭王的权势得到空前的发展。这也许是他被宋的皇帝晋升为安东大将军的原因之一。据《南齐书》和《南史》记载，建元元年（公元479年）和天监元年（公元502年），齐高帝和梁武帝先后改授倭王武为镇东大将军和征东大将军，两者在序列上比宋顺帝所授安东大将军又有所提高。这说明，朝代虽然改换了，但中国的对倭外交方针并没有变化。然而，从倭国方面来说，由于中国在对海东诸国的关系上始终采取审慎的平衡政策，不能给自己以充分的支持，所以感到失望。天监元年（公元502年）是梁的开国之年，梁武帝进授倭王的官位，而倭王却不曾遣使相报，便说明了这一问题[10]。

总之，进入6世纪以后，日本不再遣使与中国交往，却大大加强了与百济的友好关系。中国的许多典籍、文物，通过百济而传入日本。6世纪中期，百济还向日本派遣僧侣，传送佛教。但是，在新兴的新罗的攻击下，日本终于在钦明天皇二十三年（公元562年）丧失了设在朝鲜半岛南部的据点，从而使5世纪以来的海外扩张计划受到重大的挫折。

开皇九年（公元589年），隋文帝征服了以建康为都城的南朝，使分裂近300年之久的中国得到统一，而中国的政治、经济和文化中心也重新回到了黄河流域的中原地区。据《隋书·东夷传》和《北史·倭国传》记载，日本先于开皇二十年（公元600年）遣使到隋的首都大兴（即唐的长安），试探情势。其后，据《日本书纪》和《隋书·炀帝纪》记载，圣德太子所遣使者小野臣妹子（"小野"为氏，"臣"为姓，"妹子"为名）于大业四年（公元608年）到达隋的东都洛阳，进行正式的访问。据《隋书·东夷传》记载，小野妹子所呈国书称"日出处天子致书日没处天子无恙"云云。由此可见，日本方面完全是站在平等的地位上来与中国打交道的。这与130年前倭王武在致宋顺帝的表文中以臣下自居的谦卑态度相比，真是不可同日而语了。在6世纪晚期以来高句丽、百济乃至新罗都分别接受隋的"辽东郡公"、"带方郡公"、"乐浪郡公"等封号的情况下，日本毅然采取独立自主的外交姿态，这是意味深长的。

隋炀帝阅国书不悦，对主管外交事务的鸿胪卿说："蛮夷书有无礼者，勿复以闻"。但是，也许是由于考虑到以后要对高句丽用兵，而倭与句丽素不睦，或可引为应援，所以特派文林郎裴世清随同归国的小野妹子回访日本，以求交好。从《日本书纪》的记载看来，日本方面对裴世清的接待，规模盛大，仪式隆重，既表明了对中国使者的热情欢迎，也显示了日本自身的国威。世清归去时，妹子又奉命随同到中国作第2次访问。这宛然是360年前难升米与梯俊、掖邪狗与张政的历史故事的再现。但是，从外交规格上说，裴世清的使命受自朝廷，与梯俊、张政之为郡太守所遣相比，其身份显然是高得多了。

上述见于史书记载的小野妹子和裴世清的事迹，至今仍被作为古代中日交流史上的佳话而广泛流传。但是，就考古调查发掘而言，却还没有发现直接与他们两人有关的实物资料。使人感到高兴的是，作为日本出土的年代最早的墓志，船王后和小野毛人的墓志被作为"国宝"级文物而保存着[11]。小野朝臣毛人是小野臣妹子之子（"朝臣"为天武天皇十三年制定的"八色之姓"之一，小野氏之姓由"臣"改为"朝臣"），这是毫无疑问的。据旧说，如果《日本书纪》中的"船史王平"为"船史王乎"（"史"为船氏之姓）之误，则船王后便有可能是在难波接待裴世清的"掌客"[12]。这样，人们可以通过这两块贵重的墓志，联想当年中日两国使者联袂互访的情景（图8）。

从《隋书·东夷传》的记载看来，小野妹子访问的目的似乎在于向中国求佛教。但是，许多事实说明，日本向隋遣使的主要目的无疑是为了广泛地向中国学习，而不仅限于佛教的传承。以圣德太子为代表的日本统治集团充分认识到，要从根本上充实国力，提高日本在东亚的国际地位，首先必须在国内进行全面的整顿和改革，而整顿和改革的楷模则在于作为先进国的中国。因此，与5世纪的倭五王不同，坚持对等外交的圣德太子不向中国称臣求封，而是切实地向中国学习政治制度和包括宗教在内的各种文化事业。他所创立的这种新的对中政策，被以后的日本统治者所继承。所以，在隋亡之后，日本仍然向唐派遣使者，而许

图 8　船王後墓志

多优秀的、具有各种才能的留学生和学问僧等也继续随之而往，向中国学习。这样，与公元1世纪以来的各个时期相比，7世纪日本对中国关系的开展就显得十分健康、充实而富有成果，从而可以说是到达了"成熟期"。

据《日本书纪》记载，推古天皇十六年（公元608年）小野妹子第2次访隋时，同行有倭汉直福因、奈罗译语惠明、高向汉人玄理、新汉人大国等留学生和新汉人旻、南渊汉人请安、志贺汉人惠隐、新汉人广齐等学问僧。此外，僧惠光、医惠日、僧灵云、胜鸟养、僧惠云等则可能是推古天皇二十二年（公元614年）随使臣犬上御田锹入隋的。

到了唐代，日本从舒明天皇二年（公元630年）到天智天皇八年（公元669年）又先后派出遣唐使达6次之多。遣唐使团的大使和副使等人，往往对中国十分熟悉。例如，舒明天皇二年（公元630年）的大使犬上三田耜（即御田锹）曾任遣隋大使，副使药师惠日曾为留隋学生。孝德天皇白雉五年（公元654年）的押师高向玄理曾是留隋学生，副使惠日既曾为留隋学生，又曾任遣唐副使。随行的留学生和学问僧等，就白雉四年（公元653年）的第2次遣唐使团而言，就有道岩、道通、道光、惠施、觉胜、弁正、惠昭、僧忍、知聪、道昭、定惠、安达、道观、知辨、义德、巨势臣药、冰连老人、坂合部连盘积、高黄金等许多人。总之，无论是在隋代或唐代，日本使臣及留学生、学问僧等在中国访问期间，悉心考察中国的政治经济，努力学习中国的典章制度，对中国的各种文化事业都有深入的了解。他们归国以后，在不同的程度上受到朝廷的重用，在日本有很大的影响。皇极天皇时南渊请安任中大兄皇子和中臣镰足的教师，孝德天皇即位后以高向玄理和僧旻为国博士，便是最显著的例子。这就使得日本统治集团所坚持的以中国为楷模的革新运动能够顺利地进行。可以说，作为对中关系的"成熟期"，7世纪日本律令的制定，佛教的兴盛，工艺美术的创新，建筑样式的变革，等等，在充分显示日本自身固有的特色的同时，都无不深受中国隋唐文化的影响。

7世纪日本以中国为楷模的革新运动，还突出地表现在新的宫都制度的确立。据《日本书纪》记载，孝德天皇于大化元年（公元645年）迁都难波。考古学者们认为，1945年以来在大阪市法圆坂町一带发掘的前期难波宫遗迹可能便是《书纪》所记的长柄丰碕宫。它建成于孝德天皇白雉三年（公元652年），以后几经改修，延续使用到天武天皇朱鸟元年（公元686年）才因火灾而毁坏。从发掘出来的遗迹看来，前期难波宫的形制、布局是出于对中国隋唐宫城的模仿。又据日本学者研究，至迟在天武天皇时，在难波宫的外围还建有广大的条坊制的都城，这便是所谓前期难波京。按照学者们对前期难波京的条坊的复原，可以确认它是仿照中国隋唐都城而兴建的。据《书纪》的记载，天武天皇十二年（公元683年）还在倭京飞鸟净御原宫颁发诏书，规定以难波为副都。这显然是出于对中国隋唐时代长安、洛阳两京并列的所谓"复都制"的模仿[13]。

持统天皇八年（公元694年），在这位女帝的主持下，坐落在奈良盆地南部的新的条坊制都城建成了，这便是有名的藤原京。自此年以迄元明天皇和铜三年（公元710年），持统天皇和文武、元明天皇以藤原京为都城凡三代16年之久，结束了日本古代宫室播迁不定的局面。应该指出，这座新的都城不仅在形制和布局的总体上模仿中国的长安和洛阳，而且都城中的"皇城"、"大极殿"、"朱雀门"、"朱雀路"、"东市"和"西市"等各种名称也与中国唐代长安城中的各种名称相同[14]。可以说，藤原京的建成为日本以中国为楷模的宫都制度的改革树立了一座划时代的里程碑，并为此后平城京的设计和营造打定了基础。

作为统一国家的首都，以持统女帝为首的日本统治集团在藤原京内积极策划加深政治、经济方面的全面改革，取得了丰硕的成果。这集中地表现于从天智天皇到天武天皇时所制定的各种法规在藤原京时期得到进一步的修正和充实，终于在文武天皇大宝元年（公元701年）颁布了可称为集大成的《大宝律令》，从而使日本正式地成为名符其实的"律令国家"。

在大宝元年颁布《大宝律令》的同时，《律令》编撰者之一、民部尚书粟田朝臣真人（"粟田"为氏，"朝臣"为姓，"真人"为名）被任命为第7次遣唐执节使，于次年大宝二年（公元702年）率使团从筑紫（今福冈县）出发。这次遣唐使的派遣显示了日本继续向国际化的道路迈进的决心，使得7世纪以来与中国的交往又达到了一个新的高潮。由于使团的规模大，规格高，尤其由于它是从天智天皇八年（公元669年）以来断绝了30余年之后才重新派遣的遣唐使，所以受到中国方面的格外重视。长安三年（公元703年），中国的女帝武则天特地在长安大明宫麟德殿设盛宴款待粟田真人，大大增强了友好的气氛。在《旧唐书》和《新唐书》里，粟田真人被称为"朝臣真人"或"朝臣真人粟田"，这可能是由于突出了天武天皇十三年（公元684年）制定的"八色之姓"的关系。据两《唐书》记载，真人知经史，善文章，仪容温雅，举止有方，深受中国朝廷和士大夫们的器重。他在中国出色地完成了使命，所以归国后受到褒赏，其官位（按《大宝令》规定）由"正四位下"晋升为"从三位"。

就考古学方面而言，与第7次遣唐使明确有关的实物过去仅知有1872年在奈良县平群郡荻原村发现的美努冈万墓志一例（志文谓其人于大宝元年五月出使唐国，当为粟田真人领导下的使团成员之一）[15]。但是，我认为，1972年奈良县高市郡明日香村高松塚古坟出土的海兽葡萄镜也可确认是与这次遣唐使直接有关的重要的实物资料（图9）。1981

图9 高松塚古坟出土的海兽葡萄镜

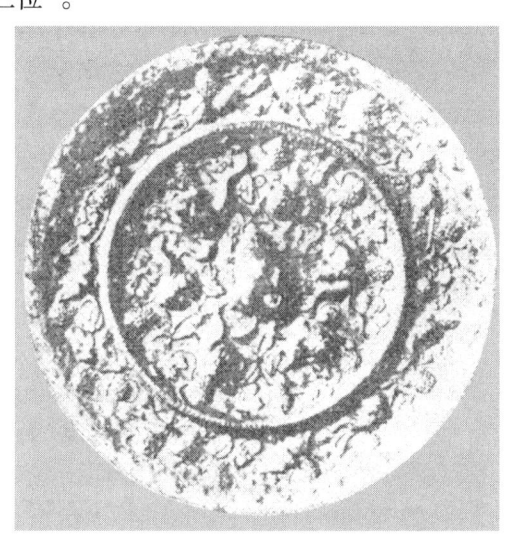

年2月我在东京举行的日本古代史讨论会上指出，日本高松塚古坟出土的海兽葡萄镜与中国西安唐代独孤思贞墓出土的海兽葡萄镜属"同范镜"[16]。从独孤思贞的墓志判断，这两枚可称之为"姐妹镜"的同范镜是万岁通天二年（公元697年）之前不久在当时中国的都城长安制作的。因此，我推定高松塚之镜是庆云元年（公元704年）归国的粟田真人等从长安携至藤原京的。我推测高松塚古坟的被葬者是负责制定《大宝律令》的忍壁皇子。作为亲王和"知太政官事"（宰相），他在粟田真人等归国后不久便得到了这枚珍贵的铜镜。翌年庆云二年（公元705年），忍壁皇子死去，这枚从中国携来的海兽葡萄镜便被作为随葬品而纳入他的墓中[17]。在将近1300年以后的今天，我们仿佛看到了镜里映照出当年藤原京的盛况。正是由于藤原京时期日本在内政和外交两方面

都取得了巨大的成就，所以能在此后的平城京开放出灿烂的"天平文化"之花[18]。

注　释

[1] 王仲殊：《说滇王之印与汉委奴国王印》第 573~575 页，《考古》1959 年第 10 期。

[2] 《后汉书·安帝纪》说"（永初元年）冬十月，倭国遣使奉献"。《后汉书·东夷传（倭人条）》说"安帝永初元年，倭国王帅升等献生口百六十人，愿请见"。长期以来，中国和日本学术界都以为倭国王之名是"帅升"，生口百六十人是"帅升"等人遣使献上的。但是，倭国王仅有一人，他不可能与别人共献生口。因此，我主张"帅升等"三字为倭国王之名，而不能误解为"帅升"等人。《三国志·魏志·东夷传》中多有"难升米等"、"掖邪狗等"之类的用语，但完全没有"卑弥呼等"、"台与等"的用语，也足以说明这个问题。

[3] 西蜀广汉所造"中平"纪年铭器物有"光和七年"（即中平元年）的错金铁刀（见刘志远：《成都天迴山崖墓清理记》，《考古学报》1958 年第 1 期）和"中平四年"的兽首镜（见崔庆明：《南阳市博物馆馆藏纪年铜镜》，《中原文物》1982 年 1 期）等。蜀郡和广汉郡所造器物流入长江中下游江南地区的实例有湖南省湘阴出土的"永寿三年"兽首镜〔见刘永池：《湘阴县发现东汉永寿三年铜镜》，《湖南考古辑刊（4）》，1987 年〕和安徽省马鞍山吴朱然墓出土的"蜀郡作牢"的漆器等物（见安徽省文物考古研究所等；《安徽马鞍山东吴朱然墓发掘简报》，《三国考古的新发现——读朱然墓简报札记》，《文物》1986 年 3 期）。

[4] a. 王仲殊：《关于日本三角缘神兽镜的问题》，《考古》1981 年第 4 期。
b. 王仲殊：《关于日本的三角缘佛兽镜》，《考古》1982 年第 6 期。

[5] a. 王仲殊：《景初三年镜和正始元年镜的铭文考释》，《考古》1984 年第 12 期。
b. 王仲殊：《景初三年镜和正始元年镜铭文补释》，《考古》1985 年第 3 期。

[6] 王仲殊：《论日本出土的景初四年铭三角缘盘龙镜》，《考古》1987 年第 3 期。

[7] 王仲殊：《从日本出土的铜镜看三世纪倭与中国江南的交往》，《华夏考古》1988 年第 2 期。

[8] 王仲殊：《论日本出土的吴镜》，《考古》1989 年第 2 期。

[9] 杨泓：《吴、东晋、南朝的文化及其对海东的影响》，《考古》1984 年第 6 期。

[10] 《梁书》《武帝纪》和《东夷传》记梁武帝天监元年倭王武进号征东将军，但征东将军位在安东大将军、镇东大将军之下，既云进号，反而降格，实难理解。《南史·东夷传》记梁武帝进号倭王武为征东大将军，故疑《梁书》所记"征东将军"为"征东大将军"之误。《梁书·东夷传》记天监元年以百济王为征东将军，与同书所记倭王武进号征东将军亦相矛盾。但是，梁武帝天监元年进授倭王的官位，而倭王不曾遣使来访，总是可以肯定的。

[11] 奈良国立文化财研究所：《日本古代の墓誌》第 74~77 页，1977 年。

[12] 喜田贞吉：《河内国分山船氏の墳墓—王辰尔墳墓の推定》第28页，《歷史地理》第十九卷第六号。
[13] 王仲殊：《关于日本古代都城制度的源流》，《考古》1983年第4期。
[14] 王仲殊：《日本の古代都城制度源流について》，《考古学雑誌》第69卷第1号，日本考古学会，1983年。
[15] 王仲殊：《日本最近发现的太安万侣墓》，《考古》1979年第3期。
[16] 王仲殊：《关于日本高松塚古坟的年代问题》，《考古》1981年第3期。
[17] 王仲殊：《关于日本高松塚古坟的年代和被葬者——为高松塚古坟发掘十周年而作》，《考古》1982年第4期。
[18] "天平文化"是以"天平时期"为中心的日本奈良时代（公元710~784年）文化的总称。其内容指平城京药师寺、东大寺、唐招提寺等各大佛寺所集中显示的建筑、雕刻、绘画和工艺等，也可包括以《万叶集》、《怀风藻》、《古事记》、《日本书纪》为代表的文学和史学等等，是日本以国家的规模吸取中国盛唐文化为基础的。所谓"天平时期"，主要是指奈良时代中期圣武天皇的"天平"（公元729~749年）年间，但也可以推广到奈良时代中后期孝谦天皇的"天平胜宝"（公元749~757年），孝谦、淳仁、称德（孝谦重祚）天皇的"天平宝字"（公元757~765年）和称德天皇的"天平神护"（公元765~767年）年间。

（本文原载《考古》1989年第5期）

日本高松塚古坟的年代和被葬者

——为高松塚古坟发掘十周年而作

今年是日本高松塚古坟发掘后的第10年。最近，从日本的报刊上看到不少有关高松塚古坟发掘10周年的评论和文章，使我也想起了10年前的事。

1972年3月，我在郭沫若先生那里看到从日本快速寄来的许多报纸上刊登着有关高松塚古坟发掘的资料，便以中国科学院考古研究所资料室的名义，写了一篇题为《日本高松塚古坟简介》的文章[1]。在这篇文章里，我一面介绍高松塚古坟的概况，一面发表了我自己的一些看法。我根据古坟的形制、壁画的内容和风格，特别是根据古坟中出土的海兽葡萄镜，明确地指出高松塚古坟的年代应在7世纪末或8世纪初。同时，我又进一步说，从中国唐代铜镜在墓葬中出土的若干例子看来，高松塚古坟的年代以在8世纪初的可能性为大。至于古坟的被葬者，当时我就倾向于认为是天武天皇之子——忍壁皇子，即负责制定大宝律令的刑部亲王。不久，我的文章由冈崎敬先生译成日文，刊登在1972年12月1日发行的《朝日杂志》上[2]。10年后的今天，我仍然坚持当初的看法不变。

1980年12月，中国社会科学院考古研究所编著的《唐长安城郊隋唐墓》出版了。在这部考古发掘报告书中，发表了1958年在陕西省西安市东郊洪庆村南地（唐代称这附近一带为"铜人原"）发掘的唐代独孤思贞墓的全部材料，其中包括该墓的1件重要的随葬品——海兽葡萄镜[3]。我将高松塚古坟出土的海兽葡萄镜的图版与独孤思贞墓出土的海兽葡萄镜的实物作了仔细的比较。1981年2月中旬，我在东京举行的日本第5次古代史讨论会上指出，独孤思贞墓出土的海兽葡萄镜与高松塚古坟出土的海兽葡萄镜很可能是同范镜。接着，在同年的2月下旬，承蒙末永雅雄先生、有光教一先生等日本诸先生的厚意，我在日本奈良县高市郡的飞鸟资料馆里荣幸地看到了高松塚古坟出土的海兽葡萄镜。面对实物，经过反复的观察，进一步肯定了它与独孤思贞墓出土的海兽葡萄镜确实是同范镜无疑。

1981年3月，我从日本回国后，就写了一篇题为《关于日本高松塚古坟的年代问题》的文章，发表在《考古》1981年第3期[4]。以后，冈崎敬先生又将它译成日文，刊登在最近出版的日本第5次古代史讨论会的讲演集中[5]。在这篇文章里，我比较详细地说明独孤思贞墓的铜镜与高松塚古坟的铜镜在形制和花纹方面是完全相同的。这两面海兽葡萄镜的形制和花纹都是：钮作伏兽状；内区的花纹是六个兽类，并配以葡萄纹；外区的花纹由许多兽类、鸟类、蝴蝶、蜻蜓及葡萄纹组成；内区和外区之间有一周凸棱相隔；缘部呈斜面内倾，遍饰云花纹。高松塚古坟的镜，直径为16.8厘米[6]。独孤思贞墓的镜，按照报告书中发表的数据，直径为16.9厘米。我在文章中说，这一个毫米之差，可能是由于度量上的误差，不足为怪。现在，我要说明，在这以后，经过重新度量，我们确定了独孤思贞墓的海兽葡萄镜的直径实际上是16.85厘米。这样，它与高松塚古坟的海兽葡萄镜在大小上的差距就缩小到只有半个毫米了。我清楚地记得，我们在飞鸟资料馆看到的高松塚古坟的铜镜是已经去了锈的。但是，独孤思贞墓的铜镜却有一层绿色的薄锈未经去除。因此，可以确认，如果将独孤思贞墓的海兽葡萄镜的锈去掉，它的直径就会和高松塚古坟的镜完全相同，分毫不差。此外，应该补充说明的是，经测量，独孤思贞墓的镜的重量为1210克，与高松塚古坟的镜的重量（1220克）几乎完全相等。总之，无论是叫"同范镜"也好，"同型镜"也好，分别在中国和日本出土的这两面海兽葡萄镜可以说是从同一个模子做出来的。因此，在纪念高松塚古坟发掘10周年的今天，我想把这两面在中国考古学和日本考古学上都是十分重要的铜镜称之为"兄弟镜"或"姐妹镜"。

独孤思贞是唐昭宗时任宰相的独孤损的祖辈。据墓志，他在武则天时为朝议大夫，行乾陵令，死于武周万岁通天二年（公元697年），而于神功二年（公元698年）迁葬于铜人原的墓中。墓内的那面海兽葡萄镜，可能是万岁通天二年（公元697年）死后就随葬的，也可能是神功二年（公元698年）迁葬时才随葬的。但是，不论怎样，这只是一年之差，是无关紧要的。重要的问题是，这面铜镜的铸造年代，究竟在独孤思贞死去之前有多久？

我认为，从镜的形制和花纹看来，这面海兽葡萄镜的铸造与独孤思贞的死期是不会相差很久的。我的理由如下：1971年在陕西省礼泉县发掘了唐代郑仁泰的墓，据墓志记载，墓的年代为唐高宗麟德元年（公元664年）。在郑仁泰墓的许多随葬品中，有着一面海兽葡萄镜[7]。该镜虽已残破，但仍可看出它在型式上要比独孤思贞墓的海兽葡萄镜早得多。另一方面，我要特别提出来的是，1955年在同省西安市东郊十里铺发掘的337号唐墓中出土的1枚海兽葡萄镜，其形制和花纹与独孤思贞墓的海兽葡萄镜十分相似，几乎没有差异[8]。十里铺337号唐墓虽然没有墓志，但从墓内其他许多随葬品看来，其年代应在8世纪前期，可能是在唐玄宗开元、天宝之际，比《唐长安城郊隋唐墓》报告书中发表的开元十一年（公元723年）的鲜于庭诲墓略晚[9]。即使将该墓的年代再往前提，最多也只能提早到8世纪初，不能比同一报告书中发表的唐中宗景龙三年（公元710年）的独孤思敬墓更早[10]。以上所举唐代2个海兽葡萄镜的出土例，充分说明了独孤思贞墓的海兽葡萄镜的铸造年代应在7世纪末，决不会过早。

不言自明，高松塚古坟的海兽葡萄镜与独孤思贞墓的海兽葡萄镜既属同范镜，它的铸造年代自亦应在万岁通天二年（公元697年）或神功二年（公元698年）之前不久。这就是说，高松塚古坟的年代最早只能是在7世纪之末，更可能是在8世纪之初。因为，一般说来，中国铜镜传入日本，或长或短，总得经过一定的岁月。

那么，这面中国制的海兽葡萄镜究竟是在什么时候、通过什么途径传到日本去的呢？这是一个十分有趣的问题。我认为，此镜传入日本，应与以粟田真人为执节使的日本第7次遣唐使团有关。

日本自天智天皇八年（公元669）派遣第6次遣唐使以后，相隔30余年，才于文武天皇大宝元年（公元701年）派遣第7次遣唐使[11]。大家都知道，这第7次遣唐使，虽然是大宝元年（公元701年）正月任命的，但从筑紫出发的时间是在大宝二年（公元702年）六月。这次遣唐使团，规模相当大。尤其由于是在断绝30余年之后才重新派遣的，所以受到中国方面的格外重视。长安三年（公元703年），武则天特为之在京师大明宫麟德殿设盛宴款待[12]。据记载，执节使粟田真人知经史，善文章,仪容温雅,受到唐朝士大夫的器重,颇有好评。使团中的官员,在中国访问期间,能够充分开展各种活动,这是可以想见的。两年以后,到了文武天皇庆云元年(公元704年)七月,除了副使巨势邑治延至庆云四年(公元707年)回国,大使坂合部大分延至养老二年(公元718年)回国以外,以粟田真人为首的多数人员都一同回到了日本[13]。

应该指出,日本的遣唐使是与贸易有密切关系的。遣唐使代表日本国家向中国方面进方物,而中国朝廷亦多以礼品相赠,这实际上是一种官方的国际贸易。此外,唐朝政府对日本使臣亦有所赠予,而日本使臣则可以在中国都城的市场上购买各种货物。据《旧唐书·东夷传》[14]和《新唐书·东夷传》[15]记载,在唐玄宗开元初期,日本的遣唐使归国时在长安收购了许多书籍,带回日本。《新唐书》的作者将此事加在粟田真人身上(其实应是元正朝第8次遣唐使人员),这虽然是错误的,但却说明了遣唐使们的购买能力。据日本方面的文献记载,遣唐使每次回国,总是要带回许多中国的货物。有的遣唐使团的人员,为了购买唐朝的物品,甚至有触犯中国方面的禁律的[16]。总之,不论是中国方面(包括政府或私人)赠送的也好,日本使臣自己在市场上购买的也好,第7次遣唐使团在中国访问期间,在长安获得了这面铸造不久的铜镜,而于庆云元年(公元704年)七月将它带到日本,这并不是不可理解的。事实上,除了第7次遣唐使团之外,我实在想不出有谁能在较短的时期内将这面铜镜从中国带到日本去。当然,我们不能完全排除是由私人的商船运去的可能性。但是,从实际情况看来,在7世纪末到8世纪初的短短几年内,私人的商船往来于中国和日本之间,并将这面铸造不久的铜镜从中国长安带到日本,这样的可能性实在可以说是很小的。

说到这里,我们就应该掉过头来,从另一角度来讨论高松塚古坟的被葬者是谁的问题了。如所周知,据岸俊男先生研究,天武天皇和持统天皇合葬的大内陵正好坐落在藤原京朱雀大路的南面延长线上,而高松塚古坟的位置则在大内陵的南面偏西,在朱雀大路延长线的西侧近处[17]。因此,如直木孝次郎先生早已指出的那样,可以认为,高松塚古坟的被葬者,其死期应在持统天皇元年(公元687年)大内陵开始营建之后,其身份应系天武天皇的近亲[18]。

但是,天武天皇的几位皇子,如大津皇子、草壁皇子、高市皇子、弓削皇子等,有的生前有罪处刑,有的死后葬在别处,他们的死期虽然多在大内陵建成之后，但都限在7世纪的晚期或末年，不可能用8世纪初才传入日本的那面中国制的海兽葡萄镜随葬。只有忍壁皇子是在庆云二年（公元705年）五月死去的[19]，所以也只有他才有可能是高松塚古坟的主人。当时，忍壁皇子封为亲王，称忍壁亲王或刑部亲王，大宝三年（公元703年）任知太政官事，在朝廷中居最显要的地位。日本朝廷将遣唐使自中国带来的物品分给亲王等权贵显宦，这在当时是常有的事。因此，可以说，庆云元年（公元704年）七月以粟田真人为首的遣唐使团从中国带到日本的这面新式的铜镜很快落入刑部亲王的手中，而且在翌年（公元705年）五月以后又成为他死后的随葬品，这是完全可能的。

刑部亲王从文武天皇四年（公元700年）开始负责撰律令，长期向往于中国的典章文物，所以他的坟墓模仿唐朝陵墓的制度，墓内突出地施有许多唐式的彩色壁画，其题材的设计和绘描的风格与陪葬于唐高宗乾陵的永泰公主墓酷似，这想来也不是偶然的[20]。如果将日本天武、持统两天皇合葬的桧隈大内陵比之为中国唐高宗和武则天合葬的乾陵，那么，高松塚古坟也就相当于乾陵附近的永泰公主墓[21]、懿德太子墓[22]或章怀太子墓了[23]，而这3座唐朝贵族陵墓的年代都在唐中宗神龙二年（公元706年），与高松塚古坟的年代几乎完全相同，真可以说是巧合之极。

此外，根据对遗骨的鉴定，刑部亲王作为高松塚古坟的被葬者，在性别和年龄方面也是完全符合的[24]。

应该说明的是，关于高松塚古坟所葬为刑部亲王的看法，日本学者直木孝次郎先生早已有过论证[25]。今天我在这里所说的，主要是从海兽葡萄镜的铸造和东传的年代出发，以判断刑部亲王是这座古坟中的被葬者。

当然，由于高松塚古坟中不存在墓志之类的物件，要具体地确定古坟的被葬者是谁，那确是相当困难的。这就是长期以来古坟的被葬者一直不能断定的原因。以上只是个人的一点看法，提出来供学术界参考而已。

附记：本文是1982年5月在日本东京第6次古代史讨论会和在奈良橿原考古学研究所的讲演稿。

注　释

[1] 中国科学院考古研究所资料室：《日本高松塚古坟简介》第 59 页，《考古》1972 年第 5 期。
[2] 中国科学院考古研究所资料室：《日本の高松塚古墳について》第 36 页，《朝日ジャーナル》1972 年 12 月 1 日号。
[3] 中国社会科学院考古研究所：《唐长安城郊隋唐墓》第 29 页，图版第六十，文物出版社，1980 年。
[4] 王仲殊：《关于日本高松塚古坟的年代问题》第 277 页，《考古》1981 年第 3 期。
[5] 王仲殊等：《日中古代文化の接点を探る》第 348 页，山川出版社，1982 年。
[6] 橿原考古学研究所：《高松塚古墳調査中間報告書》第 44 页（拔刷），奈良县教育委员会，1972 年。
[7] 陕西省博物馆等：《唐郑仁泰墓发掘简报》第 33 页，《文物》1972 年第 7 期。
[8] 陕西省文物管理委员会：《西安东郊十里铺 337 号唐墓清理简报》第 33 页，《文物参考资料》1956 年第 8 期。
[9] 中国社会科学院考古研究所：《唐长安城郊隋唐墓》第 56 页，图版第六十，文物出版社，1980 年。
[10] 中国社会科学院考古研究所：《唐长安城郊隋唐墓》第 43 页，图版第六十，文物出版社，1980 年。
[11] 木宫泰彦：《日中文化交流史》第 65 页，商务印书馆，1980 年。
[12] 《旧唐书》卷第一九九下第 1493 页，缩印百衲本，商务印书馆，1958 年。
[13] 《续日本纪》卷第三第 21 页，《国史大系》，吉川弘文馆，1974 年。
[14] 《旧唐书》卷第一九九下第 1493 页，缩印百衲本，商务印书馆，1958 年。
[15] 《新唐书》卷第二二一上第 1548 页，缩印百衲本，商务印书馆，1958 年。
[16] 木宫泰彦：《日中文化交流史》第 107 页，商务印书馆，1980 年。
[17] 岸俊男：《日本の古代宮都》第 115 页，NHK 大学講座，1981 年。
[18] 末永雅雄：《飛鳥高松塚古墳》第 241 页，学生社，1972 年。
[19] 《续日本纪》卷第三第 22 页，《国史大系》，吉川弘文馆，1974 年。
[20] 陕西省文物管理委员会：《唐永泰公主墓壁画集》，人民美术出版社，1963 年。
[21] 陕西省文物管理委员会：《唐永泰公主墓发掘简报》第 7 页，《文物》1964 年第 1 期。
[22] 陕西省博物馆等：《唐懿德太子墓发掘简报》第 133 页，《文物》1972 年第 7 期。
[23] 陕西省博物馆等：《唐章怀太子墓发掘简报》第 13 页，《文物》1972 年第 7 期。
[24] 岛五郎：《高松塚古墳出土人骨の人類学的研究補遺》第 807 页，《橿原考古学研究所論集》，1976 年。
[25] 直木孝次郎：《被葬者を推理する》第 241 页，《飛鳥高松塚古墳》，学生社，1972 年。

（本文原载《考古》1982 年第 4 期）

再论日本高松冢古坟的年代及所葬何人的问题

一

1972年3月，我在中国科学院院长郭沫若先生处看到从日本快速送来的新闻报纸上刊登着关于高松冢古坟发掘的许多资料，深知这是日本考古学上的一次空前的重大发现，其与中国考古学之间亦存在着一定的关系，故立即撰作题为《日本高松冢古坟简介》一文，以中国科学院考古研究所资料室的名义，发表在考古研究所主办的《考古》杂志上[1]。

在这篇简短的文章中，我叙述高松冢古坟的概况，并提出我个人的见解。我从古坟的形制和壁画的题材、风格出发，特别是根据古坟中随葬的一面称为"海兽葡萄镜"的中国铜镜，明确指出高松冢古坟的年代应在7世纪末至8世纪初。我仔细参照中国唐代墓葬出土铜镜的事例，进一步认定高松冢古坟的年代以在8世纪初的可能性为大。关于高松冢古坟所葬何人的问题，当时我就倾向于认为所葬是日本天武天皇的皇子，即官居"知太政官事"而受命负责制定《大宝律令》的刑部亲王（忍壁皇子）。我的文章发表后，立即由日本学者冈崎敬先生译为日文，转载在日本朝日新闻社的刊物上[2]，受到日本学术界及社会各方面的重视。

1980年12月，中国社会科学院考古研究所编著的题为《唐长安城郊隋唐墓》的考古发掘报告集出版了。在这部发掘报告集中，发表了许多重要的唐代墓葬，其中包括1958年在陕西省西安市东郊洪庆村南地（唐代称其地为"铜人原"）发掘的唐代独孤思贞之墓，墓内随葬品中有着一面称为"海兽葡萄镜"的铜镜[3]。我以这面海兽葡萄镜的实物与日本高松冢古坟出土的海兽葡萄镜的图版做仔细的比较。1981年2月中旬，我应邀在日本东京举行的国际古代史讨论会上作讲演，在

1000余名听讲者之前宣称高松冢古坟的海兽葡萄镜与独孤思贞墓的海兽葡萄镜属"同范镜",引起了全场的轰动。同月下旬,在末永雅雄、有光教一等日本考古学界诸先生的安排下,我从东京去到奈良县,在该县高市郡的飞鸟资料馆里见到了高松冢古坟出土的海兽葡萄镜的实物,经反复观察,仔细鉴定,确认高松冢古坟的海兽葡萄镜与独孤思贞墓的海兽葡萄镜确属"同范镜"。同年3月,我自日本归国,迅速撰作题为《关于日本高松冢古坟的年代问题》的论文[4],在《考古》杂志上发表。在这篇论文中,我明确指出高松冢古坟出土的海兽葡萄镜与独孤思贞墓出土的海兽葡萄镜在镜的形状、花纹上完全相同,它们的大小、重量也可谓没有差异,两者之为"同范镜"是确切无疑的。

二

1982年4月,为了纪念高松冢古坟发掘10周年,我写了题为《关于高松冢古坟的年代和被葬者》(日本语称墓内所葬之人为"被葬者",亦即所谓"墓主人")的论文[5],又在《考古》杂志上发表。在这篇论文中,我以独孤思贞墓出土的海兽葡萄镜与高松冢古坟出土的海兽葡萄镜属"同范镜"的事实为根据,推定高松冢古坟的筑造年代及所葬何人的问题。同年5月,我应邀在日本东京出席国际古代史讨论会之后,又应邀到奈良,在橿原考古学研究所以上述关于高松冢古坟的年代和被葬者的题目作讲演,受到许多听讲学者的欢迎[6]。

据《唐长安城郊隋唐墓》编撰者对《新唐书·宰相世系表》的补正,独孤思贞为唐昭宗(公元889~904年在位)时的宰相独孤损的祖辈。按照出土的墓志,独孤思贞在武则天当政期间任朝议大夫、行乾陵令之职。武则天万岁通天二年(公元697年)独孤思贞死,神功二年(公元698年)入葬于铜人原的墓中[7]。墓中随葬的海兽葡萄镜或许为万岁通天二年死亡后暂厝而置于棺内的,也或许是神功二年正式入葬铜人原的墓内时随葬的。然而,这只不过是一年之差,是无须深究的。重要的问题是,这面海兽葡萄镜的铸造虽然必在独孤思贞死亡、入葬之前,却不知究竟在何年。经过与陕西省礼泉县和西安市等地7世纪中后期至8世纪前期唐代墓葬出土的海兽葡萄纹铜镜就镜的形制、花纹等做仔细的比较研究,我确信独孤思贞墓出土的这面海兽葡萄纹铜镜的铸造年代应在7世纪晚期至末叶,决不会过早。作为独孤思贞墓中的随葬品,此镜是使用不久的新品,不是长期存留的旧物。

无待于言,高松冢古坟的海兽葡萄镜既为独孤思贞墓出土镜的"同范镜",它的铸造亦应在7世纪的晚期至末叶。这样,可以认为,高松冢古坟的筑造年代及其墓主的入葬之年最早不能早于7世纪晚期至末叶,最可能则是在8世纪的初年。因为,一般说来,中国铸造的铜镜之被传入日本,或长或短,总是要经过一段岁月的。

那么,这面中国铸造的海兽葡萄镜究竟是经过怎样的历程传到日本去的呢?这确实是一个极为重要的问题,十分引人注意。按照我的见解,高松冢古坟的这面海兽葡萄镜是以粟田真人为执节使(日本遣唐使节团中的最高领导人,权位在大使之上)的第7次遣唐使自中国都城长安携至日本的。

日本自天智天皇八年(公元669年)派遣第6次遣唐使以后,经过长达30年之久的断绝,才于文武天皇大宝元年(公元701年)决定派遣第7次遣唐使。如所周知,第7次遣唐使虽于大宝元年被正式任命,但因各种缘故,要到大宝二年(公元702年)六月方得自筑紫(今九州福冈县)乘船出发。使节团的规模甚大,尤其因为是经过30年之久的长期隔绝以后才重新派遣的遣唐使,所以受到中国方面的格外重视。长安三年(公元703年),则天武后特于大明宫麟德殿设盛大宴会,款待以粟田真人为首的遣唐使节团的官员们,实属非同寻常。据《旧唐书·日本传》和《新唐书·日本传》记载,执节使粟田真人明经史,善文章,容止温雅,为唐朝士大夫所尊重,人望甚高。在中国滞留之际,使节团的团员们能在长安开展各种活动,这是不难想象的。两年之后,即当文武天皇的庆云元年(公元704年),除遣唐副使巨势邑治(庆云四年归国)和大使坂合部大分(养老二年归国)之外,以执节使粟田真人为首的多数人员一同返回到日本。

日本遣唐使除政治上的任务以外,在经济、贸易等方面亦往往有所作为。遣唐使代表日本国家,向中国朝廷进贡品,而中国方面亦作相应的回赠,这实际上可视为两国政府间的国际贸易。此外,唐朝政府对使节团的团员个人亦有所赠予,而团员们亦可在中国首都长安城的市场上购入各种物品。要而言之,或者是中国政府所赐赠,或者是遣唐使自身在长安所购买,第7次遣唐使在长安滞留期间,得到了这面铸造不久的新式的海兽葡萄纹铜镜,而于文武天皇庆云元年(公元704年)七月归国之时携至日本都城藤原京,这样的论断是非常合乎情理的[8]。

事实上,在相当短促的期间内,这面在中国铸造的海兽葡萄镜得能被携往海东的日本,除了往返于中日两国之间的第7次遣唐使以外,实在没有其他的机会。当然,我们不能完全排除由民间的商船运往日本的可能性。但是,在自7世纪末至8世纪初的短时期内,民间的商船往来于中日两国之间而将这面铸造不久的新式铜镜从中国的长安辗转运送到日本,这样的可能性几乎可以说是不存在的。

三

说到这里,还必须回过头来,就高松冢古坟所葬何人的问题再作讨论。按照日本著名学者岸俊男先生的考察,天武天皇与其皇后持统天皇合葬的桧隈大内陵的位置恰好在于当时日本的都城藤原京的中轴线朱雀大路的南面延长线上,而高松冢古坟则位于大内陵的南面略为偏西处,即藤原京朱雀大路南面延长线的西侧近旁[9]。因此,正如日本学者直木孝次郎先生早已指出的那样,高松冢古坟的被葬者应死于持统天皇元年(公元687年)开始营建桧隈大内陵之后,而被葬者的身份应是天武天皇的最亲属,即天皇的皇子[10]。

然而,天武天皇的几位皇子,如大津皇子、草壁皇子、高市皇子、弓削皇子等,或因犯罪而遭诛杀,或则死后葬在别处,他们的死期虽多在大内陵建成之后,但都限于7世纪晚期或末年,不可能用8世纪初才传入日本的这面海兽葡萄纹铜镜随葬。

这样,可以说,只有忍壁皇子是在庆云二年(公元705年)去世的,所以唯独这位皇子才可能是高松冢古坟的墓主人。当时,忍壁皇子受封为三品的亲王,称忍壁亲王或刑部亲王("忍壁"、"刑部"读音相同,皆读 Osakabe),大宝三年(公元703年)任"知太政官事"(宰相),居日本朝政的枢要之位。遣唐使自中国携归的珍贵物品,由朝廷相关部门分赠给亲王等皇族显要之官,乃是常有之事。这样,文武天皇庆云元年(公元704年)七月以粟田真人为首的遣唐使自中国携来的这面海兽葡萄镜不久便归忍壁亲王所有,而翌年庆云二年(公元705年)五月亲王死(年约47~48岁),此镜乃被作为随葬品而纳入其墓中[11]。

应该说，这样的推测和判断也是十分易于理解的。

刑部亲王自文武天皇四年（公元700年）承担编撰律令（因在大宝元年完成，故称"大宝律令"）的重任以来，详细参考中国的典章制度和学术文化而感受良深。因此，其坟墓的形制、规格亦模仿唐朝的陵墓。在墓室的内部，作为最明显的特征，则是在于多幅彩色鲜艳的唐式壁画。壁画的主题，绘描的风格，与陪葬于唐高宗乾陵的永泰公主墓壁画甚为相似，这应该不是偶然的。假如将日本天武·持统两天皇合葬的桧隈大内陵与中国唐朝的皇帝陵相比拟，则可比作唐高宗与则天武后合葬的乾陵，这可谓是再恰当不过的了。于是，无待于言，高松冢古坟就相当于乾陵附近的永泰公主墓、懿德太子墓和章怀太子（雍王）墓等的陪葬墓，而这3座陪葬于乾陵的唐朝贵族墓皆筑造于唐中宗的神龙二年（公元706年）[12]，与高松冢古坟的筑造年份几乎完全相同，实在可传为中日两国考古学上的佳话。

特别值得重视的是，就古坟内所遗人骨的体质人类学鉴定结果而论，刑部亲王作为高松冢古坟的被葬者，在性别和年龄上也是完全符合条件的[13]。

为了郑重起见，我要表明的是，判定刑部亲王为高松冢古坟的被葬者，这是日本学者直木孝次郎先生的创见[14]。我在这里讲述的，主要是关于海兽葡萄镜的铸造时间及其自中国传入日本的年份，从而认定刑部亲王为高松冢古坟的墓主人。

诚然，由于高松冢古坟没有墓志，要判明古坟所葬为何人的问题是极其困难的。以上所述只是我个人的一种见解，提出来供学术界作参考而已。

四

高松冢古坟自1972年发掘以来，关于被葬者为何人的问题最受学术界和社会各界人士的关注。1984年，冈本健一氏撰作题为《高松冢古坟》的论文，主张高松冢古坟所葬为元正天皇养老元年（公元717年）死去的石上麻吕[15]。冈本健一氏的石上麻吕说，于1997年至2000年前后被日本学术界的几位学者所认同，并加以表扬，认为是关于高松冢古坟所葬何人问题的最为妥切的答案。

如冈本健一氏所叙述，据《续日本纪》记载，左大臣石上麻吕生前的官阶为正二位，元正天皇养老元年（公元717年）三月三日死后追赠为从一位（中国古代的官阶称"品"，唐朝亦不在例外；当时日本的官阶除亲王称"品"以外，诸王、诸臣的官阶皆称"位"）。按照《大宝令·仪制令》的规定，唯有一位的高官才能使用深绿色的华盖（仿自当时中国帝王或高官所用的伞状华盖，有严格的规制）。石上麻吕生前的官阶为正二位，不能使用深绿色的华盖，死后追赠官阶为从一位，正具备使用高松冢古坟壁画所见深绿色华盖的资格。查史书记载，在藤原京时代（公元694~710年）和平城京时代（公元710~784年）的初期，日本国内全然没有官阶为一位的高官。因此，在属于平城京时代初期的养老元年（公元717年）三月死去而被追赠为从一位官阶的石上麻吕便成为推定高松冢古坟被葬者的唯一的人选。总之，冈本健一氏的石上麻吕说的问题点集中于高松冢古坟壁画中的伞状华盖，正如冈本氏本人所强调指出，其前提为高松冢古坟不是石上麻吕生前预筑的寿坟[16]，而必须是其死后新筑的坟墓。这样，按照冈本健一氏之所说，高松冢古坟的筑造年代至少不能早于元正天皇养老元年（公元717年）的三月三日。

我不认为高松冢古坟是寿坟。但是，据《续日本纪》记载，石上麻吕死时年为78岁。若78岁的高龄老人石上麻吕是高松冢古坟的被葬者，则高松冢古坟为其生前预筑的寿坟，这样的可能性是很大的。然而，如前文所说，石上麻吕生前官阶为正二位，是不允许在坟内壁画中使用深绿色的华盖的。

高松冢古坟所葬死者置于墓室的棺椁中，尸体腐朽，人骨犹存，计有下肢骨、上肢骨、肩胛骨、锁骨、肋骨等，并有牙齿遗留。大阪市立大学的解剖学者岛五郎氏根据对上述各种遗骨的鉴定，推定被葬者为男性，年龄属40~59岁的"熟年"（基本上与中国的所谓"中年"相当）；大阪市立大学从事放射线医学研究的城户正博、阿部邦昭、土井仲悟和木玉正男氏则认定被葬者为男性，年龄在30岁以上，应排除其为高龄者。岛氏和城户、阿部、土井、木玉四氏分别发表题为《高松冢古坟出土人骨的人类学研究补遗》和《高松冢古坟出土人骨的X线学研究》的鉴定报告，刊登在《橿原考古学研究所创立三十五周年纪念论集》，可供研究者查考[17]。岛五郎和城户正博氏等判定为"熟年者

(40～59岁)"、"30岁以上，应排除其为高龄者"的高松冢古坟的墓主人，由78岁的高龄老人石上麻吕来充当，这岂不是差异过甚，令人难以置信？

　　日本学者们就高松冢古坟被葬者的推定提出许多候选人，他们多属7世纪末、8世纪初的日本藤原京时代（公元694～710年）的贵族、高官等权贵人物。除原田大六、梅原猛、黛弘道、直木孝次郎、岸俊男诸先生早已分别推定被葬者为高市皇子、弓削皇子、大伴御行、忍壁亲王、纪麻吕等7世纪末、8世纪初死亡的皇子、大臣以外，古代史学者和田萃则于1997年在奈良县高市郡明日香村举行的关于高松冢古坟被葬者的讨论会上提出被葬者为死于庆云二年（公元705年）的、官阶为正四位上的式部卿葛野王，而2004年9月在北京举行的亚洲史学会的研究大会上，高松冢古坟的发现者网干善教先生在讲演中仍然坚持此古坟的年代为7世纪末至8世纪初头的一贯主张[18]。要之，从30余年前的1972年到21世纪初期的今日，高松冢古坟所葬之人的官阶与古坟石室壁画上的华盖颜色之间有无必然的关系，日本学者们各持自身的看法，而与1984年以华盖颜色呈深绿色为主要依据而提出被葬者为石上麻吕的冈本健一氏之所说完全不同。同样，我在仔细阅读冈本健一氏的论著之后，仍然坚定地保留我在当初所主张的见解，毫无改变。事实上，就在2000年日本学术刊物《季刊·邪马台国》大事表扬冈本健一氏的石上麻吕说的次年，日本有关学者仍然撰文赞同我所主张的、以海兽葡萄镜的传入为依据的忍壁亲王说[19]，而我本人亦应邀于2004年11月赴日本京都作关于高松冢古坟的讲演，所述古坟的年代及被葬者一如既往，无所更改，受到众多听讲者的欢迎。

五

　　据日本史书《续日本纪》记述，日本人采用火葬始于文武天皇四年（公元700年）三月死去的、曾在中国唐朝留学的名僧道昭，从而可以说，8世纪初期以降日本流行火葬归根结底是受佛教的影响。当然，如下文所述，火葬的推行与日本当政者提倡薄葬亦甚有关系。日本的"古坟"规模宏大，而火葬墓设施简单，两者之间有着明显的差别，这是不言而喻的。

《续日本纪》记持统女天皇于文武天皇大宝二年（公元702年）十二月逝世，遗诏令丧葬俭约，次年大宝三年（公元703年）十二月火葬，与早已于朱鸟元年（公元686年）去世的天武天皇合葬于桧隈大内陵，这是因为持统女天皇本为天武天皇的皇后之故。当时，持统天皇已禅位于其孙文武天皇而成为太上天皇，但始终握有实权，威望甚高。

据《续日本纪》记载，文武天皇死于庆云四年（公元707年）六月，同年十一月继其祖母持统天皇之后，实行火葬。关于文武天皇所葬陵墓何在的问题，过去曾有各种不同的说法。经20世纪70年代以来，特别是1974年的调查发掘，证明有些说法为讹传，而中尾山古坟规模大，规格高，且为火葬，故可断定其为文武天皇之陵。此古坟的坟丘成八角形，正与上述天武·持统两天皇合葬的桧隈大内陵相似，古坟的位置在大内陵之南的近处，与大内陵一同坐落在当时的都城藤原京中轴线朱雀大路的南面延长线上而略为偏西。凡此种种，皆足以断定中尾山古坟为文武天皇之陵。

《续日本纪》又记文武天皇死后，其母元明女天皇登位。和铜三年（公元710年），元明天皇自藤原京迁都于平城京。灵龟元年（公元715年）元明天皇让位于其女元正天皇，而于元正天皇养老五年（公元721年）死去而采用火葬。元正女天皇于神龟元年（公元724年）让位于其侄圣武天皇（文武天皇之子），而于圣武天皇天平二十年（公元748年）死去之后行火葬。圣武天皇让位于其女孝谦天皇，孝谦天皇天平胜宝六年（公元754年）太皇太后藤原宫子（圣武天皇之母）死，亦用火葬。综观以上的记载，除首创火葬的僧人道昭以外，作为准确记述7世纪晚年至8世纪晚年的日本国历史的重要史书，《续日本纪》仅记上述天皇和太上天皇、太皇太后死后行火葬，却不记诸王、诸臣以及其他人士死后是否用火葬。

自17～19世纪的江户时代、19～20世纪初的明治时代以来（个别铜质有铭的骨灰盒残件早在13世纪的鎌仓时代中期已发现），以迄20世纪70年代之末，日本各地共发现火葬墓内所置铜质短册形或方板状墓志（个别墓志亦有为石质或砖制的）以及镌有铭文的铜质骨灰盒（日本称"藏骨器"，所镌铭文等同于墓志）共计10数件之多[20]，它们的年代皆属藤原京时代（公元694～710年）的后期和平城京时代（公元710～784年）的全期。墓志（包括骨灰盒铭文）记火葬墓的地点主要为都城藤原京和平城京所在的大和国（墓志中多作"大倭国"，今奈良县）境内各处，亦有在河内国（今大阪府东部）、摄津国（大阪府西北部）以及远在备中国（今冈山县）、因幡国（今鸟取县）等地的（"国"为当时日本的行政区划，其下设"郡"）。火葬墓的墓主多为官员，亦有世族、官僚家的妇女及有名望的僧侣等。举例而言，火葬年份最早的有文武天皇庆云四年（公元707年）四月死去的、官居正五位下的少纳言威奈大村，有庆云四年九月死去的、官居正四位上的将军左卫士府督文弥麻吕，继之则有元明天皇和铜元年（公元708年）死去的吉备真备（本姓"下道"）的祖母下道圀胜·圀依母夫人（"圀"为武则天所创新字，同"国"），又有和铜元年（公元708年）死去的、官居从七位下的伊福吉部德足比卖（女），也有死于和铜七年（公元714年）的僧人道药师（其短册形墓志为银质），然后又有死于圣武天皇神龟六年（公元729年）的、官居从四位下的小治田安万侣，并有死于圣武天皇天平二年（公元730年）的、官居从五位下而曾参加遣唐使团访问中国的美努冈万，以及死于天平二十一年（公元749年）的大僧正行基，乃至死于天平宝字六年（公元762年）的、官居御史大夫正三位兼民部卿的石川年足[21]，等等。如上文所说，以上诸人实行火葬，其年份要以文武天皇庆云四年（公元707年）四月死去的威奈大村、庆云四年九月死去的文弥麻吕、元明天皇和铜元年（公元708年）死去的下道圀胜·圀依母夫人及和铜元年七月死去的伊福吉部德足比卖（和铜三年火葬）等人为最早，足证庆云四年（公元707年）六月死去而于同年十一月实行火葬的文武天皇是引发日本火葬推广、普及的最重要人物，其作为天皇的崇高的政治地位正成为全面推行火葬的极为有利的条件。当然，前述大宝二年（公元702年）十二月持统太上天皇死后遗诏令丧葬俭约，并于次年大宝三年十二月实行火葬，这对日本火葬的推行有相当大的作用，也是毋庸置疑的。

六

日本自3世纪后期进入"古坟时代"，各种圆坟、方坟、前方后圆坟、前方后方坟等皆称"古坟"，7世纪至8世纪初年的古坟称"终末期古坟"。与古坟时代之前的坟丘墓、台状墓、方形周沟墓等之称

"墓"而不称"古坟"一样，被判定为文武天皇陵的中尾山古坟虽仍有"古坟"之称，但其他的火葬墓皆称"墓"而不称"古坟"。要之，日本考古学上的"古坟"一词有其特定的含义，于此略作说明。

在高松冢古坟发掘以后的30余年的长时期中，我始终密切地注意着日本考古学上的所谓"终末期古坟"在年代上最终可延续至"8世纪初年"中的何年。据我所知，直到进入21世纪的今天，除20世纪80年代判定为筑造于7世纪末叶的藤原京时代（公元694~710年）前期、90年代改判为筑造于710年以后的平城京时代（公元710~784年）初年的奈良山西北部的石のカラト古坟以外，在日本全国以畿内地方为中心的主要区域内，全然不曾在调查发掘工作中发现筑造于公元710年以降的平城京时代（公元710~784年）的"古坟"。因此，作为一个外国的研究人员，我敢于断言，日本"古坟"的筑造基本上终止于藤原京时代（公元694~710年）的后期，极少延续至以后的平城京时代。在公元700~709年的藤原京时代中后期的10年间，日本的坟墓制度发生了划时代的突变，这是日本考古学上一个非常重要的特点，不容忽视。要之，将高松冢古坟认作为奈良平城京时代养老元年（公元717年）所筑造，这应该是错误的。

1979年1月，在日本奈良市东郊发现撰作《古事记》并与《日本书纪》编纂亦有关系的、官居从四位下民部卿的太安万侣的火葬墓及墓内所置铜质短册形墓志，墓志记其人死于元正天皇养老七年（公元723年）。各家新闻报纸大事报道，在日本全国引起高度的重视。当时任中国社会科学院院长的胡乔木先生正在日本访问，及时收集各种报纸，归国后送交于我。我迅速撰作题为《日本最近发现的太安万侣墓》的论文[22]，在《考古》杂志上投稿，而胡乔木院长为求此文早日供社会各界人士阅读，立即推荐先在《光明日报》全文发表。回想起来，此事十分值得纪念，故在这里稍作叙述。

上述火葬墓出土墓志所记威奈大村、文弥麻吕、太安万侣、小治田安万侣、美努冈万、石川年足等人的官阶皆为五位以上，《续日本纪》作为奉敕修撰的国史，按通例记述诸人授位、任官，有的还记其死亡日期，却全然不记死后是否用火葬[23]。因此，虽然《续日本纪》亦不记养老元年（公元717年）石上麻吕死后是否用火葬[24]，但我根据以上所述例证作考量，认为石上麻吕死后采用火葬的可能性是很大的。要之,迟至平城京时代养老元年(公元717年)才死去的石上麻吕所葬为火葬墓,而不是所谓终末期古坟。这样,石上麻吕不是高松冢古坟的墓主人,终于可以确认无疑了。

附记:本文为2004年11月作者在日本京都橘女子大学举办的国际学术讨论会上的讲演稿,原稿由作者本人用日文写成;兹用中文改写、增补,正式发表,以就正于广大的读者方家。

注　释

[1] 王仲殊:《日本高松塚古坟简介》,《考古》1972年第5期。
[2] 王仲殊:《日本の高松塚古墳について》第36~40页,《朝日ジャーナル》第14卷第50号,朝日新闻社,1972年。
[3] 中国社会科学院考古研究所:《独孤思贞墓》第29~43页,《唐长安城郊隋唐墓》,文物出版社,1980年。
[4] 王仲殊:《关于日本高松塚古坟的年代问题》,《考古》1981年第3期。
[5] 王仲殊:《关于日本高松塚古坟的年代与被葬者》,《考古》1982年第4期。
[6] 王仲殊:《高松塚古墳の年代と被葬者について》第9~13页,《橿原考古學研究所紀要——考古學論攷》第8册,奈良县立橿原考古学研究所,1982年。
[7] 中国社会科学院考古研究所:《独孤思贞墓》第40~43页,《唐长安城郊隋唐墓》,文物出版社,1980年。
[8] a. 王仲殊:《第7次遣唐使のいきさつについて》第1~15页,《就实女子大学史学論集》第9号,就实女子大学史学科,1994年。
b. 王仲殊:《关于日本第七次遣唐使的始末》,《考古与文物》2000年第3期。
[9] 岸俊男:《京と葬地》第115页,《日本の古代宫都》,NHK大学講座,岩波书店,1981年。
[10] 直木孝次郎:《被葬者を推理する》第241页,《飛鳥高松塚古墳》,学生社,1972年。
[11] 王仲殊:《高松塚古墳》第218~225页,《中国からみた古代日本》,学生社,1992年。
[12] 王仁波:《懿德太子墓》第609页、《永泰公主墓》第622页、《章怀太子墓》第645页,《中国大百科全书·考古学》,中国大百科全书出版社,1986年。
[13] a. 岛五郎:《高松塚古墳出土人骨の人類學的研究補遺》第807~834页,《橿原考古學研究所創立三十五周年記念論集》,橿原考古学研究所,1975年。
b. 城户正博·阿部邦昭·土井仲悟·木玉正男:《高松塚古墳出土人骨のX線學的研究》第835~851页,《橿原考古學研究所創立三十五周年記念論集》,橿原考古学研

[14] 直木孝次郎：《被葬者を推理する》第 241 页，《飞鸟高松塚古墳》，学生社，1972 年。
[15] 冈本健一：《高松塚古墳》，《日本の遺跡發掘物語第 6 卷·古墳时代Ⅱ》，社会思想社，1984 年。《季刊·邪馬台国》第 70 号转载。
[16] 冈本健一：《高松塚古墳》第 109 页被葬者のイメージ，《季刊·邪馬台国》第 70 号，梓书院，2000 年。
[17] a. 岛五郎：《高松塚古墳出土人骨の人類學的研究補遺》第 807～834 页，《橿原考古學研究所創立三十五周年記念論集》，橿原考古学研究所，1975 年。
    b. 城户正博·阿部邦昭·土井仲悟·木玉正男：《高松塚古墳出土人骨の X 線學的研究》第 835～851 页，《橿原考古學研究所創立三十五周年記念論集》，橿原考古學研究所，1975 年。
[18] 纲干善教：《日本高松塚·キトラ古墳の壁画》，《東アジアの古代文化》2005·夏（124 号）第 2～10 页，大和书房，2005 年。
[19] 猪熊兼胜：《朱雀とともに眠る古墳の被葬者像》第 21～25 页，《季刊·明日香風》创刊 20 周年記念号（第 80 号），飞鸟保存财团，2001 年。
[20] 奈良国立文化财研究所·飞鸟资料馆：《日本古代の墓誌》（包括同书《銘文篇》），奈良国立文化财研究所，1977 年。
[21] 奈良国立文化财研究所·飞鸟资料馆：《日本古代の墓誌》第 77～96 页（包括同书《銘文篇》），奈良国立文化财研究所，1977 年。
[22] 王仲殊：《日本最近发现的太安万侣墓》，《考古》1979 年第 3 期。
[23] 《续日本纪》记威奈大村大宝三年十月九日、庆云三年闰正月五日任官；文弥麻吕庆云四年十月廿四日（墓志作九月廿一日）卒，赠位；太安万侣庆云元年正月七日、和铜四年四月七日、灵龟元年正月十日、灵龟二年九月廿三日授位，养老七年七月七日卒；小治田安万侣庆云四年二月廿五日、和铜四年四月七日、灵龟元年四月廿五日、养老三年正月十三日授位；美努冈万侣灵龟二年正月五日授位；石川年足天平七年四月至天平宝字五年十月授位、任官、赐物，天平宝字六年九月三十日薨。
[24] 《续日本纪》（卷第七）记"养老元年三月癸卯（三日）左大臣正二位石上朝臣麻吕薨，年七十八，帝深悼惜焉，为之罢朝，诏遣式部卿正三位长屋王、左大弁从四位上多治比直三宅麻吕就第弔赠之，并赠从一位"（《续日本纪》卷第七前篇第 68 页，《国史大系》，吉川弘文馆发行，1982 年 4 月）。

（本文原载《考古》2009 年第 3 期）

关于好太王碑文辛卯年条的释读

在我国吉林省集安县的洞沟（通沟），树立着一块巨大的石碑。这是公元414年高句丽的长寿王为颂扬先王好太王的功绩而建立于他的陵墓之旁的。据碑文，好太王的谥号全称为"国冈上广开土境平安好太王"，简称"广开土境好太王"，而《三国史记·高句丽本纪》则称"广开土王"，故此碑称"广开土王碑"，或称"好太王碑"。

好太王碑记述公元4世纪末、5世纪初朝鲜半岛的情势甚详，其中包括倭人入侵半岛的情形。

一

在碑文关于倭人入侵朝鲜半岛的记述中，辛卯年条是至关重要的。辛卯年为好太王即位的第一年，即永乐元年，相当于公元391年。

辛卯年条的碑文可用现代汉语的标点符号分为前后两句如下：

"百残、新罗旧是属民，由来朝贡。而倭以辛卯年来渡海破百残□□［新］罗以为臣民"（后句中二个空白的方框，是代表因碑面磨损而不能判读的二个字；［新］字亦因磨损而不全，但剩有右旁的"斤"，因其后为"罗"字，故可相连判读为"新罗"）。

前句文字清楚，含义明确，可准确地施加顿号和逗号。后句有二个字因碑面磨损而不能判读，特别是"来渡海"三字在文理上有不通之嫌（详见下文），如何施加标点，遂成为学术界争论的焦点。

第二次世界大战以前，学者们多认为辛卯年条后句中的"来"字为动词，因磨损而不能判读的二字为一个名词，故加标点为"而倭以辛卯年来，渡海破百残、□□、［新］罗，以为臣民"，对此条前后两句的解释为"百济、新罗旧是（高句丽的）属民，由来（向高句丽）朝贡。而倭以辛卯年来,渡海破百济、[任][那](或[加][罗])、新罗,以为(倭的)臣民"。

20世纪50年代以后,学者们对上述辛卯年条前句的标点和解释没有提出任何异议,但有的学者认为此条后句若按以上的标点和解释,则"来"字与"渡海"二字之间显然存在着矛盾,在文理上不通。这就是说,倭人来到朝鲜半岛之后,若又渡海破半岛南部的百济和新罗,则所渡为何处之海,就难以理解。有的学者强调好太王碑的记述是站在高句丽的立场上,一切以高句丽为出发点,所以入侵的倭人必须到达半岛的北部,才能称"来",从而使"(倭)来渡海破百济、新罗"更成为不可思议的了[1]。要之,倭为"来"的主语,就不能兼为"渡海破"的主语,由于碑文的记述是站在高句丽的立场上,所以产生了主张"渡海破"的主语是高句丽的新说,尽管文句中根本没有高句丽字样。

持新说的学者认为句中因磨损而不能判读的二字不是"任那"或"加罗",有的学者连"新"字的存在也不予承认,从而使不能判读的字增为三个。在认定高句丽为"渡海破"的主语的前提下,持新说的几位学者按照各自的理解,对不能判读的字进行推测,就全句的含义作出各种解释,归纳起来,则为高句丽渡海破倭说和高句丽渡海破百济说两种[2]。他们主张不是倭以百济、新罗为臣民,而是百济以新罗为臣民,或高句丽(好太王)以百济、新罗为臣民。

1978年,日本学者武田幸男发表题为《广开土王碑文辛卯年条的再吟味》的论文[3],对上述高句丽渡海破倭说和高句丽渡海破百济说进行分析、批判,使此类新说被认为是难以成立的。武田氏不认为第二次世界大战以前的旧说全属误谬,并主张成为问题关键所在的"来"字与"渡"字是不可分割的,其间不仅不能加句号,而且也不宜加逗号,从而使二字相连成为"来渡"一词。

1984年中国学者王健群发表了题名为《好太王碑研究》的专著[4],1985年日本学者西岛定生发表了以《关于广开土王碑文辛卯年条的读法》为题的论文[5],都主张辛卯年条后句"渡海破"的主语是倭。王氏主张因碑面磨损而不能判读的二个字为一个动词,其主语也是倭。西岛氏认为也许因碑石此处在刻碑前已龟裂,故本来就不曾刻此二字,若刻此二字,则二字应是以倭为主语的一个动词,其为一个名词的可能性极小。要之,两氏对辛卯年条后句的解释是倭渡海破百济、新罗,以百济、新罗为倭的臣民。王健群和西岛定生氏断然否定20世纪50年代以后提出的所谓新说，却充分承认新说提倡者对"倭人来了又渡海"在文理上不通的指摘是合理的。两氏认为，武田幸男氏的"来渡"连词说仍然不妥，是不足取的。他们一反通说，主张"来"字不是动词，而是表示时间推移的助词，其意义与"以来"相同，从而释辛卯年条此句中的"倭以辛卯年来"为"倭自（从）辛卯年以来"，使"来"与"渡海"二字之间的矛盾得到消除[6]。由于碑文明记永乐六年（公元396年）好太王亲率水军讨伐百济，所以两氏所说"倭自（从）辛卯年以来"在时间上是指辛卯年（公元391年）至永乐五年（公元395年）。

二

王健群、西岛定生氏将辛卯年条后句中的"倭以辛卯年来"释为"倭自（从）辛卯年以来"，已如上述。从语言学的角度看，在中国古代汉语和现代汉语中，"来"字作为表示时间推移的助词，其意义与"以来"相同，这是人所共知的。他们将"以"字视为表示时间开始的助词，与"自"字或"从"字同义，也不是毫无根据的。如西岛定生在其论文中所引述，《史记·李斯列传》"李斯以间阎历诸侯"句和同书《西南夷列传》"以长沙、豫章往"句中的"以"字都与"自"字或"从"字同义，便是例证（应该指出，上述《史记》句中的"以"字虽与"自"、"从"二字同义，却是表示经历和行动开始的助词，不是表示时间开始的助词）[7]。要之，单就碑文辛卯年条本身来看，王氏和西岛氏的"以来说"是具有一定的说服力的，所以受到学术界的重视。

但是，我仔细查考了好太王碑的碑文，觉得从碑文的全体看来，两氏的"以来说"有许多值得怀疑之点，未必妥当。我的理由如下：

（1）王氏和西岛氏主张辛卯年条后句中的"以"字与"自"字或"从"字同义，虽有上述《史记》的文句可以为证，但就文句的内容而言，"间阎"指平民，"长沙"、"豫章"为地点，都是具体、实在的名词，而"辛卯年"指的是时间，虽属名词，却是抽象、无形的。特别是"历"、"往"皆为表示人的经历、行动的动词，而"来"却被西岛氏等视为表示时间推移的助词。因此，从语法构造上说，《史记》中的"以间阎历诸侯"、"以长沙、豫章往"虽与碑文中的"以辛卯年来"有类似之点，却是不尽相同的。如我在上文括号内所指出，辛卯年条中的"以"字被西岛氏等视为表示时间开始的助词，而西岛氏始终没有能够在中国古代各种史书文籍中直接找到用"以××年来"表示"自（从）××年以来"的句例，这毕竟是他的"以来说"的一大弱点。

（2）我认为，"倭以辛卯年来"是否可释为"倭自（从）辛卯年以来"，首先应该就近从好太王碑碑文本身着眼，加以考察。好太王碑的碑文是一篇共有1770余字的长文，所述事情既多，所用词汇亦广。作为文章，碑文虽不无自身的特色，但主要还是遵循当时汉语的一般语法。因此，西岛先生主张辛卯年条中的"以"字与"自"、"从"二字同义，理应从碑文本身的用词中求根据。但是，据我统计，碑文中所用"以"字达10处之多，却没有1处可供他的上述考释作佐证。其中，与年份、日期有关的"以"字共有3处，除辛卯年条1处以外，还有甲寅年条和丙申年条的2处。只要将这3处所用的"以"字加以比较，就可以知道，"倭以辛卯年来渡海"句中的"以"字与"以甲寅年九月廿九日乙酉迁就山陵"[8]、"以六年丙申王躬率水军"[9]两句中的"以"字是完全相同的。十分明显，这3处"以"字与《史记·孟尝君列传》"（田）文以五月五日生"句中的"以"字一样，相当于现代汉语中用以表示时间所在的助词"于"字而增强调之意，而在日本语的翻译中则往往为保留汉字的原字并突出其作为"手段"的一面而译为"以て"，却不能与"自"、"从"等表示时间开始的助词混同而译为"より"。作为同属好太王时期的高句丽文辞，朝鲜平安南道大安市德兴里古坟墓志铭中有"以永乐十八年太岁在戊申十二月辛酉朔廿五日乙酉迁移玉柩"之句[10]，句中的"以"字亦可作为我的上述论点的旁证。

（3）为了使讨论进一步具体化，我们应该直截了当地看一看好太王碑碑文本身是怎样使用"以后"、"以来"等表示时间推移的助词的。据我所见，碑文中使用"以后"和"以来"的助词各有2处，合计有4处之多。在使用"以后"的助词时，碑文作"自今以后"[11]、"从今以后"[12]，在使用"以来"的助词时，碑文作"自此以来"[13]、"自上祖先王以来"[14]，足见碑文的作者对此类助词的使用是有一定格式的，其措辞是平易而明确的。因此，不言而喻，若辛卯年条后句所述时间为"辛卯年以来"则碑文原文就应该作"自（从）辛卯年以来"，而不应作"以辛卯年来"。总之，从碑文全体一贯的语法习惯来看，"倭以辛卯年来"句中的"以"字不能与"自"、"从"二字等同,"来"字也不能与"以来"二字等同。

(4) 作为表示时间推移的助词,"以来"与"以后"是不同的。在叙述过去的事情时,"以后"是指从那时以后,但不一定延续到现在。然而,查中国汉语辞典和日本国语辞典,中国汉语的"以来"和日本语的"以来"一样,则是指从过去某一时候开始,一直继续到现在。王健群氏在其所著《好太王碑研究》一书中讨论辛卯年条的文句,强调"来"字与"以来"二字同义。他所举现代汉语和古代汉语中的许多"来"字,其意义都与"以来"二字相同,这是毫无疑问的[15]。但是,必须指出:"三年来"、"二十年来"中的"来"是指从3年前或20年前开始,一直到如今;"未审入秋来眠食何似"中的"来"是指从韩愈作《与孟尚书书》当年的秋初开始,一直到作书的当日;"古来圣贤皆寂寞"中的"来"是指从古代开始,一直到李白作诗之时;"四十年来家国"中的"来"是指从南唐李昪建国称帝开始,一直到李煜降宋作词之日;"世味年来薄似纱"中的"来"也是指从陆游作此诗前的近年开始,一直到作此诗的当时。就好太王碑碑文而言,"自上祖先王以来"在时间上也是指从高句丽的上祖先王之时开始,一直到好太王时为止。总之,好太王碑是长寿王二年(公元414年)建立的,从辛卯年(公元391年)至永乐五年(公元395年)的短短5年的时间推移在碑文中是不能用"以来"这个助词表示的。

西岛定生先生在论文中详细论述"来"字作为动词所应该具备的条件,强调必须在空间上完成从彼处至此处的全部行动,才能称"来"。他的这种论点是否完全准确,这里暂且不论。但是,我认为,作为表示时间推移的助词,却必须在时间上包含从过去到现在(所谓现在,在碑文中应指长寿王初年,至少应指好太王末年)的全部过程,才能称"来"或"以来"。

(5) 好太王碑文"八年戊戌"条中的"自此以来,朝贡论事"句,省略了主语。我认为,从前后的文章判断,此句所称朝贡者不是百济。十分明显,百济王在永乐六年(公元396年)已战败投降而发誓臣服于好太王,永乐八年(公元398年)好太王没有再加征伐,所以百济不可能从此年开始,忽然向高句丽朝贡。碑文确记永乐九年(公元399年)百济违誓,所以纵使百济在永乐八年(公元398年)向高句丽朝贡了,但到翌年（公元399年）就立刻背叛。这样，在长寿王二年（公元414年）建立的碑文中，是决不会将永乐八年（公元398年）至九年（公元399年）仅仅一年间的朝贡说成"自此以来，朝贡论事"的。关于"八年戊戌"条的碑文，我将在后面详加考证。

三

如我在前面所说，好太王碑文中使用与年份、日期有关的"以"字共有3处，除辛卯年条1处以外，还有甲寅年条和丙申年条的2处（加上德兴里古坟墓志铭中的1处，则可增为4处）。将这3处所用的"以"字加以比较，就可以知道，"倭以辛卯年来渡海"句中的"以"字与"以甲寅年九月廿九日乙酉迁就山陵"、"以六年丙申王躬率水军"两句中的"以"字是完全相同的（与"以永乐十八年太岁在戊申十二月辛酉朔廿五日乙酉迁移玉柩"句中的"以"字也完全相同）。很明显，甲寅年条句中的"迁（就）"和丙申年条句中的"（躬）率"是动词（德兴里古坟墓志铭句中的"迁移"也是动词），可见辛卯年条句中的"来（渡海）"也应该是动词。

我认为，在确认"来"字为动词的基础上，"倭以辛卯年来渡海破百残□□〔新〕罗以为臣民"的碑文仍以按第二次世界大战前的旧说施加标点而释为"倭以辛卯年来，渡海破百济、□□、新罗以为臣民"为妥。当然，参酌武田幸男氏的意见，将标点调整为"倭以辛卯年来渡海，破百济、□□、新罗以为臣民"，这也是无可指责的。

如前所述，西岛定生氏认为，作为动词，必须完成自彼处至此处的全部行动，才能称"来"。但是，我认为，"来"字作为动词，其意虽然应指自彼处至此处，但也可以指从远处到近处。中国的辞书《辞海》对动词"来"字的解释为"由彼至此；由远及近"，便可为证[16]。好太王碑碑文的记述，固然是站在高句丽的立场上，一切以高句丽为出发点，但对朝鲜半岛北部的高句丽来说，倭人由远及近，从日本列岛到达朝鲜半岛的南部，这也未必不可称之为"来"。若问倭人所渡为何处之海，则可一阅东亚的地图。在未发现年代更早的古地图之前，暂且以15世纪初在朝鲜绘制的《混一疆理图》为依据[17]，亦可证明高句丽的统治者确知倭地在朝鲜半岛南部海外之南方。要之，从东亚地理的实际情况而论，倭人所渡无疑为今对马海峡和朝鲜海峡之海，舍此不能有别的解释。可以说，碑文辛卯年条后句"来渡海"三字在文法上虽然稍有语病，但说的是倭人渡海而来，这是明确的。

应该指出，像好太王碑辛卯年条后句中"来渡海"那样有语病的措辞，在《三国志·魏志·倭人传》中也有所见，《倭人传》中"其行来渡海诣中国"之句便是众所周知的例证。西岛定生先生以符定一《联绵字典》的解释为依据，指出《魏志·倭人传》此句中的"行来"及《后汉书·陆康传·宋万传·计子勋传·东夷传》、《三国志·魏志·倭人传》（其他文句）、《晋书·苻坚载记》等史书所见许多"行来"，与日本语中的"行き来"一样，意为"往来"（动词，可转化为名词），这当然是无可非议的[18]。但是，他在用日本语对"其行来渡海诣中国"所作的翻译中，以"假名"（在某种程度上可视为日本语的字母）作助词，使"行来"转化为名词，隔断了其与"渡海"之间的紧密联系[19]，则是应该商榷的。我认为，《倭人传》此句中的"其"是指倭人，"其行来渡海诣中国"应直率地释为"倭人往来渡海至中国"。这样，大家就会发现，倭人至中国虽然必须渡海，但不能往来渡海，从而可见《倭人传》此句也有语病。如果将"行来"二字按字面释为"旅行而来"，则此句应释为"倭人旅行而来，渡海至中国"，这就与辛卯年条"倭以辛卯年来，渡海破百济"之句完全相同了。总之，《魏志·倭人传》之句虽有语病，但指的是倭人渡海至中国，这是不应引起误会的。同样，辛卯年条后句虽有语病，但指的是倭人渡海至朝鲜，这也是不应引起误解的。

在古代汉语中，《诗经·小雅六月》云"来归自镐"，《玉台新咏·日出东南隅行》亦云"来归相怨怒"。所云"来归"二字指"归来"（《左传·庄廿七年》句中"来归"指妇女离婚回娘家，其意亦为"归来"），而不是指"来了又归"，这早已成为常识。在现代汉语中，人们常说"他到这里来赴宴"，"外国教授到中国的大学来赴任"一类的话，若按语法严加分析，"来"与"赴宴"、"赴任"之间也有矛盾。但是，在主、客分明的情况下，虽有语病，却是不会引起"来了又赴"之类的误解的。

四

就19世纪后期以来好太王碑碑文的保存现状而言，辛卯年条"而倭以辛卯年来渡海破百残□□〔新〕罗以为臣民"句中有二个字的欠缺（本文以空白的方框表示）。长期以来，学者们对此作推测，归纳起来，有"未刻字说"、"动词说"、"名词说"3种说法。

（1）未刻字说　据我所知，此说最初是日本学者末松保和提出来的。如前面所说，西岛定生氏也在1985年发表的论文中说这二个字可能是因碑面磨损而不能辨识，也可能是因碑石此处早已龟裂，刻碑时本来就未曾刻此二字[20]。这样，如果碑上本来就没有这二个字，"（倭）破百济、新罗以为臣民"的文句就显得十分通顺，大家都满意，不必为此争论了。

但是，通读好太王碑全文，碑上所刻文字凡属可识的，只有第一面第6行"其词曰"之下因款式关系留出相当于二个字的空缺以外，其余都是紧密相连，没有空缺之处。至少从公元7世纪后期高句丽灭亡以后，此碑立于荒野中已达1200余年之久，风雨侵蚀，加上人为的破坏，因碑面磨损而使部分字迹残缺或消失，这是可以理解的。若谓因刻碑之前此处碑石早已龟裂而未曾刻字，这样的可能性恐怕是不大的。与此二字紧接的"新"字剩有右旁的"斤"，也足以说明此二字与"新"字左偏的"亲"一样，是刻字以后才磨灭的。因此，我从本文开头就称它们为"因碑面磨损而不能判读的二个字"。

（2）动词说　20世纪50年代以来，主张这二个字为动词的学者越来越多，他们推测此二字为"击"、"更讨"、"又伐"、"兼伐"、"又服"、"兼服"、"胁降"或"随破"等[21]。无待于言，上述这些动词的主语是倭，宾语是新罗。

首先，应该指出，"击新罗以为臣民"在文理上是不通的。因为，击而破之，固然能以其为臣民，击而不破，是不能以其为臣民的。

如所周知，好太王碑碑文的用词是十分注意褒贬之别的。如西岛定生氏所指出，从高句丽的立场出发而言，倭人侵攻朝鲜半岛是不正当的，所以不能用"讨"、"伐"、"服"等含有褒义的动词[22]。我赞同西岛先生的这个意见，并认为"降"字也不宜用于倭对新罗的不正当行为。

这样，若推定这二个字为一个动词，就只能是"随破"了。所谓"随破"，与"又破"是没有区别的。然而，"（倭）破百济，又破（随破）新罗，以为臣民"的文句，在语法上虽然不能说不通，但在修辞上却严重地犯了重复之病。与"（倭）破百济、新罗，以为臣民"相比，"（倭）破百济，又破（随破）新罗，以为臣民"中的"又破（随破）"二字显然是多余的。若请语文教师修改文章，这二字恐怕非被作为"赘词"删除不可。相信精通汉语的碑文作者，是不至于措此拙词的。其实，不用"又破（随破）"而用"又伐（兼伐）"、"又服（兼服）"等动词，其在文章修辞上的不良效果也是一样的。总之，说来说去，这二个字为动词的可能性也不大。

（3）名词说 持名词说的学者也不少，他们明确主张这二个字是"任那"或"加罗"。由于此说主要是在第二次世界大战之前提出的，故被视为"旧说"。但是，学说是否正确，要看其理由是否充分而定，不能因其为"旧说"而加以否定。

有的学者认为，在辛卯年条中，前句是"百济、新罗旧是属民，由来朝贡"，所以后句只说"而倭以辛卯年来，破百济、新罗以为臣民"就足够了，不必新加"任那"或"加罗"[23]。但是，我觉得，只要碑文不是完全出于凭空的捏造，就不能只求文章通顺、简洁，而是要顾及事实，尽管碑文中也有许多夸张不实之词。就碑文所述而言，倭人能破百济和新罗，为什么就不能破百济、新罗以南的任那或加罗呢？就文章是否通顺、简洁而言，虽然前句只提到百济和新罗（向高句丽朝贡），后句说倭人在破百济、新罗的同时，又破了任那（或加罗），这也是没有什么可以指责的。其实，好太王碑记事的特点正在于根据实际的需要而将城邑、"鸭卢"、"国烟"、"看烟"等名词按类别在各处文句中一一列举，少自四鸭卢，多至50余城名，不厌其烦[24]。此处并列百济、任那（或加罗）、新罗3个国名，又何足为怪？据我看来，句中增任那或加罗而成"（倭）破百济、任那（或加罗）、新罗以为臣民"，这在文章修辞上不仅无唐突之病，反而有承前启后之功。所谓承前，是指前句"百济、新罗旧是属民，由来朝贡"；所谓启后，是指后述"（十年庚子）自倭背急追至任那加罗"[25]。正是由于辛卯年（公元391年）倭人攻破百济、任那（或加罗）和新罗，所以好太王于永乐六年（公元396年）出征百济，又于永乐十年（公元400年）往救新罗，追击倭人直到任那加罗的从拔城。

总之，我认为辛卯年条后句因碑面磨损而不能判读的二字以系一个名词的可能性为大。只要这二个字是一个名词，那就应该是"任那"或"加罗"。

五

好太王碑碑文说："八年戊戌，教遣偏师观帛慎土谷，因便抄得莫斯罗城、加太罗谷男女三百余人。自此以来，朝贡论事"。在好太王碑的研究中，以上两句碑文被称为"八年戊戌"条。好太王永乐八年，相当于公元398年。此年干支为戊戌，故称戊戌年。

本文如题目所示，主要是讨论碑文辛卯年条的释读。但是，由于前面在论证表示时间推移的助词"来"和"以来"的用法时涉及八年戊戌条中的"自此以来，朝贡论事"，所以必须对此条文句作全面的论述。

对八年戊戌条两句碑文的解释，关键在于"帛慎土谷"的"帛"字[26]。此字笔划清楚，但字形奇异，故有的学者释"息"，有的学者释"帛"，难以确定。释"帛"的学者说，"息"字上面为"自"，下面为"心"，与此字不同[27]。但是，我认为，"帛"字下面为"巾"，居中一竖出头，而此字下面则是中间二竖并列，皆不出头，也不同于"帛"字。所以，只能说，作为异体字，此字有些像"帛"，也有些像"息"。由于"帛"字之后接"慎"字，所以不少学者判读相连的二字为"息慎"。"息慎"即肃慎，为周代旧称，汉时称挹娄，南北朝时称勿吉，但《晋书·东夷传》和《三国史记·高句丽本纪》仍有肃慎之称。1985年在日本东京举行的以好太王碑为中心的国际古代史讨论会上，武田幸男氏主张"帛慎"可直接释读为肃慎[28]，但我认为还是以释"息慎"为宜。

主张"帛"字为"帛"字的王健群氏对八年戊戌条的解释（"今译"）是："八年戊戌之岁，（好太王）打发一部分军队到边境上的帛慎土谷去观察动静，就便又掳来（百济）莫斯罗城、加太罗谷两个地方男女生口三百余人。从这以后，（百济才）朝贡听命"[29]。

但是，我认为，据碑文所述，百济王在永乐六年（公元396年）经好太王亲率水军讨伐,已战败投降,发誓臣服。当时百济是否已向高丽朝贡,因碑文未记,不得而知。但是,如王氏所说,永乐八年(公元398年)好太王没有征讨百济,只是派小股部队巡视本国的边境,顺便掳掠百济边境上的一些人口,这怎么能使百济"从这以后(才)朝贡听命"呢?

在八年戊戌的记事之后,碑文忽然一转语气,说"九年己亥,百济违誓"。这显然是针对六年丙申条中百济王"自誓永为奴客"而言,而不是紧接上文的"朝贡论事"而言的。如果如王氏所说,永乐八年(公元398年)朝贡的是百济,那么,由于永乐九年(公元399年)的违誓,其向高句丽朝贡的时间也仅限于永乐八年(公元398年)至九年(公元399年)的1年间。这样,如我在前面论证"以来"这一助词在时间上所含意义时所指出,在长寿王二年(公元414年)建立的碑文中,又怎能将永乐八年(公元398年)至九年(公元399年)仅仅1年间的朝贡说成是"自此以来,朝贡论事"呢?

王健群氏可能也觉得若按自己对八年戊戌条的解释,"自此以来"4个字在文理上就显得不通,所以在此条的"今译"中将"自此以来"改为"从这以后"[30]。但是,如我在前面所指出,在好太王碑的碑文中,"以后"和"以来"的用法是清楚有别的。八年戊戌条中不用"以后"而用"以来",这是出于碑文作者的准确措辞,是不允许任意改动的。

我认为,若将"帛慎"释为"息慎",则八年戊戌条的文理就显得十分通顺,毫不费解。"自此以来,朝贡论事"句中虽省略了主语,但从前句"(好太王)教遣偏师观息慎土谷"看来,朝贡者当然是息慎(莫斯罗城、加太罗谷两地在息慎境内)。息慎从永乐八年(公元398年)开始朝贡,一直继续到永乐末年,甚至到长寿王继位后还在向高句丽朝贡,故碑文称"自此以来,朝贡论事"。

持反对意见的王健群氏说,肃慎是高句丽北方的大国,不可能因好太王遣偏师在边境上掳掠一些人口而恐惧得向高句丽朝贡[31]。其实,好太王碑所记各种事情,虽非完全出于捏造,但长寿王为了表彰先王功绩,炫耀本国威力,在碑文中所作虚夸之辞确实不少。就王氏本人的认识而言,碑文虚夸不实之词就有"百济、新罗旧是(高句丽的)属民","(倭)以(百济、新罗)为臣民","东夫余旧是邹牟王属民"等多处[32]。此处夸示息慎向高句丽朝贡,纵使与事实不尽符合(王氏退一步认为，如果非以"帛慎"为息慎不可，从语句上看，"朝贡论事"的也只能是莫斯罗城和加太罗谷而已[33]），也是不足为怪的。

据《竹书纪年》、《国语》和《史记》等史书记载，上古（舜）和西周（武王、成王）之时，息慎（肃慎）氏来朝，献楛矢、石砮。由于肃慎远处东北方苦寒之地，其入贡遂被作为象征古代帝王威德广被之佳话，历代相传，至东晋南北朝之时而不衰。长寿王在表彰先王功绩的碑文中记肃慎朝贡之事，这是理所当然的。

王健群氏说，"息慎"为肃慎之古称，久已不用，南北朝时称"勿吉"，虽肃慎之名时有沿用，但没有写成"息慎"的[34]。对于这个问题，我在前面其实已经作了解答，无须多论。要之，"肃慎朝贡"之所以可贵，正是在于象征上古、西周时代帝王威德之远及。"息慎"为肃慎之古称，所以碑文中必须称"息慎朝贡"，才显得高句丽统治者熟悉中国古典。若写作"勿吉朝贡"，那倒反而弄得有失古意，不能登大雅之堂了。

高句丽的邻国，南有百济、新罗、任那（虽不接壤，但相距不远）等，北有契丹、扶余和勿吉。碑文记好太王于永乐五年（公元395年）讨契丹族之碑丽，六年（公元396年）伐百济，十年（公元400年）往救新罗而追击倭人至任那加罗，二十年（公元410年）服东夫余。如果唯独对勿吉只字不提，那倒是不可理解的了。相反，在讨碑丽、伐百济、救新罗、追倭人至任那加罗、服东夫余之外，加上永乐八年（公元398年）对勿吉（息慎）施加军事压力而使其"朝贡论事"，这才是符合碑文开头所说"（好太王）威武振被四海"的颂辞的。

总之，从碑文的前后文章和所述的事理看来，永乐六年（公元396年）好太王亲征百济，至当年百济王投降，献出生口千人、细布千匹，并向好太王发誓永为奴客，而好太王则执百济王弟及大臣10人，凯旋还都（丸都，在今吉林省集安县），事情便告结束。3年以后，到了永乐九年（公元399年），百济才违誓而与倭人勾结。在永乐六年（公元396年）至九年（公元399年）之间，穿插记述永乐八年（公元398年）好太王遣偏师掳掠勿吉（息慎）境内的人口而导致其朝贡（按照中国的古典，"息慎朝贡"是最难能可贵的，故碑文突出"朝贡论事"四字）的勋绩，这与征伐百济之事是无关的。

附记： 本文是笔者1990年3月18日在日本东京举行的以5世纪为中心的国际东亚古代史讨论会上的发言稿，归国后加以增改，在《考古》杂志上发表，以就正于西岛定生、王健群先生及国内外读者方家。

注　释

[1]　郑寅普：《廣開土境平安好太王陵碑文釋略》第24～29页，《古代日本と朝鮮の基本問題》，学生社，1974年（郑氏原作为朝鲜文，发表于1955年）。

[2]　a. 朴时亨：《廣開土王陵碑》第163～166页，朝鲜社会科学出版社，1966年。
　　 b. 金锡亨：《古代朝日關係史——大和政權と任那》第367～371页，劲草书房，1969年（原作书名《初期朝日关系研究》，为朝鲜文，发表于1966年）。

[3]　武田幸男：《廣開土王碑文辛卯年条の再吟味》第51～84页，《古代史論叢》上卷，吉川弘文馆，1978年。

[4]　王健群：《好太王碑研究》，吉林人民出版社，1984年。

[5]　西岛定生：《廣開土王碑文辛卯年条の読み方について》第187～205页，《三上次男博士喜壽記念論文集》历史编，1985年（在这以前，西岛氏早已发表了《廣開土王碑文辛卯年条の読法について》的论文，收入《図説日本の歷史》第三卷月报，集英社，1974年）。

[6]　a. 王健群：《好太王碑研究》第156、213页，吉林人民出版社，1984年。
　　 b. 西岛定生：《開土王碑文辛卯年条の読み方について》第202、203页，《三上次男博士喜壽紀念文集》历史编，1985年。

[7]　西岛定生：《廣開土王碑文辛卯年条の読み方について》第202页，《三上次男博士喜壽記念論文集》历史编，1985年。

[8]　王健群：《好太王碑研究》第206页（好太王碑文第一面第六行），吉林人民出版社，1984年。

[9]　王健群：《好太王碑研究》第210页（好太王碑文第一面第九行），吉林人民出版社，1984年。

[10]　朝鲜社会科学院、朝鲜画报出版社：《德興里高句麗壁画古墳》，讲谈社，1986年。

[11]　王健群：《好太王碑研究》第227页（此四字在好太王碑文第四面第九行，全句为"又制守墓人自今以后不得更相转卖"），吉林人民出版社，1984年。

[12]　王健群：《好太王碑研究》第221页（此四字在好太王碑文第二面第四行，全句为"从今以后，永为奴客"），吉林人民出版社，1984年。

[13]　王健群：《好太王碑研究》第221页（此四字在好太王碑文第二面第六行，全句为"自此以来，朝贡论事"），吉林人民出版社，1984年。

[14]　王健群：《好太王碑研究》第227页（此四字在好太王碑文第四面第六行，全句为"自上祖先王以来，墓上不安石碑"），吉林人民出版社，1984年。

[15]　王健群：《好太王碑研究》第156页，吉林人民出版社，1984年。

[16] 辞海编辑委员会：《辞海》（下）第 4420 页，上海辞书出版社，1979 年。

[17] a. 此图全称"混一疆理历代国都之图"，明建文四年（公元 1402 年）在朝鲜所作，是在中国元代地图中补入日本的"行基图"而成，见上田正昭、田边昭三：《埋もれた邪馬国の謎》特别附图，《日本歴史展望》第一卷，旺文社，1981 年。

b. 弘中芳男：《古地図と邪馬台国》第 5～10 页，大和书房，1988 年。

[18] 西岛定生：《廣開土王碑文辛卯年条の読み方について》第 200 页，《三上次男博士喜壽記念論文集》历史编，1985 年。

[19] 西岛定生译"其行来渡海诣中国"为"その行き来に海を渡つて中国にいたる"。见西岛定生：《廣開土王碑文辛卯年条の読み方について》第 200 页，《三上次男博士喜壽記念論文集》历史编，1985 年。

[20] 西岛定生：《廣開土王碑文辛卯年条の読み方について》第 194、203、204、205 页，《三上次男博士喜壽記念論文集》历史编，1985 年。

[21] a. 王健群：《好太王碑研究》第 150 页，吉林人民出版社，1984 年。

b. 西岛定生：《廣開土王碑文辛卯年条の読み方について》第 194 页，《三上次男博士喜壽記念論文集》历史编，1985 年。

[22] 西岛定生：《廣開土王碑文辛卯年条の読み方について》第 194 页，《三上次男博士喜壽記念論文集》历史编，1985 年。

[23] 西岛定生：《廣開土王碑文辛卯年条の読み方について》第 194 页，《三上次男博士喜壽記念論文集》历史编，1985 年。

[24] 王健群：《好太王碑研究》第 210、221、222、223、224 页，吉林人民出版社，1984 年。

[25] 王健群：《好太王碑研究》第 216、217 页，吉林人民出版社，1984 年。

[26] 王健群：《好太王碑研究》图 4～20，吉林人民出版社，1984 年。

[27] 王健群：《好太王碑研究》第 169 页，吉林人民出版社，1984 年。

[28] 武田幸男：《四～五世紀の朝鮮諸国》第 124～140 页，《シンポジウム好太王碑（四、五世紀の東ァジァと日本）》，东方书店，1985 年。

[29] 王健群：《好太王碑研究》第 214 页，吉林人民出版社，1984 年。

[30] 王健群：《好太王碑研究》第 214 页，吉林人民出版社，1984 年。

[31] 王健群：《好太王碑研究》第 169 页，吉林人民出版社，1984 年。

[32] 王健群：《好太王碑研究》第 150、189、190 页，吉林人民出版社，1984 年。

[33] 王健群：《好太王碑研究》第 169 页，吉林人民出版社，1984 年。

[34] 王健群：《好太王碑研究》第 169 页，吉林人民出版社，1984 年。

（本文原载《考古》1990 年第 11 期）

再论好太王碑文辛卯年条的释读

去年4月我曾写作《关于好太王碑文辛卯年条的释读》一文，刊登在《考古》1990年第11期[1]。现在，我想作若干补充，以求进一步阐明自己的观点。

为了使读者易于理解，本文在叙述上必须顾及以往学术界对好太王碑文辛卯年条释读的研究过程，从而不得不与前文稍有重复。但是，我尽量在这方面做到简单扼要，而将主要的篇幅用于详细发表新增的内容。

一

好太王碑（又称广开土王碑）碑文辛卯年条说："而倭以辛卯年来渡海破百残□□［新］罗以为臣民"。其中，"百残"之后的二个字因碑面磨损而不明，难以判读；［新］字亦因磨损而不全，但剩有右旁的"斤"[2]，因其后为"罗"字，故可相连判读为"新罗"。

如所周知，关于碑文辛卯年条的释读，重要的关键在于此条文句中的"来"字。如我在《关于好太王碑文辛卯年条的释读》中所述，在第二次世界大战以前，学者们多认为碑文中的这个"来"字是动词，因磨损而不明的二字是一个名词，故对此条文句施标点而解释为"而倭以辛卯年来，渡海破百济、［任］［那］（或［加］［罗］）、新罗，以为（倭之）臣民"。

但是，从20世纪50年代以来，有的学者认为若按以上的标点和解释，则"来"字与"渡海"二字之间显然存在着矛盾，在文理上不通。这就是说，好太王碑文的记述是站在高句丽的立场上，而高句丽的地理位置在朝鲜半岛，所以倭人来到朝鲜半岛之后，若又渡海破百济、新罗等，则所渡为何处之海，就难以理解[3]。要之，从这些学者看来，倭为

"来"的主语，就不能兼为"渡海破"的主语，由于碑文的记述是站在高句丽的立场上，所以提出了主张"渡海破"的主语是高句丽（好太王）的新说，尽管文句中根本没有"高句丽"（或"好太王"）字样。

持新说的学者们认为文句中因磨损而不明的二字不是"任那"或"加罗"，有的学者连"新"字的存在也不予承认，从而使不能判读的字增为三个。在认定高句丽（好太王）为"渡海破"的主语的前提下，持新说的几位学者按照各自的理解施标点，对不能判读的字作推测，就全句的含义作出各种解释，归纳起来，则为高句丽渡海破倭说和高句丽渡海破百济说两种[4]。他们主张不是倭以百济、新罗为臣民，而是百济以新罗为臣民，或高句丽（好太王）以百济、新罗为臣民。

在众说纷纭的情况下，1978年日本学者武田幸男发表了题为《广开土王碑文辛卯年条的再吟味》的重要论文[5]。通过深入的分析和详细的论证，武田氏有力地反对上述高句丽渡海破倭说和高句丽渡海破百济说，使此类新说被认为是不能成立的。

武田幸男氏指出碑文辛卯年条中的"来"字与"渡"字是不可分割的，其间不能加句号，也不能加逗号，从而使二字相连成为"来渡"的动词，而倭则是这一动词的主语。武田氏举《三国志·魏志·倭人传》"其行来渡海诣中国"和好太王碑文"因遣黄龙来下迎王"之句为例证，以说明辛卯年条中的"来渡"确是"来"、"渡"二字相连而成的一个动词[6]。这里，我称之为"'来渡'连词说"。

二

1984年和1985年，中国学者王健群和日本学者西岛定生分别发表关于好太王碑文的专书[7]和关于辛卯年条的论文[8]，明确主张此条碑文的主要含义是倭渡海破百济、新罗，以百济、新罗为倭的臣民。王氏和西岛氏断然否定20世纪50年代以后提出的高句丽渡海破倭说和高句丽渡海破百济说等新说，却充分承认持新说的学者们关于"来"字与"渡海"二字之间存在矛盾的指摘是合理的。

王健群和西岛定生氏认为武田幸男氏的"来渡"连词说不妥，是不足取的。王氏简单、率直地说，"把'来渡海'连续，把'来'字作动词处理，当然是不对的。两个动词连在一起（来渡），又不是连动式的句子，自然要费解了"[9]。西岛氏则详细地指出好太王碑文"黄龙来下迎王"的"下"字不是体现动作的一般动词，而只是表示动词"来"字的方向，所以"来下"与"来渡"在文法的性质上有异，两者不能相提并论[10]。武田幸男对《魏志·倭人传》"其行来渡海诣中国"之句的释读有牵强之嫌[11]，西岛氏在充分考证"行来"一词的意义之后，指出此句文字不足以为好太王碑文辛卯年条中存在"来渡"这一动词作例证[12]。

于是，王健群和西岛定生氏一反通说，主张"来"字不是动词，而是表示时间推移的助词，其意义与"以来"相同，而"以"字则是表示时间开始的助词，与"自"字相通。这样，两氏不约而同地释辛卯年条文句中的"倭以辛卯年来"为"倭自辛卯年以来"，以消除"来"字与"渡海"二字之间的所谓矛盾[13]。由于碑文明记永乐六年好太王亲率水军讨伐百济，所以王氏和西岛氏所说"自辛卯年以来"在时间上是指辛卯年（公元391年）至永乐五年（公元395年）。这里，我称两氏之说为"以来说"。

如我在《关于好太王碑文辛卯年条的释读》中所指出，王氏和西岛氏的"以来说"虽然在一定程度上受到学术界的重视，但仔细分析，却有许多疑问，未必妥当[14]。我的理由简述如下：

（1）"以"字有时虽与"自"字相通，但在中国古代史书文籍中却没有用"以××年来"表示"自××年以来"的任何句例。

（2）好太王碑文中使用"以后"、"以来"的助词各有两处，其句式为"自今以后"、"从今以后"、"自此以来"、"自上祖先王以来"。因此，若辛卯年条所述时间为"辛卯年以来"，则碑文原文应作"自（从）辛卯年以来"，不应作"以辛卯年来"。

（3）作为表示时间推移的助词，"来"与"以来"一样，是指从过去某一时候开始，一直继续到现在。上述碑文中的"自上祖先王以来"在时间上就是指远从高句丽的上祖先王之时开始，一直继续到好太王时期；"自此以来"则是指从好太王永乐八年开始，一直继续到永乐末年，甚至到长寿王初年[15]。要之，好太王碑为长寿王二年（公元414年）所建，从辛卯年（公元391年）到永乐五年（公元395年）的短短五年的时间推移在碑文中是不能用"来"或"以来"的助词表示的。

（4）碑文中使用与日期、年份有关的"以"字，除"倭以辛卯年来渡海"一处以外，还有"以甲寅年九月廿九日乙酉迁就山陵"[16]、"以六年丙申王躬率水军"[17]两处。三处"以"字都是表示时间所在的助词（相当现代汉语中的"于"、"在"），不是表示时间开始的助词（相当现代汉语中的"自"、"从"）。从文句形式和文法结构上说，甲寅年条中的"迁（就）"和丙申年条中的"（躬）率"皆为动词，可见辛卯年条中的"来渡"也应该是动词。作为同属好太王时期的高句丽文辞，德兴里古坟墓志铭中有"以永乐十八年太岁在戊申十二月辛酉朔廿五日乙酉迁移玉柩"之句[18]，句中的"以"字与上述碑文中的三处"以"字用法相同，而"迁移"亦属动词，可为旁证。

三

西岛定生先生在其《关于广开土王碑文辛卯年条的读法》的论文中，列举中国古代汉语中"来"字与其他的字组成的双字动词"来援"、"来游"、"来谒"、"来嫁"、"来贺"、"来降"、"来假"、"来学"、"来感"、"来归"（指《白虎通·封禅》中的"百神来归"，其意为前来集合）、"来匡"、"来享"、"来飨"、"来觐"、"来会"、"来观"、"来诣"、"来迎"、"来见"、"来献"、"来观"、"来领"、"来攻"、"来贡"、"来寇"、"来告"、"来摧"、"来集"、"来杂"、"来袭"、"来仕"、"来示"、"来咨"、"来徙"、"来侍"、"来辞"、"来舍"、"来让"、"来从"、"来侵"、"来食"、"来讯"、"来萃"、"来绥"、"来接"、"来迁"、"来讨"、"来谈"、"来听"、"来朝"、"来抵"、"来庭"、"来同"、"来访"、"来附"、"来赴"（指《左传·襄廿八年》中的"来赴"，其意为前来告丧）、"来服"、"来聘"、"来命"、"来问"、"来谕"等60余例，指出此类动词的含义皆属来到之后才作有关的行为，如"来援"为来到以后作援助，"来朝"为来到以后行朝见，"来贡"为来到以后进贡献，等等。西岛先生说"来航"（其意为航行而来，不是来到以后才航行）不属古代汉语，而属现代语中的新词，所以不能作为他的上述论点的反证[19]。

西岛定生先生在他的论文中引述朝鲜汉语书籍《三国史记·新罗本纪》中的"渡海而来"和《三国遗事（引〈高丽古记〉）》中的"渡海来征"等文句，却没有举出中国古代汉语中有"来渡"这一动词。他只是认为，就好太王碑文辛卯年条的文句而言，若按武田幸男氏的意见将"来"字与"渡"字连结成"来渡"一词，其含义亦应指来到以后才渡海，而不能解释为渡海而来。西岛先生强调倭人来到朝鲜半岛以后又渡海破百济、新罗在文理上不通，所以在经过详细分析之后，终于完全否定了武田氏的"来渡"连词说，已如前述。

但是，据我查考，正是在公元3～6世纪的中国两晋南北朝时期的书籍中，"来渡"二字被作为一个动词而使用，例证不少。应该着重指出，书籍中的"来渡"这一动词都是指渡长江而来，不是指来到以后才渡江（长江简称为江）。这里，特举数例如下：

（1）葛洪《抱朴子》："昔左元放于天柱山（在今安徽省潜山县西北）中精思，而神人授之金丹仙经，会汉末乱，不遑合作，而避地来渡江东，志欲投名山以修斯道"（内篇卷四《金丹》）[20]。

（2）陶弘景《真诰》："杜契者，字广平，京兆杜陵（今陕西省西安市东南）人，建安（公元196～220年）之初来渡江东，依孙策。"（卷十三《稽神枢第三》）[21]。

（3）陶弘景《真诰》："括苍山（在今浙江省东南部）中有学道者平仲节，河中（今山西省西南部）人，以大胡（指匈奴族的刘渊、刘聪，以区别于羯族石勒之称'小胡'）乱中国时来渡江，入括苍山。"（卷十四《稽神枢第四》）[22]。

（4）陶弘景《真诰》："剡（今浙江省嵊州）小白山中有学道者赵广信，阳城（今河南省登封）人，魏末来渡江，入此山。"（卷十四《稽神枢第四》）[23]。

（5）陶弘景《真诰》："许长史六世祖名光，字少张，即司徒许敬之第五子也。灵帝时，兄训及兄子相并党附阉人贵盛，光惧患及，以中平二年（公元185年）乙丑岁来度江（'度'通'渡'），居丹阳之句容县（今江苏省句容）。"（卷二十《翼真检第二》）[24]。

如我在前面所指出，在以上所举《抱朴子》和《真诰》的5处文句中，"来渡"二字作为一个动词，其意义都是指渡长江而来到江南（即江东）之地，不是指来到江南之地以后才渡江。关于这一点，我将在后面详加论述，以求确证。

其实，在中国古代汉语和现代汉语中，以"来"字开头的双字动词的意义虽然多指来到以后才作有关的行为，但决不是没有例外的。据我查考，除"来渡"和"来航"[25]以外，中国古代诗歌中的"来归"指归来而不是指来了又归去[26]，中国古代汉语、现代汉语和古典小说中的"来赴"指赴援、赴战、赴会、赴宴而来而不是指来了又往赴[27]，而西岛先生所举中国古代汉语中的"来迁"和"来徙"亦是指迁徙而来而未必是指来了以后才迁徙[28]，等等。要而言之，武田幸男氏所举《三国志·魏志·倭人传》"其行来渡海诣中国"和好太王碑文"因遣黄龙来下迎王"的句例虽不足以说明问题，但他主张辛卯年条碑文中的"来渡"是"来"字与"渡"字相连而成的一个双字动词，则是无可非议的。

四

在前面所举葛洪《抱朴子》和陶弘景《真诰》两书使用"来渡"这一动词的5处句例中，就文句的形式和结构而论，（1）、（2）二例属一类，（3）、（4）、（5）三例属又一类，两者意义虽然相同，但用法稍有差异，故须分别作解说和考证。

葛洪《抱朴子》说"会汉末乱，（左元放）不遑合作（金丹），而避地来渡江东"。陶弘景《真诰》说"（杜契）京兆杜陵人，建安之初来渡江东依孙策"。非常明显，"来渡"二字在这里是一个独立的动词，在文法的词类上与前述西岛定生先生在其论文中所举"来援"、"来游"、"来谒"、"来嫁"、"来贺"、"来降"等60余例以"来"字开头的双字动词是完全相同的。如前面所说，《抱朴子》文句中的"来渡江东"是指左慈（字元放）渡长江而来到江东（长江自江西省九江至江苏省南京的一段水流基本上为南北向，汉末、魏晋时期北方士人南迁，多在此处渡江而东，故江南之地又称"江东"）之地，决不是指来到江东之地以后才渡江。《真诰》文句中的"来渡江东"也是指杜契（字广平）渡长江而来到江东（即江南）之地，决不是指来到江东之地以后才渡江。

据考证，葛洪生于西晋武帝太康四年（公元283年），卒于东晋穆帝永和元年（公元345年）以后[29]。《抱朴子（外篇）·自叙》[30]和《晋书·葛洪传》[31]明记葛洪为江南丹阳郡句容（今江苏省句容县）人，早年虽曾北上洛阳等地，但不久即南下至广州（辖境相当今广东、广西两省区的大部分地区，治所在番禺，即今广州市），数年后归句容乡里，著作《抱朴子》等，至东晋元帝建武年间（公元317~318年）定稿成书，晚年又至广州，在罗浮山（在今广东省增城、博罗、河源诸县间）学道，其地亦属以建康（今江苏省南京）为都城的东晋王朝的领域之内。

据《南史·陶弘景传》等史书记载[32]，陶弘景为南朝丹阳郡秣陵（今江苏省南京）人，生于宋孝武帝孝建三年（公元456年），卒于梁武帝大同二年（公元536年），一生在江南著书、学道，主要经历之处限于秣陵（今江苏省南京）、句容（今江苏省句容）、东阳（今浙江省东阳）、鄮县（今浙江省宁波市）、南徐州（即京口，今江苏省镇江）等，其地皆在长江之南，是南朝政治重心之所在，也是经济和文化的发达地区。

在考明了葛洪和陶弘景的籍贯、经历和著作的地点之后，便可以作出明确的结论说，《抱朴子》中的"（左元放）来渡江东"和《真诰》中的"（杜契）来渡江东"无疑是葛洪和陶弘景站在江东（即江南）之地的立场上而言的，而左、杜二人的出发处各在天柱山和京兆，或近或远，皆在长江之北。这对理解"来渡"这一动词的确切含义是十分重要的。

长期以来，如许多学者所强调指出，好太王碑文所记各种事情是高句丽统治者站在朝鲜半岛地理位置的立场上叙述的。因此，在阐明了《抱朴子》和《真诰》文句中的"来渡江东"是葛洪和陶弘景站在居住于江东之地的立场上而言的之后，实可将碑文辛卯年条中的有关部分看作是"（倭）来渡破百残"，而在"来"、"渡"二字之间不会产生任何矛盾之感。

五

陶弘景《真诰》说："有学道者平仲节，河中人，以大胡乱中国时来渡江，入括苍山"；"剡小白山中有学道者赵广信，阳城人，魏末来渡江入此山"；"许光以中平二年乙丑岁来度江，居丹阳之句容县"。以上《真诰》三处文句中的"来渡江"，在使用"来渡"这一动词的方式上与好太王碑文辛卯年条中的"来渡海"没有什么差别，这是十分显而易见的。

前面已经说过,陶弘景为南朝丹阳郡秣陵人,一生在江南著书、学道,游踪虽广,始终不曾北逾长江一步。因此,上述《真诰》文句中的"来渡江"是陶弘景站在江南之地的立场上叙说自河中、阳城、雒阳(从汉灵帝时许光之父任司徒、其兄及侄依附朝廷中的宦官以求富贵的情形看来,当时许光本人亦应在都城雒阳)南迁的平仲节、赵广信、许光等人渡长江而来到江南的括苍山、小白山和句容县,决不是说他们来到江南之地以后又渡江。由此可见,好太王碑文辛卯年条中的"来渡海"也是碑文作者站在朝鲜半岛的立场上说倭人渡海来到朝鲜半岛的境域,决不是说他们来到朝鲜半岛之后再渡海。

必须指出,除了"来渡江"与辛卯年条中的"来渡海"相当以外,《真诰》文句中"以大胡乱中国时"、"以中平二年乙丑岁"的"以"字亦皆与辛卯年条中"以辛卯年"的"以"字同为表示时间所在的助词,不是表示时间开始的助词,从而进一步说明王健群、西岛定生两氏所主张的"以来说"是难以成立的。总之,陶弘景《真诰》站在江南之地的立场上说"(平仲节)以大胡乱中国时来渡江入括苍山"和"(许光)以中平二年乙丑岁来度江居丹阳之句容县",无论从文句的形式而言,或是从文法的结构而言,都是与好太王碑文辛卯年条站在朝鲜半岛的立场上说"倭以辛卯年来渡海破百残"完全一致,毫无差别的。

应该说明,葛洪、陶弘景才高学深、著述丰富。《抱朴子》和《真诰》虽属道家的书籍,却以文章秀丽、文字通顺、文法严密而著称,所云"来渡江东"、"来渡江"决不存在任何语病。我在《关于好太王碑文辛卯年条的释读》中曾说好太王碑文辛卯年条中的"来渡海"三字"有语病"或"稍有语病"[33],但从《抱朴子》、《真诰》的"来渡江东"和"来渡江"的文句看来,碑文辛卯年条中的"来渡海"其实并无语病可言。

中国古代汉语,与各外国的古代语文一样,在语法上有其自身的特点,不仅词汇丰富,而且词义也变化多端,不能笼统地以固定的模式硬加拘束。进入20世纪以来,世界各国语文交流日趋繁盛,在一定程度上逐渐形成国际共通的语法概念。但是,在用外国语翻译中国古代汉语时,却不能用现代国际上的共通语法概念为尺度,机械地衡量中国古代汉语约定俗成的语法习惯。日本语虽多含汉字,但作为语文,其语法与中国汉语的语法颇有差异。日本语的翻译纵然是出于名家之手笔,但因两国语法有异，也是难以完全表达中国古代汉语的语法习惯的。

由于日本语中没有"来渡す"的动词[34]，所以可按文句的真实含义将《抱朴子》和《真诰》中的"来渡江东"译为"江東に渡りて来たり"，将《真诰》中的"来渡江"译为"江を渡りて来たり"。同样，好太王碑文辛卯年条中的"来渡海"可译为"海を渡りて来たり"。总之，按照我的考证，碑文辛卯年条的句读和解释应为：

而倭以辛卯年来渡海，破百济、［任］［那］（或［加］［罗］）、新罗，以为（倭之）臣民。

翻译成日本语则为

而るに倭は辛卯の年を以て（辛卯の年に）、海を渡りて来たり、百濟・［任］［那］（あるいは［加］［羅］）・新羅を破りて、以て（倭の）臣民と爲す。

如我在本文中多次指出，碑文辛卯年条中"以辛卯年"的"以"字是表示时间所在的助词，相当现代汉语中的"于"字或"在"字，一般应译为日本语的助词"に"。但是，在日本的文语翻译中，为了保留中国汉字的原字，并突出其作为"手段"的一面，却习惯于将此字译为"以て"。特此说明，以免误会[35]。

六

对于辛卯年条中因碑面磨损而不能判读的二字，有的学者提出或许是因碑石此处在刻碑前早已龟裂，所以本来就未曾刻此二字的看法[36]。但是，通读好太王碑全文，碑上所刻文字凡属可识的，除第一面第六行"其词曰"之下因款式关系留出相当于二个字的空缺以外，其余都是紧密相连，没有空缺。若谓唯独此处碑石在刻碑前早已龟裂而未刻字，这样的可能性是不大的。与此二字紧接的"新"字剩有右旁的"斤"，也足以说明此二字与"新"字左偏的"亲"一样，是刻字以后才磨灭的。

20世纪50年代以来，主张这二个字为动词的学者颇多。他们推测此二字为"击"、"更讨"、"又伐"、"兼伐"、"又服"、"兼服"、"胁降"或"随破"[37]。无待于言，上述各动词的主语是倭，宾语是新罗。但是，应该指出，作为中国的汉语，"击新罗以为臣民"在文理上是不通的。因为，击而破之，固然能以其为臣民，击而不破，是不能以其为臣民的。如所周知，好太王碑文的用词是十分注意褒贬之别的。如西岛定生先生所指摘，从高句丽的政治立场出发而言，倭人侵攻朝鲜半岛是不正当的，所以不可用"讨"、"伐"、"服"等含有褒义的动词[38]。我赞同西岛先生的意见，并认为"降"字也不宜用于倭对新罗的不正当行为[39]。

这样，若推定这二个字为一个动词，就只能是"随破"了。然而，"（倭）破百济，随破新罗，以为臣民"的文句，在文法上虽然不能说不通，但在修辞上却严重地犯了重复之病。与"（倭）破百济、新罗，以为臣民"相比，"随破"二字显然是多余的赘词。其实，不用"随破"而用上述别的动词，其在文章修辞上的不良效果也是一样的。要之，在辛卯年条后半句的寥寥十一个字中，重复地使用以倭为主语的二个相同或相似的动词以说明百济、新罗一同被征服而成为倭的臣民，这对精通汉语、善于属文的碑文作者来说，实可谓未必是简练、明快之笔。

我认为，从文理上判断，因碑面磨损而不明的这二个字应该是一个名词。只要此二字是一个名词，那就与"百残"、"新罗"一样，无疑是"任那"或"加罗"等国名。事实上，好太王碑记事的特点正在于将城邑、"鸭卢"、"国烟"、"看烟"等名词按类别在各处文句中一一列举，少自5鸭卢，多至50余城名，不厌其烦[40]。辛卯年条中并列"百残"、"任那"（或"加罗"）、"新罗"三个国名，这是不足为怪的。就碑文所述而言，倭人能破百济和新罗，当然也能破百济、新罗以南的任那、加罗。碑文明记永乐十年（公元400年）好太王的军队往救新罗，"自倭背急追至任那加罗从拔城"[41]，正说明辛卯年（公元391年）倭人所破除百济、新罗以外，还包括任那和加罗。对于这一问题，我已在《关于好太王碑文辛卯年条的释读》中详细论及，这里就不再多说了。

附记：本文是笔者1991年5月26日在我国吉林省长春市举行的，有中国、日本、朝鲜北方和南方学者参加的，以公元4世纪为中心的国际东亚古代史研究会上的讲稿。返京后加以增改，在《考古》上发表，以就正于有关的诸位先生及读者方家。

注　释

[1] 王仲殊：《关于好太王碑文辛卯年条的释读》第 1037～1044 页，《考古》1990 年第 11 期。

[2] 据水谷悌二郎旧藏本、傅斯年藏（甲）本、金子鸥亭藏本等拓本。见武田幸男：《廣開土王碑原石拓本集成》第 45、95、154 页（东京大学出版社，1988 年）。

[3] 郑寅普：《廣開土境平安好太王陵碑文釈略》第 24～29 页，《古代日本と朝鮮の基本問題》，学生社，1974 年（郑氏原作为朝鲜文，发表于 1955 年）。

[4] a. 朴时亨：《廣開土王陵碑》第 163～166 页，朝鲜社会科学出版社，1966 年。
  b. 金锡亨：《古代朝日关系史——大和政権と任那》第 367～371 页，劲草书房，1969 年（原作书名《初期朝日关系研究》，为朝鲜文，发表于 1966 年）。

[5] 武田幸男：《廣開土王碑文辛卯年条の再吟味》第 51～84 页，《古代史論叢》上卷，吉川弘文馆，1978 年。

[6] 武田幸男：《廣開土王碑文辛卯年条の再吟味》第 58、59 页，《古代史論叢》上卷，吉川弘文馆，1978 年。

[7] 王健群：《好太王碑研究》，吉林人民出版社，1984 年。

[8] 西岛定生：《廣開土王碑文辛卯年条の読み方について》第 187～205 页，《三上次男博士喜壽記念論文集》历史编，平凡社，1985 年。

[9] 王健群：《好太王碑研究》第 155 页，吉林人民出版社，1984 年。

[10] 西岛定生：《廣開土王碑文辛卯年条の読み方について》第 199～200 页，《三上次男博士喜壽記念論文集》历史编，平凡社，1985 年。

[11] 武田幸男：《廣開土王碑文辛卯年条の再吟味》第 59 页，《古代史論叢》上卷，吉川弘文馆，1978 年。武田行男氏释"其行来渡海诣中国"句中的"行"为"一行"（指一群同行的人），未必妥切。

[12] 西岛定生：《廣開土王碑文辛卯年条の読み方について》第 200 页，《三上次男博士喜壽記念論文集》历史编，平凡社，1985 年。

[13] a. 王健群：《好太王碑研究》第 156、213 页，吉林人民出版社，1984 年。
  b. 西岛定生：《廣開土王碑文辛卯年条の読み方について》第 202、203 页，《三上次男博士喜壽記念論文集》历史编，平凡社，1985 年。

[14] 王仲殊：《关于好太王碑文辛卯年条的释读》第 1038～1041 页，《考古》1990 年第 11 期。

[15] 王仲殊：《关于好太王碑文辛卯年条的释读》第 1043 页，《考古》1990 年第 11 期。

[16] 王健群：《好太王碑研究》第 206 页（此句在好太王碑文第一面第六行），吉林人民出版社，1984 年。

[17] 王健群：《好太王碑研究》第 210 页（此句在好太王碑文第一面第九行），吉林人民出版社，1984 年。

[18] 朝鲜社会科学院、朝鲜画报出版社:《德興里高句麗壁画古墳》,讲谈社,1986年。
[19] 西岛定生:《廣開土王碑文辛卯年条の読み方について》第197页,《三上次男博士喜寿記念論文集》历史编,平凡社,1985年。
[20] 葛洪:《抱朴子·内篇》卷第四《金丹》第52、53页,《丛书集成初编》第〇五六二,中华书局,1985年。
[21] 陶弘景:《真诰》(三),卷第十三《稽神枢第三》第168页,《丛书集成初编》第〇五七二,中华书局,1985年。
[22] 陶弘景:《真诰》(三),卷第十四《稽神枢第四》第180页,《丛书集成初编》第〇五七二,中华书局,1985年。
[23] 陶弘景:《真诰》(三),卷第十四《稽神枢第四》第180页,《丛书集成初编》第〇五七二,中华书局,1985年。
[24] 陶弘景:《真诰》(三),卷第二十《翼真检第二》第249页,《丛书集成初编》第〇五七二,中华书局,1985年。
[25] "来航"为日本现代语,由于中日两国交往密切,近年来中国汉语中亦有使用此词的。
[26] 例如古诗"生当复来归"(苏武《别妻》),"来归相怨怒"(乐府歌辞《陌上桑》),"五日一来归"(乐府歌辞《相逢行》),"腊月来归"(乐府歌辞《孤儿行》),"去家千岁今来归"(杂歌谣辞《丁令威歌》),"驱车复来归"(阮籍《咏怀》)等句。见沈德潜:《古诗源》第47、73、74、77、102、137页(中华书局,1963年)。
[27] 《晋书·孝愍帝纪》记"凉州刺史张实遣步骑五千来赴京都",句中的"来赴"指赴援而来;见《晋书》卷第五,帝纪第五第130页(中华书局,1974年)。中国古典小说中有"明日便来赴宴"等语,见罗贯中《三国演义》第六十六回《关云长单刀赴会》。
[28] 张衡:《南都赋》云"夫南阳者,真所谓汉之旧都者也,远世则刘后甘厥龙醢,视鲁县而来迁"。句末的"来迁",意为迁来。见林尹等:《中文大辞典》第三册第8页(台北中国文化学院出版部,1968年)。
[29] 王明:《抱朴子内篇校释》第351页对《晋书·葛洪传》所作注释,中华书局,1980年。
[30] 葛洪:《抱朴子·外篇》卷第五十第811～834页自叙,《丛书集成初编》(〇五六九),中华书局,1985年。
[31] 《晋书》卷第七十二第1910～1913页,《葛洪传》列传第四十二,中华书局,1974年。
[32] 《南史》卷第七十六第1897～1900页,《陶弘景传》列传第六十六《隐逸下》,中华书局,1975年。
[33] 王仲殊:《关于好太王碑文辛卯年条的释读》第1040、1041页,《考古》1990年第11期。
[34] 日本语中有"渡来"一词,其意为由外国输入或由外国乘船来到,但无"来渡"之词。
[35] 王仲殊:《关于好太王碑文辛卯年条的释读》第1039页,《考古》1990年第11期。

[36]　西岛定生:《廣開土王碑文辛卯年条の読み方について》第 194、204 页,《三上次男博士喜壽記念論文集》历史编,平凡社,1985 年。

[37]　a. 王健群:《好太王碑研究》第 150 页,吉林人民出版社,1984 年。

　　　b. 西岛定生:《廣開土王碑文辛卯年条の読み方について》第 194 页,《三上次男博士喜壽記念論文集》历史编,平凡社,1985 年。

[38]　西岛定生:《廣開土王碑文辛卯年条の読み方について》第 194 页,《三上次男博士喜壽記念論文集》历史编,平凡社,1985 年。

[39]　"降"字有他动词和自动词二种。前者如云"降龙伏虎",意为降伏,含褒义;后者如云"屈膝降敌",意为投降,含贬义。碑文不能直接褒倭,也不宜贬新罗而间接褒倭。

[40]　王健群:《好太王碑研究》第 210、221、222、223、224 页,吉林人民出版社,1984 年。

[41]　王健群:《好太王碑研究》第 216、217 页,吉林人民出版社,1984 年。

（本文原载《考古》1991 年第 12 期）

日本遣隋使·遣唐使概述

2010年世界博览会在中国上海举行，世界各国齐来参加。日本方面为参加此次世博会，特地复原8世纪的遣唐使船（图1），在上海展出，为世博会增色，并定于6月12日举行仪式，兼就遣唐使的历史作学术讨论。笔者将应邀出席，故撰写此文，就日本古代遣隋使、遣唐使的史实作简略的论述。

一

日本古称倭国。据《隋书·倭国传》记载，隋文帝开皇二十年（公元600年），倭王"遣使诣阙"。这是日本派遣的首次遣隋使。当时，隋王朝的京师在大兴（即以后唐的长安城），东都洛阳尚未兴建，可见遣隋使的"诣阙"是访问大兴城。自南朝宋顺帝昇明二年（公元478年）倭王武向中国遣使上表之后，倭国与中国的交往经120余年的断绝，至此又告恢复。但是，如下文所述，日本方面奉行新的外交政策，其君主不再向中国皇帝称臣。

《隋书·倭国传》又记大业三年，倭王"遣使朝贡"。隋炀帝大业三年（公元607年），相当日本推古天皇十五年。据《日本书纪》记载，此年七月三日，日本朝廷任命官居"大礼"的小野妹子为使臣，以精通中国语的鞍作福利为通事（翻译官），率领使节团再度访问隋王朝，正与上述《隋书·倭国传》的记载相合。据《隋

图1 复原的遣唐使船

书》记载，隋炀帝于大业元年在洛阳汉魏故城之西营建新的都城，称为东京，不久改称东都。查《隋书·炀帝纪》记载，自大业三年九月二十三日至四年三月二十一日，炀帝不在京师大兴，而在东都洛阳。日本朝廷任命小野妹子为使臣虽在大业三年七月，但按常情判断，其率使团自日本出发应迟在八月、九月，到达中国都城更应在十月以后。因此，笔者始终认为率领第2次遣隋使团的小野妹子是在洛阳觐见隋炀帝的。

《隋书·倭国传》记载，小野妹子所呈倭王致隋炀帝的国书称"日出处天子致书日没处天子无恙"云云，充分体现了日本方面采取新的所谓"对等外交"的国策。炀帝览国书不悦，但出于对两国友好关系的重视，特派文林郎裴世清于大业四年三月随归国的小野妹子回访，四月到达日本。据《日本书纪》记载，推古天皇十六年（公元608年）九月，小野妹子受命率第3次遣隋使节团随归国的裴世清再访中国，推测于大业五年正月又在洛阳觐见隋炀帝。《隋书·炀帝纪》记大业六年正月倭国遣使贡方物，"六年"应为"五年"之误，而大业五年正月炀帝正在洛阳，下旬才回京师。

据《日本书纪》记载，推古天皇二十二年六月，日本朝廷派犬上御田锹率使团访隋，而于次年九月归国，这便是日本的第4次遣隋使。

《隋书·倭国传》记载，大业三年小野妹子访问中国，偕"沙门数十人来学佛法"。据《日本书纪》记载，推古天皇十六年小野妹子再访中国，有倭汉直福因、奈罗译语惠明、高向汉人玄理、新汉人大国等留学生及新汉人旻、南渊汉人请安、志贺汉人惠隐、新汉人广齐等学问僧同行，并可推定推古二十二年犬上御田锹访隋时亦有僧惠光、医惠日、僧灵云、胜鸟养、僧惠云等随同前来。留学生为学者，学问僧的修学亦不仅限于佛教。他们在中国留学，居留十数年，甚至有长达三十余年的，到中国唐代才归返日本，由于多属所谓"汉人"、"新汉人"，懂得中国语文，善于在中国学习，其对中国的政治制度、律令法规、宗教和文化事业等各方面的知识皆甚渊博，故为日本朝廷所重用，对日本国家的治理和革新起了很大的作用。

二

无论从中国或从日本的立场出发而言，日本的遣隋使与此后的遣唐使是前后相连，关系紧密而不可分割的。可以说，遣唐使是遣隋使的延续。

笔者认定遣隋使的派遣共4次，已如前述。关于遣唐使派遣的次数，日本学术界则有各种说法，出入颇多。兹稍作介绍如下。

一般认为，遣唐使共计20次，其中天平十八年（公元746年）、天平宝字五年（公元761年）、天平宝字六年和宽平六年（公元894年）的4次于任命之后即告停止（亦有认为天平十八年的1次因记载欠明确而不得计入，从而使总数减为19次），未曾派遣，故实际上为16次。然而，天智天皇六年（公元667年）的1次是为陪送唐使司马法聪归返而遣，其行程至朝鲜半岛西南部的百济（当时百济为唐军所占领）而止，未曾到达中国，故许多学者认为此次团队不能称为"遣唐使"，乃使遣唐使的次数减为15次（7世纪6次，8世纪7次，9世纪2次）。

在15次遣唐使中，天智天皇四年（公元665年）的1次和光仁天皇宝龟十年（公元779年）的1次是为陪送访日的唐使返国而遣，淳仁天皇天平宝字三年的1次是为迎接因故久居中国的日本遣唐大使返国而遣，皆非正式的遣唐使，故可认定正式遣唐使的派遣为12次。

在上述12次正式的遣唐使中，7世纪的5次规模较小，乘船2艘，每艘各乘约120人，合计240余人。8世纪的5次正式遣唐使规模大增，除文武天皇大宝二年（公元702年）的1次记载不明外，其余4次乘船皆为4艘，人员总数可查的计有为557人的（第8次），亦有为594人的（第9次），每船约乘140人。9世纪的2次遣唐使规模最大，乘船仍为4艘，各艘有乘150余人的，人员总数超过600人。应该说明，遣唐使团总人数虽多，但能获准进入中国都城者仅限大使、副使和判官、录事等官员以及留学生、学问僧乃至通译、书记等职员共数十人。

1981年在日本神户市举行题为"遣唐使时代的日本与中国"的学术讨论会，日本学者茂在寅男以"遣唐使船与日中之间的航海"为题作讲演，并对8世纪、9世纪遣唐使所乘之船的结构、形体作复原。当时，茂在教授等按0.8倍的尺度复原其所推定之船全长为20米，最大宽度为7.8米，桅杆高13.3米。今年在上海世博会展出的遣唐使船形状与过去复原的相似，宽度减为6.8米，长度增至30米，显得更为匀称、美观。

三

随同遣隋使前来中国留学的医惠日、倭汉直福因、新汉人广齐、僧惠光等于唐代初期返日本,盛赞大唐帝国国力宏伟,法制齐备,竭力鼓吹日本应派遣使者前往,增强关系,促使舒明天皇于即位的次年(公元630年)决定派遣首次遣唐使,同年八月出发。为了访问取得成功,特任命曾任遣隋大使的犬上御田锹为遣唐大使,曾随遣隋使赴中国留学的医惠日为遣唐副使,充分显示了日本遣唐使实际上是遣隋使的延续。据《旧唐书·倭国传》和《新唐书·日本传》记载,遣唐使于贞观五年(公元631年)来到长安的宫廷,觐见唐太宗。太宗皇帝给倭国以格外的优遇,并仿隋炀帝遣裴世清随小野妹子回访日本的旧例,特派新州刺史高表仁为使者,随同归国的犬上御田锹再访日本。

由于深受中国的影响,日本中大兄皇子(即以后的天智天皇)于皇极天皇四年(公元645年)取得政权后拥立孝德天皇即位,使用中国式年号"大化"而称此年为大化元年,并于大化二年在政治、经济制度等方面实行改革,是谓"大化改新",而被任为"国博士"的高向玄理、僧旻等自中国留学归来的学者、高僧等人则在大化改新中发挥积极的作用。

为了扩大大化改新的效果,中大兄皇子又于孝德天皇白雉四年(公元653年)、五年连续派遣第2次和第3次遣唐使,有许多留学生和学问僧同行,进一步加强了日本与唐王朝的关系,努力学习中国的制度、文化。当时,唐高宗在京师长安继位,有时亦移驾于东都洛阳。齐明天皇五年(公元659年)七月派遣的第4次遣唐使津守吉祥便是于此年十月末在洛阳觐见高宗皇帝,并参加十一月朔日的冬至祭天大典,被誉为最谙礼仪者。

经过朝鲜半岛的白村江之战,日本不得不畏服于唐朝。天智天皇四年(公元665年)以守大石为首的第5次遣唐使团虽被视作为陪送访日的唐使刘德高归国而遣,但据笔者查考,守大石一行实际上是应唐朝的要求,于此年十二月刘德高归国之前已直接赴泰山参列翌年正月由唐高宗亲自主持的封禅典礼的。

笔者不认为天智七年正月陪送唐使司马法聪至百济而还的团队为遣唐使,从而可将天智八年以河内鲸为首的使团列为第6次遣唐使。据《新唐书·日本传》记述,此次遣唐使的主要任务是向中国唐王朝祝贺平定高句丽。据笔者早年考证,《新唐书》确记倭国正式改国号为"日本"之事是由河内鲸向中国方面传达的。

四

　　文武天皇大宝元年（公元701年），《大宝律令》制定，其内容是充分依照唐王朝的律令体系，按日本本国的国情而予以修改，使日本正式成为"律令国家"，实属空前的伟业。

　　自天智天皇十年以来，与中国的交往断绝已达30年之久。因此，在制定《大宝律令》的同时，日本朝廷任命新的、可称第7次的遣唐使，于次年（公元702年）六月出发前往。与7世纪遣隋使、遣唐使的航行皆取"北路"不同，此次遣唐使则取经由冲绳岛的所谓"南岛路"。同年十月达到长安后，受到中国方面的高度重视，热烈欢迎。长安三年（公元703年），女皇帝武则天特于大明宫麟德殿设盛大宴会，款待以执节使粟田真人为首的使节团的官员们，实属非同寻常。据《续日本纪》记载，粟田真人是《大宝律令》编撰参与者之一，学识渊博。《旧唐书·日本传》和《新唐书·日本传》皆称粟田真人明经史，善文章，容止温雅，这是中国方面对日本使者个人的最高评价。据笔者查考，日本高松冢古坟中的海兽葡萄纹铜镜是以粟田真人为首的遣唐使团于文武天皇庆云元年（公元704年）自中国长安携至日本藤原京的，而高松冢古坟所葬则为主持编撰《大宝律令》的刑部亲王，实可成为中日两国考古学和古代史上的佳话。

　　元明天皇和铜元年（公元708年）开始营建平城京，和铜三年正式定都于此京。如所周知，平城京的形制模仿中国唐王朝的长安城。以粟田真人为首的第7次遣唐使于文武天皇庆云元年返日本，其在长安城的访问、考察为平城京的营建提供了重要的启示和充分的条件。

　　元正天皇继位后，于养老元年（公元717年）派遣以多治比县守为押使（相当第7次遣唐使团中的执节使，权位在大使之上）的第8次遣唐使出发赴唐，所取航路仍为南岛路。如前文所述，这次遣唐使团乘船4艘，总人数为557人，规模之大，堪称空前。笔者认为，第8次遣唐使的特点在于有阿倍仲麻吕（晁衡）、吉备真备等优秀留学生同行。唐玄宗开元二十二年（公元734年），以多治比广成为大使、中臣名代为副使的第9次遣唐使团返回，阿倍仲麻吕因慕中华文化而留唐不归，吉备真备则携大量书籍，乘大使的第1船归国。此后，仲麻吕在中国治学、任官，交游广阔，事业顺利，真备在日本大学任教，学问上的成就特大，后来又累任高官，两者皆成人杰，举世扬名。应该指出的是，近年在中国陕西省西安市东郊发现与阿倍仲麻吕、吉备真备同来的留学生井真成的墓志，为日本遣唐使的研究增添新的考古学上的实物资料。

遣隋使来访，持有倭国君主致中国皇帝的国书，这可从《隋书·倭国传》和《日本书纪》的记载得到证实。但是，遣唐使是否持有国书，则是一个大问题。特别是江户时代学者本居宣长在其《驭戎慨言》中明示，日本遣唐使皆不携国书，几乎成为定论。理由是中国视日本为"藩国"，日本君主若在国书中自称"天子"、"天皇"，唐朝方面绝对不能接受，而日本视中国为"邻国"，坚持对等外交原则，日本君主不能按唐朝的规定而谦称"日本国王"（7世纪后期，日本君主已开始称"天皇"），所以决定不呈送国书。实际上，在中日两国的史书、文籍中皆不见录有日本遣唐使所持的国书，在日本史书《续日本纪》、《续日本后纪》中虽偶有"上唐朝书"、"奏大唐敕书"等的记述，但敕书的内容、格式如何，无从得知。

然而，在《唐丞相曲江张先生文集》中载有张九龄为唐玄宗撰写的《敕日本国王书》，是开元二十四年（公元736年）唐朝方面交给第9次遣唐副使中臣名代携归日本的，但日本方面为保持尊严，不予记述。兹录敕书开头的文句如下：

"敕日本国王主明乐美御德，彼礼仪之国，神灵所扶，沧冥往来，未尝为患"，云云。

唐玄宗称日本君主为"日本国王"，这是无足为怪的，但以"主明乐美御德"为日本国王的姓名，实属不伦不类。按照日本学者西岛定生的见解，"主明乐美御德"显然为"天皇"二字的日本语训读（スメラミコト）。日本君主在国书中以"主明乐美御德"代替"天皇"，既可避免引起唐朝的反感，又可保持自身的尊严，却不料唐朝方面误认这六个汉字为日本国王的姓名。总之，从西岛先生的倾向性见解看来，日本遣唐使与遣隋使一样，是携有国书的。

五

按照1981年日本学者们在题为"遣唐使时代的日本与中国"的学

术讨论会上的共识，孝谦天皇天平胜宝四年（公元752年）派遣的以藤原清河为大使、大伴古麻吕为副使的使节团可称第10次遣唐使。此次遣唐使团仍乘船4艘，人员众多，随行的留学生和学问僧亦不少。为了协助藤原清河，并为规劝长期留唐不归的阿倍仲麻吕返国，特增派吉备真备为副使。早在上述第9次遣唐使访问中国时，随同前来留学的日本僧人荣睿、普照等经多年筹划，决定邀请扬州大明寺名僧鉴真和尚东渡日本传戒，得到日本当局的赞同。鉴真虽尽全力，却因种种磨难，东渡未获成功。因此，迎接鉴真和尚赴日本也是第10次遣唐使的任务之一。

7世纪70年代新罗统一朝鲜半岛以来，其与日本的竞争甚剧，故日本遣唐使的航路不能继续取沿朝鲜半岛西岸而行的"北路"，改取经由冲绳诸岛的所谓"南岛路"，第10次遣唐使亦不在例外。

藤原清河大使到达长安，唐玄宗皇帝亲自接见，赞誉有加，并命画工绘其容貌，使团归国时，玄宗又作诗相赠，足见亲爱之情。在天宝十二载（公元753年）正月元旦的朝贺大会上，各外国使者皆应邀出席。日本使者的位置被排在殿堂的西边第二位，处吐蕃之下，而新罗使者却排在东边第一位，居大食之上。经副使大伴古麻吕强烈抗议，乃改置新罗使者于西边第二位，日本使者则置于东边第一位。这样，日本在大唐帝国的国际地位可谓已跃居世界各国之首。

天宝十二载十二月，第10次遣唐使自苏州出长江，渡海归国。经周密安排，鉴真和尚应约赴日，阿倍仲麻吕亦随同回国。仲麻吕与藤原清河乘第1船，鉴真与大伴古麻吕乘第2船，吉备真备乘第3船（判官布势人主所乘第4船出发较迟）。船至冲绳大岛暂泊，起航后第1船遇大风，漂流至安南，乃使仲麻吕又到中国，再仕唐朝。藤原清河亦流亡至唐，不得返国。所幸鉴真和尚平安到达，于平城京东大寺大佛殿前筑戒坛，为圣武天皇、光明皇后等授菩萨戒，并任大僧都之职，以后又创建唐招提寺，生前所作趺坐像置于寺内。大和尚扬名日本历1250余年之久，其荣光至今长存，始终不减。

淳仁天皇天平宝字三年（公元759年）二月，以高元度为首的所谓第11次遣唐使团乘船1艘，载99人，前往中国，欲迎接在唐的藤原清河返回日本。团队随从归国的渤海使者之船沿朝鲜半岛东岸航行，至彼国东京龙原府登陆，由陆路入唐，是即所谓遣唐使的"渤海路"。当时正值唐朝发生"安史之乱"，全团中仅高元度等11人得进长安，而唐朝方面谓藤原清河已成本朝之官，不许归去。唐代宗大历年间（公元766～779年），阿倍仲麻吕与藤原清河先后逝世于中国。高元度则于天平宝字五年八月乘唐朝所派官员沈惟岳之船，取南路归国。

六

天平宝字五年和六年的2次遣唐使（前者可谓正式的遣唐使，后者专为陪送访日的唐朝使者归国而遣）虽然在任命之后即因故停止派遣，但学术界仍分别称两者为第12次、第13次遣唐使。因此，光仁天皇宝龟八年（公元777年）出发的正式遣唐使被称为第14次遣唐使。

早在宝龟六年，日本朝廷已任命佐伯今毛人为此次遣唐使的大使，大伴益立、藤原鹰取为副使，以后罢大伴益立，改以小野石根、大神末足为副使，最后又因佐伯今毛人称病而以小野石根代行大使事。使团乘船4艘，人员总数欠详。考虑到此前的"南岛路"路程曲折、漫长，行船多费时日，改取自九州长崎五岛列岛出发、直接横渡东海的新的"南路"以航行。宝龟八年六月二十四日，趁顺风入海启航，七月三日便到中国的扬州，可谓快速之极。唐代宗大历十三年（公元778年）正月，使团官员等40余人进长安城，小野石根入宫觐见。同年十月、十一月，渡海返国，遇大风，第1船破损、断裂，小野及唐使赵宝英等60余人溺海而亡（其他人漂流得救）。其余3船皆历尽苦难，漂流返归，随行的唐使孙兴进亦安抵日本，入平城京拜见光仁天皇。事实表明，新开的"南路"虽云短捷，但航行的风险大增。

当时，阿倍仲麻吕虽然已于多年之前在中国逝亡，但日本方面仍然十分怀念。光仁天皇宝龟九年（公元778年），日本朝廷趁唐使孙兴进来访之机，于次年五月敕赐东绢一百疋、白绵三百屯，以弥补仲麻吕在中国"家口偏乏，葬仪有缺"，并特派布势清直为"送唐客大使"，率使节团乘船2艘，陪送孙兴进返中国。光仁天皇所赐东绢、白绵等物品，便是由送唐客大使运往中国的。《新唐书·日本传》记唐德宗建中元年（公元780年），"（日本）使者真人兴能献方物"。据查考，真人兴能其实便是布势清直。送唐客大使率领的团队规模较小，任务简单，但仍然被列为第15次遣唐使。

天应元年（公元781年）桓武天皇继光仁天皇而即位，于延历三年（公元784年）自平城京迁都长冈京，延历十三年又自长冈京迁都平安京，乃使日本历史进入"平安时代"。延历二十二年，桓武天皇派遣以藤原葛野麻吕为大使、石川道益为副使的第16次遣唐使，于次年出发，继续取直接横渡东海的"南路"航行，多遇困难，备尝艰辛。使团乘船仍为4艘，规模大，人员多，特别是最澄、空海、橘逸势等名僧、名士随同前往，影响既大，收获亦丰。最澄和尚在中国天台山国清寺修学，携归经典计230部之多，成为日本天台宗佛教的始祖。空海和尚入长安，在青龙寺习密宗，携归大量中国新译经及梵字经疏，包括此前不空在唐所译密藏的大部，是乃日本佛教真言宗的大师。在平安时代佛教的"入唐八家"中，最澄、空海并列首位，二人除佛教以外，还在文学、艺术乃至绘画、书道等方面深有造诣，空海所著《文镜秘府论》、《篆隶万象名义》以及《性灵集》等对中日两国在文学方面的交流具有重要意义，实属众所周知。

早在承和元年（公元834年）正月，仁明天皇已决定派遣第17次遣唐使团，任命藤原常嗣为大使、小野篁为副使，并指派判官、录事等有关官员多人。使团乘船4艘，人员总数在600人以上。由于磨难甚多，几番出航不顺。迟至承和五年七月五日，第1船、第4船才得在藤原常嗣率领下重新出发，第2船由判官藤原丰任船长而于七月二十九日继之，皆取"南路"渡海赴中国，而第3船早在2年前自筑紫出航后于风浪中倾覆，所乘140人未能入唐。其间，副使小野篁因争船获罪，免职、罢官，流放隐岐。承和六年自中国返回时，藤原常嗣嫌遣唐使船大而不固，弃第1船、第4船而分乘在楚州所雇9只新罗小船，沿海岸航行，先后于同年八月、十月抵日本，而第2船漂流至南海，直到承和七年四月始得艰难返国。

遣唐使取"南路"航海遇难最多，当然是因风浪甚大之故。但是，正如日本研究遣唐使船的专家茂在寅男教授所指出，日本朝廷为显示国威，特造形体宏伟之船，超越当时的技术水平，以致船的结构欠坚，实属主要的原因。

宇多天皇宽平六年（公元894年）八月，任命以菅原道真为大使、纪长谷雄为副使的使节团，是谓第18次遣唐使。但是，早在宽平五年三月，有在唐僧人名为中瓘的，托商人向日本方面报告唐朝凋敝、动乱的情况，菅原道真乃奏请停止派遣，日本朝廷遂于宽平六年九月决定不派遣唐使。日本遣唐使的全部历史，于此宣告终结。

（本文原载《中国社会科学报》2010年5月6日、13日）

裴世清与小野妹子

——日本圣德太子的对中国政策

从5世纪80年代到6世纪末,中日两国的交往长期处于断绝状态。进入7世纪,日本的圣德太子重新建立与中国的关系。

据《日本书纪》记载,推古天皇十五年(公元607年)七月三日,日本朝廷任命小野妹子为使臣,向中国派遣以他为首的正式使节团。这就揭开了古代中日关系史上的新的一页。

《隋书·东夷(倭国)传》记"大业三年(公元607年),其王多利思比孤遣使朝贡"。这与上述《日本书纪》的记载相对照,可推定小野妹子是在大业三年年内来到中国的。《日本书纪》所记七月三日是小野妹子受命之日,按照一般的通例,其在日本出发的时日应在八月以后,到达隋王朝的都城则在此年的秋、冬之际。

开皇二年(公元582年),隋文帝在汉代以来的长安故城的东南方新建称为"大兴"的都城,是为京师。大兴城的规模虽然宏大,但隋炀帝嫌其所在的关中之地闭塞,故于即位之初的大业元年(公元605年)立刻在废弃已久的北魏洛阳城旧址之西约18里处另造新都,称为东京,不久改称东都,其规模比大兴城有过之而无不及。这样,隋王朝主要有大兴(京师)和洛阳(东都)两个都城。这在中国历史上可称"两京制"或"两都制",在日本学术界则称"复都制"。

那么,上述大业三年秋、冬之际来访的日本使臣小野妹子所到隋的都城究竟是京师大兴,抑或是东都洛阳呢?对于这个问题,日本学者的意见是一致的。他们都主张小野妹子所到为京师大兴,原因大概是大兴为隋的首都。但是,据我看来,与大兴相比,隋炀帝更偏爱洛阳,故在洛阳久驻。因此,不能想当然地认为小野妹子是在大兴觐见隋炀帝的。

查《隋书·炀帝纪》，大业三年九月二十三日至大业四年三月二十一日，炀帝在东都洛阳而不在京师大兴。所以，可以判断，作为外国的使臣，小野妹子是在东都洛阳觐见隋炀帝的。

据《隋书·倭国传》记载，小野妹子送呈的倭王致隋炀帝的国书开头处称"日出处天子致书日没处天子无恙"云云。《隋书》是魏徵等编撰的史书，其《纪》、《传》完成于唐贞观十年（公元636年），《倭国传》所记倭国国书开头处的话语，其真实性是毋庸置疑的。国书开头处的这种话语，可视为以圣德太子为首的倭国统治者经过深思熟虑，下决心对中国开展所谓"对等外交"的具体表现。这就是说，倭国君主与中国皇帝同样使用"天子"的称号，宣告两国的国际地位是对等的。

这里，应该着重提到的是，日本埼玉县稻荷山古坟出土的铁剑和熊本县船山古坟出土的铁刀各有错金或错银的详细铭文。据考证，铭文中的"获加多支卤大王"即为《日本书纪》中的雄略天皇，亦即中国《宋书》中所见的倭王武。从铭文可知，获加多支卤自称"治天下大王"。据《南齐书》、《梁书》记载，从齐高帝建元元年（公元479年）开始，倭王武一反往常，不再以臣下的身份遣使向中国皇帝朝贡。以此为契机，在此后的5世纪80年代乃至整个6世纪，倭国不向南朝的齐、梁、陈派遣使者，也不向北朝的北魏、北齐、北周寻求接触，在100多年之久的长时期内始终置身于中国的册封体制之外。可以说，7世纪初圣德太子开展的、不向中国皇帝执臣礼的"对等外交"早已在此前100多年的倭国历史现实中见其端倪。这是因为，从5世纪后期倭王武开始自称"治天下大王"以来，日本从以中国为中心的"天下"离脱而出，建立了以本国领域为主体的"天下"观，而日本自身的这种天下观一直在不断发展，越来越趋于稳固、成熟之故。

隋炀帝阅小野妹子送呈的国书不悦，对主管外交事务的鸿胪卿说："蛮夷书有无礼者，勿复以闻"。然而，以刚愎、倔强著称的隋炀帝不仅对小野妹子本人不加叱责，反而于次年大业四年派遣文林郎裴世清随同归国的小野妹子对倭国作礼节性的回访，进一步加深两国之间的关系。隋炀帝采取格外宽宏大量的态度，实在可说是非同寻常，其原因何在，值得推敲。在学术界，不少的人认为这是由于炀帝按照中国历代皇帝的传统习惯，重视广泛地与各外国建立关系，以所谓"四夷来朝"作为王朝兴隆、昌盛的象征。但是，若从另一种观点出发，将视线转移到7世纪初东亚国际形势的实况,就可以知道,问题决不是如此简单。

当时,以朝鲜半岛北部为本国主要根据地的高句丽也占领着辽河以东的广大地区,国力强大。在隋文帝建国之初,高句丽就加强与南朝的陈勾结,对隋牵制。开皇九年(公元589年)文帝灭陈,使分裂近400年之久的中国得到统一。对此,高句丽深为警惕,厉兵秣马,坚持抗隋的态势,乃至先发制人,越界侵入辽西,使统一不久的中国受到威胁。文帝发大军征讨,无功而返。

隋炀帝视高句丽为大敌,特别是在察知高句丽与突厥勾搭之后,深觉其图谋之叵测,遂决心发动大规模的歼灭战。大业七年(公元611年)二月,炀帝到涿郡部署军事。次年大业八年正月亲自率领百余万大军,从陆路进攻辽东,同时又发海军急袭平壤。

在此前的大业四年正月,正当小野妹子在东都洛阳访问之时,炀帝下诏,命令迅速开凿称为"永济渠"的大运河,以便从江南输送军粮至涿郡,为攻击高句丽作准备。隋的朝廷知悉朝鲜半岛南部的新罗、百济皆视倭国为大国,又深知倭国与高句丽长期处于敌对状态。因此,隋炀帝要与高句丽决战,除必须与百济、新罗联手以外,还应该取得倭国的支持。我认为,这才是炀帝遣裴世清东渡与倭国加强友好关系的真正原因所在。炀帝的这种深谋远虑,毕竟不是以追求所谓"四夷来朝"之类的虚荣心所能比拟的。

通览中国历代史书,从公元1世纪中叶的汉光武帝时开始,直到5世纪后半的宋顺帝期间,倭国多次遣使访问中国。然而,中国派往倭国访问的使者却只有3世纪三国时代魏王朝的梯儁和张政两人,他们是魏在朝鲜半岛所置带方郡的官员。要之,裴世清是继梯儁、张政之后访倭的第3个中国使者。

《隋书·倭国传》记炀帝于大业四年遣裴世清赴倭国,《三国史记·百济本纪》记此年三月裴世清经过百济,而《日本书纪》则明记此年四月小野妹子偕裴世清到达日本的筑紫(今九州福冈县)。由此可见,裴世清是在大业四年二月或三月初旬从中国的洛阳出发,与小野妹子联袂赴倭的。

到达筑紫后,小野妹子先赴大和朝廷(在今奈良县境内)复命,而裴世清则自筑紫至难波(今大阪),被安置在宾馆等待甚久,到同年八月才得赴倭京完成作为使者的任务。倭国对裴世清的接待仪式盛大而隆重，其目的在于表示对中国使者的热烈欢迎，同时亦借以显示倭国自身的国威。裴世清归国时，小野妹子又受命与其同行，前来中国作第2次访问。这仿佛是三百数十年前的中国三国时代，倭国使者难升米、掖邪狗与魏王朝使者梯儁、张政结伴在两国之间作重复访问的历史的再现，堪称古代中日交往史上的佳话。裴世清以文林郎为本职，官位为从八品，决非高官。但是，就外交上的事理而论，其出使倭国是直接受命于隋的朝廷，与梯儁、张政之为魏的带方郡太守所遣相比，作为使者的规格当然要高得多了。

大业四年（公元608年）八月，裴世清在大和朝廷呈递隋炀帝致倭王的敕书。《日本书纪》所录敕书中的两处"倭皇"的"皇"字本来作"王"，这在学术界早已成为定论。通览敕书的全文，炀帝对倭王的态度是极为友好的。从《隋书·倭国传》的记载看来，倭国君主与裴世清的对话气氛也相当融洽。

由于裴世清访倭取得成功，小野妹子乃得再度接受使命，带领倭汉直福因、奈罗译语惠明、高向汉人玄理、新汉人大国等留学生和新汉人旻、南渊汉人请安、志贺汉人惠隐、新汉人广齐等学问僧，随同归国的裴世清来赴中国。

据《日本书纪》记载，再度访问中国的小野妹子与裴世清一同自难波出发的日期为推古天皇十六年（公元608年）九月十一日，次年（公元609年）九月才返回日本。《隋书·炀帝纪》记大业四年（公元608年）九月以后炀帝在东都洛阳，大业五年（公元609年）正月二十日归京师大兴。这样，小野妹子第2次访隋亦在东都洛阳觐见炀帝的可能性是相当大的。

《隋书·倭国传》记小野妹子前来访问是为向中国求佛教，但许多事实说明，日本向中国派遣遣隋使的主要目的在于广泛地向中国学习制度、文化，而不仅限于佛教的修学。辅佐推古女天皇而执政的圣德太子认识到，为了从根本上充实国力，提高日本在东亚的国际地位，首先必须在国内实行整顿、改革，而整顿、改革的模范则在于先进的中国。

坚持对等外交的圣德太子不向中国称臣，不接受中国的册封，却非常切实地学习中国的政治和包括宗教在内的各种文化事业而从中吸取教益。他所确立的这一新政策为此后日本的为政者所继承，故在隋亡之后，日本仍然继续向中国派遣遣唐使，并选派许多优秀而有才能的留学生和学问僧前往中国。留学生和学问僧等专心考察中国的政治经济，努力学习中国的典章制度，不断提高对中国文化的理解能力。他们归国之后，受到朝廷的重用，在日本朝野有着很大的影响力，不少的人成为日本统治集团奉行的、以中国为模范的改革运动的积极参与者和中坚人物而作出巨大的贡献。实际上，在可称为日本对中关系进入"成熟期"的7世纪以降，日本佛教的振兴、工艺美术的创新、建筑样式的变革、都城的营造以及律令的制定等等，都在显示日本民族的特色的同时，无不深受中国方面的影响。要之，7世纪日本对中关系的开展，与1世纪以来的所有各个时期相比，实在是达到了最为健全、充实而富有成果的空前的程度。

这样，就7世纪日本的新的对中关系而论，小野妹子作为最初的正式使者，打开了局面，出色地完成了受自圣德太子的崇高使命，确实是建立了划时代的功绩。作为小野妹子亲密的同伴，裴世清所起的重要作用也是不可等闲视之的。他们两人是中日友好的使者，也是文化交流的使者。

〔本文为1997年在日本举行的亚洲史学会第7次研究大会上的讲演稿，主要内容见王仲殊著《中国からみた古代日本》，（日本）学生社，1992年〕

关于日本第 7 次遣唐使的始末

一

7世纪末通过藤原京的建造和大宝律令的制定等而在内政上作出很大业绩的日本朝廷,接着谋求在外交方面也取得与此相应的成果。

自天智天皇十年(公元671年)以来,与中国的交往已中断达30年之久。随着日本国力的增大和东亚国际形势的转变,恢复日中关系的时机已经成熟。于是,就在大宝律令编纂完毕的同时,便作出了重新派遣遣唐使的决定。

文武天皇大宝元年(公元701年)正月,新的遣唐使团人员组成已安排定当。执节使(权位在大使之上)为粟田真人,大使为高桥笠间,然后是坂合部大分为副使,许势祖父为大佑,鸭吉备麻吕为中佑,扫守阿贺流为小佑,锦部道麻吕为大录,白猪阿麻吕、山上忆良为少录,垂水广人为大通事(翻译官)。只因高桥笠间另有任用(翌年八月任造大安寺司),坂合部大分升任为大使,副使之职则由巨势邑治(即许势祖父)充当。自舒明天皇二年(公元630年)以犬上御田锹为大使的第1次遣唐使访唐以来,这是第7次遣唐使。

除上述各主要职官以外,参加第7次遣唐使团的其他人员有谁,这在《续日本纪》中亦无明确的记载。但是,参照《续日本纪》所录元正天皇养老三年(公元719年)十一月朔日的诏书及《扶桑略记》的记述,可确认著名的僧人道慈也随第7次遣唐使前往。此外,在《万叶集》中可见三野连("三野"为氏,"连"为姓,其名失记)赴唐时春日藏首老为其送别而作的诗歌中有"对马之渡"的字句,从1872年在奈良县平群郡获原村发现的美努连冈万的铜质墓志可以判断,三野连即为美努连冈万(在日本语中,"三野"与"美努"读音相同,皆为

"mino")其人。墓志明记美努连冈万于大宝元年五月"使乎唐国",故可认定此人亦是使团中的一员。

关于第7次遣唐使的规模,即船舶数和人数,史书无明确记载。西本愿寺本等《万叶集》校本在对上述春日藏首老的诗歌所作附记中谓"国史云,大宝元年正月遣唐使民部卿粟田真人朝臣以下百六十人,乘船五只"。但是,此处称为"国史"的书籍成书年代甚晚,所记不足为信。从此前、此后派遣的遣唐使的规模推测,这次遣唐使团总人数至少在200人以上,所乘船舶在2艘到4艘之间。

当时粟田真人任民部尚书之要职,初任时的官位为"直大贰",随着大宝律令的实施而改为"正四位下"(相当唐的正四品下),有奉敕参议朝政的资格。他是编纂大宝律令的主要成员之一,学识渊博,颇有声望。要之,从人数和船舶数看来,第7次遣唐使的规模未必有以后各次遣唐使那样大,但从执节使的官职、名位而论,此次遣唐使在政治上的规格甚高。著名的诗人学者山上忆良任少录,翻译官大津广人被赐以"垂水"之姓,而精通佛教经典并擅长各种技艺的道慈法师则作为留学僧而同行,凡此种种,皆足以说明在相隔30年之后而重新派遣的这次遣唐使甚受日本朝廷的重视,使团成员中包含着许多出色的人才。

这里,必须提到的问题是,以粟田真人为首的第7次遣唐使是否持有国书。如所周知,从江户时代的本居宣长以来,认为遣唐使不持国书的见解长期在日本学术界占支配地位,几乎已成通说。然而,西岛定生先生在其《遣唐使与国书》的论文中则以中国唐朝丞相张九龄文集所收称为《敕日本国王书》的唐玄宗的敕书(为张九龄所起草)为主要依据,并经对各种史料的细密考究,得出了与上述通说相异的结论,明确主张遣唐使是携有国书的。我相信西岛先生的见解是正确的,从而认为粟田真人是携有国书赴中国的。我觉得,作为来自外国的使臣,粟田真人若无国书在手,那么,他不仅不能在都城长安、洛阳觐见中国的皇帝,其所率领的使团全体人员甚至将不得允准在中国入境。

二

从大宝元年(公元701年)正月任命以后,经过三四个月的时间,使团出发的准备大体上已经就绪,故于同年四月十二日举行"拜朝",

五月七日又举行"授节刀"的仪式。由于美努冈万墓志中有"五月使乎唐国"之语，可推测在各种仪式完毕之后，粟田真人迅速率使团离开都城藤原京，从难波（今大阪）经过濑户内海，直趋筑紫（今九州福冈县）。从当时一般的行程推测，到达筑紫的时间应在同年初秋。但是，从筑紫港口开船之时，遇到暴风雨，以致出发的日期不得不延至次年（公元702年）六月二十九日。当时，百济、高句丽早已相继灭亡，统一朝鲜半岛的新罗恃其强大的国力，严密控制水陆交通。这样，第7次遣唐使不得不改变航行的路线，南下经南岛诸岛（今冲绳的琉球列岛等）而往中国。春日藏首老按照过去的惯例，在美努冈万受遣入唐时所作诗歌中有"对马之渡"之语，这是不符事实的。

海路上经常遇到各种困难和危险，但第7次遣唐使的航行却十分顺利。六月末从筑紫出发以后，不满二个月，便到达中国的楚州。楚州的辖境包括今江苏省淮河以南、盱眙以东、宝应以北的地区。据《续日本纪》记载，粟田真人在楚州的盐城县入境之时，才知道武则天已于永淳二年（公元683年）即位称帝，其国号为"周"。按照当时的规定，首先须在楚州的州治所在地山阳（今淮安市）办妥手续，然后前赴中国的都城，此乃通例。据《旧唐书·则天皇后本纪》记载，粟田真人于长安二年（公元702年）十月到达都城长安，可称是快速的行程。中国方面派五品中书舍人在长安附近的长乐驿迎接，宣敕劳问，优礼有加。

唐王朝采取"两京制"，长安为京师，洛阳为东都。武则天即皇帝位以来，加速了洛阳城的建设，并改称"东都"为"神都"。女皇帝在其执政的20年中，18年在洛阳宫中定居，当时的"神都"是中国实际上的首都。只是在临近最后的长安元年（公元701年）十月至三年（公元703年）十月的两年间，武则天移住京师长安。于是，粟田真人一行经过洛阳，是在长安向中国朝廷呈述使命的。长安的宫城和皇城位于全城的北部中央，有着宏伟的规模。宫城称太极宫，其为皇帝居处的同时，亦是执掌朝政的场所，指向全国的各种政令都是从这里发出的。然而，建造于长安城北面东头的新宫大明宫于龙朔二年（公元662年）完成，其规模视太极宫有过之而无不及。从此以后，皇帝移至大明宫，取代太极宫而成为京师长安的政治中心。这样，与以往历次遣唐使多在太极宫觐见不同，粟田真人是在大明宫觐见则天武后的。

说到这里，我把话题转到古代日本的都城制度。天武十二年（公元

683年),天武天皇发布诏书,宣告都城不限一处,应造两处,日本学术界乃称之为"复都制"。但是,从字面理解,所谓"复都制"是指都城在两处以上,而诏书只规定都城应造两处。因此,我认为,与称为"复都制"相比,不如使用"两都制"之词更为妥切。我觉得,天武天皇以飞鸟的倭京为首都,以难波为副都,这是模仿中国长安、洛阳两京并列的制度。到了持统天皇八年(公元694年),藤原京营造完毕,它取代天武朝的倭京而成为日本的新都。如所周知,藤原京和难波京都是按照所谓"条坊制"而设计的中国式都城。特别是首都藤原京,不仅在形制的总体上模仿中国的长安、洛阳,而且在都城内的"皇城"、"大极殿"、"朱雀门"、"朱雀大路"、"东市"、"西市"等的名称使用上也与长安城的各相应处所相同。长期在藤原京任职为官的粟田真人等日本使节团的成员们,看见憧憬已久的长安城的实况,在觉得欣羡的同时,想必会有发自内心的亲近感。

三

自7世纪60年代初期在朝鲜半岛南部百济的白村江口海上发生中日之战以来,到此时已逝去30多年的岁月,东亚的国际形势有了很大的变化。百济和高句丽灭亡以后,新罗一跃而成为朝鲜半岛唯一的大国。作为新兴的国家,新罗勤于向过去的救主中国朝贡,以求友好关系的继续,但因其与中国境界相接,两国之间有时不免发生纠纷。与此相反,日本在白村江之战受挫之后,丧失了在半岛的全部势力,甘心于作为海东远处的一个国家而不在国际上卷入争端,其与中国之间也不再存在任何问题。要之,从另一角度上说,中国反而有与日本取得联系以牵制日趋强盛的新罗的某种可能性。因此,对于不畏艰险、远道而来的日本使节团,中国方面表示热烈的欢迎。对则天武后本人来说,广泛地接受外国使者的来朝,亦可显示治世之兴隆、昌盛,从而提高其在中国朝野的威望。

如所周知,自古以来,中国称日本为"倭",称其使者为"倭使"。据《新唐书·东夷传》记述,唐高宗咸亨元年(公元670年),经过白村江之战,河内直鲸作为第6次遣唐使的使者,曾向中国方面传述其国已改称"日本"。但是,由于河内直鲸是战败国的使者,其使命是忍受屈辱而向中国祝贺平定高丽，加之在陈述国内情况时有虚夸、隐瞒之嫌疑，中国方面认为他之所言是妄言，不予重视。与此不同，粟田真人是根据大宝律令的规定，以正式的日本国使臣的姿态出现于长安唐王朝的朝廷上，中国方面当然不得不刮目相看。

据《续日本纪》所述，大宝二年（公元702年）粟田真人刚刚来到中国楚州的盐城县时，有人问他是来自何处的使者。粟田以"日本国使"相答，其人则谓"闻海东有大倭国"云云。中国朝廷早在咸亨元年（公元670年）之时已知悉倭国采用"日本"的新国号，只因在此后的30年的长时期内，日本方面断绝了遣唐使的派遣，以致远离都城的楚州人民不知此事。然而，从史书记载看来，粟田真人等到达长安，以武则天为首的中国为政者以及主管外交事务的鸿胪卿等官员，都不曾向粟田问及改国号之事。这充分说明，正如《新唐书·东夷传》所明记，中国朝廷知悉从"倭国"到"日本"的国号更改是在长安二年（公元702年）粟田真人来访之前。此外，朝鲜的史书《三国史记·新罗本纪》亦记文武王十年（公元670年）倭国改国号为"日本"，而孝昭王七年（公元698年）前来新罗访问的使者则称"日本国使"，这正与上述《新唐书》的记载相合。

在天武天皇十三年（公元684年）制定的"八色之姓"中，粟田氏被赐以"朝臣"之姓。按照日本方面的习惯，粟田真人的氏、姓、名的全称为"粟田朝臣真人"，或置姓于名之后而称"粟田真人朝臣"。但是，中国方面是以姓为先，所以《旧唐书·东夷传》称其为"朝臣真人"，"粟田"二字被删除，《新唐书·东夷传》称其为"朝臣真人粟田"，"粟田"二字被置于最后。中国的隋王朝设"民部尚书"之官，唐太宗即位以后，因其名为李世民，乃以避讳而改称"户部尚书"。中国方面知粟田真人任民部尚书，相当中国的户部尚书，故《旧唐书》称其为日本国之"大臣"。

按照大宝令衣服令的规定，作为"诸臣"，官为"正四位下"的粟田真人礼服为冠、深绯衣、白裤、绛带、锦袜、乌皮舄，朝服为皂罗头巾、深绯衣、白裤、金银饰腰带、白袜、乌皮履。《旧唐书》和《新唐书》皆记粟田真人戴进贤冠，其顶为花形，分而四散，身着紫袍，以帛为腰带。如若粟田所着为"紫袍"，则显然与太宝令规定的"深绯衣"相异，《唐书》的记述或许有所偏差。反之，倘若两《唐书》的记述无误，则可以解释为出使中国的粟田真人受日本朝廷破格的待遇，被赐以"从三位"官员所着浅紫之衣而服用之。唐王朝的服制亦以紫色为尊贵，亲王及三品以上的大官始得穿紫衣。

在1971年陕西省乾县发掘的唐章怀太子李贤墓的壁画中，有着称为"客使图"的图画。图画中描绘中国鸿胪寺的官员接待外国使者的情形，故亦被称为"礼宾图"。在东壁的礼宾图中，有着三位来自外国的使者，处于中间的那位使者曾被推定为日本的粟田真人。但是，这位使者所戴之冠插鸟羽两枚，身着白色衣服，脚穿黄靴，显然与粟田真人的冠服相异。从史籍的记述和考古实物资料两方面推断，壁画中的这一外国使者应是朝鲜人无疑。李贤出生于永徽五年（公元654年），死于文明元年（公元684年），乾县的李贤墓则为神龙二年（公元706年）所筑造。百济、高句丽分别于显庆五年（公元660年）和乾封三年（公元668年）为唐所灭，故可判断壁画中的白衣使者实为新罗的使者。

四

中国的官员会见粟田真人，通过就各种事情与他交谈，深知其学问、修养不同寻常，甚为钦佩。所以，两《唐书》皆称真人好读经史，解属文，容止温雅，而加以赞赏。推想山上忆良和道慈法师亦以其渊博的学识及其对汉学的造诣之深而受到尊敬。通览中国历代史书，在言及来自外国的使臣时，像对粟田真人那样盛赞其人品优秀的事例是别无所见的。与6世纪中叶梁王朝的萧绎在《职贡图》中所绘倭国使者的粗陋形象相比，8世纪初年的粟田真人不仅衣冠楚楚，风貌堂堂，而且是才能出众的学者。自圣德太子的时代以来，经过大约百年间的政治、经济的不断改革，日本国的学术和文化的水平已提高到令人吃惊的程度。

如前所述，据《旧唐书·则天皇后本纪》记载，粟田真人一行到达京师长安的时间约在长安二年（公元702年）的十月，而同书《东夷传》则记长安三年（公元703年）武后在麟德殿设宴款待粟田真人等。粟田真人等人到长安，受到中国方面的接待，恐怕还可能于翌年（公元703年）正月元旦在含元殿参列朝贺的仪式。这样，其在麟德殿与武后的会见自应在长安三年（公元703年）元旦以后的正月某日。虽然在正月以后的可能性不是完全没有，但决不会迟于九月。与则天武后会见终了，立刻出席盛大的宴会。麟德殿在大明宫的西部，通过1957年以来的考古发掘，其形制、规模已被究明。全殿南北长130米，东西宽80米，三座殿堂分别建在前部、中部和后部，两侧又加筑楼、阁，周围绕以回廊，建筑物的总面积广达13000平方米。皇帝经常在麟德殿举行集会和宴会，并在此殿会见各外国的使者。唐代宗于大历三年（公元768年）在麟德殿飨宴神策军将士，人数竟达3500人之多，足可推想此殿规模之如何宏大。以执节使粟田真人为首，大使坂合部大分、副使巨势邑治，乃至少录山上忆良和留学僧道慈法师等人，一同在麟德殿朝见中国女皇帝之后，出席了宴会，其场面之盛大可想而知。

聪明而通情达理的则天武后深知日本国的独立自主的政治原则，故按数十年来的旧例，不强加册封于对方。只是为了表示友好之意，特授粟田真人以司膳卿之职。按照大宝令公式令《集解》，日本规定以中国为邻国，两国的关系是完全平等的。但是，使臣个人被中国皇帝授以官职，这与对等外交的原则不相违背，故粟田真人欣然从命，不作推辞。唐王朝沿袭前朝的旧制，设光禄寺之官以掌管皇室的祭品、膳食乃至酒宴接待等事。高宗龙朔二年（公元662年），光禄寺改称司宰寺，则天武后时又改为司膳寺。司膳卿的官位为"从三品"，大体上与粟田在本国任"正四位下"民部卿的官位相当，且稍为高出，以示尊重。

总之，粟田真人率领的第7次遣唐使在长安顺利地完成了使命，在开拓日中交往的更为宽阔的道路的同时，将两国的友好关系推进到一个新的高度。此次访问中国能取得如此重大的成果，除有国际形势的大局所趋作为其背景以外，与粟田真人个人的才能也是分不开的。

据《续日本纪》记述，粟田真人于文武天皇庆云元年（公元704年）归国，这大概是指抵达日本的筑紫而言的。在长安三年（公元703年）受到则天武后接待前后，粟田等长期在长安停留，对京师的街坊、商市、佛寺及至曲江池等名胜处都作过参观，并广泛结识各方面的有识之士，进行交流，在学问上大有进益。他们归国时途经洛阳，对神都的规模和建筑设施的布置，以及历代的名胜古迹之类，想必亦加以充分的考察。

五

庆云元年（公元704年）十月九日，粟田真人在藤原宫作归朝述职报告。由于功绩出类拔萃，日本朝廷特于十一月四日赐田二十町、稻谷千斛，以为奖赏。翌年（公元705年）四月，粟田被任命为中纳言，其官位亦于同年八月由"正四位下"提升到"从三位"。这样，他便成为日本朝廷决策集团的成员之一。此外，作为对经历危险的海上航行而得平安归国的庆贺，遣唐使所乘名为"佐伯"的船亦被授以"从五位下"的官位。以没有官位的少录身份随从粟田真人入唐的山上忆良，其归国后10年间的经历虽因史籍失记而不明，但从元明天皇和铜七年（公元714年）被授以"从五位下"的官职看来，这或许也可认为是他在参加第7次遣唐使而入唐期间的良好表现终于受到肯定的结果。

1972年3月，在奈良县高市郡明日香村发掘了高松冢古坟。古坟中的壁画内容丰富，彩色美丽，绘描精致，被视为日本考古学上空前的大发现。在出土的随葬品中，有1枚称为"海兽葡萄镜"的铜镜，制作精美，保存状况甚佳。另一方面，早在1958年，在中国陕西省西安市东郊发掘了一座唐墓，墓志明记被葬者名为独孤思贞，他于武则天万岁通天二年（公元697年）死去，翌年神功二年（公元698年）入葬此墓。在独孤思贞墓的许多随葬品中，也有1枚保存良好的海兽葡萄镜。高松冢的海兽葡萄镜与独孤思贞墓的海兽葡萄镜相比，可确认两者属"同范镜"无疑。我以此事为主要依据，从多方面加以考证，认为高松冢古坟的海兽葡萄镜是以粟田真人为首的第7次遣唐使从中国长安携归的，而古坟的被葬者则为庆云二年（公元705年）死去的忍壁皇子，即刑部亲王。要之，这面珍贵的铜镜是在庆云元年（公元704年）十月之初由归国的粟田真人作为礼物而赠送给刑部亲王的，后者于次年庆云二年（公元705年）五月死去，此镜乃被作为随葬品而纳入坟内。从考古学方面而言，高松冢的海兽葡萄镜与前述美努冈万的墓志一样，都是直接与第7次遣唐使有关的重要文物。

元明天皇和铜元年（公元710年）十二月，平城京的营造工程全面开展。与旧都藤原京相比，平城京的设计有不少新的特点。归纳起来，第一是对唐的都城长安、洛阳的模仿程度加强，从某种角度来说，其对长安的模仿程度以"彻头彻尾"的形容词相加，亦不为过。第二是唐长安城在北面东头增筑大明宫，受此影响，平城京的全城平面和宫殿的配置亦不完全拘泥于左右对称的格局。此外，更进一步而论，从建筑形式看来，平城宫内的主要建筑物大体上都是仿照大明宫内宫殿而营造，特别是第一次大极殿的可称"龙尾坛"的大坛仿自大明宫含元殿特有的"龙尾道",可传为古代中日两国建筑史上的美谈。平城京之具有上述那样的特色,其背景在于第7次遣唐使对中国都城的访问考察,这应该是没有疑问的。

执节使粟田真人等于庆云元年(公元704年)先行归国,而大使坂合部大分、副使巨势邑治及僧道慈等则留在中国,继续从各方面作考察。据《续日本纪》所记,巨势邑治于三年后的庆云四年(公元707年)归国,而坂合部大分与道慈则迟在元正天皇的养老二年(公元718年)才随以多治比县守为"押使"(相当于执节使,权位在大使之上)的第8次遣唐使团而返回日本。道慈在中国留住时间长达17年之久,通过对佛教的修学,获得许多成果,贡献甚大。正因为如此,元正天皇特于养老三年(公元719年)十一月朔日发布诏书而称赞说:"道慈法师远涉苍波,窍异闻于绝境,遐游赤县,研妙机于秘记",云云。据《扶桑略记》等记述,道慈在长安录取西明寺的建筑设计图样,平城京大安寺的营造即以此图为依据云。

养老元年(公元717年)作为第8次遣唐使团成员之一的吉备真备,在中国留学凡17年。推想在最初的半年多的时间内,吉备真备在长安与道慈会见,听取道慈在中国留学的经验。当然,从学问的分野而言,以佛教的修学为主的僧人道慈与广泛研究政治经济、律令制度以及各种文化事业的留学生吉备真备相比,二者的性质颇不相同。但是,我想,在8世纪初期,假若没有为恢复日中关系而尽力、为两国交流的进一步发展而开拓道路的第7次遣唐使的成功,随着第8次遣唐使入唐而在中国长期留学的吉备真备是不可能取得那么辉煌的成果的。

说到这里,我想把以下的事情作为一段插曲而述及。据《旧唐书》和《新唐书》记载,在第7次遣唐使执节使粟田真人归国的次年(公元705年),中国历史上唯一的女皇帝则天武后以82岁的高龄逝世。武后在其作为最高统治者的20年中,会见了诸多来自外国的使者,而日本的粟田真人则是其中的最后一人。推想粟田对武后深怀感激之情,故将武后为显示其作为皇帝的威光而创制的所谓"则天文字"传入日本。这里冈山县小田郡矢挂町出土的吉备真备祖母的铜质骨灰盒上有相当详细的铭文,而吉备真备(本姓"下道",圣武天皇天平十八年即公元746年十月赐姓"吉备")之父下道圀胜及叔下道圀依的名字见于铭文中，乃可认为他们两人或许是日本最早使用"则天文字"者。骨灰盒铭文记其为元明天皇和铜元年（公元708年）所制作，而正仓院所藏含有"则天文字"的《王勃诗序》则抄写于文武天皇庆云四年（公元707年），故可推定"则天文字"是由庆云元年（公元704年）归国的粟田真人传入日本的。在1000多年以后的江户时代前期，水户的副将军德川光圀声望极高，其名字中亦有属于"则天文字"的"圀"字，则是无人不知的。

今天，我作为一个中国人，在这里吉备真备故乡所在之地讲述日本古代的遣唐使之事，在怀念其可贵的业绩的同时，衷心祝愿中日两国人民的友谊经久不绝，万古长青。

附记：本文为1993年7月作者应邀在日本冈山就实女子大学所作公开讲演的全文，由作者本人执笔的日文原稿刊载于1994年发行的《就实女子大学史学论集》第9号，译成中国语的本文原载《考古与文物》2000年第3期。

井真成与阿倍仲麻吕·吉备真备

中国陕西省西安市东郊出土的井真成墓志自2004年10月公开发表以来，已历1年有余。中日两国许多学者考察墓志，撰作论文，涉及各个方面的问题，可谓十分详细、周到。学者们的见解虽各有差异，大都认为井真成是日本元正天皇灵龟二年（公元716年）任命、养老元年（公元717年）前往中国的遣唐使人员，并可判断其为留学生（图1，图2）。可以想见，井真成与阿倍仲麻吕、吉备真备关系密切，应属同窗好友。经推算，养老元年前来中国之时井真成为19岁，阿倍仲麻吕为20岁。日本史书关于吉备真备年龄的记述各有出入，据《续日本纪》宝龟六年（公元775年）十月"薨传"所记[1]，灵龟二年真备受遣之时年为22岁。

阿倍仲麻吕在日本"八色之姓"中属"朝臣"，氏、姓及名的全称为阿倍朝臣仲麻吕[2]，故中国方面记其姓名为"朝臣仲满"，"满"与"麻吕"在日本语中读音（皆读 maro）相同，可通用。仲麻吕留唐不

图1　陕西省西安市东郊出土的井真成墓志（盖）拓本

图2 井真成墓志铭文（局部）拓本

归，乃自行改用中国式姓名"朝衡"，"朝"字取自"朝臣"，"衡"字与"仲"字在字义上有相通处[3]。对此，日本学者先已论及。在中国，由于作为姓氏的"晁"字与"朝"字不仅读音相同，而且意义相通，故"朝衡"又作"晁衡"。

"井真成"为入唐后本人自取的中国式姓名，亦不排除为中国方面所取的可能性。如日本学者所论定，"井"字取自"井上忌寸"的氏姓[4]，正与中国的"井"姓相合，"真成"之名的中国化程度虽高，却可能是日本的原名，训读作"manari"。这样，井真成在日本的氏、姓及名的全称应为"井上忌寸真成"。此乃日本学者的卓见，我完全赞同。

吉备真备在日本的氏、姓及名的全称本为下道朝臣真备，圣武天皇天平十八年（公元746年）十月特赐其氏姓为"吉备朝臣"，是乃众所周知。遗憾的是，吉备真备入唐后所用中国式姓名如何，因史籍不载，难以查考。

这里要稍加说明的是，按照我和许多日本学者的看法，日本天智天皇六年（公元667年）为送唐使司马法聪而遣的伊吉连博德等至朝鲜半岛西南部的百济而还，不能称为"遣唐使"。因此，天智天皇八年（公元669年）所遣以河内直鲸为大使的使节团称第6次遣唐使，大宝元年（公元701年）以粟田朝臣真人为执节使的使节团称第7次遣唐使，从而应称养老元年（公元717年）前往中国的使节团为第8次遣唐使[5]。

第8次遣唐使节团人员总数计557人，乘船4艘，规模之大，堪称空前。所取海上航路如何虽不见于记载，但从此前第7次、此后第9次和第10次遣唐使皆取经由冲绳诸岛的"南岛路"来看，第8次遣唐使的往返航路亦取"南岛路"无疑[6]。此次遣唐使以多治比真人县守为押使，权位如同第7次遣唐使节团中粟田真人所任的执节使，凌驾于大使之上。大使初定为阿倍朝臣安麻吕，旋而改为大伴宿祢山守[7]。或许是因阿倍安麻吕与阿倍仲麻吕（亦作安倍仲麻吕）仅一字之差，乃使个别学者早先讲解井真成墓志而言及阿倍仲麻吕时，误认阿倍仲麻吕是第8次遣唐使节团的"最初的大使"，应予纠正。第8次遣唐使节团的副使为藤原朝臣马养（宇合），其人乃有名的权臣藤原朝臣不比等的第三子[8]。《新唐书·日本传》和《旧唐书·日本传》分别称阿倍仲麻吕（朝臣仲满）为副使或偏使，皆属错误，亦应纠正。

据《旧唐书》和《新唐书》记载，第8次遣唐使在长安请求中国学者为日本留学生讲授经书，唐玄宗皇帝诏令四门学助教赵玄默为彼等之师，在鸿胪寺官署内讲经授教。《旧唐书·日本传》特记日本遣唐使按中国方面拜师求教的通例，向赵玄默奉送自日本携来的、题有"白龟元年调布"字样的大幅布帛，以为束脩之礼，堪称佳话。这里必须指出，若按《新唐书·日本传》记载，"白龟"为圣武天皇年号，则"白龟"应指"神龟"。然而，从《旧唐书·日本传》的记述看来，"白龟元年"显然是指元正天皇的灵龟元年（公元715年），不容置疑[9]。灵龟元年相当唐玄宗的开元三年（公元715年），故《旧唐书·日本传》

在记述中称两年后的养老元年（公元717年）之时为"开元初"。

据《续日本纪》等日本史书关于吉备真备在唐留学的记述，除《易经》、《诗经》、《书经》、《礼记》、《春秋》等经书（称为"五经"）以外，日本留学生还须研读《史记》、《汉书》、《后汉书》等史书（称为"三史"），兼习法律、算术、历法、书道之类，方面极广。据中国古籍《唐语林》记述，唐玄宗在位期间，国子监所属太学诸生计3000员之多，新罗、日本等国皆遣子弟前来受业。因此，可以认为，在鸿胪寺接受四门学助教赵玄默的授教之后，不排除吉备真备等在太学等国子监所属诸学入学的可能性[10]。学者们明确认定阿倍仲麻吕入学于太学，科举合格，仕唐为官，自属正确。吉备真备、井真成作为日本朝廷所遣留学生，自亦应在唐朝国子监所属诸学的学馆内入学，可谓理所当然。

在日本的留学生之中，惟阿倍仲麻吕、吉备真备二人扬名中国，为中日两国所共同推崇，高度称赞。阿倍仲麻吕慕中华文化而仕唐不归，唐朝授以左补阙、仪王友等职。由于学识渊博，才智超人，中国士大夫竞相与其过从，其与王维、李白等诗人之交谊尤为深厚。据日本《唐大和上东征传》记述，唐玄宗天宝十二载（公元753年）十月，以藤原朝臣清河为大使的日本第10次遣唐使船自中国苏州出长江，取南岛路渡海归国，鉴真和尚应约东渡，仕唐已久的阿倍仲麻吕亦随担任特派副使的旧日至交吉备真备以往[11]。仲麻吕与藤原清河乘第1船，鉴真乘第2船，吉备乘第3船。船至冲绳大岛暂泊，启航后第1船遇大风漂流至安南，乃使仲麻吕又来中国，再仕唐朝，肃宗皇帝上元年间（公元760～761年）擢为左散骑常侍、安南都护。日本江户时代儒者广濑淡窗作七言绝句之诗以咏阿倍仲麻吕（晁衡）曰：礼乐传来启我民，当年最重入唐人；西风不与归返便，莫说晁卿是叛臣。

事实上，日本方面不无视仲麻吕为叛臣者，只因其在中国扬名为日本国家之光荣，故深受日本朝廷重视，倍加关怀，经久不绝。据《续日本纪》记载，阿倍仲麻吕在中国逝亡，数年之后，日本朝廷趁唐使孙兴进来访之机，于光仁天皇宝龟十年（公元779年）五月二十六日敕赐东绝一百疋、白绵三百屯，以弥补仲麻吕在中国"家口偏乏，葬仪有缺"。日本朝廷特派以布势朝臣清直为大使的第15次遣唐使节团，乘船2只，陪送孙兴进返中国，故称布势清直为"送唐客大使"。光仁天皇所赐东绝、白绵等物品便是由"送唐客大使"于诏敕发布的次日五月二十七日着手运往中国的。日本学者有谓阿倍仲麻吕逝世之年为宝龟十年（公元779年）的，实属对《续日本纪》记载的误解[12]。

又据《续日本后纪》记载，到了8世纪末、9世纪以降的平安时代，仁明天皇于承和三年（公元836年）五月十日发布诏书，大加褒扬于阿倍仲麻吕，并代替中国皇帝，追赠其官阶为正二品。据此诏书，可知阿倍仲麻吕早已被唐朝授以从二品光禄大夫、右散骑常侍兼御史中丞、北海郡开国公、赠潞州大都督。两《唐书》记仲麻吕所任左散骑常侍官职属门下省，而仁明天皇诏书所举右散骑常侍官职属中书省，两者有所差别；又诏书称其任北海郡开国公、赠潞州大都督等官职是否属实，亦不无疑问。然而，阿倍仲麻吕曾任光禄大夫之官，则是中日两国学术界的共识。查《旧唐书·职官志》和《新唐书·百官志》，光禄大夫的官阶为从二品，可证仁明天皇诏书举述无误。日本学者有谓阿倍仲麻吕的最终官阶为正三品的，未必正确。

吉备真备在唐17年，于圣武天皇天平六年（公元734年）随以多治比真人广成为大使的第9次遣唐使节团返回日本。学者们多谓吉备真备在唐期间，只在鸿胪寺的官署内受赵玄默之教以习经书，却不曾入国子监之学馆，所有史书、历法、天文、法律、算术、书道之类皆为个人自学。然而，在17年的漫长岁月中，吉备真备作为日本朝廷所遣留学生，始终不曾在唐朝国子监所属诸学入学，未免有违常情，与前述《唐语林》所记"太学诸生三千员，新罗、日本诸国皆遣子入朝受业"的情况亦不相符合。特别是不曾在唐入国子监所属之学的吉备真备却于天平七年（公元735年）归国之后立即就任日本大学的助教（或称"助博士"），实在使人有异常之感。因此，我不揣冒昧，主张广习五经、三史以及刑名、算术、天文、历法、书道、音乐等等的博学之士吉备真备应曾在中国长安国子监所属学馆内就学、受业，已如前述。

《旧唐书·日本传》记日本遣唐使"尽市文籍，泛海而还"，但不记人员的姓名。《新唐书·日本传》虽明记"贸书以归"者为再访中国的粟田真人，而粟田于文武天皇庆云元年（公元704年）返回日本，始终不曾再度入唐，故可断定其为误记无疑，必须另行查考。据《续日本纪》等日本史书记载，圣武天皇天平七年（公元735年）返归日本的吉备真备携来《唐礼》130卷、《大衍历经》1卷、《大衍历立成》12卷、《乐书要录》10卷，《日本国现在书目录》又记《东观汉记》亦为吉备真备所携来。因此，不难判明，《旧唐书》所记"尽市文籍，泛海而还"之人及《新唐书》所记"贸书以归"之人应为吉备真备。如前所述，吉备真备（当时称"下道朝臣真备"）入唐后所取中国式姓名不能查考，实为导致上述两《唐书》记载不明、失实之原因。

井真成墓志自公开发表以来，中日两国学者详加论述。关于墓志的出土情形及志文的内容、格式等项，学者们虽不无疑问，但认定其为真品，决非伪作。墓志记井真成于开元二十二年（公元734年）正月[一]日死亡，同年二月四日入葬，死亡与入葬时日相隔仅约一个月，可谓甚为仓促。从各种事情看来，或可推测其为突然的急逝。

当时，留唐不归的阿倍仲麻吕参与井真成在长安的葬仪，自在情理之中。决定随多治比广成率领的第9次遣唐使乘第1船归国的吉备真备尚暂留于长安而未发，故可推想其与仲麻吕同时参加井真成的葬礼[13]。倘若井真成不病、不死，其是否与吉备真备一同随第9次遣唐使返日本，难以判定。

墓志谓井真成"才称天纵，故能［衔］命远邦，驰骋上国"，其意是说井真成多才多艺，能力非凡，故得受远邦日本朝廷任命，作为遣唐使节团的一员，迅速来聘，访问上国唐王朝。此等辞句简明扼要，与事实符合，决非虚夸，从而可证井真成在长安留学期间成绩优秀，受到中国朝廷乃至皇帝的重视。由于志文中有"束带［而］朝"之语，不排除其在唐朝任官的可能性[14]（图2）。唐玄宗诏赠官阶为从五品上的"尚衣奉御"之职，亦说明井真成决非平庸无能之辈。只因天年短促，未成大器，故不得与阿倍仲麻吕、吉备真备相提并论而已。若不是有墓志发现，井真成其人其事自必湮没无闻，不为世人所知。

井真成的石质墓志方形、有盖，虽然制作粗简，志文欠详，却不失其为唐代的中国式墓志。阿倍仲麻吕官位高，名望大，享年长久，死后所作中国式墓志的规格必远较井真成墓志为优良，他日万一有幸，或许可以出土，其意义之大自将引发中日两国乃至世界各国学术界的轰动。为此，呼吁有关方面切实重视古代遗迹保护，广泛注意出土文物检查，以免发生疏漏、破坏等情。

日本自7世纪后期以降，特别是进入8世纪的藤原京时代和平城京时代，流行使用墓志，其形制多属铜质的所谓"短册形"墓志，与中国方形、有盖的石质墓志迥异。当时日本多行火葬，铜质、盒状的藏骨器（骨灰盒）在盖上镌刻铭文，亦被称为墓志，其与中国墓志相比，更是大不相同。吉备真备的祖母即下道圀胜、圀依的母亲用铜质藏骨器墓志[15]，真备的母亲杨贵（八木）氏则用瓦质墓志（有伪作之说）。光仁天皇宝龟七年（公元776年）的高屋枚人墓志为石质，桓武天皇延历三年（公元784年）的纪吉继墓志为砖制。吉备真备逝亡于光仁天皇宝龟六年（公元775年），虽可判定必用火葬，但若有墓志随葬，其形制、质料如何，则难以明确推定。

在日本发现的诸多墓志之中，惟独圣武天皇天平二年（公元730年）的美努连冈万墓志与中国唐代墓志颇有相似之点[16]。美努冈万墓志虽为铜板，但形状为规整的长方形，长约30厘米，合唐尺一尺，宽约21厘米，合唐尺七寸，接近于正方形。铜板平面有纵横交错的整齐的罫线，构成棋盘状的许多方格。方格内所镌文字共11行，每行各17字，全文合计170余字，"天皇"二字之上空出一个方格（图3）。就形制、格式而言，美努冈万墓志与井真成墓志相比，亦不无近似之处。

图3　日本奈良县萩原町出土的美努冈万墓志拓本

美努连冈万墓志明记"大宝元年,岁次辛丑五月,使乎唐国"云云,可证美努冈万作为日本第 7 次遣唐使节团的一员,曾于大宝二年(公元702年)随从执节使粟田真人入唐访问。在日本最为著名的诗歌集《万叶集》中,收录着三野连(缺名)赴唐时春日藏首老为其所作的惜别的诗歌。在日本语中,"三野"与"美努"的读音相同,皆读"Mino"。三野连(Mino no Muraji)即为美努连冈万(Mino no Muraji Okamaro),是可确信无疑。日本学术界称井真成墓志为"遣唐使墓志",则美努冈万墓志自亦应以"遣唐使墓志"相称。两者出土之处虽分别在中国、日本,但其为"遣唐使墓志"则应一视同仁,相提并论,在古代中日两国交流史的研究上诚然可谓无独有偶,佳品成双。

附记:本文为作者 2005 年 11 月 19 日在日本九州国立博物馆举行的亚洲史学会第 14 次研究大会上的讲演稿(题目由亚洲史学会会长上田正昭、会长代理西谷正指定,难以推辞),其日本语译稿早在 2005 年 9 月 15 日发行的《亚洲史学会通讯》第 34 号上刊登。兹将最初所撰的中国语原稿稍作修改,主要是增添注释,发表于《考古》2006 年第 6 期,以就正于国内的读者方家。

注　释

[1]　日本国史书《续日本纪》于吉备真备死亡之日追述其生平事迹、经历,称为"薨传"。

[2]　日本天武天皇十三年(公元684年)将日本贵族、豪门的姓归纳为"真人"、"朝臣"、"宿祢"、"忌寸"、"道师"、"臣"、"连"、"稲置"八种,称为"八色之姓"。当时日本贵族、豪门人士的称谓由氏、姓、名三者构成,以阿倍朝臣仲麻吕为例,"阿倍"为氏,"朝臣"为姓,"仲麻吕"为名。在一般的称述中,往往只称氏、名,而省略其姓,故阿倍朝臣仲麻吕简称阿倍仲麻吕,吉备朝臣真备简称吉备真备,如此等等,已成通例。

[3]　"仲"字含居中之意,与"衡"字之谓平衡相当,此乃日本学者的见解,可以认同。

[4]　如注[2]所解说,"忌寸"为"八色之姓"之一,"井上"则为其人之氏。

[5]　伊吉连博德以"伊吉"为氏,"连"为姓,"博德"为名;河内直鲸以"河内"为氏,"直"为姓,"鲸"为名。"八色之姓"制定后,"连"姓为其中之一,"直"姓则弃置。粟田朝臣真人以"粟田"为氏,"朝臣"为姓,"真人"为名,通常是省略"朝臣"之姓而称其氏名为"粟田真人"。

[6] 日本遣唐使的海上航路有"北路"、"南路"之分。其中，8世纪初年至中期的几次遣唐使航路经由冲绳诸岛，故称"南岛路"以区别于8世纪后期至9世纪各次遣唐使所取直接横渡东海的"南路"。

[7] 多治比真人县守以"多治比"为氏，以"真人"为姓，而"县守"则为其名。大伴宿祢山守以"大伴"为氏，以"宿祢"为姓，其名则为"山守"。"真人"、"宿祢"皆属"八色之姓"。

[8] 藤原朝臣马养（宇合）以"藤原"为氏，以"朝臣"为姓，以"马养"（宇合）为名。其父藤原朝臣不比等的氏、姓与马养（宇合）的氏、姓相同，"不比等"则是其名。

[9] 日本自7世纪中期始用中国式年号以来，进入8世纪以后遂成定制。在8世纪平城京时代诸天皇的年号中，含"龟"字的计有元正天皇的"灵龟"、圣武天皇的"神龟"和光仁天皇的"宝龟"，却无"白龟"之年号。

[10] 唐玄宗在位期间，国子监所属学馆有国子学、太学、四门学、书学、律学、算学等六所学馆，各有博士、助教任教。

[11] 日本孝谦天皇天平胜宝二年（公元750年）九月先已任命藤原清河为大使，大伴古麻吕为副使，但到次年天平胜宝三年（公元751年）十一月又增派吉备真备为副使。这是因为真备在唐留学达17年之久，深通中国情况，故特地派他照应藤原清河，亦有利于促成阿倍仲麻吕随其归国。

[12] 据推算，阿倍仲麻吕出生于日本文武天皇二年（公元698年），元正天皇养老元年（公元717年）入唐留学时为20岁。学术界明确认定其在中国逝亡之年相当日本光仁天皇宝龟元年（公元770年），享年70余岁。

[13] 据日本学者查考，天平五年（公元733年）四月自日本出发的第9次遣唐使于冬月到达唐的京师长安。因次年正月唐玄宗移住东都，乃于开元二十二年（公元734年）二月八日离长安而赴洛阳朝觐。井真成入葬在此年二月四日，故决定随第9次遣唐使归国（乘第1船）的吉备真备犹得暂留于长安而参与葬仪。

[14] 中国古籍言及"束带立于朝"、"束带立朝"、"束带而朝"等辞颇多，中国学者在论述井真成墓志时多已详细指明。墓志中的"束带而朝"可解释为穿着整肃，入宫朝参。

[15] 吉备真备本属"下道"氏，其父名"国胜"，其叔名"国依"，氏名各为"下道国胜"、"下道国依"。中国女皇帝武则天创新字，日本称"则天文字"。则天文字的"国"字作"圀"，由于其在纪有"和铜元年"的铜质藏骨器的铭文中出现，足见吉备真备的父辈至迟在元明天皇和铜元年（公元708年）已使用则天文字，可与正仓院所藏文武天皇庆云四年（公元707年）抄写的《王勃诗序》中的则天文字并称为日本最早的则天文字，从而推定则天文字是由文武天皇庆云元年（公元704年）归国的、以粟田真人为执节使的第7次遣唐使由中国传入日本的。

[16] 美努连冈万以"美努"为氏，以"连"为姓，以"冈万"为名。"连"为"八色之姓"之一，在一般的称谓中往往可省略。因此，美努连冈万通常简称美努冈万。

日本最近发现的太安万侣墓

一

1979年1月，在日本奈良市东郊发现了太安万侣的墓。这是日本继1972年3月在奈良县高市郡明日香村发现高松塚古坟之后的又一重大的考古新发现。太安万侣的墓志，作为偶然发现的珍贵文物，其重要性甚至可以与1784年在福冈市志贺岛出土的"汉委奴国王"金印相比。中国的考古工作者，对于友好邻邦的这一重大的发现，感到十分高兴。

太安万侣是日本奈良时代（公元8世纪）的学者。元明天皇时，他奉诏将稗田阿礼口诵的"帝纪"与"旧辞"加以记录、整理，编写成《古事记》三卷，并撰作序文。《古事记》的上卷记天地开辟以来的神话，中卷和下卷记神武天皇至推古天皇的历史（其中也掺杂许多神话和传说），是日本最古的史书，也是最古的文学作品。太安万侣据信还参加了以舍人亲王为总裁的《日本书纪》的编撰工作，而且可能是主要执笔者。《日本书纪》共30卷，采取中国史书的体裁，记述自"神代"至持统天皇时的神话、传说和史事。《古事记》和《日本书纪》，合称《记·纪》，是日本古代史的最重要的文献。

关于太安万侣编写《古事记》，其事仅见于《古事记》序文本身。《续日本纪》是记载奈良朝历史的正史，其中虽有关于太安万侣官位升迁的记述，但完全没有提到《古事记》。因此，过去曾有人认为《古事记》可能是后世的伪作。现在，由于太安万侣墓志的发现，这一问题也就可以解决了。

二

太安万侣的墓，在奈良市田原町此濑。这里是大和高原的一个山村，墓的位置在丘陵的南坡地上。这一带的丘陵地，早已被开垦为农田，种植茶树。1979年1月20日，农民竹西英夫为了换种新品种的茶树，掘地翻土，在距地表深约数十厘米处掘出了一些木炭，继而发现一个坑穴，中有零散的人骨。1月22日，继续下掘，又掘出一些腐朽的木板，并发现了铜质的墓志，说明这是太安万侣的墓（图1）。经奈良县的文物管理机构派人到现场考察，判断太安万侣的墓是火葬墓，骨灰放在一个木柜中，从现场的形迹推测，木柜长85厘米以上，宽40厘米，高42厘米。木柜放在坑穴中，周围填以木炭，再在上面用土覆盖。火葬墓多系偶然发现，出土情况往往欠明。参照过去的记录，太安万侣墓的情形似与1820年发现的石川年足的火葬墓相似。

日本自公元4世纪前进入"古坟时代"以来，统治阶级建造"古坟"，堆土成丘，规模宏大。按坟丘的形状不同，古坟可分"圆坟"、"方坟"、"前方后圆坟"等类，坟丘中往往埋石室，置棺以葬死者。5世纪是"古坟"的极盛期，仁德天皇的前方后圆坟长485米，高35米，其规模之大，在全世界也是少见的。6世纪以后，古坟的形制逐渐减小，但古坟的流行一直继续到7世纪。前面提到的高松塚古坟，其年代约当7世纪晚期乃至8世纪初头，属于古坟时代的终末期。

图1 太安万侣墓志

进入8世纪以后，自"大化革新"（公元646年）以来的各种新的制度不断得到巩固和发展。随着中央集权的国家及其律令体制的进一步确立，在墓葬方面，代表旧时代的"古坟"终于衰落，乃至绝迹。佛教兴盛，火葬墓遂应运而生。这是日本古代墓葬制度上的一次大变革，其在各方面的影响是深远的。

文武天皇四年（公元700年）僧道照的火葬，是日本史书关于火葬的最初记载。继此而后，持统天皇亦于大宝三年（公元703年）实行火葬。从考古发现来说，庆云四年（公元707年）的威奈大村墓和文祢麻吕墓则为最早的有纪年的火葬墓。在很短的时期内，火葬迅速流行，至太安万侣死时，火葬墓已经普及。

三

火葬时用以收纳骨灰的容器，称为"藏骨器"（图2）。当时的藏骨器有木制、石制、陶制、铜制、银制、玻璃制等许多不同的类型。各类"藏骨器"往往作壶形或盒状，木制的藏骨器也有作方柜形的。比较简单的是将骨灰直接放在木制或石制的藏骨器中。也有将骨灰置在铜制藏骨器中，然后再放入石制容器；也有将骨灰置在银制或玻璃制的藏骨器中，然后再纳入铜制容器，层层相套，比较复杂的。从太安万侣墓的发现情形来看，可能是将骨灰直接放在木柜中的。与石川年足等墓的藏骨木柜相比，太安万侣墓的木柜是相当大的。

图2 藏骨器（威奈大村）

火葬墓的埋葬地，有两种情况。一种是在举行火化的当地埋葬，另一种是火化之后将骨灰送到别处埋葬。从以往的发现例来看，奈良县北葛城郡香芝町的威奈大村墓属于后者，同县山边郡都祁村的小治田安万侣墓属于前者。太安万侣的墓，看来是在举行火化的当地埋葬的。木柜周围的木炭，据鉴定，系用硬质木材烧成，填在墓坑中，以保护木柜及其中的遗骨。

1951年，奈良县教育委员会重新调查小治田安万侣墓（1912年偶然发现）时，曾发现一些陶器、铁器，并有"和铜开珎"银钱10枚，当系该墓的随葬品。与多数的火葬墓一样，太安万侣墓没有发现什么随葬品（但是，据后来编集的日本古代遗迹事典所述，当时有4枚真珠混杂在火葬骨灰中，应属此墓的随葬品）。

四

太安万侣墓中的唯一的珍贵文物，便是墓志。它是一块长方条状的铜板，长29厘米，宽6厘米，厚0.3厘米。铜板已锈蚀，但文字清楚。

墓中置墓志，是日本这一时期墓葬的特点之一。迄今发现的墓志，计有船氏王後、小野毛人、威奈大村、文祢麻吕、下道圀胜·圀依母夫人、伊福吉部德足比卖、道药师、山代真作、小治田安万侣、美努冈万、杨贵氏（墓志今已不存，有疑为伪作者）、行基、石川年足、宇治某（因墓志残缺，失其名）、高屋枚人、纪吉继等十数例。年代最早的为船氏王後墓志，系天智天皇七年（公元668年）；年代最晚的为纪吉继墓志，系桓武天皇延历三年（公元784年）。除船氏王後、小野毛人（天武天皇五年，公元677年）二例因年代较早而非火葬墓以外，其余各墓全系火葬墓，年代都属8世纪。

日本使用墓志，系仿自中国的风习，但墓志的形制与中国隋唐的墓志大不相同。就墓志的内容来说，除威奈大村墓志文章较长，计392字，具备铭序而外，日本的墓志往往只记死者的官位、世系、经历、姓名、死亡日期，甚为简单。最简单的是1958年发现的道药师墓志，全文只32字。文祢麻吕、高屋枚人的墓志，亦都不足40字。太安万侣墓志41字，其简单仅次于上述三者。

就质料和形状而言，日本的墓志完全没有在大型方石上刻志文而又加篆盖的。在上述十数例中，石制的墓志仅高屋枚人一例，陶制的墓志仅杨贵氏和纪吉继二例，它们都是长方形而不是正方形，且形体甚小，长仅20余厘米；高屋枚人与纪吉继的墓志有盖，但盖上无字。威奈大村、下道圀胜·圀依母夫人、伊福吉部德足比卖的墓志都是刻在铜质的藏骨器的盖上，行基的"大僧正舍利瓶记"墓志刻在铜质的圆筒状容器上，更与中国的墓志毫无相似之处。其余的大多数墓志，都是长方条状的金属薄板，除个别系银质的以外，绝大多数是铜质的，有时表面鎏金，其质料和形状都与中国的墓志迥然相异。太安万侣墓志系铜质，是属于最通常的种类。从已有的十数例墓志的年代看来，铜质墓志自始至终都流行，而石制和陶制的墓志则可能是后期才有的。

用铜质薄板制成的墓志，有些像中国的"册"，称为"短册形墓志"，或认为其起源与中国的"哀册"、"谥册"之类有关（图3）。它们的长度往往在29~30厘米左右，约当"天平尺"一尺，这可以说是一种规制。小野毛人的墓志独长，计58.5厘米，正合"天平尺"二尺。墓志的宽度虽然并不一致，但似以宽6厘米左右的为多，约合"天平尺"二寸。文祢麻吕的墓志，长26厘米，宽4.3厘米，系置在铜盒中，盒长29厘米，宽5.9厘米，与长一尺、宽二寸的规格相合。太安万侣墓志长29厘米，宽6厘米，正是属于此种最典型的。

图3 短册形墓志（船氏王後）

五

太安万侣的墓志，全文如下："左京四条四坊从四位下勋五等太朝臣安万侣以癸亥年七月六日卒之，养老七年十二月十五日乙巳"（图4）。

"左京四条四坊"，是太安万侣的居住地。左京，即平城京之左京。日本古代，历代天皇即位，就要另筑宫室，代代迁移，甚至有一代数迁的。"大化革新"以来，迁难波，迁大津，迁飞鸟净御原，迁藤原，都城仍然不定。《大宝令》虽然制定了都城的形制和规划，但文武天皇在位时未能付诸实施。元明天皇和铜元年（公元708年），决定迁都奈良，经两年经营,于和铜三年(公元710年)建成平城京。自此年至桓武天皇延历年间,以平城京为都城凡七代七十余年。

平城京在大和平野的北部,大部分在今奈良市。都城形制仿唐长安城,平面呈长方形,南北长约5公里,东西宽约4公里半,由朱雀大路纵贯南北,分全城为两半,东半部称左京,西半部称右京。左右两京各由许多等距离的大路纵横交叉,划分为南北各九条,东西各四坊;又在左京之外的东部偏北处另加南北四条,东西三坊,称为外京。与唐长安城不同的是,平城京的坊没有专门的名称,而称几条几坊以定其位置,从而也就成为坊的名称。左京四条四坊在宫城的东南,其南即为大安寺。这一带距宫城略远,就其位置而言,似多为中级以下官员的住居所在。墓志中记其人居平城京并记明条坊的,尚有小治田安万侣,他的住所在右京三条二坊,与太安万侣的居住地相距稍远。

太安万侣的官位,为从四位下,勋五等。文武天皇时,命刑部亲王等撰律令,于大宝元年(公元701年)制定《大宝令》十一卷,《大宝律》六卷,统称《大宝律令》。奈良时代的官位,便是按照《大宝令》的规定。官位分"品"与"位"两种。前者自一品至四品,共四级,以授亲王。后者自一位至三位各分正、从,凡六级,自四位至八位各分正、从、上、下,凡二十级,又有大初位与小初位各分上、下,凡四级,共计三十级;五位以上授诸王,一位至八位以及初位授群臣。太安万侣为从四位下,在群臣三十级官位中居第十级。所谓勋位,亦系根据《大宝令》,是按勋功所赐的等级,共分十二等,往往与上述的官位相应,勋一等当正三位,二等当从三位,如此类推,勋十一等当正八位,十二等当从八位。在和铜五年(公元712年)正月完成的《古事记》序文中,太安万侣自称其官位为正五位上,勋五等。据《续日本纪》记载,太

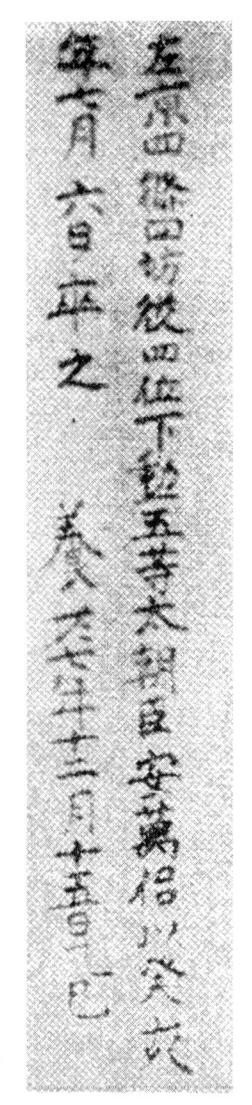

图4 太安万侣墓志(摹本)

安万侣于庆云元年（公元704年）由正六位下改授从五位下，和铜四年（公元711年）进授正五位上。灵龟元年（公元715年）又进授从四位下，二年（公元716年）为氏长。养老七年（公元723年）七月去世时的职位为民部卿，从四位下。墓志记太安万侣的官位为从四位下，勋五等，正与文献记载相符。

在各种书籍中，太安万侣有时被写作"太安麻吕"，《续日本纪》即如此。墓志作"太安万侣"，与《古事记》序文一致，应以此为准。"安万侣"为其名，"太"为其姓氏。墓志中的姓名，与《古事记》序文所见一样，为"太朝臣安万侣"。天武天皇十三年（公元685年），定"八色之姓"，将诸姓定为"真人"、"朝臣"、"宿祢"、"忌寸"、"道师"、"臣"、"连"、"稻置"八等。以各墓志所见诸人为例，威奈大村称"威奈真人大村"，小治田安万侣称"小治田朝臣安万侣"，宇治某称"宇治宿祢某"，文祢麻吕称"文忌寸祢麻吕"，高屋枚人称"高屋连枚人"，即由此故。

墓志记太安万侣卒于癸亥年，按干支推算，是为元正天皇养老七年（公元723年），即《日本书纪》完成以后的第3年。据《续日本纪》记载，太安万侣死于养老七年七月庚午（七日），与墓志所记七月六日相差一日，当以墓志为准。这可能是由于七月六日死去以后，七月七日才发出通告，所以迟了一天。至于养老七年十二月十五日乙巳，当为火化埋葬的日期。

六

13世纪20年代发现的大僧正行基墓志，似为日本发现墓志的初例。该墓志今虽只存一残片，但文历二年（1235年）《注进状》记有其全文。17~19世纪的江户时代，墓志续有出土，当时的学者即有试作研究者。出土墓志中多珍品，其中如船氏王後、小野毛人、威奈大村、文祢麻吕、石川年足等墓志，以后皆被列为"国宝"，然每百年间所出土者止三、四例而已。20世纪以来，考古发掘工作广泛开展，学术界虽然密切注意，但70余年来出土墓志亦不过四、五例，且与以往一样，全属偶然发现，无一系正式发掘所得。总之，在日本，古墓志实为极其珍贵的文物，非常难得。这次太安万侣墓志的发现，其重要性又远在以往发现的任何墓志之上，从而引起学术界的高度重视，轰动于一时，这是无怪其然的。

如前所述，日本的墓志绝大多数出土在火葬墓中。火葬墓西起九州，东至关东，分布范围甚广。但是，火葬墓中置有墓志的，除冈山、鸟取两县各有一例以外，其余都发现在近畿的奈良、大阪和京都。这说明日本当时接受中国文化的影响，首先是在政治文化中心所在的近畿地区。火葬虽易于普及，但墓志作为自中国传入的新事物，其使用则多限于在朝廷供职的官员、贵族及僧侣等。这些使用墓志随葬的人，在《日本书纪》、《续日本纪》中往往有记载。最早使用墓志的船氏王後和小野毛人，前者可能是接待隋使裴世清的有关人员，后者则系首次遣隋的大使小野妹子之子。下道圀胜・圀依母夫人为著名的入唐留学生吉备真备的祖母，杨贵氏为吉备真备的母亲，美努冈万则曾为大宝元年（公元701年）任命的遣唐使团中的成员。他们与中国文化的深密关系，也说明了以上的问题。

太安万侣作为奈良朝的著名学者，编撰《古事记》与《日本书纪》，其学识之渊博，文笔之敏捷，是与他对中国史学、文学造诣之深分不开的。我们相信，太安万侣墓的发现，不仅在日本，而且在中国学术界也将引起重视。

参考书目

[1] 《古事記》，《古事記全釈》，1935年。
[2] 《日本书纪》，《国史大系》普及版，1974年。
[3] 《续日本纪》，《国史大系》普及版，1974年。
[4] 奈良国立文化財研究所：《日本古代の墓誌》，奈良国立文化財研究所飛鳥資料館，1977年。
[5] 浅野清、小林行雄：《世界考古学大系》第4卷，平凡社，1961年。
[6] 後藤守一、石母田正：《日本考古学講座》，《歷史時代》，1956年。
[7] 斎藤忠：《日本考古学史》，吉川弘文館，1995年。
[8] 大橋一章：《古代墓誌の研究》，《史学雜誌》第八十三卷第8，1974年。
[9] 浅野芳朗：《船氏の墓誌に見える紀年銘について》，《考古学雜誌》第二十四卷第8号，1934年。
[10] 梅原末治：《小野毛人の墳墓とその墓誌》，《日本考古学論攷》，弘文堂書房，1940年。

［11］ 角田文衞：《備中国下道氏茔域における一火葬墓》，《考古学雑誌》第三十四卷第4号，1944年。
［12］ 田村吉永：《新發見の山代忌寸真作の墓誌について》，《史跡と美術》第二十二卷第6，1952年。
［13］ 田村吉永、森本六尓：《美努連岡万の墳墓》，《考古学雑誌》第十五卷第10号，1925年。
［14］ 梅原末治：《石川年足の墳墓》，《考古学雑誌》第十卷第12号，1920年。
［15］ 日本考古学協会：《日本考古学年報》第4，1951年。

（本文原載《考古》1979年第3期）

关于《魏志·倭人传》、《后汉书·倭传》的标点和解释

一 《魏志·倭人传》

《三国志·魏志·东夷传》中有记述古代日本的条目，因以"倭人"二字开头，日本学术界通称《魏志·倭人传》。《魏志·倭人传》记公元三世纪中叶以前倭地倭人之事颇详，是研究日本古代史的最重要的材料。

长期以来，日本学者对《魏志·倭人传》钻研甚深，可谓达到了无微不至的程度。《倭人传》之被译为日文，有多种版本。一般说来，要以和田清、石原道博两氏共同用日本近代文语翻译的最为学术界所重[1]。近年来，平野邦雄、杉本宪司和森博达诸氏又先后以日本现代语翻译[2]，文章流利，明白易懂。杉本、森两氏在共译的译文间添加许多详细的注解，就各种问题作考释，旁征博引，深入浅出，堪称优秀之作[3]。

中国方面迄今未见有将《魏志·倭人传》翻译为现代汉语的。但是，中华书局新出版的《二十四史》附有现代汉语的标点符号，《三国志》自不在例外，所以也可以说是对《魏志·倭人传》作了一定程度的解读[4]。

我仔细阅读了中华书局标点的《魏志·倭人传》，觉得句读虽很明确，但是否完全妥当，不无可商榷之处。这里，为了便于讨论，特将标点本《魏志·倭人传》的最后两大段转录如下（因排印体例上的关系，引号形式作了改换，表示人名、地名、国名等的专名号省去）：

景初二年六月，倭女王遣大夫难升米等诣郡，求诣天子朝献，太守刘夏遣吏将送诣京都。其年十二月，诏书报倭女王曰："制诏亲魏倭王卑弥呼：带方太守刘夏遣使送汝大夫难升米、次使都市牛

利奉汝所献男生口四人、女生口六人、班布二匹二丈，以到。汝所在逾远，乃遣使贡献，是汝之忠孝，我甚哀汝。今以汝为亲魏倭王，假金印紫绶，装封付带方太守假授汝。其绥抚种人，勉为孝顺。汝来使难升米、牛利涉远，道路勤劳，今以难升米为率善中郎将，牛利为率善校尉，假银印青绶，引见劳赐遣还。今以绛地交龙锦五匹、绛地绉粟罽十张、蒨绛五十匹、绀青五十匹，答汝所献贡直。又特赐汝绀地句文锦三匹、细班华罽五张、白绢五十匹、金八两、五尺刀二口、铜镜百枚、真珠、铅丹各五十斤，皆装封付难升米、牛利还到录受。悉可以示汝国中人，使知国家哀汝，故郑重赐汝好物也。"

正始元年，太守弓遵遣建中校尉梯儁等奉诏书印绶诣倭国，拜假倭王，并赍诏赐金、帛、锦罽、刀、镜、采物，倭王因使上表答谢恩诏。其四年，倭王复遣使大夫伊声耆、掖邪狗等八人，上献生口、倭锦、绛青縑、绵衣、帛布、丹木、狱、短弓矢。掖邪狗等壹拜率善中郎将印绶。其六年，诏赐倭难升米黄幢，付郡假授。其八年，太守王颀到官。倭女王卑弥呼与狗奴国男王卑弥弓呼素不和，遣倭载斯、乌越等诣郡说相攻击状。遣塞曹掾史张政等因赍诏书、黄幢，拜假难升米为檄告喻之。卑弥呼以死，大作冢，径百余步，徇葬者奴婢百余人。更立男王，国中不服，更相诛杀，当时杀千余人。复立卑弥呼宗女壹与（据考证，"壹与"实为"臺与"之误，下同），年十三为王，国中遂定。政等以檄告喻壹与，壹与遣倭大夫率善中郎将掖邪狗等二十人送政等还，因诣台，献上男女生口三十人，贡白珠五千，孔青大句珠二枚，异文杂锦二十匹。

按照中国古代汉语的语法习惯，第一段第六、七行"今以汝为亲魏倭王，假金印紫绶，装封付带方太守假授汝。其绥抚种人，勉为孝顺"的二句，其句读以改作"今以汝为亲魏倭王，假金印紫绶，装封付带方太守假授。汝其绥抚种人，勉为孝顺"为宜。当然，这只是修辞上的问题，与文章的内容没有多大关系。

第二段第二行"并赍诏赐金、帛、锦罽、刀、镜、采物"一句，从物品的名称和质料而论，可改为"并赍诏赐金、帛、锦、罽、刀、镜、采物"。"帛"与"锦"同属丝织品，皆以匹计数量，只因织法、纹饰不同，尚且不相连而称"帛锦"。"罽"为毛织品，以张计数量，自不宜与以匹计数量的丝织品"锦"相连而称"锦罽"。实际上，在中国古代汉语中，"锦"、"罽"二字连称为"锦罽"的例子也是难以找到的。因此，此句"锦"、"罽"二字之间以加顿号分开为妥。

日本学者亦有译此句为"金帛、锦罽、刀、镜、采物"的[5]。"锦"、"罽"不宜连称"锦罽"，已如上述。在中国古代汉语中，"金"与"帛"不乏连称"金帛"之例，但作为具体的物品，两者的质料完全不同。在翻译《倭人传》的文章中，既然"锦"与"罽"不连称"锦罽"，"刀"与"镜"不连称"刀镜"，则"金"与"帛"自亦不宜连称为"金帛"。杉本宪司和森博达氏在译文中将"金"、"帛"、"锦"、"罽"、"刀"、"镜"、"采物"一一用顿号区分，这是最为妥切的[6]。

第二段第三、四行"上献生口、倭锦、绛青缣、绵衣、帛布、丹木、犿、短弓矢"一句中的"丹木、犿、短弓矢"，日本学者在译文中都作"丹、木犿、短弓矢"。理由是《倭人传》记倭地物产，有"其山有丹，其木有柟、杼、豫樟、楺、枥、投橿、乌号、枫香"等语，可见倭地所产有"丹"，而所产之木无"丹木"[7]。据《康熙字典》，"犿"本作"獖"，兽名，似羊，《山海经》作"獖"[8]。《辞海》引《广韵》，谓"獖"为犬名[9]。《倭人传》记倭地动物有猕猴、黑雉，而无牛、马、虎、豹、羊、鹊[10]。从考古发掘出土的兽骨判断，虎、豹和羊固确实没有[11]，牛、马在弥生时代亦似有若无、绝无仅有，但野猪、鹿和犬等则多有繁殖[12]，故倭使献"犿"非绝不可能。然谓所献为以木制成的"犿"的偶像，则于理难通。日本学者将"木犿"与"短弓矢"相联系，认为它也许是弓把上所附的"木弣"[13]。但是，"木弣"为弓的附件，自不能单独成为一项贡品。因此，若日本学者的理解不错，则应取消"木弣"与"短弓矢"之间的顿号，使之成为"木弣短弓矢"。如若觉得这在语法上还不够严密，则不妨在"弓"、"矢"二字之间加顿号，使之成为"木弣短弓、矢"，尽管弓与矢在习惯上往往连称为"弓矢"。

第二段第七行"遣倭载斯、乌越等诣郡说相攻击状"一句，在"载斯"、"乌越"之间加顿号，是否妥当，是一个疑问。《倭人传》所记倭人之名系由汉字音译而成，有以二个汉字译成的如"壹与"，有以三个汉字译成的如"卑弥呼"、"难升米"、"伊声耆"、"掖邪狗"，亦有以四个汉字译成的如"都市牛利"、"卑弥弓呼"。因此,"载斯"、"乌越"分别为二个倭人之名固有可能,但不能排除"载斯乌越"为一个倭人之名的可能性。杉本宪司等译"载斯"、"乌越"为二人之名[14],平野邦雄、和田清等译"载斯乌越"为一人之名[15],孰是孰非,实难判定。

第二段第七、八行"遣塞曹掾史张政等因赍诏书、黄幢,拜假难升米为檄告喻之"一句,应改为"遣塞曹掾史张政等,因赍诏书、黄幢拜假难升米,为檄告喻之"。十分明显,为檄告喻的是中国带方太守派遣的张政等人,而不是倭国的难升米。如平野氏所译,从后句"政等以檄告喻壹与"看来,此时张政等告喻的是女王卑弥呼[16]。难升米权势虽大,但作为倭国的"大夫",实无作檄告喻其女王之理。和田、石原两氏的译文为直译,用词稳重,不明示所告喻的为何人[17]。其实,纵使告喻的对象是狗奴国的男王卑弥弓呼[18],檄文也应为张政等所作,而不是难升米所作。总之,此句的主体是"遣塞曹掾史张政等,为檄告喻之"。其间插入"因赍诏书、黄幢拜假难升米",是说明正始八年张政等前往邪马台国处理与狗奴国相攻击事件,顺便从带方郡携去正始六年魏帝颁赐的诏书和黄幢,送致难升米。"因赍诏书、黄幢"的"因"字,便含有"顺便"、"趁机"之意。关于这一问题,杉本氏等的译文是表达得很清楚的[19]。

第二段第十三行"贡白珠五千,孔青大句珠二枚",应改为"贡白珠五千孔,青大句珠二枚"。白珠虽小,各穿有一孔,以便串联为饰,故珠的数量以"孔"计,五千孔便是五千枚。"句"字同"勾"字,"青大句珠"即青色的大珠,其形状弯曲如勾。据考古发掘所见,日本弥生时代和古坟时代有用玻璃或碧玉制成的勾形珠(日本语称"勾玉"),都为青色,与其他珠类相比,有形体颇大的[20],《倭人传》中的"青大句珠"必属其类无疑。孔雀虽有时可简称为"孔"[21],但"孔青"二字不能成为一个表示色彩的形容词,尽管我国云南省所产孔雀为绿孔雀,其羽毛以翠绿、青蓝等色为主。

以上所述关于《魏志·倭人传》的句读,中华书局标点本中的欠妥之处,日本学者根据其他版本所译(杉本宪司等所译以中华标点本为底本,但更改了句读和段落)大都是正确的。但是,据我个人管见所及,日本学者对《魏志·倭人传》的翻译和解释也不免有值得商榷之处。兹举述如下：

本文所录《魏志·倭人传》最后两段中第二段第一、二行"遣建中校尉梯儁等奉诏书、印绶诣倭国，拜假倭王，并赍诏赐金、帛、锦、罽、刀、镜、采物"（标点符号稍经笔者调整）一句，和田、石原两氏译作"建中校尉梯儁等を遺わし、詔書·印綬を奉じて、倭國に詣り、倭王に拝假し、并びに詔を齎し、金帛·錦罽·刀·鏡·采物を賜う"[22]。平野氏所译为"建中校尉梯儁らをつかわし、この詔書と印綬をもつて倭國に行かせた。使者は、魏の少帝の使者という立場で、倭王に謁し、詔書をもたらし、賜物としての金帛·錦罽·刀·鏡·采物を贈つた"[23]。杉本、森两氏所译为"建忠校尉の梯儁らを派遣して、詔書と印綬を奉じ倭國に至つて、倭王に仮授し、あわせて詔書をもたらし、金·帛·錦·罽·刀·鏡·采物（身份を示すための彩色や紋樣を施した旗や衣服）を賜與した"[24]。三种译本在词句的细节上虽各有差异，但文章的大意相同，都是说（带方太守弓遵）派遣建中校尉梯儁等奉诏书、印绶至倭国，假授予倭王，并赍诏书，赐给金、帛、锦、罽、刀、镜、采物。要之，日本学者将《魏志·倭人传》此句后半句中的"诏赐"分成"诏"、"赐"二字，前者为名词，后者为动词，从而主张梯儁等所赍为"诏"，所"赐"为金、帛、锦、罽，刀、镜、采物。

但是，我认为，从文理、语法上来说，这里的"诏赐"实可视为二字相连的一个由动词转化的形容词，其意为皇帝以发布诏书的方式所赐（其后"诏赐难升米黄幢"句中的"诏赐"则应分为"诏"、"赐"二字，皆属动词）。《后汉书·和帝纪》谓"（永元元年春三月甲辰）初令郎官诏除者得占丞、尉，以比秩为真"，《后汉书·顺帝纪》谓"（阳嘉元年闰月丁亥）令诸以诏除为郎、年四十以上课试如孝廉科者，得参廉选"[25]，所谓"诏除"，是指皇帝以发布诏书的方式除授官职。两纪文句中的"诏除"为二字相连的一个由动词转化的形容词或名词，这在语法结构上与《魏志·倭人传》"并赍诏赐金、帛，锦、罽、刀、镜，采物"句中的"诏赐"是相同的。总之，在《魏志·倭人传》此句全句中，梯儁等所"奉"为诏书和印绶，所"赍"为诏赐的各种物品。所以，《倭人传》中的这句话应释为（带方太守弓遵）派遣建中校尉梯儁等奉着诏书、印绶至倭国，拜假于倭王，并赍送诏赐的金、帛、

锦、罽、刀、镜、采物。如果译为现代日语，就应该是"建中校尉の梯儁らを派遣して、詔書と印綬を奉じ倭國に至つて、倭王に仮授し、あわせて詔賜の金・帛・錦・罽・刀・鏡・采物をもたらした"。

在究明这里的"诏赐"二字是一个由动词转化的形容词，其意为皇帝以发布诏书的方式赐予的之后，就可以知道，正始元年带方太守弓遵遣建中校尉梯儁等所赍金、帛、锦、罽、刀、镜、采物，都是景初二年（据考证，"二年"实为三年之误）十二月魏帝致倭女王卑弥呼的诏书中所列举的各种物品。金指"金八两"，帛指"蒨绛五十匹"，"绀青五十匹"、"白绢五十匹"，锦指"绛地交龙锦五匹"、"绀地句文锦三匹"，罽指"绛地绉粟罽十张"、"细班华罽五张"，刀指"五尺刀二口"，镜指"铜镜百枚"，而采物则是指"真珠、铅丹各五十斤"。杉本宪司，森博达两氏在译注中考证诏书中所称的"真珠"不是取自贝类软体动物体内的珍珠，而是一种水银朱（硫化第二水银，又称辰砂朱、真朱），与"铅丹"（四氧化三铅，又称黄丹、丹粉、朱粉）同属颜料[26]，诚为卓识。正因为两者都是色彩鲜艳的颜料，所以被合称为"采物"。但是，杉本氏等对"采物"所作的解释是"施有彩色、纹样的旗和衣服，用以表示身份"[27]，则不能认为是正确的。

二 《后汉书·倭传》

《后汉书·东夷传》中亦有记述古代日本的条目，因以"倭"字开头，日本学术界通称《后汉书·倭传》。《后汉书·倭传》记公元一、二世纪乃至三世纪初期倭地倭人之事，虽不如《魏志·倭人传》详细，但所记重大之事有在年代上远比《倭人传》所记为早的。因此，作为研究日本古代史的材料，《倭传》的重要性实不亚于《倭人传》。在翻译方面，和田清、石原道博共译的《后汉书·倭传》，与前述两氏共译的《魏志·倭人传》一样，广为日本学术界所参照[28]。

作为《二十四史》的重要组成部分，中华书局新出版的《后汉书》亦附有现代汉语的标点符号[29]。兹转录标点本《后汉书·倭传》后半部的三小段如下，以便讨论（引号形式作了改换，表示人名、地名、国名等的专名号省去）：

建武中元二年，倭奴国奉贡朝贺，使人自称大夫，倭国之极南界也。光武赐以印绶。安帝永初元年,倭国王帅升等献生口百六十人,愿请见。

桓、灵间,倭国大乱,更相攻伐,历年无主。有一女子名曰卑弥呼,年长不嫁,事鬼神道,能以妖惑众,于是共立为王。侍婢千人,少有见者,唯有男子一人给饮食,传辞语。居处宫室楼观城栅,皆持兵守卫。法俗严峻。

自女王国东度海千余里至拘奴国,虽皆倭种,而不属女王。自女王国南四千余里至朱儒国,人长三四尺。自朱儒东南行船一年,至裸国、黑齿国,使驿所传,极于此矣。

首先,以上所录第一段"安帝永初元年,倭国王帅升等献生口百六十人"的一句,中华书局标点本在"帅升"二字的左侧用直线施专名号,明示"帅升"是倭国王之名。这样,"帅升"之下的"等"字便成为一个助词,表示所举未尽,以此类推。所以,就文理而论,生口(奴隶,下同)百六十人不是以"帅升"一人的名义所献,而是以"帅升"等人的名义献上的。

和田、石原两氏所译《后汉书·倭传》为日本近代的文语,多用汉字,而汉字的右侧又多不注"假名"(可视为日文的字母,下同),所以看不出所译倭国王之名是"帅升"二字,还是"帅升等"三字[30]。但是,从许多书刊和专门的著作看来,日本学者多认为《倭传》中的倭国王之名为"帅升","等"字是表示类推的助词,可用日文的假名"ら",代替之[31]。要之,日本学术界也认为《倭传》所记生口百六十人是倭使以倭国王"帅升"等人的名义献给汉朝皇帝的。

但是,必须指出,倭国王只有一人,其身份之高可谓与众不同,按理不能以与国内其他人的共同名义向中国献生口。查安帝永初元年,其他诸外国也没有遣使来向东汉朝廷贡献奴隶之类的[32]。所以,经反复推敲,我主张《后汉书·倭传》中的"帅升等"三字为倭国王之名,而不可解释为"帅升"等人[33]。前面所录《魏志·倭人传》中多有"难升米等"、"掖邪狗等"、"载斯乌越等"的用语,但完全没有"卑弥呼等"、"壹与等"的用语,也足以说明这一问题。诚然,如《倭传》在开头时所说,当时倭地分为百余国,使驿通于汉者三十许国,国皆称王[34]。因此,上述关于献生口的记载或可理解为倭地二国以上的王联名共献,而《倭传》仅举为首的一王之名类推之。但是,这样的解释毕竟是很牵强的。

其次，所录《倭传》后半部第一段"建武中元二年，倭奴国奉贡朝贺，使人自称大夫，倭国之极南界也，光武赐以印绶"的一句，亦须讨论。无待于言，与《魏志·倭人传》的记述相对照，可以确认《倭传》此句中的"倭奴国"是指倭地使译所通三十国之一的奴国。日本学者在各种著作中都将这"倭奴国"三字译为"倭の奴国"（倭之奴国），连接"倭"与"奴国"的助词"の"实际上起了使两者分开的作用。中华书局作标点时，若能将"倭奴国"三字左侧作为专名号的直线分为二段，使"倭"字与"奴国"二字不连为一体，最为妥当。

如所周知，《后汉书·倭传》所记汉光武帝赐予的金印早在1784年已从今日本福冈市的志贺岛出土[35]，可以确证建武中元二年奉贡朝贺的奴国是在今福冈县境内[36]。福冈虽在九州的北部，但《后汉书·倭传》强调指出奴国的位置在全倭国的最南边。因此，可以认为，根据《后汉书》编撰者的理解，大倭王（2世纪时为男王，3世纪初改为女王卑弥呼）所居邪马台国的位置应在奴国以北，即九州东北的本州境内。

但是，《魏志·倭人传》关于奴国和邪马台国位置的记载却完全与《后汉书·倭传》所记相反。据《魏志·倭人传》记载，在使译所通的倭地三十国（加上不属女王的狗奴国，为三十一国）之中，狗邪韩国（其地虽在朝鲜半岛的南端，但《倭传》和《倭人传》各称其为倭国的"西北界"或"北岸"）[37]、对马国、一支国、末卢国、伊都国、奴国（A）、不弥国、投马国等8国在倭女王卑弥呼所居邪马台国之北，其余斯马国、已百支国、伊邪国、都支国、弥奴国、好古都国、不呼国、姐奴国、对苏国、苏奴国、呼邑国、华奴苏奴国、鬼国、为吾国、鬼奴国、邪马国、躬臣国、巴利国、支惟国、乌奴国、奴国（B）、狗奴国等22国则在邪马台国以南[38]。如《倭人传》所记，倭地有两个奴国。第一个奴国在邪马台国之北，我称之为奴国（A）；第二个奴国在邪马台国之南，我称之为奴国（B）。《倭人传》指出狗奴国不归邪马台国管辖，明记奴国（B）是女王的境界所尽。日本学者杉本宪司、森博达推想，《后汉书·倭传》之所以称奴国为"倭国之极南界"，是由于编撰者范晔参阅了陈寿所著《魏志·倭人传》，将《倭人传》中的奴国（B）当作建武中元二年奉贡朝贺的奴国[39]，尽管志贺岛金印的发现证实了奉贡朝贺的奴国是奴国（A）而不是奴国（B）。

我觉得，杉本氏等的推想虽不无理由，但未必切合实际。陈寿在其所著《魏志·倭人传》中明记奴国（A）距中国带方郡使者往来常驻的伊都国不过"百里"，人口"有二万余户"之多，而奴国（B）则所在极为"远绝"，户数、道里最"不可得详"[40]。这样，作为谨严的史学家，范晔决无将建武中元二年前来中国奉贡朝贺的奴国（A）误作奴国（B）之理。我认为，范晔将奴国（A）的所在地视为倭国之极南界，是反映了汉代中国对倭国地理情况的认识。事实上，如若《倭人传》中的投马国和邪马台国等国的所在地在本州，则中国方面的认识就不能说是错误的。总之，《后汉书·倭传》称奴国（A）为倭国之极南界，是出于范晔的独立思考，而不是由于他在参阅陈寿《魏志·倭人传》时颠倒了二个奴国的地理位置。

最后，要提出来的问题，是本文所录《后汉书·倭传》后半部第三段"自女王国东度海千余里至拘奴国"的一句。毫无疑问，《后汉书·倭传》中的"拘奴国"，即《魏志·倭人传》中的"狗奴国"。如上文所说，据《魏志·倭人传》记载，奴国（B）是女王的境界之所尽，而狗奴国则在奴国（B）之南。要之，从《魏志·倭人传》的记载看来，狗奴国的位置是在女王卑弥呼所居邪马台国之南。但是，与《魏志·倭人传》相反，《后汉书·倭传》却说拘奴国的位置在邪马台国之东。《倭人传》只简单地说狗奴国在女王境界所尽的奴国（B）之南；《倭传》却详细地说从邪马台国向东往拘奴国须渡海行千余里，才能到达。总之，以上关于狗奴国所在地的地理位置的讨论，进一步说明范晔在《后汉书·倭传》中对倭地诸国方位的记述是出于他的独立的思考，决不是出于他对陈寿《魏志·倭人传》的有关部分的抄袭。

在《魏志·倭人传》所记倭地三十一国之中，《后汉书·倭传》仅举邪马台国、拘邪韩国（即狗邪韩国）、奴国（A）、拘奴国（即狗奴国）等四国之名而述之。《后汉书·倭传》称朝鲜半岛南端的拘邪韩国为倭国的西北界，称九州北部的奴国（A）为倭国的极南界，则倭国女王所居邪马台国的位置自应在本州境内，已如前述。从《倭传》关于拘奴国的记述看来，拘奴国的位置虽在邪马台国以东千余里的海的彼方（参照《魏志·倭人传》所记里程，"千余里"的海路只相当于从今对马至壹岐，或从壹岐至唐津）[41]，但亦不出本州的范围。对照现今日本的地图，假若邪马台国位于畿内地区，则拘奴国的位置大约在伊势湾以东的爱知、静冈县一带，而伊势湾则成为女王倭国的极东界。除邪马台国外，《倭传》所记仅拘邪韩国、奴国（A）、拘奴国三国，却足以表明女王倭国境界的四至，简明、扼要，此亦可谓良史之笔法。

关于邪马台国的所在地，从江户时代开始，日本学术界就有"九州说"和"畿内说"两种不同的观点，长期争论，至今未有定说[42]。问题的解决，除查古代文献之外，实有待于今后考古调查发掘中能发现新的、更有说服力的实物资料。

就古代文献而言，考证邪马台国的所在地，必须依据《魏志·倭人传》，但也不能忽视《后汉书·倭传》的记载。如所周知，《魏志·倭人传》所记倭地诸国之间的道里、行程虽对"畿内说"有利，但所记诸国的方位却有利于"九州说"而不利于"畿内说"。然而，如我以上所说，《后汉书·倭传》所记奴国（A）和拘奴国的方位却是有利于"畿内说"的。

《三国志》为西晋陈寿所著，成书于公元3世纪晚期；《后汉书》为南朝宋范晔所著，成书于5世纪中叶偏前。学者们认为范晔著作《后汉书·倭传》以陈寿的《魏志·倭人传》为范本，多有参考，这在某种程度上确是事实。但是，若谓范晔的《倭传》是出于对陈寿《倭人传》的抄袭，则不能不说是大错特错了。《后汉书·倭传》主要记公元1、2世纪倭地倭人之事，其中所记如倭奴国奉贡朝贺、光武帝赐以印绶，以及安帝时倭国王帅升等献生口等事，都不见于《魏志·倭人传》，完全是《倭传》之所独创，而"汉委奴国王"金印之在日本被发现则说明《倭传》的记述又是何等之正确！如上文所说，就倭地诸国的方位而论，《后汉书·倭传》亦有独到的见解，其记述有与《魏志·倭人传》所记迥然不同的。可以说，在重要的方位问题上，《后汉书·倭传》在相当大的程度上修改了《魏志·倭人传》，改《倭人传》中的"北"为"南"（关于奴国的方位），改《倭人传》中的"南"为"东"（关于狗奴国的方位），其意义是不可低估的。狗邪韩国在《倭人传》中被称为倭国的"北岸"，而《倭传》则改称为倭国的"西北界"，"西"字的增加或许也含有相应地表示邪马台国位置在"东"之意。总之，《后汉书·倭传》在篇幅上虽比《魏志·倭人传》为简短，但正是由于著作的年代在后，所以范晔能根据所掌握的各种史料，凭着自己的知识和思考能力，在若干重要的问题上对《倭人传》的记载作补充和修改。

注　　释

［1］　和田清、石原道博：《魏志倭人伝・後漢書倭伝・宋書倭国伝・隋書倭国伝》第37～54页，岩波文库，1951年。

［2］　平野邦雄：《魏志倭人伝を現代語訳》第180～185页，《邪馬台国への道》，朝日新闻社，1980年。

［3］　杉本宪司、森博达：《魏志倭人伝を通読する》第93～156页倭人の登場，《日本の古代》（1），中央公论社，1985年。

［4］　陈寿：《三国志·魏书·东夷传》倭人条第854～858页，中华书局标点本，1959年第一版，1973年北京第5次印刷。

［5］　a. 和田清、石原道博：《魏志倭人伝・後漢書倭伝・宋書倭国伝・隋書倭国伝》第37～54页，岩波文库，1951年。

　　　b. 平野邦雄：《魏志倭人伝を現代語訳》第180～185页，《邪馬台国への道》，朝日新闻社，1980年。

［6］　杉本宪司、森博达：《魏志倭人伝を通読する》第149、150页倭人の登場，《日本の古代》（1），中央公论社，1985年。

［7］　陈寿：《三国志·魏书·东夷传》倭人条第855、856页，中华书局标点本，1959年第一版，1973年北京第5次印刷。

［8］　《康熙字典》犬部，巳集（下）第52页，检字号码第308，（上海）世界书局，1936年。

［9］　a. 《辞海》中册第1889页，中华书局，1979年版。

　　　b. 《广韵校本》（入声卷第五，十九铎第29页）第510页，中华书局，1960年。

［10］　陈寿：《三国志·魏书·东夷传》倭人条第855页，中华书局标点本，1959年第一版，1973年北京第5次印刷。

［11］　安田喜宪：《倭の地の自然》第155页，《邪馬台国への道》，朝日新闻社，1980年。

［12］　金子浩昌：《弥生時代の貝塚と動物遺存体》第86～141页三世紀の自然と人間，《三世紀の考古学》上卷，学生社，1980年。

［13］　杉本宪司、森博达：《魏志倭人伝を通読する》第150页倭人の登場，《日本の古代》（1），中央公论社，1985年。

［14］　杉本宪司、森博达：《魏志倭人伝を通読する》第149页倭人の登場，《日本の古代》（1），中央公论社，1985年。

［15］　a. 和田清、石原道博：《魏志倭人伝・後漢書倭伝・宋書倭国伝・隋書倭国伝》第37～54页，岩波文库，1951年。

　　　b. 平野邦雄：《魏志倭人伝を現代語訳》第185页，《邪馬台国への道》，朝日新闻社，1980 年。
[16] 平野邦雄：《魏志倭人伝を現代語訳》第 185 页，《邪馬台国への道》，朝日新闻社，1980 年。
[17] 和田清、石原道博：《魏志倭人伝·後漢書倭伝·宋書倭国伝·隋書倭国伝》第 37~54 页，岩波文库，1951 年。
[18] 查《文心雕龙·檄移》，并参考《汉书·司马相如传》，檄文多用于晓喻或声讨。在邪马台国与狗奴国的相攻击事件中，中国方面是支持女王卑弥呼的。故张政等所作檄文的告喻对象也有为狗奴国男王卑弥弓呼的可能性。
[19] 杉本宪司、森博达：《魏志倭人伝を通読する》第 149、150 页倭人の登場，《日本の古代》(1)，中央公论社，1985 年。
[20] 田村晃一：《手工業製品の対外交流》第 345~350、第 360~366 页生産と交流，《日本考古学》第 3，岩波书店，1987 年。
[21] 《楚辞·七谏》云："鸾皇孔凤，日以远兮"；王逸注："孔，孔雀也"。见《楚辞补注》第 257 页，中华书局，1981 年。
[22] 和田清、石原道博：《魏志倭人伝·後漢書倭伝·宋書倭国伝·隋書倭国伝》第 37~54 页，岩波文库，1951 年。
[23] 平野邦雄：《魏志倭人伝を現代語訳》第 185 页，《邪馬台国への道》，朝日新闻社，1980 年。
[24] 杉本宪司、森博达：《魏志倭人伝を通読する》第 149、150 页倭人の登場，《日本の古代》第 1，中央公论社，1985 年。
[25] 《后汉书》卷第四第 168 页，卷第六第 261 页，中华书局，1965 年第一版，1973 年上海第 2 次印刷。
[26] 杉本宪司、森博达：《魏志倭人伝を通読する》第 148、149 页倭人の登場，《日本の古代》(1)，中央公论社，1985 年。
[27] 杉本宪司、森博达：《魏志倭人伝を通読する》第 150 页倭人の登場，《日本の古代》(1)，中央公论社，1985 年。
[28] 和田清、石原道博：《魏志倭人伝·後漢書倭伝·宋書倭国伝·隋書倭国伝》第 55~60 页，岩波文库，1951 年。
[29] 范晔：《后汉书·东夷传》倭条第 2820~2822 页，中华书局标点本，1965 年第一版，1973 年上海第 2 次印刷。
[30] 和田清、石原道博：《魏志倭人伝·後漢書倭伝·宋書倭国伝·隋書倭国伝》第 55~60 页，岩波文库，1951 年。
[31] 日本学者认为《后汉书·倭传》中的倭国王之名为"帅升"，见田边昭三：《謎の女王卑弥呼》第 71 页（角川文库，1982 年）；西岛定生：《中国古代国家と東アジア世界》第 589 页（东京大学出版会，1983 年）；江上波夫：《倭人の国から大和朝廷へ》第 168 页（平凡社，1984 年）；森浩一：《国際舞台への出現》第 50 页倭人の登場〔《日本の古代》(1)，中央公论社，1985 年〕；杉本宪司等：《魏志倭人伝を通読する》第 140 页倭人の登場〔《日本の古代》(1)，中央公论社，1985 年〕；等等。

[32] 查《后汉书·安帝纪》，倭国王帅升等献生口在永初元年十月。据《后汉书·西南夷列传》记载，永初元年徼外僬侥种夷陆类等三千余口举种内附，献象牙、水牛、封牛，但所献无生口，且《安帝纪》明记其事在永初元年的三月，在倭国王献生口之前，故不能混为一谈。

[33] 王仲殊：《古代的中日关系——从志贺岛的金印到高松塚的海兽葡萄镜》第463~471页，《考古》1985年第5期。

[34] 范晔：《后汉书·东夷传》倭条第2820页，中华书局标点本，1965年第一版，1973年上海第2次印刷。

[35] 王仲殊：《说滇王之印与汉委奴国王印》第573~575页，《考古》1959年第10期。

[36] 王仲殊：《古代的中日关系——从志贺岛的金印到高松塚的海兽葡萄镜》第463页，《考古》1985年第5期。

[37] 据吉林省集安县洞沟《好太王碑文》所记，并参照《宋书·倭国传》和《日本书纪》的记载，公元4世纪末至5世纪，倭国入侵朝鲜半岛，占有任那之地。《后汉书·倭传》和《魏志·倭人传》明记狗邪韩国在朝鲜半岛的南端，两传各称狗邪韩国为倭国的"西北界"或"北岸"，可见2、3世纪时倭人在朝鲜半岛南端已有据点，成为4、5世纪时入侵半岛南部的基础。见王仲殊：《东晋南北朝时代中国与海东诸国的关系》第1273~1286页（《考古》1989年第11期）。

[38] 陈寿：《三国志·魏书·东夷传》倭人条第854、855页，中华书局标点本，1959年第一版，1973年北京第5次印刷。

[39] 杉本宪司、森博达：《魏志倭人伝を通読する》第114页倭人の登場，《日本の古代》(1)，中央公论社，1985年。

[40] 陈寿：《三国志·魏书·东夷传》倭人条第854、855页，中华书局标点本，1959年第一版，1973年北京第5次印刷。

[41] 田边昭三：《謎の女王卑弥呼》第132页，角川文库，1982年。

[42] 日本学术界关于邪马台国所在地的研究和争论情形，见：上田正昭、田边昭三：《邪馬台国研究史》第144、145页（《埋もれた邪馬台国の謎》，旺文社，1981年）；直木孝次郎：《邪馬台国論争史》第174~175页（《邪馬台国への道》，朝日新闻社，1980年）。

（本文原载《古籍整理与研究》第七期，中华书局，1992年）

从日本出土的铜镜看三世纪倭与中国江南的交往[1]

倭与中国的关系在3世纪有了新的发展。从景初三年开始，邪马台国多次派遣使者到中国的魏朝访问，魏朝也由带方郡派官吏到邪马台国回访，双方关系十分密切。倭魏的官方交往在《魏志·倭人传》中有详细的记载，是人所共知的历史事实。

另一方面，在同一时期，倭与中国江南的吴国也有交往。由于倭吴的交往限于民间，在文献中没有明确的记载，所以长期不为人所知。但是，根据对日本出土铜镜的研究，可以确认这种交往是存在的。

长期以来，日本学者认为三角缘神兽镜是中国的魏镜，是魏朝皇帝赠送邪马台国女王卑弥呼的礼物。但是，我从三角缘神兽镜的形制、图纹和铭文等各方面考察，确认它们是吴的工匠东渡日本，在日本制作的。我的理由是：（1）三角缘神兽镜在日本大量出土，但始终没有在中国出土；（2）三角缘神兽镜图纹中的某些纹样，不见于任何中国出土的铜镜；（3）与三角缘神兽镜相似的平缘神兽镜和三角缘画像镜等中国出土的铜镜，是吴镜而不是魏镜；（4）三角缘神兽镜铭辞中有"用青铜，至海东"等词句[2]。以上各点都说明，三角缘神兽镜不是在中国制作的，而是东渡的吴的工匠在日本制作的。

日本岛根县神原神社古坟出土的1枚三角缘神兽镜有"景初三年"的纪年铭，群马县柴崎古坟、兵库县森尾古坟和山口县竹岛古坟出土的3枚"同范"的三角缘神兽镜有"正始元年"的纪年铭，铭辞记明它们都为工匠陈是所作。由于"景初"、"正始"是魏的年号，"景初三年"和"正始元年"又是倭魏首次正式交往的年份，所以上述4枚纪年铭三角缘神兽镜曾被认为是不容争辩的魏镜，而且肯定是魏帝所赐的"卑弥呼之镜"无疑。但是，必须指出，景初三年铭和正始元年铭三角缘神兽镜铭辞中有"本是京师，绝地亡出"、"本自菏师，杜地命出"的词句。按照我的考证，"京"是吴国的地名，在今江苏省镇江市，"京师"是指京的铸镜师。"菏师"即州师，是州的铸镜师，实际上是指吴地扬州的铸镜师[3]。"绝地亡出"和"杜地命出"是说陈是亡命出国，至于绝地。中国古代往往称周围的外国为"绝地"，镜铭中的"绝地"正是指海东的倭地[4]。总之，景初三年镜和正始元年镜的铭辞证实了作镜的工匠陈是本来是中国吴地扬州京城的铸镜师，他自故地亡命到日本，在日本制作三角缘镜神兽镜，铭辞中的"景初"、"正始"的年号不足以说明它们是魏镜。

大家都知道，1986年10月在日本发现了2枚有"景初四年"纪年铭的三角缘盘龙镜。1枚为京都府福知山市广峰15号坟发掘出土，1枚为兵库县西宫市辰马考古资料馆所藏。两镜的大小、形状、图纹和铭文完全相同，属"同范镜"。从铭辞可以确认，这两枚"景初四年"铭盘龙镜也系陈是所制作，他与制作景初三年铭和正始元年铭三角缘神兽镜的陈是为同一人。这样，如上所述，景初三年镜和正始元年镜既为陈是在日本所作，景初四年镜当然也应该为陈是在日本所作[5]。

我认为，就广峰15号坟出土的和辰马考古资料馆所藏的盘龙镜的本身而论，判断它们为陈是在日本所作，最有力的证据便是镜铭中的"景初四年"的纪年。

据《三国志·魏志》《明帝纪》和《少帝（齐王芳）纪》记载，魏明帝是在景初三年正月初一日死去的。明帝死后，齐王芳立刻即皇帝位。按照汉武帝以来西汉、东汉和魏朝关于皇帝嗣位的当年仍沿用先帝年号的一贯制度，齐王芳即位的当年仍称"景初三年"。景初三年十二月，魏朝颁发了一道重要的诏书。诏书强调要恢复使用夏代的历法，规定在景初三年十二月之后增加一个"后十二月"，并规定翌年改元"正始元年"[6]。

为什么要在景初三年十二月之后增加一个"后十二月"呢？这是因为魏明帝是在景初三年正月初一日死去的，为了表示哀悼，翌年正月初一日就不便举行新年的庆典。所以，要在景初三年十二月之后增加一个月，称为"后十二月"，以解决国家元旦庆典与先帝忌日丧礼之间的矛盾。这样，景初三年就有了两个十二月。在此前的青龙五年三月，魏明帝从儒臣高堂隆之议，改"青龙"的年号为"景初"，并采用新的

"景初历",将原来的青龙五年三月改为景初元年四月[7]。所以,景初元年、景初二年和景初三年的月份都往前提早了一个月,景初二年和景初三年都以原来的十二月为正月。十二月是"丑月",以"丑月"为正月是商代的历法。诏书规定在景初三年十二月之后增加一个"后十二月",这就恢复了汉武帝以来以"丑月"为十二月的旧制,翌年正始元年也就恢复了汉武帝以来以"寅月"(一月)为正月的旧制,这就是诏书所说恢复使用夏代的历法。

要之,与常年不同,从正月到"后十二月",景初三年共有十三个月。与常年相同,从正月到十二月,正始元年共有十二个月。正始元年的正月与景初三年的"后十二月"直接相连,根本不存在所谓"景初四年"。1986年10月福知山市广峰15号坟盘龙镜发现后,日本许多报纸引述某学者的意见,说景初四年以一月告终,从二月起改为正始元年。这是完全错误的。

总之,按照汉武帝以来的一贯制度,每一个皇帝死后,其年号只能沿用于当年,决不能延用于翌年。魏明帝是景初三年正月初一日死去的,所以绝对不可能有"景初四年"。这是有关国家体制的大事,是不允许任何人胡乱更改的。因此,十分明显,如若广峰15号坟出土的和辰马考古资料馆所藏的三角缘盘龙镜为陈是在中国的洛阳所制作,那就决不可能在镜的铭辞中出现"景初四年"的纪年。

主张"魏镜说"的学者,认为景初四年铭盘龙镜与以景初三年镜、正始元年镜为首的大量三角缘神兽镜一样,是中国魏朝皇帝赠送给日本邪马台国女王卑弥呼的礼物。有的学者还主张"特铸说",认为三角缘盘龙镜和三角缘神兽镜是在当时魏国最有力的实权人物司马懿的主持下,作为中国皇帝给"亲魏倭王"的下赐品而特铸的。但是,我不禁要问,既然是由魏国官方发布命令而隆重特铸的皇帝的御礼品,又怎能违反国家体制,在镜的铭辞中使用根本不允许存在的"景初四年"的纪年呢?

有的学者承认"景初四年"在历史上是不存在的,但为了坚持"魏镜说",却新创一种"预制说",说这两枚景初四年镜是魏朝为了赠送倭王,在景初三年预先制作的。必须指出,在景初三年制作的铜镜铭文中使用"景初四年"的纪年,这本来就是说不通的。特别是根据史书的明确记载,魏明帝是在景初三年正月初一日死去的,新皇帝立刻即位，谁都知道来年必定要改元。什么是"改元"呢？改元就是要停止使用"景初"这一旧年号，改用别的新年号。不管使用什么新年号，"景初"这一旧年号是绝对不能继续使用的。因此，纵使这两枚盘龙镜是在景初三年"预制"的，也决不可能在镜铭中使用"景初四年"的纪年。

前面已经说过，景初四年铭盘龙镜和景初三年铭、正始元年铭三角缘神兽镜一样，是工匠陈是在日本制作的。十分明显，正是因为陈是其人远在海东的倭地，不能及时得知魏朝已改用"正始"的年号，所以继在其所作三角缘神兽镜的铭辞中使用"景初三年"的纪年之后，又在其所作盘龙镜的铭辞中使用"景初四年"的纪年。这是完全可以理解的。

1984年我在东京举行的古代史讨论会上早就说过，中国人留居国外，仍然使用中国的年号，这样的事例不少，不仅限于镜工陈是在日本使用"景初"、"正始"等年号一例[8]。我曾着重指出，4世纪时，乐浪郡陷落后，朝鲜半岛北部高句丽境内的中国人营建坟墓，在墓砖铭文和墓壁题记中仍然使用"泰宁"、"咸和"、"建元"、"永和"、"元兴"等中国东晋的年号。但是，值得注意的是，由于朝鲜半岛北部远离中国的江南，道路阻隔，消息难通，不能及时得知东晋皇帝改元之事，所以往往将上述各年号的年数延长一年。据史书明确记载，"泰宁"共四年，"咸和"共九年，"建元"共二年，"元兴"共二年，而朝鲜黄海北道和黄海南道各处古墓的墓砖铭文却有作"泰宁五年"、"咸和十年"、"建元三年"、"元兴三年"的[9]。晋穆帝的"永和"共十二年，以后改元为"升平"，但黄海南道有名的安岳三号墓（冬寿墓）的墓壁题记却使用"永和十三年"的纪年[10]，"永和十三年"其实是升平元年。魏明帝的"景初"一共只有三年，但远在日本的陈是却在其所作铜镜的铭辞中使用"景初四年"的纪年，"景初四年"其实是正始元年。这与上述朝鲜半岛北部高句丽境内中国人所作墓砖铭文和墓壁题记纪年有误的情形是相同的。总之，景初四年镜在日本出土，为判断三角缘神兽镜系吴的工匠在日本所作提供了铁证。

景初四年铭盘龙镜在铭辞中记作镜的日期为"五月丙午之日"。如所周知，五月丙午为铸镜的大吉日。许多铜镜在铭辞中记作镜的日期为"五月丙午"，这也许是择吉日而铸镜的真实之辞，也许是假借吉日之名而作的虚托之辞，而后者又有"五月"为真实、"丙午"为虚托或"五月"、"丙午"全为虚托之分，不可一概而论。经检查，正始元年五月没有丙午日。因此，景初四年镜铭辞所记"五月丙午之日"之是否真实，只有以下两种可能性：（1）铭辞全属虚托，此镜不是丙午日所铸，也不是五月所铸；（2）虽非丙午日所铸，但确实铸于五月。

据《魏志·倭人传》记载，景初三年六月邪马台国所遣使者难升米、都市牛利等自日本至带方郡，同年十二月在中国的首都洛阳接受皇帝封赏，完成了使命。据《三国志·魏志》的有关记载，中国从洛阳到辽东的行程约需三个月[11]，倭地从不弥国经投马国至邪马台国的行程约需两个月[12]。因此，可以估计，纵使难升米、牛利等早在正始元年正月便从洛阳启程返国，恐怕也要到此年六月以后才能经带方郡回到邪马台国。我认为，限于当时的通讯条件，身在邪马台国的陈是必须等到以难升米为首的使节团返抵本国后才能得知魏朝已改元"正始"。因此，景初四年铭盘龙镜铸于正始元年五月的可能性决不是没有的。

当然，在邪马台国使者未归的情况下，陈是早在正始元年五月之前的某月便制作了这两枚盘龙镜，这样的可能性也是充分存在的。这样，镜铭中的"五月丙午之日"就全属虚辞。但是，必须指出，这两枚盘龙镜铸于正始元年正月的可能性是不存在的。因为，根据许多纪年铭铜镜的铭辞，正月丙午和五月丙午一样，也是铸镜的重大吉日[13]。所以，如若它们铸于正始元年的正月，那就应该在铭辞中直书作镜的日期为"正月丙午之日"，而不必虚托为"五月丙午之日"了。要之，纵使福知山市广峰15号坟出土镜和辰马考古资料馆藏镜铸于正始元年五月之前，亦应排除其铸于正月的可能性。陈是得知中国定此年为"正始元年"之后，或许是为了补"景初四年"纪年失误之过，又铸造了群马县柴崎古坟、兵库县森尾古坟和山口县竹岛古坟出土的正始元年铭三角缘神兽镜。我们不能判断正始元年铭三角缘神兽镜是在正始元年何月何日铸造的，但可以断定它们的铸造日期必然晚于广峰15号坟出土的和辰马资料馆所藏的景初四年铭盘龙镜。

如上所述，我们从日本出土的许多铜镜，特别是从景初三年镜、正始元年镜、景初四年镜等纪年铭三角缘神兽镜和盘龙镜的铭辞可以看出3世纪日本和中国的交往。这些铜镜在日本出土，既证实了倭魏之间的官方的交往，也说明了倭吴之间的民间的交往。

3世纪倭与中国江南吴地之间的民间的交往，除了上述东渡的吴的工匠在倭地制作铜镜之外，还包含倭人西渡到吴的会稽郡进行贸易。据《三国志·吴志》等史书记载，在中国吴地东方的远海中有亶洲，传说秦始皇遣方士徐福率童男童女数千人至此洲不归，世代相传，到三国时代户口发展到数万家之多，其人民时有到吴的会稽郡进行贸易的[14]。我认为，亶洲是日本列岛的一部分。事实上，从东洋古代史和东亚考古学的视野来看，当时太平洋西部的岛国能远渡大海来与中国贸易的，也只有日本。日本各地出土的许多中国的吴的铜镜，便是关于亶洲的历史记载的物证。如所周知，日本山梨县鸟居原古坟出土的赤乌元年铭对置式神兽镜和兵库县安仓古坟出土的赤乌七年铭对置式神兽镜当然是中国的吴镜。应该指出，冈山市新庄上庚申山出土的对置式神兽镜和神户市梦野丸山古坟出土的重列式神兽镜也显然是吴镜无疑。此外，经过与中国出土铜镜的仔细对照，可以判定京都府椿井大塚山古坟出土的画文带对置式神兽镜、奈良县新山古坟出土的画文带环状乳神兽镜、熊本县船山古坟出土的神人车马画像镜、大阪府茨木市出土的二神二兽画像镜、兵库县姬路市奥山大塚古坟出土的佛像夔凤镜等也确实是中国的吴镜[15]。根据镜的形制和图纹的特征，可以认为这些吴镜是吴郡或会稽郡的产品。从三国时代中国南北分裂、魏吴敌对的政治形势来看，它们应该是由江南的吴地直接传入日本，而不是经过北方的魏境传入日本的。在中国黄河流域和北方地区的考古调查发掘中，极少发现神兽镜、画像镜和佛像夔凤镜等南方的吴镜，也足以说明这一问题。因此，我要说，大量吴镜存在于日本各地古坟时代的遗迹中，这正是倭人渡海到吴的会稽郡进行贸易的结果。

　　如所周知，4世纪的日中关系不见于文献记载。但是，可以认为，3世纪倭与中国江南吴地的民间交往为5世纪倭五王与中国东晋、南朝进行官方的交往开辟了道路。《古事记》、《日本书纪》称东晋和南朝为"吴国"，称东晋、南朝的人员和物件为"吴织"、"吴衣缝"、"吴服"、"吴床"等，溯其渊源，正是在于3世纪倭与江南吴地的密切的交往。

注　释

[1]　对于日本学者樋口隆康在《卑弥呼的铜镜百枚》的《补论》中提出的几点意见，我

已在《吴镜师陈世所作神兽镜论考》(《考古》1986 年第 11 期)、《论日本出土的景初四年铭三角缘盘龙镜》(《考古》1987 年第 3 期)、《"黄初"、"黄武"、"黄龙"纪年镜铭辞综释》(《考古》1987 年第 7 期)等论文中详细回答，这里不再重复。本文是 1987 年 11 月我在北京举行的日本第 9 次古代史讲演会（全日本空输株式会社、日中文化交流协会主办）上的讲稿，顺便在这里发表，以便进一步阐明我对日本三角缘神兽镜的看法。

[2] 王仲殊：《关于日本三角缘神兽镜的问题》第 346~358 页，《考古》1981 年第 4 期。

[3] 王仲殊：《景初三年镜和正始元年镜的铭文考释》第 1118~1126 页，《考古》1984 年第 12 期。

[4] 王仲殊：《景初三年镜和正始元年镜铭文补释》第 267~268 页，《考古》1985 年第 3 期。

[5] 王仲殊：《论日本出土的景初四年铭三角缘盘龙镜》第 265~272 页，《考古》1987 年第 3 期。

[6] 《三国志·魏书·明帝纪、三少帝纪》第 114~119 页，《三国志》卷第三、第四，中华书局，1962 年。

[7] 《三国志·魏书·高堂隆传》第 712 页，《三国志》卷第二十五，中华书局，1962 年。

[8] 王仲殊：《日本三角缘神兽镜综论》第 468~479 页，《考古》1984 年第 5 期。

[9] 野守健等：《樂浪帯方郡時代紀年銘磚集錄》第 6~7 页，《昭和七年度古蹟調查報告》第一册附錄，东京，朝鲜总督府，1933 年。

[10] 洪晴玉：《关于冬寿墓的发现和研究》第 33 页，图第 14，《考古》1959 年第 1 期。

[11] 《三国志·魏书·明帝纪》第 111 页裴松之注引干宝《晋纪》，《三国志》卷第三，中华书局，1962 年。

[12] 《三国志·魏书·东夷传》第 854 页，《三国志》卷第三十，中华书局，1962 年。

[13] a. 梅原末治：《漢三國六朝紀年鏡圖說》第 20、24、25、26、27、28、29、31 页，桑名文星堂，1942 年。

b. 湖北省博物馆、鄂州市博物馆：《鄂城汉三国六朝铜镜》图版说明第 6~7 页，文物出版社，1986 年。

[14] 《三国志·吴书·吴主传》第 1136 页，《三国志》卷第四十七，中华书局，1962 年。

[15] a. 王仲殊：《日本三角缘神兽镜综论》第 471 页，《考古》1984 年第 5 期。

b. 西田守夫：《姫路市奥山大塚古墳出土の呉代の仏像夔鳳鏡とその〈同范鏡〉をめぐって》第 72~78 页，《考古學雜誌》第 73 卷第 1 号，1987 年。

（本文原载《华夏考古》1988 年第 2 期）

论日本出土的吴镜

本文所说的吴镜，不言而喻，是指中国三国时代吴国境内所造的铜镜。如所周知，在中国古代史上，三国时代是从魏文帝曹丕即位的黄初元年（公元220年）算起的。这一年，也就是魏的开国之年。一般认为，吴的开国之年为黄武元年（公元222年），当时孙权已称吴王而未称帝，但已自立年号。然而，必须指出，自建安元年（公元196年）曹操挟汉献帝建都许县以后，东汉朝廷名存实亡，而曹操则在以许都为中心的中原和北方地区建立了事实上的政权。同样，从建安元年开始，孙策经略以吴郡、会稽郡为主的江南地区，建安二年袭封乌程侯，三年改封为吴侯，实际上已初步成立了吴国。因此，我认为，三国时代的开始可以上溯到建安元年。特别是从铜镜的研究来说，作为镜的主要产地的吴郡（吴县）和会稽郡（山阴）早在建安初年已处于孙吴的统治之下。因此，无论是从地理区划上还是从政治关系上来说，建安年间（公元196~220年）吴会两郡（吴县和山阴）所产的铜镜是名符其实的吴镜。要之，本文所说的吴镜是指汉献帝建安元年至吴主孙皓天纪四年（公元280年）的85年间在孙吴统治下的长江中下游江南地区所造的铜镜。

长期以来，除两枚赤乌纪年铭神兽镜之外，学者们多把日本出土的中国三国时代的铜镜看作是中原和北方地区的产品，没有充分注意到吴镜在日本出土铜镜中所占的比重。这或许是由于信从《三国志·魏志·倭人传》的记载过了度，以为当时倭与中国的交往只限于魏朝，传入倭地的中国铜镜只能是魏镜的缘故。1984年3月，我应邀在东京举行的日本第7次古代史讨论会上就三角缘神兽镜的问题作讲演[1]。我强调三国时代倭与中国江南之间存在着交通关系，而日本出土的许多吴镜便是这种关系的物证。我在讲演稿的基础上，写作一篇题为《日本三角缘神兽镜综论》的论文[2]，在论述三角缘神兽镜的各种问题之后，列举日本各地古坟出土的吴镜，并将它们的照片制成图版，以示读者。但是，因为文章篇幅有限，没有详述这些吴镜在形制和图纹上的特征，也没有拿它们与中国出土的吴镜对照，未免失之简单，使读者难以深入了解。所以，我要写作现在的这篇题为《论日本出土的吴镜》的论文，专门论述日本出土的各种吴镜，并与中国江南地区出土的吴镜作仔细的比较，进而判断它们的具体的制作年代和产地，作为对以往所写论文的补充。时隔数年，我对日本出土吴镜的认识并无改变。但是，由于中国方面新的对比资料的增加，有时不免要选择更有代表性的铜镜，作为日本出土吴镜的举例，以代替过去所举的镜例。无待于言，日本出土的吴镜甚多，决不限于本文所举的各例。

在日本出土的大量的中国铜镜之中，可以确认为吴镜的，主要有神兽镜、画像镜和佛像夔凤镜三类。其中，神兽镜的数量最多，按其形制和图纹等的差异，又可分为对置式神兽镜、画文带对置式神兽镜、重列式神兽镜、环状乳神兽镜和画文带环状乳神兽镜等数种。兹将各种最有代表性的吴镜，连同它们所由出土的古坟，分别加以叙述，并阐明我的论点如下。

一　山梨县鸟居原古坟出土的赤乌元年铭对置式神兽镜

日本出土的赤乌纪年铭神兽镜共有 2 枚。1 枚是赤乌元年铭对置式神兽镜，为山梨县西八代郡浅间神社所藏。另 1 枚是赤乌七年铭对置式神兽镜，曾为兵库县宝塚市塚本弥右卫门所有，今由该县历史博物馆保管。

赤乌元年铭对置式神兽镜 1894 年出土于山梨县西八代郡三珠町的鸟居原古坟（或称狐塚古坟）。据日本学者后藤守一在《赤乌元年镜发现之古坟》的调查报告中所述[3]，鸟居原古坟是一座"圆坟"，坟丘直径约 18 米，高约 3 米。墓室为小石块堆积的竖穴式石室。石室内的随葬品除赤乌元年镜和仿制的内行花纹镜各 1 枚以外，有铁刀、铁剑等，石室外有"土师器"（日本古坟时代盛行的红褐色无纹陶器）的碎片。后藤守一在调查报告中称此古坟为"古式古坟"，推定其年代为 3 世纪至 5 世纪。按照现今日本学术界对古坟的分期、断代，此古坟虽属"前期古坟",但年代应在4世纪的后期,甚至有晚至5世纪初的可能性。

赤乌元年铭对置式神兽镜,直径12.4厘米。半球状钮,素圆钮座。内区的主纹为四神四兽,作对置式排列。内区的外围设一周由八个"半圆"和八个"方格"组成的"半圆方格带"。"半圆"内饰卷草纹,"方格"内各有一文字(据后藤氏所述,由于铸造欠佳,字迹模糊,仅能识其中一个"方格"内的"吉"字)。外区为一周铭文带,因铸造粗率,字迹多不显,后藤守一仅能判读铭辞首句所记作镜的年月日为"赤乌元年五月廿五日"。1967年冈崎敬氏经过仔细考察,才释读并复原铭辞全文为"赤乌元年五月廿五日丙午[造][作][明][竟],百涑[清][铜],[服][者]君侯,[宜][子][孙],[寿]万年"[4]。

据《三国志·吴志·吴主传》记载,吴赤乌元年即嘉禾七年(公元238年)。查《二十史朔闰表》,嘉禾七年五月(魏景初二年六月)朔日干支为辛卯,廿五日的干支为乙卯,可见镜铭中的"五月廿五日丙午"系出于虚托。《吴志·吴主传》明记孙权于嘉禾七年八月改元为"赤乌"。因此,赤乌元年铭对置式神兽镜的制作必在赤乌元年(公元238年)八月以后,决不可能在八月之前的五月。但是,传世的其他赤乌元年纪年铭神兽镜亦有在铭辞中记作镜的月份、日期为"五月廿日"和"正月一日"的[5],所以不能认为鸟居原古坟出土镜铭辞中的"五月廿五日"是镜工的不慎误刻。至少自东汉以降,"五月丙午"和"正月丙午"为铸镜的重大吉日。因此,可以推测,赤乌元年镜的制作虽然都在赤乌元年八月以后,但工匠们却在铭辞中将作镜的月份虚托为"五月"或"正月",尽管五月廿五日、五月廿日和正月一日都不是丙午之日。

二　兵库县安仓古坟出土的赤乌七年铭对置式神兽镜

赤乌七年铭对置式神兽镜1936年出土于兵库县宝塚市小浜村的安仓古坟(或称鸟岛古坟)。据日本学者梅原末治在题为《川边郡小浜村赤乌七年镜出土之古坟》的调查报告中所述[6],安仓古坟是一座"圆坟",坟丘直径约17米,高约3米。墓室为河光石堆成的竖穴式石室。随葬品除赤乌七年镜和仿制的内行花纹镜各1枚以外,有刀、剑、枪头和铊等铁器，并有管状珠和小珠各二三枚。按照现今日本学术界对古坟的分期，此古坟属"前期古坟"，年代在4世纪。

赤乌七年铭对置式神兽镜已破碎，约占全镜三分之一的碎片缺失。经修复，仍可测得镜的直径为17厘米。圆形扁钮，素圆钮座。内区的主纹为四神四兽，作对置式排列。内区的外围设一周"半圆方格带"，估计"半圆"和"方格"各为八个。"半圆"内饰卷草纹，"方格"内不知是否有文字。外区为一周铭文带，因铸造欠佳，加之镜体破损和锈蚀严重等故，铭文不能尽识。据梅原末治判读，铭辞为"□乌七年[在]□□丙午[昭]□日青清明[竟]，百□漳，服者富贵，长乐未央，子孙□□□□□阳□□□……"[7]。如梅原氏在《汉三国六朝纪年镜图说》中所说，铭辞开头第一个字虽因镜的破碎而缺失，但"乌"字是明确的，中国历代皇帝年号含有"乌"字的，非吴大帝孙权的"赤乌"莫属。

多年来，我对梅原氏所释铭辞颇存疑问。为此，在写作本文时，特写信向日本学者西田守夫请教，自梅原氏以后，此镜铭辞是否经过改释。蒙西田氏惠告，据1975年兵库县宝塚市史编集委员会发表的《宝塚市史》（第一卷）所述，经过精密的考察，此镜的铭辞被判读并复原为"[赤]乌[七]年[太][岁]在丙午，昭如日中，造[作]明[竟]，百[幽]漳，服者富贵，长乐未央，子孙[番][昌]，[可][以][昭]明…"[8]。编集者认为铭辞中的"七"字也许是"十"字，从而使镜的制作是否在赤乌七年成为问题。但是，多数学者仍主张此镜的纪年以系"赤乌七年"的可能性为大。

《宝塚市史》改释梅原氏所释"青清明[竟]"为"造[作]明[竟]"，这无疑是正确的。但是，《市史》所释铭辞首句"[赤]乌[七]年[太][岁]在丙午，昭如日中，造[作]明[竟]"的记时和叙事的方式在东汉、三国、六朝纪年镜的铭辞中殊属罕见，主要是"昭如日中"四字可以说是没有类例的。如所周知，"日中"便是正午。据我所见，吴晋时期铜镜铭辞中言及"日中"者甚多，归纳起来，不外两种方式。一种如吴宝鼎三年对置式神兽镜铭辞之谓"宝鼎三年岁次大阳，五月丙午，时加日中（意即时当正午）"；另一种如晋太康二年对置式神兽镜铭辞之谓"太康二年三月三日日中"。两者之谓"日中"，都是指某月某日的正午，正与吴天纪四年对置式神兽镜铭辞之谓"天纪四年正月廿五日中午"相同[9]。要之，从赤乌七年镜铭辞首句的全文看来，"昭如日中"四字的含义是难以理解的。最近，东京国立博物馆调集日本全国各地出土的许多文物，举行考古学展览会，此镜亦参加展出。西田守夫氏得见此镜实物，在反复审察铭文之后，来信惠告《市史》所释"[太][岁]在丙午"可靠，但所谓"昭如日中"其实是"[时]加日[中]"。这样，在铭辞首句仅记赤乌[七]年的年份而不记何月何日的情况下，"[时]加日[中]"四字虽然不免稍嫌唐突，但文理上是可通的。

值得注意的是，东京国立博物馆在为此次展览会所编的专刊中释此镜铭辞为"[赤]乌七年[五]月廿[五]日丙午，时加日中，造作明竟，百湅幽漳，服者富贵，长乐未央，子孙[富][昌]……"[10]。这的确使铭辞首句的字句和文义显得十分通顺，毫无缺陷了。但是，由《宝塚市史》所释"太岁在（丙午）"改释为"五月廿五日（丙午）"，不仅字形、字义迥然不同，而且字数也从三个猛增为五个，出入之大，不能不使人惊异。

1983年10月，我在浙江省金华市文物管理委员会看到浦江县出土的1枚赤乌纪年铭对置式神兽镜，其铭辞为"赤乌□年五月丙午朔□日造作此竟，服者吉[羊]"。这对考证安仓古坟出土的赤乌七年镜铭辞未必有帮助，但由于是赤乌纪年镜的新例，顺便在这里述及，以备参考。

如上所述，日本出土的2枚赤乌纪年铭对置式神兽镜，由于在铭辞中记有吴的"赤乌"的年号，可以确认是中国的吴镜。现在，传世的和发掘出土的吴镜已经达到很大的数量，其中纪年铭吴镜也已有近百枚之多。通过在镜的形制、图纹和铭文等各方面的对比，也可以证明日本出土的2枚赤乌纪年镜必然是中国的吴镜。它们在日本出土，为论证三国时代吴的铜镜传入倭地提供了最可靠的证据。

三 冈山市庚申山古坟出土的对置式神兽镜

日本出土的对置式神兽镜，不限于上述2枚赤乌纪年镜，冈山市庚申山古坟出土的对置式神兽镜便是重要的又一例。此镜发现于第二次世界大战期间，为当地玉井伊三郎所收藏。

1952年1月，梅原末治写作《冈山县下古坟发现之古镜》一文[11]，刊载在同年12月发行的《吉备考古》第八十五号。梅原氏在文章中论及此镜，但甚为简略，而且没有发表镜的图版。至于庚申山古坟的形制、结构及其他随葬品的情形，已难以查明。

长期以来，我等待日本考古学者对此镜作进一步的论述，但未能如愿。1983年秋，为了研究日本出土的吴镜，我想对此镜加以考察，但遍查日本出版的关于古代铜镜的书刊，都不见此镜的图版。因此，我特地拜托日本考古学者田边昭三氏代为调查。据了解，冈山市玉井伊三郎氏已逝世，此镜为其家属玉井义郎氏继续收藏。承蒙厚意，由葛原克人氏摄取照片相赠，深为感谢。

庚申山古坟出土的这枚对置式神兽镜，直径12厘米。扁平大圆钮，素圆钮座。内区的主纹为六个神像和四个兽形，分成四组，作对置式排列。内区的外围设一周由"半圆"和"方格"各九个组成的"半圆方格带"。"半圆"内饰三个小圈，外面加饰卷草纹，形如花朵；"方格"内各有一文字，从照片观察，可识者有"三"、"九"、"夫"、"大"、"日"等。外区为一周铭文带，因铸造欠佳，加之锈蚀严重，铭文多不可识。缘部狭仄，无纹饰。

传世的和发掘出土的对置式神兽镜，数量甚多。就出土地点而言，汉末、三国时代所作的对置式神兽镜绝大多数都出土于长江以南的各地，当时属吴的领域，极少数虽出土于长江以北，但其地离江岸不远，亦在吴的版图之内[12]。就纪年铭对置式神兽镜而言，铭辞所记的年号除"建安"、"延康"、"黄初"以外，"黄武"、"黄龙"、"嘉禾"、"赤乌"、"建兴"、"五凤"、"太平"、"永安"、"甘露"、"宝鼎"、"凤凰"、"天纪"都是吴的年号[13]，足证它们全都是吴镜。如我在《建安纪年铭神兽镜综论》中所阐明，"建安"虽为汉献帝的年号，但建安纪年铭神兽镜都为孙权统治下的江南地方的产品，实际上也是吴镜[14]。我在《"黄初"、"黄武"、"黄龙"纪年镜铭辞综释》中详细指出："延康"虽为汉献帝的年号，但延康元年铭对置式神兽镜出土于浙江省绍兴，形制、图纹又与吴郡、会稽郡所产的对置式神兽镜酷似，故与建安纪年铭神兽镜一样，是孙权统治下的吴郡或会稽的产品；黄初四年铭对置式神兽镜虽用魏的年号，但出土地点在吴的都城（武昌）所在地的湖北省鄂城，铭辞又记明为会稽的工匠所作，所以也是确实无疑的吴镜[15]。应该说明，传世的泰始十年铭对置式神兽镜为西晋所制作，形制和图纹甚简陋，铭辞自称"吴刑明镜"[16]，可见它是模仿吴镜而试制的不成熟的产品[17]。总之，作为典型的汉末、三国时代的对置式神兽镜，冈山市庚申山古坟出土镜非中国的吴镜而莫属。梅原末治在上述《冈山县下古坟发现之古镜》中早就指出此镜与吴的纪年镜相似，诚属卓识。

在许多吴的纪年铭神兽镜中，1974年湖北省鄂城西山水泥厂出土的黄龙元年五月对置式神兽镜在大小、形状和图纹等方面与庚申山古坟出土镜最为近似[18]。从湖北省博物馆和鄂州市博物馆所编《鄂城汉三国六朝铜镜》的插图可以看到，黄龙元年五月对置式神兽镜在"半圆方格带"的"方格"中刻有"人命三公九卿十二大夫"的铭句。庚申山古坟出土镜刻在"半圆方格带"的"方格"中的铭文虽然缺乏次序而不能成句，但亦有"三"、"九"、"大"、"夫"等字样，增加了与黄龙元年五月对置式神兽镜的相似程度。因此，可以推定，庚申山古坟出土镜的制作年代约在孙权称王以后的吴的前期至中期。

四 京都府椿井大塚山古坟出土的画文带对置式神兽镜

对置式神兽镜有在外区设一周由各种神仙、奇禽异兽及舟车之类的纹样组成的所谓"画文带"的，称为"画文带对置式神兽镜"。日本出土的画文带对置式神兽镜，与前述山梨县鸟居原古坟、兵库县安仓古坟和冈山市庚申山古坟出土的对置式神兽镜（外区设"铭文带"，不设"画文带"）一样，多为中国的吴镜。其中，京都府椿井大塚山古坟出土的画文带对置式神兽镜是最明显的一例[19]。此镜1953年发掘出土，现藏京都大学文学部。

据樋口隆康《山城国相乐郡高丽村椿井大塚山古坟调查略报》和梅原末治《椿井大塚山古坟》等简报和报告书所述[20]，椿井大塚山古坟为"前方后圆坟"（坟丘前部平面呈长方形或梯形，后部平面呈圆形，故名），坟丘全长185米，前方部宽约70米，后圆部直径约75米。墓室为花岗岩石块和小石块堆砌的竖穴式石室，内置"剖竹式木棺"（多用"高野槙"即罗汉松的粗大树干纵剖并凿空其内部，形如剖开的竹竿，故名）。随葬的铜镜除本文所述画文带对置式神兽镜以外，有内行花纹镜、方格规矩镜、四神镜各1枚，三角缘神兽镜32枚。其他随葬品以铁器为多，计有甲胄和刀、剑、枪、镞（亦有铜镞）等武器，镰、斧、刀、削、鉇、锥、凿等工具，鱼标、鱼叉、钓针等渔具。按照日本学术界对古坟的分期，此古坟属"前期古坟"，年代在4世纪前半（亦有主张在3世纪末的）。

椿井大塚山古坟出土的画文带对置式神兽镜，直径13.8厘米。钮作半球状，圆形的钮座饰许多细小的椭圆形纹样。内区的主纹是六神四兽，分为四组，作对置式排列。第一组是东王父及其两侧的天禄或辟邪，第二组是西王母及其两侧的天禄或辟邪，其特点是东王父、西王母坐位两旁各露出一龙一虎，天禄、辟邪的肩部和腰部都饰有"环状乳"。第三组为一神人和一羽人，前者左手持拂子状物，右手持发光的珠状物（或以为"发光的珠状物"是右手的手掌和手指的本身，所持无物），似乎可推测为神农，后者也许是苍颉，但双肩附羽翼，与一般神兽镜图纹中的苍颉像有异，故难以肯定。第四组为一神人和一怪物，前者头戴冕冠，必然是黄帝，后者人首鸟身，无疑是句芒[21]。内区的外围，设一周由八个"半圆"和十个"方格"组成的"半圆方格带"。"半圆"内有细小的、形状整齐的图案，外面加饰卷草纹；东王父、西王母坐位下的"半圆"分别为朱雀和玄武的纹样所替代，从而使得"半圆"的数目为八个而不是十个。"方格"内各有一文字，合而成为"九子作，明如光，服者侯王"的十字铭辞（《楚辞·天问》："女岐无合夫，焉取九子"，王逸注："女岐，神女，无夫而生九子也"；铭辞称九子作镜，或与女岐九子的传说有关）。内区和外区之间以一周锯齿纹相隔。外区为一周"画文带"，纹样明晰，可以看出以日神和月神为首的两群神仙和他们乘骑的舟、车、兽、鹤、龟以及六条飞奔的龙。缘部饰连续缠绕的卷草纹。

我在1984年所写《日本三角缘神兽镜综论》中指出椿井大塚山古坟出土的画文带对置式神兽镜为中国的吴镜[22]，最重要的依据是此镜在形制、图纹、铭文等各方面与1971年湖北省鄂城西山钢厂出土的画文带对置式神兽镜酷似[23]。鄂城西山钢厂出土镜直径13.1厘米。钮的形状，特别是钮座的纹饰，与椿井大塚山古坟出土镜相同。与椿井大塚山古坟出土镜的内区主纹相比，不仅神像、兽形的数目和排列方式相同，而且东王父、西王母座位两旁的龙虎、天禄辟邪肩部和腰部所饰的"环状乳"、与苍颉相对而坐的神农所持发光的珠状物等也十分相似。

鄂城西山钢厂出土镜的"半圆方格带"亦由八个"半圆"和十个"方格"组成。"半圆"的形状、纹饰与椿井大塚山古坟出土镜的"半圆"完全相同，东王父、西王母座位下的"半圆"亦各为朱雀和玄武的纹样所取代。"方格"内各有一文字，组成"九子作，□而□，服者吉利"的十字铭辞，与椿井大塚山古坟出土镜的铭辞很近似。外区"画文带"中神仙、舟车、禽兽和六条飞龙的排列情形，也与椿井大塚山古坟出土镜的"画文带"基本上一致。总之，由于吴的都城（武昌）所在地湖北省鄂城出土的这枚画文带对置式神兽镜是吴镜，椿井大塚山古坟出土的画文带对置式神兽镜也必然是中国的吴镜。

从纪年铭神兽镜的铭辞考察，对置式神兽镜开始出现于建安二十一年（公元216年）。就内区的图纹而言，椿井大塚山古坟出土的和鄂城西山钢厂出土的画文带对置式神兽镜（东王父、西王母座位下各有朱雀和玄武）都与建安廿一年铭对置式神兽镜（2枚，属"同范镜"，其中1枚为鄂城出土）[24]相似，故可判断它们的年代上限在建安末年。另一方面，从图纹中东王父、西王母两侧的天禄辟邪在肩部和腰部饰有"环状乳"的特征看来，这两枚画文带对置式神兽镜又与鄂城出土的黄初二年十一月铭同向式神兽镜有相似之处[25]，故可判断它们的年代下限约在黄初或黄武的初年。如我在《吴县、山阴和武昌——从铭文看三国时代吴的铜镜产地》[26]、《"青羊"为吴郡镜工考——再论东汉、三国、西晋时期吴郡所产的铜镜》[27]、《建安纪年铭神兽镜综论》[28]等论文中所述，从建安到黄初、黄武和黄龙年间，吴郡的吴县、会稽郡的山阴和江夏郡的武昌是吴地铸镜业的三个中心。因此，可以认为，和鄂城西山钢厂出土的画文带对置式神兽镜一样，椿井大塚山古坟出土镜的产地不外乎吴县、山阴或武昌。

到目前为止，画文带对置式神兽镜在铭辞中记明产地的，共有二例。一例为罗振玉《古镜图录》所载归安丁氏旧藏的画文带对置式神兽镜[29]，铭辞记明为"吴郡赵忠"所作。另一例为湖北省博物馆、鄂州市博物馆《鄂城汉三国六朝铜镜》所载鄂城涂镇公社出土的画文带对置式神兽镜[30]，铭辞记明为"吴造明镜"。我在《日本三角缘神兽镜综论》中曾说"吴造明镜"的"吴"为孙吴的国号[31]，这不是没有根据的。但是，若将镜铭中的"吴"理解为吴郡的吴县，也许更符合实际。鄂城出土的建安廿一年铭对置式神兽镜有"会稽所作"的铭句，传长沙出土的黄初二年铭同向式神兽镜有"武昌元作明镜"（"元作"即始作）的铭句[32]，两者的格式都是与"吴造明镜"的铭句类同的。由于椿井大塚山古坟出土镜和鄂城西山钢厂出土镜一样，在形制、图纹等方面与上述2枚在铭辞中记明为吴郡吴县所造的画文带对置式神兽镜相似，可以推测它们的产地虽有系在会稽郡的山阴和江夏郡的武昌的可能性，但更大的可能性是在吴郡的吴县。

五 神户市梦野丸山古坟出土的重列式神兽镜

与各种对置式神兽镜相比，日本出土的重列式神兽镜为数极少。就公开发表的而言，至今仅有神户市梦野丸山古坟的重列式神兽镜1枚。此镜1923年发掘出土，曾为当时东京帝室博物馆所保管[33]，今去向不明。

据梅原末治在《神户市丸山古坟及发现之遗物》的调查报告中所述[34]，梦野丸山古坟为一座"圆坟"，坟丘直径约18米，高约8米。坟丘内有"黏土椁"（日本前期古坟有不设竖穴式石室，而将木棺直接置于土坑内，用黏土将棺包围起来的，称为"黏土椁"），"椁"的周围用砾石堆积，前后两端又用较大的石块砌叠。随葬品除本文所述的重列式神兽镜外，有铁制的刀、剑、镰、斧、矛、镞和铜制的镞等。梅原氏根据古坟的构造和各种随葬品的形制，推定埋葬的年代在四世纪前半。按照现今日本学术界对古坟的分期，此古坟属"前期古坟"，年代在4世纪。

梦野丸山古坟出土的重列式神兽镜，直径12.5厘米。半球状钮，素圆钮座。内区面积广大，众多的神像和兽形分为五段，作重列式排列。外区为一周狭仄的铭文带。据梅原末治鉴定，铭文共63个字，其中可识的仅"吾作竟"及"子"、"丁卯"、"辛□子"、"甲戌"等干支，而不能察其年号。缘部饰交错连续的细小几何形纹样。

按照最近的统计，就见于著录的而言，重列式神兽镜在我国的出土地点为浙江省的绍兴、余姚、诸暨、武义、兰溪、金华、衢州[35]，江苏省的镇江、南京[36]，安徽省的芜湖[37]，湖北省的鄂城[38]，湖南省的衡阳[39]，广东省的广州[40]，广西壮族自治区的贵县[41]。这许多地点，都处在长江中下游的江南地区乃至岭南的珠江流域，从汉末的建安年间到此后的三国时代，次第成为孙吴的领地。就纪年铭重列式神兽镜而论，铭辞所记的年号除"建安"以外，计有"黄武"、"黄龙"、"嘉禾"、"赤乌"、"永安"和"天纪"[42]，无一不为孙吴的年号，足见它们全都是吴镜。如我在《建安纪年铭神兽镜综论》中所究明，"建安"虽系汉献帝的年号，但建安纪年铭神兽镜都为孙权统治下的江南地方所产，实际上也是吴镜[43]。根据镜的铭辞，参考镜的出土地点，可以确认，绍兴、余姚、镇江、芜湖、鄂城等地出土的建安纪年铭重列式神兽镜为会稽山阴或吴郡吴县的工匠示氏、朱氏和郑氏等在山阴或吴县所作[44]，衢州出土的黄武五年铭重列式神兽镜为会稽山阴的工匠鲍氏和唐氏在山阴或武昌所作[45]，鄂城出土的黄武六年铭重列式神兽镜为会稽山阴的工匠鲍、唐两氏在武昌所作[46]，鄂城和贵县出土的黄龙元年铭重列式神兽镜为工匠陈氏在武昌所作[47]，衡阳出土的重列式神兽镜为工匠张氏在吴郡所作[48]。要之，作为吴镜，重列式神兽镜自始至终都产于江南的吴地，而吴县、山阴和武昌则是它们的具体产地。只是到了西晋的泰始后期，由于受到吴的铸镜业的影响，中原地区才稍稍制作重列式神兽镜，泰始七年铭神兽镜便是罕见的一例[49]。但是，必须指出，泰始七年镜与吴的重列式神兽镜相比，形制、图纹大不相同，只能说是一种"变形重列式神兽镜"而已。从调查发掘的出土例和纪年镜的铭文可以判断，西晋之后，重列式神兽镜的制作完全停顿。总之，从以上所述关于重列式神兽镜的各种情形可以断言，神户市梦野丸山古坟出土的重列式神兽镜必然是我国江南地方所产的吴镜。

梅原末治在《神户市丸山古坟及发现之遗物》中说，梦野丸山古坟出土镜的形制、图纹与"建安"、"黄武"、"黄龙"纪年铭重列式神兽镜完全相同。但是，如我在《建安纪年铭神兽镜综论》中所指出，建安十九年以前的重列式神兽镜几乎都在钮的上下两端设长方形铭框，内有"君宜官位"、"君宜官"或"君宜"、"高官"之类的直行铭文，外区铭文带内铭辞所记作镜的年月日都不附干支[50]。丸山古坟出土镜不在钮的上下两端设长方形铭框，铭文带内的铭辞又含有"丁卯"、"甲戌"等干支，可见其制作年代应在建安十九年（公元214年）之后。从图纹中神像、兽形的种类、数目和排列方式等方面来看，它与"赤乌"、"永安"、"天纪"纪年镜等晚期的重列式神兽镜也有显著的差异。我认为，在许多纪年铭神兽镜之中，黄龙元年七月（富冈谦藏、梅原末治误释"七月"为"九月")陈世所作重列式神兽镜与丸山古坟出土镜最为相似[51]，故可判断丸山古坟出土镜的制作年代以系在吴的黄龙年间（公元229~231年）的可能性为最大。

六　大阪府和泉黄金塚古坟出土的画文带环状乳神兽镜

日本出土的许多环状乳神兽镜，在镜的外区设有一周"画文带"，故称"画文带环状乳神兽镜"。它们的形制、图纹，往往与中国江南地区出土的画文带环状乳神兽镜类似。其中，大阪府和泉黄金塚古坟出土的画文带环状乳神兽镜与湖北省鄂城吴墓出土的画文带环状乳神兽镜酷似，达到了如出同一工匠之手的程度，从而可以判断为中国的吴镜无疑。该镜在1951年的发掘工作中发现，现藏东京国立博物馆。

据日本学者大塚初重等在《古坟辞典》中引用末永雅雄氏等编著的《和泉黄金塚》发掘报告书所述[52]，和泉黄金塚古坟为"前方后圆坟"，坟丘全长85米，前方部宽34米，后圆部直径57米，高8米。坟丘边沿砌石块，上部置"埴轮"（日本古坟时代的陶质丧葬用具，排列在坟丘及其周围，主要分"圆筒埴轮"和"形象埴轮"两大类)，周围设壕沟。在后圆部的坟丘内，埋有三个"黏土椁"，"椁"内各置木棺一具（中椁为"剖竹式木棺"，东椁和西椁各为"箱形木棺"）。随葬品有画文带环状乳神兽镜（2枚）、画文带同向式神兽镜（2枚，其一为景初三年铭）、斜缘二神二兽镜（1枚）、三角缘盘龙镜（1枚）等铜镜，有头盔、铠甲、刀、剑、镞（亦有铜镞）等铁武器和斧、锯、锸等铁工具，有由勾形珠、管状珠、枣形珠、臼状珠、小珠等组成的各种玉质或石质的串珠（项链），及被称为"锹形石"、"车轮石"、"石钏"的玉质或石质的腕饰（手镯），还有1枚中国的"五铢"铜钱。按照日本学术界对古坟的分期，此古坟属"前期古坟"，年代约在4世纪末或5世纪初。

本文所述画文带环状乳神兽镜（图1)[53]，为黄金塚古坟东椁出土的2枚画文带环状乳神兽镜中的1枚。镜的直径14.4厘米。钮作半球状，圆形的钮座饰许多细小的椭圆形纹样。内区的主纹为四组神像和兽形，作环绕式排列，饰在兽形肩部和腰部的"环状乳"共有八个，位

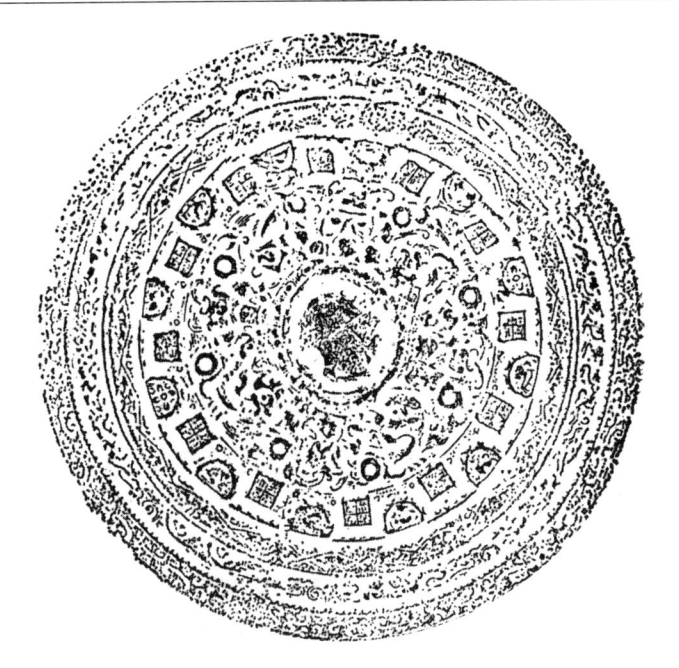

图1 黄金塚古坟出土的画文带环状乳神兽镜（拓本）

置均称。在内区的外围，设一周由十二个"半圆"和十二个"方格"组成的"半圆方格带"，"半圆"的上面和"方格"的下面分别饰六个或四个小弧形，"方格"上部两角的外侧各有一小圆圈。如本文图版所示，上端右数第三个"半圆"和下端左数第三个"半圆"内各饰一朵四瓣花，其余十个"半圆"内各有一个鸟兽的纹样。每个"方格"内有四个文字，组成"吾作明镜，幽湅三商，周刻无祀，配像万疆，白牙举乐，众神见容，天禽□□，□□□□，□从富贵，安乐子孙，番昌大吉，其师命长"的48字的铭辞。在内区和外区之间的斜面上，饰一周连续不断的、以菱形格为框架的涡卷纹。外区为一周"画文带"，纹样的内容是以日神和月神为首的两群神仙的出游行列。缘部满饰细小的涡状纹。

如前面所说，我判定黄金塚古坟（东椁）出土的这枚环状乳神兽镜为中国的吴镜，最重要的依据是它与1976年6月鄂城西山铁矿55号墓出土的画文带环状乳神兽镜酷似[54]。鄂城西山铁矿55号墓出土镜直径14厘米。钮和钮座的形状、纹饰与黄金塚古坟出土镜相同。作为内区主纹的四组神像和兽形的排列方式，以及八个"环状乳"的部位，都与黄金塚古坟出土镜无异，内区外围的"半圆方格带"亦由"半圆"

和"方格"各十二个组成,"半圆"的上面和"方格"的下面分别饰五个或三个小弧形,"方格"上部两角的外侧各有一个小圆圈。如图版所示,与黄金塚古坟出土镜的"半圆方格带"一样,上端右数第三个"半圆"和下端左数第三个"半圆"内各饰一朵四瓣花,其余十个"半圆"内各有一个鸟兽的纹样。由十二个"方格"内的文字组成的铭辞为"吾作明镜,幽涑三商,[合][涑]黄白,□□□□,□□□□,周刻无亟,白牙圣□,□□□□,照头大明,子孙番昌,□□□□,吉师命长",文句的内容虽有差异,但每个"方格"内各四个字,铭辞全文共48个字,这与黄金塚古坟出土镜的铭辞是相同的。与黄金塚古坟出土镜一样,在内区和外区之间的斜面上饰连续不断的、以菱形格为框架的涡卷纹一周。外区的"画文带"和缘部的涡状纹,也与黄金塚古坟出土镜基本上相同。

从形制和图纹的总体来说,鄂城西山铁矿55号墓出土镜与长江中下游江南各地出土的许多画文带环状乳神兽镜(包括鄂城出土的其他各枚画文带环状乳神兽镜)是近似的。但是,就图纹的细节而论,这枚铜镜有一定的特殊性,很难在中国出土的同类的神兽镜中找到十分相似的类例。但是,远在日本大阪府的和泉市,黄金塚古坟中却存在着与它非常相似的画文带环状乳神兽镜。两镜相似程度之大,不仅说明它们的制作年代相同,而且产地也应该是相同的。说它们的制作出于同一工匠之手,也未必是过分的夸张。

如所周知,在各种神兽镜之中,环状乳神兽镜开始出现于东汉中期,年代最早,其制作到三国、西晋而不衰,延续的时期很长[55]。传世的纪年铭环状乳神兽镜,如元兴元年镜和延熹二年镜等,都在铭辞中记明为西蜀广汉所造[56]。但是,这些广汉所造的初期的环状乳神兽镜在外区设铭文带而不设"画文带"。从现有的纪年镜的资料来看,年代最早的画文带环状乳神兽镜为永康元年镜和中平四年镜[57],它们没有在铭辞中记明产地,所以不能肯定为广汉的产品。浙江省绍兴市文物管理委员会所藏当地出土的环状乳神兽镜,有在铭辞中记明为吴郡胡阳里张氏所作的[58],可证除西蜀的广汉以外,江南的吴县也制作环状乳神兽镜。据《后汉书·灵帝纪》和《三国志·蜀志·刘焉传》记载,中平五年(公元188年)六月黄巾军在绵竹起事,进攻雒县,又袭击蜀郡。这使得广汉的铸镜业受到破坏,从此一蹶不振(铜镜铭辞所记广汉作镜的年代，以中平四年为下限[59]）。与此相反，在长江下游的江南，吴郡和会稽郡的铸镜业却方兴未艾。许多铜镜的铭辞说明，在汉末建安年间和三国时代，吴郡的吴县和会稽郡的山阴盛产神兽镜[60]。黄初二年（公元221年）孙权建都鄂城（改名武昌）以后，山阴和吴县所作的神兽镜随着徙往新都的官吏等人而传入其地[61]。因此，可以判断，鄂城出土的画文带环状乳神兽镜也是吴会的产品。总之，鄂城西山铁矿55号墓出土的画文带环状乳神兽镜是吴镜，大阪府和泉黄金塚古坟出土的画文带环状乳神兽镜亦非吴镜而莫属。

七　福井县泰远寺山古坟出土的环状乳神兽镜

日本出土的环状乳神兽镜虽然多附有"画文带"，但也有不附"画文带"的，泰远寺山古坟出土镜便是其例。

据斋藤优在《松冈古坟群（改订）》的调查报告中所述[62]，泰远寺山古坟为"前方后圆坟"，坟丘全长约100米，后圆部直径约45米，周围有壕沟。该古坟在20世纪20年代后期遭破坏，墓室构造不明，唯有"舟形石棺"（棺盖和棺身各用一整块大石刳凿而成，两侧断面略呈弧形，有些像船，故名）一具，保存良好。从石棺的形制看来，古坟的年代在5世纪。

泰远寺山古坟出土的环状乳神兽镜，直径22厘米。钮作半球状，圆形的钮座附有八瓣大小相间的柿蒂形。内区的主纹为六神六兽，以六个"环状乳"为标志，分为六组，作环绕式排列。兽形仅有头和前肢，形态奇特。内区的外围设一周由"半圆"和"方格"各八个组成的"半圆方格带"。"半圆"内饰许多放射状短线，外面加饰连弧纹和卷草纹。"方格"内各有一文字，组成"宜天王公侯伯子男"的铭句。外区为一周铭文带，铭辞为"青盖作竟以发扬，揽睹四方昭中英，左龙右虎辟不详，鸟朱玄武顺阴阳，服之富贵子孙强，长保二亲乐未尝，风雨时节五谷丰，四夷归化天下平，休兵息吏晋世宁"。缘部内侧倾斜，斜面上饰由许多弧形组成的连弧纹带。

从形制、图纹看来，此镜的制作年代约在中国的三国至西晋时期。铭辞末句称"休兵息吏晋世宁"，则可进而判断其为西晋太康年间（公元280~289年）所造作。理由是晋武帝于太康元年灭吴而统一中国，故铭辞称"休兵息吏",而"晋世宁"是太康年间流行的歌谣,为演出"杯盘舞"时所必唱[63]。如下文所述,我断定此镜的产地在江南,其制作虽然在西晋,但距吴的灭亡不过数年,所以作为广义的吴镜而在本文中述及。铭辞第二句中的"昭"字犯司马昭之讳,正说明吴亡不久,远离洛阳的吴地工匠仍习惯于使用旧时的铭句而不注意避讳。

与一般的神兽镜相比,泰远寺山古坟出土镜的形制和图纹显得奇异,铭辞的构成亦不无独特之处,故樋口隆康称此镜甚属异式[64]。其实,与此镜相似的环状乳神兽镜不是毫无所见的。罗振玉《古镜图录》所录潍县陈氏旧藏的环状乳神兽镜(图2)[65],便与其相类似。陈氏旧藏镜内区主纹虽为四神四兽、八个"环状乳",但兽形仅有头和前肢,与泰远寺山古坟出土镜的兽形甚相似;外区铭文带上的铭辞为"青盖明镜以发扬,揽睹四方昭中英,朱鸟玄武狮子翔,左龙右虎辟不祥,子孙具备居中英,长保二亲乐未尝",虽比泰远寺山古坟出土镜的铭辞为短,但文句颇有相同的。只因陈氏旧藏镜出土地点不明,不能为推定镜的产地提供依据。

图 2　潍县陈氏旧藏环状乳神兽镜(《古镜图录》)

我判断泰远寺山古坟出土的环状乳神兽镜为江南吴地所产,是由于它与浙江省境内出土的有些环状乳神兽镜相似。例如梅原末治《绍兴古镜聚英》所收绍兴出土的1枚环状乳神兽镜[66],直径19.3厘米,内区的主纹为五神五兽、五个"环状乳",兽形仅有头部,面貌与泰远寺山古坟出土镜的兽形酷似,"半圆方格带"内的铭文为"宜天王公侯伯子男",与泰远寺山古坟出土镜"半圆方格带"内的铭文完全相同。又如1983年10月我在衢州市文物管理委员会看到当地出土的1枚环状乳神兽镜,直径16.4厘米,内区的主纹为四神四兽、八个"环状乳",兽形仅有头和前肢,与泰远寺山古坟出土镜的兽形相似,外区铭文带上的铭辞为"青盖明竟以发扬,揽睹四方昭中英,朱鸟玄武狮子翔,左龙右虎顺阴阳,长保二亲乐未尝,宜公卿",亦与泰远寺山古坟出土镜的铭文带上的铭辞多有相同。从形制、图纹和铭文判断,衢州出土镜的年代约在三国时代的后期,绍兴出土镜的年代应在西晋的初期。由于绍兴为当时会稽郡的郡治山阴,衢州为会稽郡的属县新安,都与邻郡吴郡的郡治吴县相近,故可推测两地的出土镜和泰远寺山古坟出土镜都是山阴或吴县的产品。

泰远寺山古坟出土镜和衢州出土镜有"青盖作镜"或"青盖明镜"的铭文。按照我的统计,有"青盖"铭文的铜镜,种类不少,出土地点范围广泛,它们的制作年代有早有晚,持续甚久。因此,可以认为,"青盖镜"的产地未必限于一处。但是,在各种"青盖镜"之中,有"青盖明镜以发扬,揽睹四方昭中英"等铭句的神兽镜则可判定为江南所产。除泰远寺山古坟出土镜和衢州出土镜等环状乳神兽镜以外,1977年浙江省兰溪出土的1枚对置式神兽镜的铭辞为"青盖明镜以发扬,揽睹四方昭中英,朱鸟玄武狮子翔,左龙右虎",便是又一例证[67]。

八 姬路市奥山大塚古坟出土的佛像夔凤镜

作为中国的吴镜,佛像夔凤镜也在日本出土,兵库县姬路市奥山大塚古坟的佛像夔凤镜是最为难得的一例。此镜1934年发掘出土,由东京国立博物馆考古课保管。由于锈蚀严重,图纹模糊,长期以来仅知其为夔凤镜,而不知其为佛像夔凤镜。

1986年10月中旬,日本学者西田守夫发现东京艺术大学资料馆所藏的1枚夔凤镜在图纹中有佛教的飞天像,从而认定其为佛像夔凤镜。同年10月23日我到东京国立博物馆访问,蒙西田氏以镜的实物相示,并指点飞天像的所在部位。我看了以后,为佛像夔凤镜增一新例而深感喜悦。更为重要的是，不久以后，西田氏又发现东京国立博物馆考古课保管的奥山大塚古坟出土的夔凤镜为东京艺术大学资料馆藏镜的"同范镜"。这样，奥山大塚古坟出土镜之为佛像夔凤镜就得到了肯定[68]。

据西田守夫在其题为《姬路市奥山大塚古坟出土的吴代佛像夔凤镜及其"同范镜"》的论文中引用喜谷美宣为《兵库县大百科事典》撰写的关于奥山大塚古坟的条目所述，该古坟为"圆坟"，坟丘直径约15米，高约3米。坟丘内的设施是在黏土的棺床上铺沙砾，周围砌小石块。随葬品除本文所述的佛像夔凤镜以外，有剑、矛、镞、铠甲、马具、镰、锹等铁器，并有碧玉管状珠、玛瑙圆珠、玻璃小珠等装饰品。据推定，古坟的年代在5世纪后半。

奥山大塚古坟出土的佛像夔凤镜，直径18.9厘米。半球状圆钮，稍呈扁平。钮座的周围，均称地设置四瓣柿蒂形。镜的图纹因锈蚀而不明，但作为"同范镜"的东京艺术大学资料馆藏镜保存良好，纹样清楚。如西田氏所指示，在钮座周围的四瓣柿蒂形之中，相对的两瓣内各有一兽，另外相对的两瓣内各有一兽和一鸟。镜的主纹为四组双凤，双凤之间有一较小的兽形。在宽平无纹的镜缘的内侧，有一周由十六个弧形组成的"连弧纹带"。十四个弧形内各有一兽或一鸟，二个弧形内各有一人像。如本文图版所示，下端右侧的一个弧形内的人像，头上有圆形的项光，身躯横斜，两脚分开，衣袖飘拂，作飞舞状，显然是飞天像。左侧的一个弧形内的人像，身体略向前倾，头上无项光，但衣袖飘拂之状与飞天像相似。奥山大塚古坟出土镜的图纹虽模糊不清，但仔细观察，飞天的纹样大体上仍可辨认，其形象与东京艺术大学资料馆藏镜的飞天像毫无二致，从而可确认其为佛像夔凤镜无疑。这是第1枚被确认为日本出土的佛像夔凤镜。东京艺术大学资料馆藏镜的出土地点虽不明，但据西田守夫氏判断，其为日本出土的可能性是大的。若这一判断属实，则日本出土的佛像夔凤镜至今已有2枚，可谓无独有偶矣。

1985年2月，为了纪念夏鼐先生从事考古工作五十年，我写作一篇题为《论吴晋时期的佛像夔凤镜》的论文[69]，发表在《考古》1985年第7期。我论述了日本东京国立博物馆、德国柏林国立博物馆、美国哈佛大学福格博物馆、波士顿美术馆所藏的4枚传世的佛像夔凤镜和我国浙江省（武义、杭州、金华）、江苏省（南京）、江西省（南昌）、湖北省（鄂城）、湖南省（长沙）各地发掘出土的7枚佛像夔凤镜，从镜的出土地点并结合三国两晋时期用佛像作器物纹饰的情形等方面考察，作出了佛像夔凤镜流行于吴晋时期，其产地在我国长江中下游的江南地区的结论。我以镜的形制和图纹、佛像的姿态和风格，并以镜的所由出土墓的其他随葬器物为根据，指出除金华出土的和南昌出土的 2 枚"变形佛像夔凤镜"的制作年代各为西晋和东晋以外，其余绝大多数佛像夔凤镜的制作年代都在吴的中期至后期。

从这以后，在我国的考古学书刊上又发表了 3 枚佛像夔凤镜。其中 2 枚分别出土于湖北省鄂城的五里墩和西山的吴墓[70]，西山出土的 1 枚与江苏省南京西善桥吴墓出土的 1 枚属"同范镜"[71]。我在写作《论吴晋时期的佛像夔凤镜》时，早已知道鄂城出土铜镜中有这 2 枚佛像夔凤镜，并确认鄂城西山出土镜与南京西善桥出土镜属"同范镜"。只是因为湖北省博物馆和鄂州市博物馆所编《鄂城汉三国六朝铜镜》一书尚未问世，不便在论文中先行发表，故不得不暂时避而不谈。但是，由于"同范镜"的图纹一模一样，在整理、排比图片和拓本时，竟不慎将鄂城西山出土镜图纹中的"赤乌"和"玉兔"等误作南京西善桥出土镜的图纹而加以发表，这是应该说明，并加以更正的。

另 1 枚新发现的佛像夔凤镜是 1985 年江西省文物工作队在该省靖安县雷公综合垦殖场虎山分场发掘出土的，发表在题为《江西靖安虎山西晋、南朝墓》的发掘简报上[72]。此镜直径 13.8 厘米，形制、图纹与各地发现的佛像夔凤镜相似。如本文插图所示，在镜缘内侧"连弧纹带"下端左侧的一个弧形内有一人像，头上有圆形项光，身躯横斜，两脚分开，双袖飘拂，作飞舞状，显然是佛教的飞天像（图 3）。据江西省文物工作队在简报中所述，此镜所由出土的墓在墓砖上有"太康九年"（公元 288 年）的纪年，随葬的陶瓷器等具有西晋时期的特征，可确认为西晋墓。但是，我从镜的形制和图纹判断，镜的制作年代要比墓的筑造年代为早，应在吴的中后期。

总之，上述新发表的鄂城和靖江出土的 3 枚铜镜，使江南出土的佛像夔凤镜增加到 10 枚（黄河流域和北方地区至今仍绝无佛像夔凤镜出土），从而使得我在《论吴晋时期的佛像夔凤镜》一文中所作佛像夔凤镜是吴镜的结论更为确实可靠了。如西田守夫氏在《姬路市奥山大塚古坟出土的吴代佛像夔凤镜及其"同范镜"》的论文中所指出，奥山大塚古坟的筑造年代约在 5 世纪的后半，但镜的制作年代应在 3 世纪中叶的

图3　江西靖安出土的佛像夔凤镜

吴代。与中国长江中下游江南各地出土的许多佛像夔凤镜相对照，完全可以肯定奥山大塚古坟出土的佛像夔凤镜是中国三国时代的吴镜。

九　熊本县江田船山古坟出土的神人车马画像镜

日本古坟出土的画像镜，颇有与浙江省绍兴等地出土的画像镜相似的。其中，熊本县江田船山古坟的神人车马画像镜是最突出的一例。此镜发现于1873年，现藏东京国立博物馆。

据大塚初重等在《古坟辞典》中引用梅原末治《玉名郡江田船山古坟调查报告》和三木文雄《船山古坟及其遗宝》等著作所述[73]，该古坟是一座"前方后圆坟"，坟丘全长47米，前方部宽24米，后圆部直径27米，高近8米，周围设壕沟。坟丘内埋"组合式家形石棺"（由多块石材组合而成，形状有些像房屋，故名），其特点是棺的前端开口，外面两侧用石块铺砌，犹如甬道。随葬品除神人车马画像镜、画文带对置式神兽镜、兽带镜、变形四兽镜等铜镜以外，有鎏金的铜冠、铜带具和铜鞋，有金耳饰和硬玉勾形珠、碧玉管状珠、玻璃小珠等装饰品，有大刀（有错银铭文）、剑、矛、镞、头盔、铠甲等铁制的武器和马具,并有称为"须惠器"(日本古坟时代新兴的陶器,其制造技术由朝鲜半岛传入,与传统的"土师器"相比,火候高,质地坚实)的陶器。据推定,古坟的年代在5世纪后半至6世纪初年。

船山古坟出土的神人车马画像镜[74],直径22.3厘米。钮作半球状,圆形的钮座饰许多细小的椭圆形纹样。内区的主纹为神人和车马,由四个附有连珠座的"乳"分隔为四组。第一组为东王父及其两侧的侍者;第二组为西王母及其两侧的侍者;第三组为三马驾引的辎车和二马驾引的戏车各一辆;第四组为骑马的侍从和在马背上演杂技的艺人,共有马六匹。内区的外围设一周铭文带,铭辞为"公戚氏作镜四夷,多贺国家人民息,胡虏殄灭天下复,风雨时节五谷熟,长保二亲得天力,传告后世乐无极,乘云驱驰参驾四马,道从群神,宜孙子"。内区和外区之间以一周栉齿纹带相隔。外区饰一周图案化的动物纹和一周锯齿纹。缘部隆起,断面呈三角形。

在江苏省南部和浙江省各地出土的画像镜之中,最与船山古坟出土镜相似的,是梅原末治《绍兴古镜聚英》所收绍兴出土的1枚神人车马画像镜[75]。该画像镜直径22.9厘米。钮作半球状,圆形的钮座饰连珠纹。内区的主纹以四个附有连珠座的"乳"为标志,分成四组。第一组和第二组各为东王父、西王母,两侧有侍者;第三组为五马驾引的辎车一辆;第四组为二马驾引的兵车(车上一人驭马,一人持戟)一辆,并有七匹奔马。内区外围铭文带中的铭辞为"[王]氏作竟,幽湅三商,规矩无祀,周刻万灵,四纪豫元六合设,东王父西王母,袒虚空统得序道,祈灵是兴,白牙举乐,众神容,天禽白精并存□,[用][之][大][吉]"。内区和外区之间隔一周栉齿纹。外区饰一周图案化的动物纹和一周锯齿纹。缘部隆起,断面呈三角形。与船山古坟出土镜相比,镜的大小相等,形制、图纹大同小异,十分相似。两镜的铭辞虽然不同,但绍兴等地出土的其他许多神人车马画像镜往往有"某氏作镜四夷服,多贺国家人民息,胡虏殄灭天下复,风雨时节五谷熟"之类的铭辞,与船山古坟出土镜的铭辞是一致的。总之,可以断定,船山古坟出土的神人车马画像镜与绍兴出土的神人车马画像镜应为同一时期所制作,而且它们的产地也应该是相同的。

据调查发掘所知,以绍兴出土镜为代表的画像镜多出土在江苏省南部和浙江省境内,有一定的地域性。从镜的形制、图纹和所由出土墓的其他随葬品看来，它们的制作年代可上溯到东汉的中期。自汉武帝以来，会稽郡的辖境甚广，其治所在吴县（今江苏省苏州）。顺帝永建四年（公元 129 年），分会稽郡北部之地置吴郡。从此以后，吴县成为吴郡的郡治，而会稽郡则移治山阴（今浙江省绍兴）。过去由于绍兴出土的画像镜为数最多，学者们多以为它们的产地全在山阴。但是，按照我的考察，至少绍兴出土的一部分画像镜在铭辞中记明为吴县所产[76]。镜铭表明，在吴县城内或近郊，胡阳里（简称"胡里"）和向阳里（简称"向里"）是铸镜作坊的所在地。因此，江田船山古坟出土的神人车马画像镜和江苏省南部、浙江省境内各地出土的各种画像镜一样，应为东汉中期以降的、吴县或山阴的产品。镜的制作虽在三国时代之前，但因产地在长江下游的吴会，所以作为广义的"吴镜"，也附带地在本文中论及。

应该指出，日本京都府 tozuka 古坟出土的和传福冈县京都郡出土的神人车马画像镜在大小、形制、图纹等方面都完全与船山古坟出土镜相同，说明三者属"同范镜"。日本学者认为，船山古坟出土镜和它的"同范镜"一样，镜体厚重，铜质不良，可以推定是六朝时期的翻铸镜（日本语称"踏返镜"）[77]。但是，从中国考古调查发掘的出土例看来，六朝时期没有翻铸汉镜的情形。因此，我判断船山古坟出土镜及其"同范镜"是在日本翻铸，而所由翻铸的原镜也必然是从中国传入日本的，尽管它至今还没有被发现。其实，按照我的看法，在日本出土的许多神人歌舞画像镜、画文带同向式神兽镜和画文带佛兽镜等的"同范镜"之中，凡属镜体厚重、铜质不良而被认为是翻铸镜的，都系在日本翻铸，而不是在中国翻铸的。正因为是在日本翻铸的，所以能在日本各地发现多枚"同范镜"。总之，由于船山古坟出土的神人车马画像镜是翻铸镜，我在本文中所述船山古坟出土镜实际上是指它的所由翻铸的原镜。

综上所述，作为中国东汉、三国时代的铜镜，日本山梨县鸟居原古坟出土的赤乌元年铭对置式神兽镜、兵库县安仓古坟出土的赤乌七年铭对置式神兽镜、冈山市庚申山古坟出土的对置式神兽镜、京都府椿井大塚山古坟出土的画文带对置式神兽镜、神户市梦野丸山古坟出土的重列式神兽镜、大阪府和泉黄金塚古坟出土的画文带环状乳神兽镜、福井县泰远寺山古坟出土的环状乳神兽镜、姬路市奥山大塚古坟出土的佛像夔凤镜、熊本县江田船山古坟出土的神人车马画像镜（所由翻铸的原镜）等铜镜的产地多在当时中国江南地方的吴郡和会稽郡。除江田船山古坟出土的神人车马画像镜（所由翻铸的原镜）和泰远寺山古坟出土的环状乳神兽镜的制作各在东汉中后期和西晋初期以外，其余各镜都为汉末建安年间和此后的三国时代所制作，从而是名符其实的吴镜。

那么，这许多吴镜是在什么时候，经由什么途径，传往日本去的呢？在讨论这个问题之前，必须先引述《后汉书·东夷传》和《三国志·吴志·吴主传》关于亶洲的记载。

《后汉书·东夷传》说："（会稽海外）又有夷洲及亶洲。传言秦始皇遣方士徐福将童男女数千人入海，求蓬莱神仙不得。徐福畏诛不敢还，遂止此洲。世世相承，有数万家。人民时有至会稽市。会稽东冶县人有入海行遭风，流移至亶洲者。所在绝远，不可往来"。

《三国志·吴志（吴主传）》说："（黄龙二年）遣将军卫温、诸葛直将甲士万人浮海求夷洲及亶洲。亶洲在海中，长老传言秦始皇遣方士徐福将童男童女数千人入海，求蓬莱神山及仙药，止此洲不还。世相承有数万家。其上人民时有至会稽货布。会稽东县人海行，亦有遭风流移至亶洲者。所在绝远，卒不可得至。但得夷洲数千人还"。

日本学者原田淑人曾在其题为《从〈魏志倭人传〉看古代的日中贸易》的论文中就2枚赤乌纪年铭神兽镜在日本出土的问题作了精辟的考证[78]。考证的要旨是：按照《三国志·魏志·倭人传》的记载，中国魏朝向日本邪马台国赠送铜镜百枚。但是，魏朝不可能把敌国吴国所造的纪年铭铜镜也作为赠送的礼物。在三国时代南北分裂、魏吴敌对的政治形势下，吴的铜镜是从中国的江南传入日本，而不是经由北方的魏境传入日本的。因此，原田淑人认为，《后汉书·东夷传》和《三国志·吴志（吴主传）》所记的亶洲是日本列岛的一部分，吴的铜镜传入日本是亶洲人民到吴的会稽郡进行贸易的结果（大意如此）。

我十分赞成原田淑人关于亶洲是日本列岛一部分的学说。我认为，从东洋古代史和东亚考古学的视野来看，在东汉、三国时代，太平洋西部的岛国能远渡大海来与中国贸易的，也只有日本列岛上的倭人。但是，在日本出土的铜镜中，原田氏认识的吴镜仅限于山梨县鸟居原古坟出土的和兵库县安仓古坟出土的2枚赤乌纪年铭神兽镜，数量太少，未免稍有论据不足之嫌，所以必须加以补充。这便是我写作本文的目的之一。

在三国时代，吴的铜镜（主要是重列式和对置式神兽镜）往往在铭辞中记作镜的年份和日期。但是，无待于言，在吴地制作的包括各种神兽镜在内的大量铜镜之中，纪年镜毕竟只占少数。大多数吴镜，甚至许多铸造精良的画文带环状乳神兽镜和画文带对置式神兽镜，却是没有纪年铭的。2 枚赤乌纪年镜在日本出土，固然为论证吴的铜镜传入倭地提供了确证，但不能设想传入倭地的吴镜只限于这 2 枚铸造欠精的纪年镜。我在究明三国时代吴镜和魏镜在形制、图纹上的差别的基础上，确认赤乌元年镜和赤乌七年镜以外的许多日本出土的吴镜，并考定它们的产地主要是在当时会稽郡的郡治山阴和吴郡的郡治吴县（东汉顺帝永建四年以前为会稽郡的郡治），这就为原田氏的上述考证做了必要的补充。

由于《三国志·吴志》记"（亶洲）人民时有至会稽货布"，学者们便理解为亶洲人民是到会稽郡来买布或卖布[79]。从忠实于史书的原文来说，这是无可非议的。但是，就情理而论，远涉而来的亶洲人不能仅仅是为了买卖布匹。对照《后汉书·东夷传》"（澶洲）人民时有至会稽市"的记载，可知"货布"应为"货市"之误。"布"、"市"二字，字形近似，传抄致误是可以理解的。作为古代汉语，"货"字之意为购买（买入），"市"字除购买之外，还有交易之意。要之，亶洲人民是到会稽郡来从事以购买为主的贸易的。由于会稽（山阴）盛产铜镜，邻郡吴郡（吴县）所产的铜镜也大量传入会稽，所以铜镜就成为亶洲来客的主要购买对象之一。

关于遭风流移至亶洲的中国人是何县之人的问题，《后汉书·东夷传》所记为"会稽东冶县人"，而《三国志·吴志·吴主传》所记则为"会稽东县人"。《吴志·华覈传》有"昔海虏窥窬东县，多得离民"等语，说的也是"东县"而非"东冶县"。查《汉书·地理志》和《续汉书·郡国志》，会稽郡所属各县没有名为"东县"的，而东冶县也没有简称"东县"之例。因此，我认为，《三国志·吴志》所记"会稽东县"也许是泛指会稽郡东部沿海各县。至于东冶县，则如所周知，其治所在今福建省的福州市，这已经成为定论。但是，《三国志·吴志·孙策传》说"（孙策）遂引兵渡浙江，据会稽，屠东冶，乃攻破（严白）虎等"，裴松之注引《吴录》说"（严白）虎奔余杭"。至少就这一记载而论，当时的东冶似乎是在今浙江省的东部，而不是远在福建省的福州[80]。不论遭风流移到亶洲的中国人居住在今浙江省东部还是在福建省境内，亶洲人民前来进行贸易的地点则在"会稽"。按照中国古代史书记地的习惯，"会稽"可指会稽郡的郡治山阴。虽然也可泛指会稽郡所属各县，但从关于亶洲的记载全文看来，决不是指东县或东冶县。上述《吴志·孙策传》所记孙策引兵渡浙江（今钱塘江）后占据的"会稽"是指郡治山阴，也可作为例证。

由于《后汉书·东夷传》中有关于亶洲的记载，可见至少在东汉后期，亶洲人已开始到会稽郡来贸易，从而可以推测江田船山古坟出土的神人车马画像镜（所由翻铸的原镜）也许是在东汉后期传往日本的。从《三国志·吴志（吴主传）》的记载看来，在黄龙二年（公元230年）以前的建安、黄初和黄武年间，亶洲人来会稽贸易的情形有了进一步的发展，故可推测椿井大塚山古坟出土的画文带对置式神兽镜和梦野丸山古坟出土的重列式神兽镜等有系在建安末年至黄龙年间传往日本的可能性。从赤乌纪年铭对置式神兽镜、奥山大塚古坟出土的佛像夔凤镜和泰远寺山古坟出土的环状乳神兽镜等铜镜为孙权称吴王以后的吴的中后期和西晋初期的产品来考虑，亶洲与会稽郡的贸易关系在三国、西晋时期是始终持续的。

在弥生时代和古坟时代的日本，中国的铜镜被视为珍宝。它们传入日本以后，往往要经过相当长久的岁月，才与其他从中国（有时也有朝鲜）传入的及许多在日本本地制作的器物一起，被作为随葬品而纳入坟墓。从所由出土的古坟的筑造年代来看，本文所述的吴镜在日本传世的时间短则数十、百年，长则两三世纪，没有一定的期限。但是，它们的发现却为究明三国时代倭与中国江南之地存在着交通关系提供了证据。

注　释

[1] 王仲殊：《日本の三角縁神獸鏡について》第30、31页，《三角縁神獸鏡の謎》，角川书店，1985年。

[2] 王仲殊：《日本三角缘神兽镜综论》第471页，图版第柒、第捌，《考古》1984年第5期。

[3] 后藤守一：《赤烏元年鏡發見の古墳》第315～328页，《考古学雑誌》第十四卷第六号，聚精堂，1923年。

[4] 冈崎敬：《山梨县三珠町鳥居原發見の吴·赤烏元年四神四獸鏡とその銘文》，《甲斐考古》第8～1，1971年。

[5] 梅原末治：《漢三國六朝紀年鏡図説》第66、67页，桑名文星堂，1942年。

[6] 梅原末治：《川边郡小浜村赤烏七年鏡出土の古墳》，《兵庫県史迹名勝天然記念物調査報告書》第14輯，1935年。

[7] 梅原末治：《漢三国六朝紀年鏡図説》第68、69页，桑名文星堂，1942年。

[8] 宝塚市史编集专门委员会：《宝塚市史》（第一卷）第221、222页，1975年。

[9] 梅原末治：《漢三國六朝紀年鏡図説》第95、100、107页，桑名文星堂，1942年。

[10] 东京国立博物馆：《（特别展）日本の考古学——その步みと成果》出品目録第223页，1988。

[11] 梅原末治：《岡山県下の古墳發見の古鏡》第1~13页，《吉備考古》第八十五号，1942年。

[12] 王仲殊：《日本三角缘神兽镜综论》第469页，《考古》1984年第5期。

[13] 樋口隆康：《古鏡》第229~231页，图版第九十二（185），新潮社，1979年。

[14] 王仲殊：《"建安"纪年铭神兽镜综论》第348~357页，《考古》1988年第4期。

[15] 王仲殊：《"黄初"、"黄武"、"黄龙"纪年镜铭辞综释》第635~645页，《考古》1987年第7期。

[16] 梅原末治：《漢三國六朝紀年鏡図説》第104、105页，图版第五十九（1），桑名文星堂，1942年。

[17] 王仲殊：《日本三角缘神兽镜综论》第469页，《考古》1984年第5期。

[18] 湖北省博物馆、鄂州市博物馆：《鄂城汉三国六朝铜镜》图版第85，图版说明第21页，图第18，文物出版社，1986年。

[19] 樋口隆康：《古鏡》第234页，图版第一〇〇（201），新潮社，1979年。

[20] a. 樋口隆康：《山城国相楽郡高麗村椿井大塚山古墳調查略報》第91~93页，《史林》第36卷第3号，1953年。

b. 梅原末治：《椿井大塚山古墳》，《京都府文化財調查報告》第23册，1964年。

[21] 林巳奈夫：《漢鏡の図柄二、三について》第39~56页，《東方学報》第44册，1973年。

[22] 王仲殊：《日本三角缘神兽镜综论》第471页，图版第柒、5，《考古》1984年第5期。

[23] 湖北省博物馆、鄂州市博物馆：《鄂城汉三国六朝铜镜》图版第95，图版说明第25页，文物出版社，1986年。

[24] a. 樋口隆康：《古鏡》第229页，图版第九十二（185），新潮社，1979年。

b. 湖北省博物馆、鄂州市博物馆：《鄂城汉三国六朝铜镜》图版44，图版说明第8页，文物出版社，1986年。

[25] 湖北省博物馆、鄂州市博物馆：《鄂城汉三国六朝铜镜》图版第108、109，图版说明第33、34页，文物出版社，1986年。

[26] 王仲殊：《吴县、山阴和武昌——从铭文看三国时代吴的铜镜产地》第1025~1031页，《考古》1985年第11期。

[27] 王仲殊：《"青羊"为吴郡镜工考——再论东汉、三国、西晋时期吴郡所产的铜镜》

第 639~646 页,《考古》1986 年第 7 期。
[28] 王仲殊:《"建安"纪年铭神兽镜综论》第 348~357 页,《考古》1988 年第 4 期。
[29] 罗振玉:《古镜图录》卷中,第二十八页下,罗氏景印,1916 年。
[30] 湖北省博物馆、鄂州市博物馆:《鄂城汉三国六朝铜镜》图版第 96,图版说明第 25、26 页,文物出版社,1986 年。
[31] 王仲殊:《日本三角缘神兽镜综论》第 469、476 页,注释 69,《考古》1984 年第 5 期。
[32] 王仲殊:《吴县、山阴和武昌——从铭文看三国时代吴的铜镜产地》第 1028、1030 页,《考古》1985 年第 11 期。
[33] 后藤守一:《古镜聚英》上篇,图版第四十九（3）,六月大冢巧艺社出版,1942 年。
[34] 梅原末治:《神户市丸山古坟と發見の遺物》第 261~278 页,《考古学雜誌》第十四卷第五号,聚精堂,1923 年。
[35] 王士伦:《浙江出土铜镜》彩版第 8,图版第 77、84、85、87、88、89、90,图版说明第 1、10、11 页,文物出版社,1987 年。
[36] a. 镇江博物馆:《镇江市东晋晋陵罗城的调查和试掘》第 145~417 页,图第 11,图版第肆（1）,《考古》1986 年第 5 期。
b. 南波:《南京西岗西晋墓》第 57~60 页,图第 19,《文物》1976 年第 3 期。
[37] 王步艺:《芜湖赭山古墓清理简报》第 43~47 页,《文物参考资料》1956 年第 12 期。
[38] 湖北省博物馆、鄂州市博物馆:《鄂城汉三国六朝铜镜》图版第 49~54,第 110~117 页,文物出版社,1986 年。
[39] 湖南省博物馆:《湖南衡阳县道子坪东汉墓发掘简报》第 35~37 页,图第 5、第 6,《文物》1981 年第 12 期。
[40] 胡肇椿:《广州市西郊大刀山晋塚发掘报告》第 122 页,《考古学杂志》1931 年。
[41] 广西壮族自治区文管会:《广西出土文物》图版第 147,图版说明第 16、17 页,文物出版社,1978 年。
[42] 樋口隆康:《古鏡》第 222~225 页,新潮社,1979 年。
[43] 王仲殊:《"建安"纪年铭神兽镜综论》第 348~357 页,《考古》1988 年第 4 期。
[44] 王仲殊:《"建安"纪年铭神兽镜综论》第 348~357 页,《考古》1988 年第 4 期。
[45] 王仲殊:《"黄初"、"黄武"、"黄龙"纪年镜铭辞综释》第 640、641 页,《考古》1987 年第 7 期。
[46] 王仲殊:《吴县、山阴和武昌——从铭文看三国时代吴的铜镜产地》第 1030 页,《考古》1985 年第 11 期。
[47] 王仲殊:《吴镜师陈世所作神兽镜论考》第 1017~1025 页,《考古》1986 年第 11 期。
[48] 王仲殊:《"青羊"为吴郡镜工考——再论东汉、三国、西晋时期吴郡所产的铜镜》第 642~643 页,《考古》1986 年第 7 期。
[49] 梅原末治:《漢三國六朝紀年鏡図説》第 102、103 页,图版第五十七,桑名文星堂,1942 年。
[50] 王仲殊:《"建安"纪年铭神兽镜综论》第 354 页,《考古》1988 年第 4 期。

[51] 梅原末治：《漢三國六朝紀年鏡圖說》第61、62页，图版第三十三（1），桑名文星堂，1942年。

[52] 大塚初重、小林三郎：《古墳辞典》第112、113页，東京堂出版，1996年。

[53] 东京国立博物馆：《日本考古展——考古学・この25年の步み》图版第59第136~22目录第132页，1969年。

[54] 湖北省博物馆、鄂州市博物馆：《鄂城汉三国六朝铜镜》，图版第97，图版说明第26、27页，文物出版社，1986年。

[55] 樋口隆康：《古鏡》第214~220页，新潮社，1979年。

[56] 梅原末治：《漢三國六朝紀年鏡圖說》，第14、15、20、21页，图版第五、九（1），桑名文星堂，1942年。

[57] a. 陈佩芳：《上海博物馆藏青铜镜》图版第54，上海书画出版社，1987年。
b. 王士伦：《浙江出土铜镜选集》图第28，分图说明第4页，中国古典艺术出版社，1957年。

[58] 王仲殊：《吴县、山阴和武昌——从铭文看三国时代吴的铜镜产地》第1027页，图版第陆. 5、捌. 6，《考古》1985年第11期。

[59] 西蜀广汉所造纪年铭铜镜有元兴元年环状乳神兽镜、夔凤镜、兽首镜，永嘉元年夔凤镜，永寿二年、三年兽首镜，延熹二年环状乳神兽镜，熹平三年兽首镜，中平四年兽首镜等，所纪年份以中平四年为下限。见梅原末治：《漢三國六朝紀年鏡圖說》（桑名文星堂，1942年）、湖南省文物考古研究所等：《湖南考古辑刊（4）》，（岳麓书社，1987年）、中原文物编辑部：《中原文物》（1982年第1期）。

[60] a. 王仲殊：《吴县、山阴和武昌——从铭文看三国时代吴的铜镜产地》第1025~1030页，《考古》1985年第11期。
b. 王仲殊：《"青羊"为吴郡镜工考——再论东汉、三国、西晋时期吴郡所产的铜镜》第642、643页，《考古》1986年第7期。

[61] 王仲殊：《"黄初"、"黄武"、"黄龙"纪年镜铭辞综释》第636~644页，《考古》1987年第7期。

[62] 斋藤优：《改訂・松岡古墳群》第52页（第三节《泰遠寺山古墳》），福井县松冈町教育委员会，1979年。

[63] 王仲殊：《略说杯盘舞及其时代》第82~86页，《考古通讯》1957年第3期。

[64] 樋口隆康：《古鏡》第217页，图版第八十五（171），新潮社，1979年。

[65] 罗振玉：《古镜图录》卷中，第十四页（下），罗氏景印，1916年。

[66] 梅原末治：《紹興古鏡聚英》图版第五十一，桑名文星堂出版，1939年。

[67] 王士伦：《浙江出土铜镜》图版第75，图版说明第10页，文物出版社，1987年。

[68] 西田守夫：《姫路市奧山大塚古墳出土の吳代の佛像夔鳳鏡とその「同范鏡」をめぐって》，《考古学雜誌》第73卷第1号1987年。

[69] 王仲殊：《论吴晋时期的佛像夔凤镜——为纪念夏鼐先生考古五十年而作》第636~643页，《考古》1985年第7期。

[70] 湖北省博物馆、鄂州市博物馆：《鄂城汉三国六朝铜镜》图版第78、82，图版说明第

20、21 页，文物出版社，1986 年。

[71] 李蔚然：《南京西善桥六朝墓的清理》第 58 页，图第二，《考古通讯》1958 年第 4 期。

[72] 江西省文物工作队：《江西靖江虎山西晋、南朝墓》第 538～541 页，图第六（1），《考古》1987 年第 6 期。

[73] 大塚初重、小林三郎：《古墳辞典》第 270、271 页，東京堂出版，1996 年。

[74] 后藤守一：《古鏡聚英》上篇，图版第七十三（5），六月大冢巧艺社出版，1942 年。

[75] 梅原末治：《紹興古鏡聚英》图版第七，桑名文星堂出版，1939 年。

[76] a. 王仲殊：《吴县、山阴和武昌——从铭文看三国时代吴的铜镜产地》第 1026、1027 页，《考古》1985 年第 11 期。

b. 王仲殊：《"青羊"为吴郡镜工考——再论东汉、三国、西晋时期吴郡所产的铜镜》第 643、644 页，《考古》1986 年第 7 期。

[77] 樋口隆康：《古鏡》第 182 页，新潮社，1979 年。

[78] 原田淑人：《魏志倭人傳から見た古代日中貿易》，《東亞古文化說苑》第 234 页，原田淑人先生米寿纪念会，1973 年。

[79] a. 西岛定生：《古代東アジア世界の形成》第 475 页，《中国古代国家と東アジア世界》，1983 年。

b. 森浩一：《倭人の登場》第 60 页，《日本の古代》第一卷，1985 年。

[80] 叶国庆：《古闽地考》第 77～78 页，《燕京学报》第十五期，1934 年。

（本文原载《考古》1989 年第 2 期，所述各镜的图版可在《考古》之文中查阅）

再论日本出土的景初四年铭三角缘盘龙镜

一

1986年10月8日，日本京都府福知山市教育委员会从该市东羽合广峰古坟群中的15号坟发掘出一面有"景初四年"纪年铭的三角缘盘龙镜。无独有偶，兵库县西宫市辰马考古资料馆于四天后的10月12日宣称，该馆所藏的一面"景初四年"铭三角缘盘龙镜在大小、形状、图纹和铭文等各方面都与广峰15号坟出土的三角缘盘龙镜完全相同，毫无差异。经鉴定，两者确属"同范镜"。

蒙日本国文部省邀请，我从1986年10月21日起在日本作为期两个星期的访问。10月25日、26日在奈良访问时，我见到了这两面"景初四年"纪年镜的实物。10月26日下午，我应邀在奈良国立文化财研究所作题为《吴镜师陈世所作神兽镜论考》的公开讲演，在原来的讲演稿之外，又作了补充，指出这两面新发现的"景初四年"纪年铭三角缘盘龙镜与长期以来在日本大量出土的三角缘神兽镜一样，为中国三国时代（公元220~265年）东渡的吴的工匠在日本所制作，又对镜铭的文字作考订，对铭文的含义作解说，并判定制作这两面"景初四年"铭三角缘盘龙镜的工匠陈是（即陈氏）与制作过去发现的"景初三年"铭三角缘神兽镜（一面，岛根县神原神社古坟出土）、"正始元年"铭三角缘神兽镜（三面，分别出土于群马县柴崎古坟、兵库县森尾古坟、山口县竹岛古坟，属"同范镜"）的工匠陈是为同一人。

我强调指出，"景初四年"铭三角缘盘龙镜的发现，更进一步地证实了日本出土的多达数百面的所谓"舶载"三角缘神兽镜不是中国三国时代魏朝皇帝所赐予，而是东渡的吴的工匠在日本制作的。我的最为重要的理由之一是,"景初四年"的年号实际上是不存在的。由于吴的工匠陈是远在日本作镜,不知魏朝改元之事,故在三角缘神兽镜的铭文中使用"景初三年"的纪年之后,又在次年制作的三角缘盘龙镜的铭文中使用"景初四年"的纪年。不久以后,陈是知道了魏朝已在景初三年之后改用"正始元年"的年号,所以又在新铸的三角缘神兽镜的铭文中使用"正始元年"的纪年[1]。关于在中国古代历史上根本不存在所谓"景初四年"的年号之事,我作了详细的考证,如下文之所述。

二

据《三国志·魏书》《明帝纪》和《少帝(齐王芳)纪》记载,魏明帝是在景初三年(公元239年)正月丁亥朔日(即正月初一日,其干支为丁亥)死去的,齐王芳作为皇太子,立即继位为皇帝。按照自汉武帝以来西汉、东汉和魏朝关于新皇帝嗣位的当年仍沿用先帝年号的一贯规制,齐王芳即位后仍称此年为景初三年。《三国志·魏书·三少帝(齐王芳)纪》明确记载,景初三年十二月,魏帝颁发诏书说:

> 烈祖明皇帝以正月弃背天下,臣子永惟忌日之哀,其复用夏正。虽违先帝通三统之义,斯亦礼制所由变改也。又夏正于数为得天正,其以建寅之月为正始元年正月,以建丑月为后十二月。

从这道诏书的词句,可以知道以下的事实。

由于魏明帝是在景初三年正月初一日死去的,为了表示哀悼,翌年正月初一日就不便举行新年的庆典。因此,决定在景初三年十二月之后增加一个月,称为"后十二月",以解决国家元旦庆典与先帝忌日丧礼之间的矛盾。这样,景初三年就有了两个十二月。在此前的青龙五年(公元237年)三月,魏明帝改"青龙"的年号为"景初",并采用新的《景初历》,将原来的青龙五年三月改为景初元年四月。所以,景初元年、景初二年、景初三年的月份都向前提早了一个月,景初二年、景初三年都以原来的十二月(丑月)为正月,这便是上述诏书中所说魏明帝之"通三统"。

如所周知,在中国古代的历法中,夏代为黑统,以寅月(一月)为正月,商代为白统,以丑月(十二月)为正月,周代为赤统,以子月(十一月)为正月,是谓"三统"。汉武帝太初元年(公元前104

年)行《太初历》,规定以丑月为十二月,以寅月为正月,这便是所谓"夏正"。但是,董仲舒等人主张历史循环论,认为天之道终而复始,黑、白、赤三统循环往复,而东汉《白虎通义》等书更发挥其说,故魏明帝采纳儒臣高堂隆之议而有通三统而改历法之举,乃使景初二年、景初三年皆以丑月为正月。继位的魏少帝(齐王芳)在景初三年(公元239年)十二月之后增加一个"后十二月",这就恢复了汉武帝以来以丑月为十二月的旧制,而翌年正始元年(公元240年)也就恢复了汉武帝以来以寅月为正月的定规。这便是诏书中所说的"复用夏正"。

如上所述,与常年不同,从正月到"后十二月",景初三年共有十三个月。与常年相同,从正月到十二月,正始元年共有十二个月。正始元年的正月与景初三年的"后十二月"直接相连,根本不存在所谓"景初四年"。这样,前述日本出土的二面"同范"的三角缘盘龙镜决不可能是中国魏朝皇帝赐给倭国女王卑弥呼的所谓"魏镜"。

前已述及,制作这两面"景初四年"铭三角缘盘龙镜的工匠陈是与制作"景初三年"铭、"正始元年"铭三角缘神兽镜的工匠陈是为同一人。日本出土的、多达数百面的所谓"舶载"三角缘神兽镜在中国全境皆无任何出土例,而镜的形制、纹饰则与中国三国时代江南吴地广泛流行的画像镜、神兽镜颇为相似,从而可以认定它们实为当时吴地的工匠东渡日本,在日本所制作。我曾撰作题为《景初三年镜和正始元年镜的铭文考释》和《景初三年镜和正始元年镜铭文补释》的论文,也得出了它们是三国时代吴地的工匠在日本所制作的结论[2]。

三

现在,我想再就倭国女王卑弥呼首次遣使访问中国魏朝是在景初三年而不是在景初二年的事实作详细的说明。这里,我先将中华书局出版的《三国志·魏书·东夷(倭人)传》的有关记载的原文抄录如下。

景初二年六月,倭女王遣大夫难升米等诣郡,求诣天子朝献,太守刘夏遣吏将送诣京都。其年十二月,诏书报倭女王曰:"制诏亲魏倭王卑弥呼,带方太守刘夏遣使送汝大夫难升米、次使都市牛利奉汝所献男生口四人、女生口六人、班布二匹二丈,以到。汝所在逾远,乃遣使贡献,是汝之忠孝,我甚哀汝。今以汝为亲魏倭王，假金印紫绶，装封付带方太守假授汝。其绥抚种人，勉为孝顺。汝来使难升米、牛利涉远，道路勤劳。今以难升米为率善中郎将，牛利为率善校尉，假银印青绶，引见劳赐遣还。今以绛地交龙锦五匹、绛地绉粟罽十张、蒨绛五十匹、绀青五十匹，答汝所献贡直。又特赐汝绀地句文锦三匹、细班华罽五张、白绢五十匹、金八两、五尺刀二口、铜镜百枚、真珠、铅丹各五十斤，皆装封付难升米、牛利还到录受。悉可以示汝国中人，使知国家哀汝，故郑重赐汝好物也。"

正始元年，太守弓遵遣建中校尉梯儁等奉诏书、印绶诣倭国，拜假倭王，并赍诏赐金、帛、锦、罽、刀、镜、采物，倭王因使上表答谢恩诏。其四年，倭王复遣使大夫伊声耆、掖邪狗等八人，上献生口、倭锦、绛青缣、绵衣、帛布、丹木、狣、短弓矢。

这里，首先要指出的是，如《三国志·魏书·明帝纪》所记述，景初二年春正月，魏明帝诏令司马懿率兵讨伐割据辽东的公孙渊（设在朝鲜半岛的乐浪、带方郡亦为公孙渊所占）。同年秋八月丙寅（七日），司马懿围公孙渊于襄平，大破之，并斩渊之首传送于京都（洛阳），海东诸郡（包括乐浪、带方郡）始告平定。由此可见，景初二年六月辽东及带方郡正处在战争之中，倭国使者是不可能于此时经带方郡及辽东各地前来魏朝都城洛阳的。

其次，景初二年十二月之后是景初三年，景初三年十二月（应是"后十二月"）之后才是正始元年。上述"亲魏倭王"金印及金、帛、锦、罽、刀、镜、采物等虽然是在景初二年十二月的诏书中宣布赐予的，却要经过长达一年多的时间之后，到正始元年才由带方郡新任的太守弓遵派遣梯儁等官员将它们携往倭国，向卑弥呼女王宣诏、授印、赐物，这岂不是延误时日，有违常情吗？

因此，应该认为，《三国志·魏书·东夷（倭人）传》记载中的"景初二年"实乃景初三年之误。这样，魏帝于景初三年十二月所发诏书、所授金印、所赐物品便能及时地于次年正始元年经由设在朝鲜半岛的带方郡携往倭国，这是合乎实情的。

其实，《三国志·魏书·东夷（倭人）传》中的文字属于刻印错误的，不独"景初三年"之误作"景初二年"一处。例如，对照《后汉书·东夷（倭）传》、《梁书·东夷（倭）传》、《北史·倭国传》等的记载,《魏书·东夷(倭人)传》中的"一大国"为"一支国"之误,"邪马壹国"为"邪马台(臺)国"之误,也是可以确认无疑的。此外,所记卑弥呼女王的继承者"壹与"应该是"台(臺)与"之误,这在学术界也是人所共知的。

关于以上的问题,《梁书》和《北史》的记述是很值得参照的。《梁书·东夷(倭)传》所记为"至魏景初三年,公孙渊诛后,卑弥呼始遣使朝贡,魏以为亲魏(倭)王,假金印紫绶"。《北史·倭国传》所记为"魏景初三年,公孙文懿(渊)诛后,卑弥呼始遣使朝贡,魏主假金印紫绶"(据中华书局标点本)。无待于言,《梁书》、《北史》的记述可证姚思廉、李延寿等在唐代初期参阅的《三国志·魏书·东夷(倭人)传》所记本为"景初三年"而非"景初二年"。此外,《太平御览(四夷部)》所录关于东夷倭国的史书记载称"景初三年,公孙渊死,倭女王遣大夫难升米等(自)带方郡求诣天子朝见",亦可为证[3]。

四

说到这里,我要把话题转向日本。中国唐代学者张楚金于唐高宗显庆五年(公元660年)著《翰苑》之书,虽多已散佚,却有抄本残卷遗留于日本,今藏日本九州福冈县大宰府天满宫。《宋史·艺文志》记"雍公睿注张楚金翰苑十一卷",但据日本学者考证,《翰苑》正文自不待言,其注文亦多为张楚金本人自注,雍公睿所作仅少数补注而已[4]。《翰苑》抄本注文明记卑弥呼女王遣大夫难升米等献男女生口及班布之事在景初三年,足可为以上对《三国志·魏书·东夷(倭人)传》所记卑弥呼首次遣使朝贡是在何年的考核作明证。值得称赞的是,与《三国志·魏书·东夷(倭人)传》的记载相对照,《翰苑》抄本所记倭地南渡瀚海而至之国为"一支国"(今壹岐岛)而不是"一大国",所记卑弥呼的继承者幼女王之名为"台(臺)与"而不是"壹与",与《梁书·东夷(倭)传》、《北史·倭国传》等史书的记述一致,实属难能可贵[5]。

就上述《梁书》、《北史》以及《翰苑》的有关记述看来,与公元11世纪初北宋真宗咸平六年(1003年)以降的《三国志》刻本相比,公元7世纪至8、9世纪唐代的《三国志》抄本虽亦多有误字和漏字,但至少在所述《魏书·东夷（倭人）传》中的"三"、"支"、"台（臺）"等的那几个文字的正确性上是占有优势的。《太平御览》的编辑开始于宋太宗太平兴国二年（公元977年），完成于太平兴国八年（公元983年），从而可以判断，关于东夷倭国之事，其所参照的《三国志·魏书》亦应是唐代以来的抄本。我的这一判断，也可以在日本最为有名的史书《日本书纪》的有关记述中得到佐证。

《日本书纪》编纂的完成在于日本奈良时代（公元710～784年）元正天皇的养老四年（公元720年），是日本国的第一部正史。与此后日本的其他史书多为或长或短的断代史不同，其所记述的历史上起原始的神话传说时代，下迄7世纪的所谓"飞鸟时代"，乃是一部大通史。就记述的可信程度而言，年代越早，越不可信，年代趋晚，可信程度逐渐提高。所记7世纪"飞鸟时代"历史的可信程度是相当高的，而此前6世纪的历史虽大体上可信，却犹有一定的不足之处。5世纪历史的可信程度不高，但亦有相当的可信性。至于1～3世纪的历史，则必须参照中国《后汉书》和《三国志》的有关记载，而不能相信《日本书纪》自身的记述。这里，我举《日本书纪·神功皇后纪》为例，以求说明前述关于中国魏明帝"景初"年号的问题[6]。

《日本书纪·神功皇后纪》记"（神功皇后）三十九年（己未），是年也，太岁己未"，注引《魏志》云：

  明帝景初三年六月，倭王遣大夫难升米等诣郡求诣天子朝献，太守邓夏遣使将送诣京都也。

又记"（神功皇后）四十年（庚申）"，注引《魏志》云：

  正始元年，遣建忠校尉梯儁等奉诏书、印绶诣倭国也。

又记"（神功皇后）四十三年（癸亥）"，注引《魏志》云：

  正始四年，倭王复遣使大夫伊声者、掖耶约等八人上献。

《日本书纪·神功皇后纪》将神功皇后比定为倭国女王卑弥呼，这当然是难以置信的。然而，注文所引《三国志·魏书·东夷（倭人）传》的文句虽有一些误字，但总的说来，实在是非常正确的。特别是其所引述的倭女王卑弥呼首次遣使访魏的年份在于景初三年而非景初二年，足证《日本书纪》编撰者所参照的《三国志》是7世纪至8世纪初中国唐代的抄本，这是值得称许的。如前所述，《三国志》最初的刻本是北宋咸平六年（1003年）的国子监刻本。唐代的《三国志》为抄本，而且《魏志》、《蜀志》、《吴志》三者各自为书，故《旧唐书·经籍志》以《魏志》入正史类，以《蜀志》、《吴志》入编年类。因此，《日本书纪》编撰者所参照的实为《魏志》的抄本。日本学术界称《魏志·倭人传》而不称《三国志·魏书·倭人传》，其原因或许便在于此。后述《佩文韵府》（卷二十九）所引亦称《魏志·倭人传》，可作同样的理解。

这里，我要强调指明的是，《日本书纪·神功皇后纪》所注景初三年、正始元年、正始四年的干支分别为"己未"、"庚申"、"癸亥"，更是十分准确而值得重视。这就是说，景初三年的干支纪年为己未，正始元年的干支纪年为庚申，两者紧密相连，毫无空隙，从而使得"景初四年"完全没有插足的余地，足证所谓"景初四年"实际上是不存在的。

据各种史书、文籍记述，早在上古的夏、商、西周时代，中国已有一定程度的历法，其特点在于以甲、乙、丙、丁、戊、己、庚、辛、壬、癸的十干与子、丑、寅、卯、辰、巳、午、未、申、酉、戌、亥的十二支配合而组成甲子、乙丑、丙寅乃至戊戌、辛亥等干支，每六十次为一轮，俗称六十花甲子。中国古代本以干支纪日，以后又以干支纪年月。只因夏、商、西周属年代久远的上古时代，年月难以确记，所以要到西周晚期的共和行政元年（公元前841年）才得到正确无误的记载，并确记共和行政元年的干支为庚申。显而易见，此年干支不是甲子而是庚申，可知早在共和行政元年之前，中国历法已用干支纪年月。

共和行政元年相当公元前841年，其干支为庚申，已如上述。事有凑巧，三国时代魏明帝的景初三年相当公元239年，其干支为己未，实属共和行政元年以来的第18个六十年之末，魏少帝（齐王芳）的正始元年相当公元240年，其干支为庚申，实属共和行政元年以来的第19个六十年之首，真可谓是完全相合，毫无差错。景初三年（己未）与正始元年（庚申）紧密相连，不容所谓"景初四年"之类的虚假年号插入其间[7]，已如前述。

五

以上所述总而言之，按照我的考证，日本出土的两面"景初四年"铭三角缘盘龙镜铭文中的"景初四年"的年号实际上是不存在的，故可判定两镜应与日本出土的、多达数百面的三角缘神兽镜一样，决不是中国魏朝皇帝所赐的"魏镜"，而是三国时代中国的工匠东渡日本，在日本所制作。由于三角缘神兽镜在形制、纹饰等各方面都与中国长江中下游江南地方出土的属于东汉至三国时代的画像镜和神兽镜相似，而与中原及北方地区出土的同时期的各种铜镜有异，我认定它们不是魏的工匠，而是吴的工匠在日本所制作。日本出土的三角缘神兽镜已多达数百面，而在中国和朝鲜半岛境内却绝无此种铜镜的出土例。因此，许多日本学者与我持相同的观点，主张日本出土的三角缘神兽镜不是在中国所制作，而是在日本本地制作的。"景初四年"铭三角缘盘龙镜之在日本被发现，更为三角缘神兽镜不是中国的魏镜之说增添强劲有力的证据。

值得重视的是，就在最近的数年之前，日本著名的金属考古学者新井宏根据三角缘神兽镜所含铅的同位素比率测定，确认铅出产于日本本地的铅矿，进一步从自然科学研究方面确证三角缘神兽镜不是中国的"魏镜"，而是在日本本地制作的[8]。在日本考古学界，与我持相同观点的学者们为此而感到欣喜。有的学者特地撰写文章，在称赞新井宏氏的研究成果的同时，又重新举引我所主张的关于"景初四年"铭三角缘盘龙镜绝非在中国制作的见解[9]，由此成为定论。

六

约当今年（2011年）春、夏之季，日本圣德大学名誉教授山口博经过广泛、深入的检阅、查证，指出中国史书《晋书·天文志》所记有"景初四年"之事，其事且为《佩文韵府》所引述，而《全唐文》所收王茂元《奏吐蕃交马事宜状》中则有"魏酬倭国，止于铜镜钳文"之语，从而认为"景初四年"不是虚假的年号，而三角缘神兽镜则系魏朝为交好倭国，从倭人之喜爱，专为赐予倭方而特铸，故大量出土于日本各处，而不见于中国本地。山口氏博览群书，对中国的史书文籍十分熟悉，使我深感钦佩。但是，就山口氏的论点而言，我是持反对态度的。兹将事情的要点陈述如下。

《晋书·天文志》记："景初元年七月，公孙文懿（渊）叛。二年正月，遣宣帝（司马懿）讨之。三年正月，天子（魏明帝）崩。四年三月己巳，太白与月俱加景昼见，月犯太白"（括号内的文字为我自己所加，以求读者易于理解）。毫无疑问，"四年三月己巳"是指景初四年三月己巳。

但是，必须指出，《晋书·天文志》明记天子（魏明帝）死于景初三年正月。这样，按照汉武帝以来历代皇帝死去以后的翌年必须改元（改年号）的定规，编撰者当然知道所谓"景初四年"是不存在的。所以，可以认为，所记"（景初）四年三月"实乃正始元年三月之误。特别是所记月日为"三月己巳"，更能说明问题。查正始元年三月朔日干支为庚戌，"三月己巳"即是三月二十日，正与《晋书·天文志》所记"四年三月己巳"符合，足证"（景初）四年"为正始元年之误。

《晋书》为唐初房玄龄等于贞观十八年至二十年间（公元644~646年）编撰而成，其中《天文志》的撰作虽有著名天文学者李淳风参与，其在纪年的细节上出现差错，也是可以理解的。如若彼等能与前述《日本书纪·神功皇后纪》的编撰者一样，仔细参阅当时《（三国志）魏志》的抄本，这种差错想必是可避免的。

山口博氏又以《佩文韵府》（卷五十三《影》）所引《晋书·天文志》的记述亦作"景初四年三月己巳"云云为佐证，认为"景初四年"的年号是真实可信的。但是，如所周知，《佩文韵府》为中国清代康熙（1662~1722年）年间刊行的辞书，所据资料系由其他"类书"（辑录各门类的资料，加以编排，以便检查、引证的工具书）辗转抄录，错误甚多。其中卷二十九（《缣》）所引述的《魏志·倭人传》文句为"景初四年倭王遣使上献生口、倭锦、绛青缣、绵衣、帛布"云云，竟将《魏志·倭人传》中的"正始四年"误作"景初四年"，实属误谬之极，便是一例。要之，《佩文韵府》所引《晋书·天文志》和所引《魏志·倭人传》中的"景初四年"是不足以为《晋书·天文志》原文中的"景初四年"掩盖差错，更不足以提高其可信度的。

山口博氏认为日本出土的两面"景初四年"铭三角缘盘龙镜与以"景初三年"铭、"正始元年"铭三角缘神兽镜为首的数百面所谓"舶载"三角缘神兽镜一样，是中国魏朝皇帝为赐赠倭国女王卑弥呼而特铸的，所持最为重要的证据在于清嘉庆十九年（1814年）董诰、徐松等编集的《全唐文》（卷六百八十四）所收唐文宗（公元827~840年）时王茂元《奏吐蕃交马事宜状》中有"昔魏酬倭国，止于铜镜钳文"的这一非同寻常的词句。山口氏以为"钳"乃颈枷、脚镣之类的刑具，进而主张"钳文"是指深为倭人所厌恶的铜镜铭文,"止于铜镜钳文"则是说魏朝方面为求通好倭国,停止使用此种不祥铭文而特铸新式的铜镜以赠。这可谓是山口博氏的一大发明,引起群众的注意[10]。

但是,对于山口氏的上述见解,我是坚决反对的。首先,应该指出,"止于铜镜钳文"句中的"止于"二字之意为"仅限"、"只有",不是指停止、废止,而在中国自古至今的任何书籍、文章中皆无所谓"钳文"之词,故不可视"钳文"为倭人所憎恶的铜镜铭文。其实,"止于"二字指"仅限"、"只有",与下句"汉遗单于,不过犀毗、绮袷"中的"不过"二字意义相似,"钳文"则为"绀文"之误,而"绀文"实指《魏志·倭人传》所记"绀地句文锦"之类。因此,与"不过犀毗、绮袷"之句一样,"止于铜镜绀文"之句应加顿号而为"止于铜镜、绀文"。

要之,王茂元在《奏吐蕃交马事宜状》中主张大唐朝廷为安抚吐蕃,须行怀柔政策,应吐蕃之要求而送交许多马匹,诚属"容养甚宏"、"赐赍非薄"之举措。与此相比,昔年魏朝之酬赏倭国,仅限于铜镜及绀地句文锦之类(见《魏志·倭人传》),汉朝之赠送匈奴单于,不过是黄金带钩和丝绸衣服等品物(见《汉书·匈奴传》)而已。从奏状中的语调看来,王茂元举"魏酬倭国"及"汉遗单于"之事,非属高度称赞,却稍含贬抑之意,不可据此以为魏朝曾特铸铜镜以赐倭国。

顺便言及,山口博氏怀疑"汉遗单于"的"遗"字或为"遣"字之笔误。其实,"遗"字一般读音为"yi",如云遗留、遗传、遗失等等。此处"遗"字读音为"wei",意为赠与、送给,实非"遣"字之误写。

附记: 我于2011年9月阅日本报纸,得知日本圣德大学名誉教授山口博先生发表关于"景初四年"纪年问题的论说,引起读者重视,乃于11月下旬发电传信件致日本九州大学名誉教授西谷正先生,敬请惠送山口先生论说的相关文件,以供拜读。西谷先生接信后,立即与山口先生商议,由山口先生就论说要旨写成简明文件,交西谷先生邮送于我,使我深为感激,特此敬表谢忱。拙稿若有错误之处,亦请山口先生、西谷先生教正。

2011年12月20日

注　释

[1] 王仲殊：《论日本出土的景初四年铭三角缘盘龙镜》，《考古》1987 年第 3 期。
[2] a. 王仲殊：《景初三年镜和正始元年镜的铭文考释》，《考古》1984 年第 12 期。
　　　b. 王仲殊：《景初三年镜和正始元年镜铭文补释》，《考古》1985 年第 3 期。
[3] 王仲殊：《三国志·魏书·东夷（倭人）传中的"景初二年"为"景初三年"之误》，《考古》2006 年第 4 期。
[4] 汤浅幸孙：《翰苑校释》，国书刊行会，1983 年。
[5] 王仲殊：《从中日两国文献资料看古代倭的国名及其他有关问题》，《中日两国考古学·古代史论文集》，科学出版社，2005 年。
[6] 《日本书纪》（前篇）卷第九氣長足姬尊·神功皇后，《国史大系》普及版，吉川弘文馆，1981 年。
[7] 陈垣：《二十史朔闰表》（魏·蜀·吴），古籍出版社，1956 年。
[8] a. 新井宏：《鉛同位体比から見て三角縁神獣鏡は非魏鏡》，《東アジアの古代文化》第 129 号，大和书房，2006 年。
　　　b. 新井宏：《理系の視点からみた〈考古学〉の論争点》第一章《三角縁神獣鏡は魏鏡か》，大和书房，2007 年。
[9] 奥野正男：《三角縁神獣鏡の製作地論争·私見》，《東アジアの古代文化》第 137 号，大和书房，2009 年。
[10] 山口博：《（コラム）魏は倭国のために銅鏡を特注したか》，《環濠を構え石窟に住む神，イツノヲハバリ》第 52 頁前編，《聖德大学言語文化研究所論叢》第 18，2011 年。

（本文原载《考古》2012 年第 6 期）

论日本巨大古坟箸墓所葬何人的问题

——是卑弥呼抑或是台与

箸墓古坟（"箸墓"为墓的名称，"古坟"为墓的性质，两者相连而称"箸墓古坟"，这是日本考古学上的常称）坐落在日本奈良盆地东南部，规模巨大。《日本书纪》崇神天皇十年九月条记箸墓为孝灵天皇皇女倭迹迹日百袭姬所葬的"大市墓"，其筑造是"昼为人所作，夜为神所作；从大坂山到墓的所在地，人民列长队用手传送石块，以筑此墓"[1]。据检察，箸墓的葺石（坟丘所铺石块）或许采自近处的初瀬川，而墓室石材属斑晶为橄榄石、辉石的玄武岩，可推定产自大阪府柏原市国分的芝山，与《日本书纪》所记神话传说相符合[2]。

按照坟丘的形状、构筑的规制以及坟丘近旁出土土器（日本称软质陶器为"土器"）的型式，特别是所谓"特殊器台形埴轮"（"埴轮"为陶制明器，有许多不同的种类和形状）之类的性质，箸墓被认定为最初的定型化的"前方后圆坟"[3]（日本古坟时代流行的最主要的一种古坟，因坟丘的形状而定名）。大约从20世纪50年代以来，日本考古学界普遍认为箸墓的筑造年代在公元4世纪初，这基本上也就是日本"古坟时代"开始的年代。例如，20世纪80年代初，日本著名考古学、古代史学者们在其共同编著的《埋没了的邪马台国之谜》一书中主张古坟时代的上限不能超越至3世纪末，而箸墓的筑造年代应在4世纪前期[4]，这可看作是代表当时日本学术界的占主流的见解。

至少自20世纪20年代以降，信奉邪马台国畿内说（日本的"畿内"指奈良、大阪、京都一带）的研究者即有将箸墓比定为卑弥呼之墓的。1966年在箸墓的坟丘发现所谓"特殊器台形埴轮"，乃使箸墓的筑造年代有上溯至3世纪中叶的可能性，以致推定箸墓所葬为卑弥呼的研究者人数有增，却不足以改变当时日本学术界以认为古坟时代开始于3世纪末、4世纪初的见解为主流的大局。

然而，最近10余年来，日本研究者中多有主张应将日本古坟时代开始的年代提早到3世纪后期乃至中期的。于是，作为最初的定型化的前方后圆坟，箸墓的筑造年代亦被提早到3世纪后期乃至中期，有的学者则重新推定箸墓所葬为卑弥呼。随着古坟时代开始的年代应提早到3世纪后期至中期的呼声越来越高的态势发展，主张箸墓所葬为卑弥呼的研究者人数进一步增多，白石太一郎氏则是其中最具代表性的学者之一[5]。

据《魏志·倭人传》（日本学术界称中国《三国志·魏书·东夷传·倭人》为《魏志·倭人传》，笔者在讲演中按日本通例而用此称）记载，卑弥呼为公元3世纪前期的倭国女王，以邪马台国为其都邑所在。长期以来，日本学术界乃至社会各界有关人士多称卑弥呼为邪马台国女王。《魏志·倭人传》记中国魏少帝（齐王芳）正始八年或九年（公元247年或248年）卑弥呼死，立即造墓、埋葬[6]。这样，箸墓若为卑弥呼之墓，其筑造年代应在公元250年之前。要之，要认定箸墓所葬为卑弥呼女王，首先必须确认《魏志·倭人传》所记邪马台国的地理位置在畿内。

但是，如所周知，早从18世纪日本江户时代中期著名学者新井白石、本居宣长提出邪马台国地理位置在大和的"畿内说"与在筑紫的"九州说"以来，关于邪马台国所在地问题就存在着"九州说"、"畿内说"两者的对立。进入20世纪以后，京都大学教授内藤虎次郎与东京大学教授白鸟库吉各自主张畿内说、九州说，激烈争论，延续至今，已近百年之久，仍然丝毫不见有终结的趋向。1988～1989年，九州佐贺县吉野里遗址的发掘调查处于高潮而获得显著成果之时，本来信奉畿内说的研究者中不无转而改奉九州说的。一般说来，在日本学术界，考古学者以坚持畿内说为主，文献史学者则多倾向于认同九州说。在此种情况下，主张箸墓所葬为卑弥呼女王的见解至少不为信奉九州说的许多学者所接受。

这里，我要着重指出，自1999年至2000年，日本学者大和岩雄连续发表《中国文献所见的邪马台国·女王国》[7]、《从考古资料看三世纪的王都》[8]、《关于箸墓古坟的所葬者》[9]等重要的论文。大和氏广泛参阅中国各种古代文献,仔细核对,详加考证,提出了许多值得重视的新见解。其中,最引人注目之点是,大和岩雄氏主张《魏志·倭人传》中的"女王国"在九州,为女王卑弥呼的都邑所在,邪马台国在畿内,为卑弥呼的继承者台与女王的都邑所在〔《魏志·倭人传》记"邪马台国"为"邪马壹国",记卑弥呼继承者之名为"壹与",但从其他史书、文籍的记载看来,"壹"字为"台"(臺)字之误,至今已成学术界之通识〕。大和岩雄氏认为:卑弥呼女王为了加紧与中国魏王朝交往,置其都邑于九州北部,使中国与倭国双方使节往来便捷,两国政治关系密切;魏王朝册封卑弥呼为"亲魏倭王",可谓名符其实,十分恰当。然而,女王台与继位后,因魏王朝势力衰退,无须继续重视"亲魏倭王"的名号,尤其是与狗奴国交战之后,要向东海(指日本本州伊势湾以东的东海道地区)、东国(主要指日本本州的关东地区)方面扩充势力,所以台与女王自九州北部迁都至畿内的邪马台国。这样,按照大和氏的新说,坐落在畿内地区奈良盆地东南部的箸墓古坟所葬不可能是卑弥呼女王,而应该是迁都至邪马台国的台与女王。

与上述大和岩雄氏所倡"女王国"是卑弥呼女王的都邑,邪马台国是台与女王的都邑,两者地点分别在九州、畿内,不可混而为一之说不同,日本著名文献史学者西岛定生氏则于20世纪90年代初在其《倭国之出现——东亚细亚世界中的日本》一书(第一部《倭国之出现——伊都国·邪马台国与倭国》)中指出,《魏志·倭人传》中言及"女王国"计5次之多,每次所指皆为邪马台国,而邪马台国所在地只能是一处[10]。要之,按照西岛定生先生的论证,《魏志·倭人传》中的"女王国"即为邪马台国,是倭国女王卑弥呼的都邑之所在。

西岛定生先生主张《后汉书·倭传》(日本学术界称中国《后汉书·东夷列传·倭》为《后汉书·倭传》)所记倭国王帅升(等)为九州北部的伊都国之王,而称《魏志·倭人传》中的邪马台国为再生的倭国的都邑之所在,但对邪马台国的地理位置在何处的问题则不作明确的判定。西岛定生先生参照当时日本考古学界的研究成果,指出奈良县缠向石冢与福冈市那珂八幡古坟坟型相似,前者为畿内地区前方后圆坟定型化之前不久的"坟丘墓",后者为九州北部最古的"古坟",两者的筑造年代皆属公元3世纪,后者的坟型受前者的规制,从而说明这一时期倭国的政治中心地与其规制所及的地区可比定为大和(畿内)与九州北部[11]。西岛定生先生态度慎重，言论多留余地，其对邪马台国所在地的看法似乎是介乎九州说、畿内说两者之间。其实，从西岛先生的论述看来，纵使邪马台国在畿内，作为定型化前方后圆坟的箸墓亦非卑弥呼所葬之墓。

关于《后汉书·倭传》所记倭国王帅升等（日本学者多认为倭国王之名为"帅升"，"等"字为表示复数的助词，与此不同，笔者主张"帅升等"三字为倭国王一人之名）及《魏志·倭人传》所记倭女王卑弥呼（西岛先生主张卑弥呼为倭王，而不是邪马台国之王；笔者认为卑弥呼是倭王，又是邪马台国之王）之事，我与西岛定生先生在若干问题上的意见有所分歧[12]。但是，与西岛先生一样，我确认《魏志·倭人传》中的"女王国"无疑是指邪马台国。我认为，卑弥呼是倭女王，这是无待于言的，然而，必须认定，卑弥呼也是邪马台国的女王。长期以来，日本学术界乃至社会各界人士皆称卑弥呼为邪马台国的女王，实在没有任何不当之处。正是因为卑弥呼是邪马台国的女王，邪马台国才得以被称为"女王国"。卑弥呼作为倭王，统治着倭地除狗奴国之外的二十九国，境域广阔，故卑弥呼居留的邪马台国可视为"女王之所都"，但邪马台国却不是因其为卑弥呼之所都而被称为"女王国"的。

福冈市志贺岛出土的金印可证奴国早已有王[13]，《魏志·倭人传》明记伊都国世世有王[14]。这样，邪马台国当然亦应有本国之王。据《魏志·倭人传》记载，邪马台国人口7万余户，是倭地诸国中最大的一国。卑弥呼女王以邪马台国为根本之地，由此扩展势力，乃得统制倭国广大地区而成为大倭王（《后汉书·倭传》记载中有"其大倭王居邪马台国"之语[15]）。与此前以帅升等为王的倭国相比，卑弥呼为倭王时的倭国势力大增，面貌一新，故如西岛定生先生所言，邪马台国出身的卑弥呼是再生的倭国之女王[16]。

关于邪马台国的所在地问题，我充分尊重主张九州说与主张畿内说的双方学者的意见。特别是作为中国人，我不想卷入日本学术界由来已久的两说之间的激烈争论。但是，或许是因为我主要是研究考古学的，所以在邪马台国所在地的问题上我更倾向于采取畿内说。如前所述，我主张倭女王卑弥呼实际上也是邪马台国的女王，因而使我不先入为主地排除坐落在奈良盆地东南部的箸墓古坟所葬为卑弥呼的可能性。但是，经过仔细考量，我坚信箸墓所葬不是卑弥呼女王。

箸墓为后圆部直径约155米，前方部长约125米，全长约280米的规模巨大的前方后圆坟。据《魏志·倭人传》记述，卑弥呼之墓为"径百余步"的大冢[17]。按当时中国六尺为一步，一尺合今约24厘米计算，"径百余步"合今约150米，与箸墓后圆部的直径约略相等。因此，有的研究者认为《魏志·倭人传》所记"径百余步"是指箸墓的后圆部，从而产生了作为前方后圆坟的箸墓古坟是先筑后圆部，以后再筑前方部的说法。然而，经1998年奈良县樱井市教育委员会的实地勘察，证实了箸墓的坟丘最初便是按前方后圆坟的整体形状设计、构筑，前方部与后圆部是同时筑成的[18]。所以，从《魏志·倭人传》所记"径百余步"看来，卑弥呼之墓应该是一座圆坟，而不是属于前方后圆坟的箸墓[19]。以上事项皆经大和岩雄氏在其论文中详细叙明，实属无可争辩。

如大和氏所说，更为重要的问题是，据日本研究者估计，箸墓坟丘积土总量达30万立方米，必须动用大量人力劳动，至少须经10年之久才可筑造完毕，有的研究者甚至认为需要20余年的更长时期方能造成。"昼为人所作，夜为神所作"之语虽属神话传说，却反映了作为前方后圆坟的箸墓古坟规模之宏伟，营造工程之艰巨。《魏志·倭人传》记卑弥呼死于魏少帝（齐王芳）正始八年或九年（公元247年或248年），这样，按照上述的估算，从此年开始造墓，要到公元260年乃至280年前后才能造就。然而，《魏志·倭人传》明记中国魏王朝带方郡官员张政受遣在邪马台国执行公务，滞留未归，亲自在当地耳闻目睹卑弥呼死亡及筑墓、埋葬之事，证实自死亡至埋葬为时不过1~2年，足见其墓构造粗简，规格不高[20]。可以说，此乃否定箸墓所葬为卑弥呼的最为有力的证据。

此外，我想补充一点意见，那就是据《魏志·倭人传》记载，卑弥呼死于与敌国狗奴国交战期间，当时倭国形势动荡，政局不稳，若谓国人于其时为卑弥呼营造如箸墓古坟那样巨大的定型化的前方后圆坟，实在是难以想象的。

1998年12月，我出席在日本群马县前桥市举行的亚洲史学会第8次研究大会，作题为"从中国看日本古代东国的成立"的讲演，并与白石太一郎氏等日本学者及韩国学者一同参加讨论。在论及箸墓所葬为何人的问题时，白石太一郎氏强调箸墓所葬为卑弥呼女王的盖然性甚高。与此相反，我则认为卑弥呼的继承者台与女王葬于箸墓的可能性最大[21]。据《魏志·倭人传》记载，卑弥呼死后，其宗女13岁的台与成为邪马台国的新女王，从而亦是新的倭国王。《晋书·武帝纪》记泰始二年（公元266年）十一月"倭人来献方物"[22]，《晋书·东夷（倭人）传》记"泰始初，遣使重译入贡"[23]，《日本书纪·神功皇后纪》引《晋起居注》则记"倭女王遣使重译贡献"[24]，可知此时的倭王为年方31岁的台与女王。若台与在位至50岁而亡，其时约当3世纪80年代中叶。要之，判定箸墓筑成于3世纪后期，墓内所葬为台与女王的可能性确实是很大的。

在当时与白石太一郎氏等的讨论中，我指明《魏志·倭人传》记狗奴国在邪马台国之南是不正确的。我以《后汉书·倭传》所记"自女王国东渡海千余里，至拘（狗）奴国"为根据[25]，强调邪马台国的地理位置在畿内，与卑弥呼敌对的狗奴国必然是在伊势湾以东的爱知、静冈、长野、山梨县一带，而伊势湾实为女王卑弥呼境界之所尽[26]。据《魏志·倭人传》记载，卑弥呼在与狗奴国交战期间死亡。可以推想，台与继位后，选择适当的时机向狗奴国发起攻击，乃使倭国的境域向东扩展，促进古代东国的成立。与卑弥呼统治时期相比，台与女王统治的倭国在政治、经济等各方面的实力大为增长。这样，台与作为新的强大倭国的女王，死后葬在规模宏伟、型式标新的箸墓古坟，可以说是十分合乎情理的。

据检察，箸墓古坟前方部坟丘的边缘处及周围壕沟底部的土砂中出土的土器属所谓"布留0式"土器（日本考古学上的"布留式"土器以奈良县天理市布留遗址的出土例为标式，布留0式土器的年代相当公元3世纪后半，即公元250~300年）。在日本考古学界，虽有主张布留0式土器的开始使用可上溯至3世纪中叶的250年代的，但更为合理的见解则是此式土器流行于3世纪中叶至末年，而3世纪后期的280年代应是最为盛行的时期[27]。因此，从考古器物型式学（土器的分期、断代）的立场出发，亦可判定箸墓古坟所葬以系台与女王的可能性为最大。

按照《日本书纪》所记的神话传说，箸墓所葬倭迹迹日百袭姬为孝灵天皇的皇女，又是大三轮之神即大物主神的神妻[28]，作为女性，其高贵的身份、神秘的性格与《魏志·倭人传》所记"事鬼道，能惑众"的卑弥呼女王有相似之处，此乃日本学术界的共识。然而，台与为卑弥呼之宗女，以13岁的幼年继承王位，长期主政，正说明其与卑弥呼一样，也是具有"巫女"性质的女王。总之，箸墓所葬之人为女性，身份高贵，善于巫术，这是卑弥呼、台与两者共同具备的条件，而不限于卑弥呼一人。

从邪马台国畿内说的立场出发而论，3世纪前期卑弥呼在位期间的倭国虽以畿内的邪马台国为都邑之所在，却主要是加强其以九州北部为重点的西日本地区的统治力，特别是通过朝鲜半岛与中国的魏王朝密切交往，建立亲密的政治关系，而3世纪后半台与女王在位期间的倭国则除继续巩固其在西日本地区的统治以外，还开始转而自邪马台国往东，向从来未曾纳入其统治范围的伊势湾以东的"东海"、"东国"地区扩充新的领域，增强国力。这在日本古代史上的重大意义是无与伦比的。

我认为，上述以卑弥呼、台与分别为王的两个时期倭国局势的转变，其关键在于以邪马台国为都邑的倭国与狗奴国之间的战事。不言而喻，狗奴国的领地主要是在以台与为倭王之时开始纳入倭国版图的。台与女王的业绩与卑弥呼女王的业绩相比，可谓有过之而无不及。据中国史书《梁书·东夷（倭）传》[29]、《北史·倭国传》[30]记载，台与女王死后，倭国随即改以男子为王。这便是我所思考的大约开始于4世纪初的所谓"大和政权"的成立，而3世纪后期以畿内邪马台国为都邑的台与女王则为其国的统治向"大和政权"转换准备了充分的条件[31]。

附记：以上基本上是1998年12月笔者在日本群马县前桥市举行的亚洲史学会第8次研究大会上讲演、讨论发言时所作的结论。时隔8年，笔者仍然坚持上述结论而不变。

注　释

[1]　《日本书纪》卷第五前篇第163~166页，崇神天皇十年（癸巳）九月壬子条，《国史大系》，吉川弘文馆，1981年。

[2]　大塚初重等：《日本古代遗跡事典》第555页奈良县·箸墓古坟，吉川弘文馆，1995年。

[3]　大塚初重：《前方後円墳と大和政权》第5~7页箸墓古坟，《東国の古坟と大和政權》，吉川弘文馆，2002年。

[4] 上田正昭、田边昭三：《埋もれた邪馬台国の謎》第120～121页，《箸墓古墳と卑弥呼》，旺文社，1981年。

[5] 白石太一郎：《最初の前方後円墳——箸墓古墳》第44～46、60～64页，《箸墓は卑弥呼の墓か》，《古墳とヤマト政權》，文艺春秋，1999年。

[6] 《三国志》卷第三十第854～858页，《魏书》东夷（倭人）传第三十，中华书局，1962年。

[7] 大和岩雄：《中国文献にみる邪馬台国・女王国》第164～183页，《東アジアの古代文化》第101号，大和書房，1999年11月。

[8] 大和岩雄：《考古资料からみた三世紀の王都》第152～181页，《東アジアの古代文化》第102号，大和書房，2000年1月。

[9] 大和岩雄：《箸墓古墳の被葬者をめぐつて》第136～157页，《東アジアの古代文化》第103号，大和書房，2000年5月。

[10] 西岛定生：《倭国の出現——東アジア世界のなかの日本》第4、5、38页，东京大学出版会，1999年。

[11] 西岛定生：《倭国の出現——東アジア世界のなかの日本》第38页，东京大学出版会，1999年。

[12] 王仲殊：《中日两国の文献资料からみた古代倭の国名とそれに關する諸問題》第76～99页，《東アジアの古代文化》第92号，大和書房，1997年8月。

[13] 王仲殊：《漢委奴国王の金印》第13～15页，《中国からみた古代日本》，学生社，1992年。

[14] 《三国志》卷第三十第854页，《魏书》东夷（倭人）传第三十，中华书局，1962年。

[15] 《后汉书》卷第八十五第2820～2822页，东夷（倭）列传第七十五，中华书局，1973年。

[16] 西岛定生：《倭国の出現——東アジア世界のなかの日本》第39页，东京大学出版会，1999年。

[17] 《三国志》卷第三十第858页，《魏书》东夷（倭人）传第三十，中华书局，1962年。

[18] 大和岩雄：《箸墓古墳の被葬者をめぐつて》第137～139页，《東アジアの古代文化》第103号，大和書房，2000年5月。

[19] 大和岩雄：《箸墓古墳の被葬者をめぐつて》第155、156页，《東アジアの古代文化》第103号，大和書房，2000年5月。

[20] 大和岩雄：《箸墓古墳の被葬者をめぐつて》第141、142、156页，《東アジアの古代文化》第103号，大和書房，2000年5月。

[21] 群马县教育委员会、上毛新闻社、亚洲史学会：《東アジアから見た古代の東国》第91～95页，上毛新闻社，1999年3月。

[22] 《晋书》卷第三第55页，帝纪第三，中华书局，1974年。

[23] 《晋书》卷第九十七第2536页，东夷（倭人）列传第六十七，中华书局，1974年。

[24] 《日本书纪》卷第九前篇第264页，神功皇后六十六年条，《国史大系》，吉川弘文馆，1981年。

[25] 《后汉书》卷第八十五第 2822 页，东夷（倭）列传第七十五，中华书局，1973 年。
[26] 群马县教育委员会、上毛新闻社、亚洲史学会：《東アジアから見た古代の東国》第 91~92 页，上毛新闻社，1999 年 3 月。
[27] 大和岩雄：《箸墓古墳の被葬者をめぐつて》第 148、155、156 页，《東アジアの古代文化》第 103 号，大和书房，2000 年 5 月。
[28] 《日本书纪》卷第五前篇第 156 页，崇神天皇十年（癸巳）九月壬子条，《国史大系》，吉川弘文馆，1981 年。
[29] 《梁书》卷第五十四第 806、807 页，列传第四十八，中华书局，1973 年。
[30] 《北史》卷第九十四第 3135~3137 页，列传第八十二，中华书局，1974 年。
[31] 群马县教育委员会、上毛新闻社、亚洲史学会：《東アジアから見た古代の東国》第 91~95 页，上毛新闻社，1999 年 3 月。

（本文原载《考古》2007 年第 8 期）

论所谓"倭面土国"之存在与否

1990年9月我完成了《从中国看古代日本》一书的原稿，1992年11月在日本出版。在此书第一章第一节中，我指出所谓"倭面土国"在历史上是不存在的[1]。1990年年末以来，日本东京大学名誉教授西岛定生发表了《倭面土国出典考》等多篇论文，对有关"倭面土国"的问题作了十分详细的考证[2]。西岛先生在论文中不明确否定"倭面土国"的存在[3]，但他的考证却给我以启发，使我更加坚信所谓"倭面土国"其实是不存在的。

本文是在西岛先生考证的基础上，引证若干别的史料，就所谓"倭面土国"的问题作分析，以求进一步阐明我的观点。

一

日本学术界普遍认为，在公元1世纪、2世纪的中国东汉时代，日本有所谓"倭面土国"，其国王"师升（等）"于汉安帝永初元年（公元107年）遣使向中国皇帝献"生口"（指奴隶，下同）。对"倭面土国"的解释虽各有不同，日本学者多以为"面土国"是《后汉书·东夷传》和《三国志·魏书·东夷传》所记倭地使译所通三十国中的一国。日本宫内厅书陵部所藏北宋刊本的《通典》在其第185卷《边防·东夷·倭》的条目中有"（汉）安帝永初元年，倭面土国王师升等献生口"的记载，这便是谓"倭面土国"的主要出典[4]。

但是，范晔《后汉书》关于汉安帝永初元年倭的朝贡奉献之事的记载则与北宋刊本的《通典》相异。《后汉书·安帝纪》所记为"永初元年冬十月，倭国遣使奉献"；《后汉书·东夷传》所记为"安帝永初元年，倭国王帅升等献生口百六十人，愿请见"[5]。要之，根据《后汉书》的记载，汉安帝永初元年遣使奉献的是"倭国"而不是"倭面土国"，帅升等是"倭国王"而不是"倭面土国王"。

应该指出，以上所引《后汉书》的记载，其字句在《仁寿本二十五史》所收南宋福唐郡庠重刊北宋淳化监本、《百衲本二十四史》所收南宋绍兴刊本、（日本）米泽市上杉家旧藏南宋庆元四年刊本、吴兴刘氏嘉业堂旧藏南宋嘉定元年刊本等各种宋刊本的《后汉书》中都完全相同，毫无差异，这已经为西岛定先生的反复检阅、查考所证实。

如所周知，《后汉书》为南朝宋范晔所撰，成书于5世纪中叶偏前；《通典》为唐杜佑所撰，成书于8世纪末年或9世纪初期。两书记载有异，自应以《后汉书》为准，这本来是无待于言的。

但是，日本九州太宰府天满宫所藏唐张楚金撰《翰苑》的抄本残卷中有"后汉书曰，安帝永初元年，有倭面上国王师升至"之语，日本学者多疑"上"字为"土"字之误，从而使"倭面土国"的最初出典由唐代后期的杜佑《通典》上推到唐代前期的张楚金《翰苑》，又转而上推到唐代以前的所谓古本《后汉书》，乃使问题趋于复杂化[6]。

其实，太宰府天满宫所藏《翰苑》残卷关于汉安帝永初元年倭的朝贡奉献的记述不止一处，而有两处[7]。称为天下孤本的天满宫《翰苑》残卷为日本平安时代（公元794~1992年）的抄本，误字、漏字甚多。为了使读者易于了解，我改正误字，并在括号中添补漏字，举引如下：

第一处记述以"卑弥妖惑，翻叶群情，台与幼齿，方谐众望"为标题，其文句为"后汉书曰，安帝永初元年，有倭面上国王师升至。桓灵之间，倭国大乱，更相攻伐，历年无主。有一女子，名曰卑弥呼。死，更立男王。国中不服，更相诛杀。复立卑弥呼宗女台与年十三为王，国中遂定"。

第二处记述以"中元之际，紫绶之荣"为标题，其文句为"后汉书（曰），光武中元二（年），倭国奉贡朝贺，使人自称大夫，光武赐以印绶。安帝（永）初元年，倭王师升等献生口百六十"。

十分明显，第二处记述与前述宋代以来各种刊本的《后汉书》的记载基本上是相同的，故可信其确实为引自《后汉书》。但是，从标题和文句内容看来，第一处记述在年代上延至三国时代魏少帝（齐王芳）的正始八年（公元274年），距东汉王朝彻底消亡近30年之久，故根本不能信其为引自《后汉书》。因此，西岛定生先生在经过详细论证之后，坚决否定了所谓唐代以前的古本《后汉书》中有关于"倭面上国"或"倭面土国"的记述之说[8]。对于西岛先生的卓识，我是完全赞成的。

但是，由于日本九州太宰府天满宫所藏《翰苑》抄本残卷中确有"倭面上国"之词的存在，所以不能不将所谓"倭面上国"或"倭面土国"的最初出典由《通典》上推到《翰苑》。经查考，唐张楚金撰《翰苑》的年代约当7世纪60年代，在时间上比杜佑撰《通典》早出约140余年。

二

如西岛定生先生所指出，《册府元龟》在其第968卷《外臣部·朝贡》中记"（后汉安帝永初元年）十月，倭国王师升等遣使奉献（生）口百六十，愿请见"，《玉海》在其第152卷《朝贡·外夷来朝》中记"安帝永初元年，倭国王帅升等遣使奉献"，这在一定程度上为范晔《后汉书》关于汉安帝永初元年遣使奉献者为"倭国王"而非"倭面上国王"或"倭面土国王"的记载提供了佐证。但是，如前所述，唐张楚金《翰苑》成书于7世纪60年代，唐杜佑《通典》成书于8世纪末或9世纪初年，而北宋王钦若等所辑《册府元龟》和南宋王应麟所辑《玉海》则分别成书于11世纪初期和13世纪后期。因此，在《翰苑》、《通典》与《后汉书》记载相异的问题上，不能过多地依靠《册府元龟》和《玉海》等书的记述以判断其孰是孰非。

但是，发人深省的是，西岛定生先生在有关的各论文中有力地指出，东晋袁宏（公元328~376年）所著《后汉纪》在其第160卷"安帝永初元年十月"条中亦记"倭国遣使奉献"，这是十分值得重视的[9]。要之，成书于4世纪中后期的袁宏《后汉纪》与范晔《后汉书·安帝纪》一样，明记汉安帝永初元年遣使奉献的是"倭国"，而不是"倭面上国"或"倭面土国"。可以说，上述袁宏《后汉纪》的此条文句充分说明了范晔《后汉书》的记载是可靠的，而张楚金《翰苑》和杜佑《通典》的记述则不能不令人怀疑。

我要补充论证的是，《隋书》和《北史》的有关记载亦足以否定

《翰苑》、《通典》所记"倭面上国"或"倭面土国"之类的真实性。《隋书·东夷传》和《北史·东夷传》都说："倭国在百济、新罗东南，……汉光武时，遣使入朝，自称大夫。安帝时，又遣使朝贡，谓之倭奴国"[10]。两书《东夷传》说汉安帝时遣使朝贡的是"倭奴国"（《北史·东夷传》的记述应是沿用《隋书·东夷传》的原文），虽有不确切之嫌，但"倭奴国"不同于"倭面上国"或"倭面土国"，则是显而易见的。如所周知，《隋书》为唐魏徵等所撰，成书于7世纪30年代，《北史》为唐李延寿所撰，成书于7世纪中叶偏前，两者的成书年代不仅早于杜佑的《通典》，而且亦稍早于张楚金的《翰苑》。于是，可以断言，直至7世纪中叶偏前的唐代初期，在张楚金撰《翰苑》之前，所谓"倭面上国"或"倭面土国"仍未在中国的史书记载中出现。

这里，为了使问题进一步明朗化，我想就上述《隋书》、《北史》所记的"倭奴国"作简略的解释。如所周知，"倭奴国"的最初出典在于范晔的《后汉书》。该书《光武帝纪》说"中元二年春正月，东夷倭奴国王遣使奉献"；《东夷传》说"建武中元二年，倭奴国奉贡朝贺，使人自称大夫，倭国之极南界也，光武赐以印绶"。由于古代汉语缺乏详细、明确的标点符号，《后汉书》所记"倭奴国"的"倭奴"二字在学者们的心目中往往相连而成为一个单一的国名，至今犹然。但是，近代日本学术界对照《三国志·魏书·东夷传》所举倭地三十国的国名，确认上述《后汉书》中的"倭奴国"是指倭地三十国中的一国，其国名为"奴国"。要之，范晔在《后汉书》中所记"倭奴国"其实是指"倭之奴国"。1784年在今日本福冈市志贺岛发现了刻有"汉委奴国王"（应理解为"汉·倭·奴国王"）五字的金印，证实了《后汉书·东夷传》关于光武帝赐印绶的记载是十分正确的，而金印在志贺岛出土则又证明了"奴国"地处今日本九州福冈县境内。由于《三国志·魏书·东夷传》记倭地有二奴国，所以我在下文分别称之为"奴国（A）"和"奴国（B）"以示区别，而《后汉书》中的"奴国"则指"奴国（A）"[11]。

但是，如上面所说，在中国古代，学者们对《后汉书》所记"倭奴国"三字的理解却不是如此精细。至少到了唐代，史书编撰者多视《后汉书》中的"倭奴国"为倭之全国，其国名为"倭奴"。《旧唐书·东夷传》说"倭国者，古倭奴也"，《新唐书·东夷传》说"日本，古倭奴也"，便是最明显的例证[12]。两《唐书》虽分别成书于五代和北宋，但所记为唐代的历史，其称古代倭国（日本）为"倭奴国"，正是反映了唐代学者对倭国国名沿革的认识，尽管这种认识是不正确的。总之，我要重复地指出，《隋书》和《北史》都明记汉安帝时遣使朝贡的是"倭奴国"，而"倭奴国"实即倭国，不是什么"倭面上国"或"倭面土国"。

三

如所周知，陈寿的《三国志》成书于3世纪后期的西晋时代，其《魏书·东夷传》记3世纪中叶以前的倭地倭人之事甚详。该传列举倭地诸国的国名，计有狗邪韩国（其地虽处朝鲜半岛南端，但被称为倭之"北岸"，《后汉书·东夷传》称为倭之"西北界"）、对马国、一支国、末卢国、伊都国、奴国（A）、不弥国、投马国、邪马台国、斯马国、已百支国、伊邪国、都支国、弥奴国、好古都国、不呼国、姐奴国、对苏国、苏奴国、呼邑国、华奴苏奴国、鬼国、为吾国、鬼奴国、邪马国、躬臣国、巴利国、支惟国、乌奴国、奴国（B）、狗奴国等三十一国（最后的狗奴国不属倭国女王卑弥呼管辖，故称"使译所通三十国"）[13]。在以上的三十一国之中，没有"面上国"或"面土国"之名，这是一目了然的。要之，根据《三国志·魏书·东夷传》的记载，所谓"倭面上国"或"倭面土国"确实是不存在的。

有的学者认为"面上国"为"面土国"之误，"面土国"又为"囬（回）土国"之误，而"回土"之音与"伊都"相近，故主张"面上国"或"面土国"应是《三国志·魏书·东夷传》中的"伊都国"[14]。然而，在以上所述倭地三十一国中，《后汉书·东夷传》所举亦有拘邪韩国、奴国、邪马台国、拘奴国等四国之名[15]。《三国志》中的"奴国"和"邪马台国"，《后汉书》仍作"奴国"和"邪马台国"，毫无变更。《三国志》中的"拘邪韩国"和"拘奴国"，《后汉书》虽分别改作"拘邪韩国"和"拘奴国"，但"拘"字与"狗"字相比，字形相近，读音相同，可谓变更极小。与此相反，"囬（回）土"二字与"伊都"二字相比，不仅字形全异，而且读音亦甚不相同。前面已经说过，有的学者根据《翰苑》残卷中的第一处记述，认为《翰苑》中的

"倭面上国"即《通典》中的"倭面土国",其名称存在于唐代以前的所谓古本《后汉书》。但是,如我在上文所说,《三国志》中的"伊都国"在《后汉书》中改变为字形全异、读音不同的"面上国"、"面土国"或"囬(回)土国",那是难以想象的[16]。

西岛先生因日本九州太宰府天满宫《翰苑》抄本残卷中的第一处记述所涉年代延至三国时代魏少帝的正始八年(公元247年),大大超越了《后汉书》所应记载的东汉王朝一代历史的范围,故否定了其文句系引自所谓古本《后汉书》,已如前述。我以宋代以来各刊本的《三国志·魏书·东夷传》和《后汉书·东夷传》所记倭地诸国之名为根据,亦否定了所谓古本《后汉书》中记有所谓"倭面上国"、"倭面土国"或"倭囬(回)土国"之类的国名的可能性。总而言之,我认为,《三国志·魏书·东夷传》关于倭地三十一国国名的记载以及《后汉书·东夷传》所举三十一国中的四国之名,可谓从根本上证实了作为倭地诸国之一的所谓"倭面上国"、"倭面土国"或"倭囬(回)土国"在历史上本来是不存在的。

四

如前面屡次所述,学者们多认为《翰苑》抄本残卷中的"倭面上国"即北宋刊本《通典》中的"倭面土国"。从《翰苑》抄本残卷多有误字、漏字的情形看来,"面土国"误抄为"面上国"的可能性不是完全不存在的。但是,必须指出,抄本中"倭面上国"的"上"字,笔画清楚,字形端正,所以应该认为张楚金所撰《翰苑》的原文本来是作"倭面上国"。如我在本文本节末段所引述,日本一条兼良在其所著《日本书纪纂疏》中称师升等为"倭面上国王",亦可为证。

据西岛定生先生详细查考,就杜佑《通典》的各种刊本而言,日本宫内厅书陵部所藏北宋刊本《通典》虽记汉安帝时遣使奉献者为"倭面土国王师升等",但其他刊本的《通典》所记却各有出入,互不相同。日本静嘉堂文库中的元刊本《通典》所记为"倭面土地王师升等",便是显著的一例[17]。要之,仅就《翰苑》抄本残卷、北宋刊本《通典》、元刊本《通典》而论,作为国王的帅升等便有"倭面上国王"、"倭面土国王""倭面土地王"三种不同的名号,其差别之多,正足以说明"倭面上国"、"倭面土国"之类的国名实为7世纪50年代、60年代以降的唐、宋、元各代以讹传讹的异称,其真实性是十分值得怀疑的。

顺便要提到的是,据日本学者调查,南宋刊本的《通典》收藏于北京图书馆、上海图书馆、台湾中央研究院历史语言研究所和日本天理图书馆等处,但除北京图书馆所藏宋刻宋元递修本《通典》第九册中有第185卷《边防·东夷·倭》的条目以外[18],其他各处所藏皆缺此卷此条目。其实,经我最近亲自到北京图书馆查验,该馆所藏宋刻宋元递修本《通典》九册中亦缺问题所在的第185卷。因此,南宋刊本的《通典》如何表记"倭面土国"之类的名称,已无从查考,可谓遗憾之至。

《翰苑》抄本中的"倭面上国"、北宋刊本《通典》中的"倭面土国"和元刊本《通典》中的"倭面土地",虽然互有差异,但为首的"倭面"二字却彼此相同。据西岛先生在论文中所述,日本鎌仓时代(1192~1333年)中期卜部兼方所著《释日本纪》在其卷首的《开题》篇中就所谓"倭面国"的问题作解释说:"后汉书云,孝安皇帝永初元年冬十月,倭面国遣使奉献"[19]。这样,除中国书籍中所见"倭面上国"、"倭面土国"、"倭面土地"等之外,日本人的著作中又有所谓"倭面国"之称。卜部兼方著《释日本纪》的年代约在13世纪晚期,所称"倭面国"虽系受《翰苑》抄本及北宋刊本《通典》等所记"倭面上国"或"倭面土国"之类的影响,但决不是因偶然遗漏了"倭面上国"的"上"字或"倭面土国"的"土"而造成的纯属疏忽的误称。相反,我认为卜部氏所称"倭面国"用意甚深,给人以必须对"倭面"二字的由来作考证的启示。

西岛定生先生指出,"倭面"二字的最初由来在于《汉书·地理志》的如淳注。对此,我是完全同意的。但是,我认为,《汉书·地理志》的如淳注不仅是"倭面"二字之所由来,而且是所谓"倭面上国"名称之所由来,尽管此一名称之造成是出于张楚金对如淳注的误解。

班固《汉书·地理志》记:"乐浪海中有倭人,分为百余国,以岁时来献见云"。颜师古注引如淳曰"如墨委面,在带方东南万里",又引臣瓒曰"倭是国名,不谓用墨,故谓之委也",而师古则曰"如淳云如墨委面,盖音委字耳,此音非也,倭音一戈反,今犹有倭国"[20]。

学者们从来都以为如淳、臣瓒和师古的注释晦涩难解，意义不明。但是，据我理解，如淳注中"如墨委面"的"委"字为动词，意为堆积，"如墨委面"是说倭人黥面，如同积墨于面，而颜师古却视"如墨委面"的"委"字为"倭"字，并指出"委"、"倭"二字读音相异，不宜混同。要之，我认为，颜师古先是误解了如淳注的本意，同时又不知"委"，"倭"二字之可通用而加以非议。其实，前述日本福冈市志贺岛出土汉光武帝所赐"汉委奴国王"的金印便可证"委"字是"倭"字的简化，二者可以相通。

如淳为3世纪三国时代的魏人，其对班固《汉书》所作的注释至唐代仍为学者们所重视，故唐初颜师古在注《汉书》时多有加以引用之处。可以推想，张楚金亦熟知如淳对《汉书·地理志》所作"如墨委面"的注释。对于"委面"二字，张楚金亦误解了如淳的本意，但他与颜师古不同，认为"委"字与"倭"字相通，故主张"委面"即"倭面"。张楚金出于对如淳注的误解，主张"委面"即"倭面"，而"倭面"则指《汉书·地理志》所述乐浪海中的倭人之国。张楚金认为汉安帝永初元年遣使奉献的帅升等为倭人诸国中的大国之王，故在所撰《翰苑》中称其为"倭面上国王"。"上国"即"上邦"，意为大国，而所谓"倭面上国"则指"倭面"之上国。以上是我对张楚金《翰苑》所记"倭面上国"出典的考证，虽多出于推论，但这种推论应该是合理的。

必须指出，日本室町时代（1392～1573年），一条兼良在其所著《日本书纪纂疏》中对所谓"倭面国"的解释为"此方（指倭国）男女皆黥面文身，故加'面'字而呼之；东汉书曰，安帝永初元年，倭面上国王师升等献生口百六十人"[21]。不言而喻，一条兼良对"倭面国"的解释是以张楚金《翰苑》所记"倭面上国"为依据的，而解释的要旨则与我的上述考证相符合。总之，张楚金《翰苑》中的所谓"倭面上国"是指"倭面之上国"，故如一条兼良所解释，可简约而称"倭面国"。但是，如我在前面所考证，"倭面"二字是出于对《汉书·地理志》如淳注的误解。因此，从历史事实出发而言，所谓"倭面上国"或"倭面国"都是不存在的。

五

在"倭面上国"、"倭面土国"、"倭面土地"乃至"倭面国"等等之类的异称之中,北宋刊本《通典》中的"倭面土国"久被多数学者奉为圭臬,故本文取《论所谓"倭面土国"之存在与否》之题,以"倭面土国"为上述各种异称之代表。但是,如前所述,按照我的考证,北宋刊本《通典》中的"倭面土国"实为"倭面上国"之误刻。"土"字与"上"字在字形上相似,故易致误。

杜佑的《通典》在8世纪末或9世纪初的唐代中后期成书以后,历北宋、南宋、元、明各代,几经传抄、重刊,就其全书文字而言,误抄、误刻之处时或有之,自在情理之中。特别是所记"倭面土国"在历史上本来是不存在的,以讹传讹,遂致异文迭出,莫衷一是。前面已经说过,《通典》所记倭王帅升等的名号除北宋刊本的"倭国土国王"以外,元刊本《通典》又作"倭面土地王",在文理和事理上可谓不通之极。此外,就明代而言,俞安期撰《唐类函》所收《通典》的有关条目则记"安帝永初元年,倭国土地王师升等献生口"[22]。在这里,帅升等又被称为"倭国土地王",不伦不类,莫此为甚。

但是,我推想,明代学者勘查了《后汉纪》、《后汉书》、《册府元龟》、《玉海》等史籍、类书的记述,并考核《通典》各刊本、抄本所记文字的异同,终于认清了所谓"倭面土国王"、"倭面土地王"之类的名称皆出于虚构,故在重刊《通典》时作了彻底的改正。日本东京大学东洋文化研究所所藏所谓方献夫本《通典》和李元阳本《通典》等明刊本《通典》都在第185卷《边防·东夷·倭》的有关文句中称汉安帝时遣使奉献的师升等为"倭国王"[23],或从"倭面土国王"中删除"面土"二字,或从"倭面土地王"中删除"土地"二字而改"面"字为"国"字,从而与范晔《后汉书·东夷传》所记"倭国王帅升等"取得一致。清代所刊武英殿系诸版本的《通典》皆承袭上述明刊本的主旨,或可以说又从"倭国土地王"中删除"土地"二字,遂使帅升等成为毫无疑义的"倭国王"[24],最终宣告所谓"倭面上国"、"倭面土国"及"倭面国"之类的国名在历史上本来都是不存在的。

六

关于倭国王之名,范晔《后汉书》自宋代以来的各刊本皆作"帅升等",至今不变。与此不同,张楚金《翰苑》抄本残卷则作"师升"或"师升等"。杜佑《通典》自北宋至明的各刊本亦皆作"师升等",但清武英殿刊本以后的《通典》则改作"帅升等"。此外,《册府元龟》作"师升等",而《玉海》则作"帅升等"。要之,就诸书的种类而言,称"帅升等"之书与称"师升等"之书在数量上可谓不相上下,从诸书各抄本、刊本的抄刊年代看来,亦不易判断"帅升等"与"师升等"二者以何者为本原。我因范晔《后汉书》为记载东汉历史的正史,其成书年代早于张楚金《翰苑》和杜佑《通典》,又因如以上考证,《后汉书》所记"倭国王"称号确实,《翰苑》、《通典》所记"倭面上国王"或"倭面土国王"称号虚讹,故倾向于认为《后汉书》所记"帅升等"之名是正确的。我的这一倾向性意见,是与清代武英殿本《通典》校勘者的认识相同的。不过,"帅"字与"师"字不仅字形相似,而且读音相近,故不必过于追究其孰是孰非的问题。

值得注意的是,在日本学界,有关学者几乎都主张倭国王之名为"帅升"(或"师升",下同),而"等"字则是表示复数[25]。中国史学界迄今虽未曾对有关所谓"倭面土国"之类的问题开展讨论,但从近年中华书局出版的标点本《后汉书》所标专名号看来,中国学者似乎也主张"帅升"二字为倭国王之名,而视"等"字为表示所举未尽、以此类推的助词[26]。因此,1989年我在题为《古代的中日关系——从志贺岛的金印到高松塚的海兽葡萄镜》的论文中提出"帅升等"三字为倭国王之名的看法[27],可以说是破天荒之举。这里,我将我的理由详述如下。

首先,必须指出,明示倭王之名为"师升"的书籍主要是日本太宰府天满宫所藏的《翰苑》残卷。如本文第一节所引述,《翰苑》残卷中的第一处有关记述为"安帝永初元年,有倭面上国王师升至",显示倭王之名为"师升"二字而不是"师升等"三字。但是,已经说过,天满宫《翰苑》残卷为日本平安时代(公元794~1192年)的抄本,误字、漏字甚多,不能排除张楚金的原文本来为"师升等"的可能性。

特别是残卷中的第二处有关记述为"安帝（永）初元年，倭王师升等献生口百六十"，可见第一处记述的文句的确在"师升"二字之下脱漏了"等"字。

十分明显，据袁宏《后汉纪》和范晔《后汉书·安帝纪》记载，安帝永初元年倭国是"遣使奉献"，而不是倭王亲自来朝。因此，《翰苑》残卷第一处记述中"有倭面上国王师升至"的"至"字完全与史实不符。从古代中日两国交往的全部历史看来，倭国从来都是遣使来向中国通好，绝无倭王亲自来朝觐见之例。所以，我认为"师升至"也可能是"师升等"的误抄。就语法而论，"有倭面上国王师升等"之句与其下文"有一女子名曰卑弥呼"之句一样，亦没有多大不通之嫌。

范晔《后汉书·东夷传》记载："安帝永初元年，倭国王帅升等献生口百六十人，愿请见"。若将其中"帅升等"的"等"字视为表示复数的助词，则生口就成为不是倭国王一人所献，而是倭国王与其他的人所共献。这样，上述《后汉书·东夷传》的记载必须理解为倭国王率领其臣僚，亲自来向汉朝皇帝献生口。但是，如前所述，倭国是"遣使奉献"，而不是倭王亲自来觐，所以只能将"帅升等"三字视为倭国王之名，而不能理解为倭国王"帅升"及其臣僚等人。

七

那么，是否可将《后汉书·东夷传》的记载理解为倭国王"帅升"等人共同遣使来向中国皇帝献生口呢？我认为，这个问题不仅涉及倭国国内的政治组织体制，而且也与中国朝廷的外交上的名分规制以及中国史书记事的立场通例有关，必须查考清楚。

应该指出，倭国王只有一人，其在国内的身份之高可谓与众不同，按理不能以与国内其他人的共同名义遣使向中国皇帝献生口。通览中国历代史书，凡述及倭国遣使朝贡，皆仅举倭王一人之名为代表，称使者为倭王一人所遣，决无称倭王与国内其他的人共同遣使之例，足可为证。因此，经过反复推敲，我确信《后汉书·东夷传》等史籍所记"帅升等"（或"师升等"）三字为倭国王一人之名，而不可理解为"帅升"（或"师升"）等人。

陈寿《三国志·魏书·东夷传》记"景初二年（应为三年之误）

六月，倭女王（卑弥呼）遣大夫难升米等诣郡，求诣天子朝献"，"（正始）四年，倭王（卑弥呼）复遣使大夫伊声耆、掖邪狗等八人上献生口"，"（正始八年）壹与（应以系'台与'之误的可能性为大）遣倭大夫率善中郎将掖邪狗等二十人，……献上男女生口三十人"，其中多有"难升米等"、"伊声耆等"、"掖邪狗等"的用语，但绝无"卑弥呼等"、"台与等"的用语。这是因为卑弥呼、台与是倭王，其他的人不能与之相提并论，故称为"大夫"的使者是以卑弥呼或台与一人的名义所遣，生口之类亦以卑弥呼或台与一人的名义所献，可谓无可置疑。

如《三国志·魏书·东夷传》所记述，正始八年（公元247年）台与为年仅13岁的初立的女王，就倭国国内的政治组织体制而言，其统治无疑须依靠众多臣僚的辅佐。但是，陈寿在《三国志·魏书·东夷传》中按中国朝廷的外交上的名分规制和中国史书记事的立场通例，十分明确地称使者掖邪狗等20人为女王台与一人所遣。要之，《三国志·魏书·东夷传》的上述记载，为我主张《后汉书·东夷传》所记"帅升等"三字是倭国王之名的看法提供了可靠的旁证。

根据《后汉书·东夷传》的记载，倭国王"帅升等"大约在位于公元1世纪晚期至2世纪初期，是中国史书中有名可查的最初的倭人。因此，考明其名为"帅升等"而非"帅升"，不能视为无关紧要的琐屑之谈。就日本方面的古代史籍而言，《日本书纪》记6世纪后期敏达天皇（公元572~585年）时有名为"司马达等"者号称"鞍部村主"，7世纪后期持统天皇（公元690~697年）时有官僚名曰"藤原不比等"者在以后的元明天皇（公元707~717年）朝任"右大臣"之要职[28]。《日本书纪》又记大约早在公元3世纪以前的垂仁天皇之时，有名为"都怒我阿罗斯等"的意富加罗国（任那国）王子前来归化[29]。以上三人之名皆以"等"字结尾，或亦稍可为我的考证作附注。

最后，应该说明，中华书局新近出版的校点本《通典》（王文锦编）在有关部分的注释中谓"北宋本、明抄本、明刻本作'倭面土国王师升献生口'"，"师升"之下无"等"字[30]。但是，如我在本文第一节和第五节所述，日本宫内厅所藏北宋刊本《通典》和东京大学所藏方献夫本、李元阳本等明刊本《通典》分别作"倭面土国王师升等献生口"和"倭国王师升等献生口"，西岛定生先生在其《倭面土国出典考》的论文中又指出明嘉靖无刊记本《通典》作"倭面土地王师升等献生口","师升"之下皆有"等"字。因此，中华校点本《通典》的上述注释是否正确，不无疑问。除"师升等"未必作"师升"以外，西岛先生还就明刊本《通典》是否作"倭面土国"的问题对中华校点本的注释提出质疑[31]。因为，据西岛先生所知，在诸本《通典》之中，唯独北宋刊本的《通典》所记作"倭面土国"。

八

如我在本文第二节中所述，近代以来，经日本学者研究，《后汉书·光武帝纪》和《后汉书·东夷传》所记汉光武帝建武中元二年（公元57年）遣使奉贡的"倭奴国"是指倭地使译所通三十国中的"奴国"，其地理位置在今日本九州北部福冈县境内。所谓"倭奴国"，实际上是指倭之奴国，而奴国王只是倭地三十国中的一国之王。那么，《后汉书·东夷传》所记汉安帝永初元年（公元107年）献生口百六十人的"倭国王帅升等"又是倭地三十国中的何国之王呢？

日本学者根据北宋刊本《通典》中的所谓"倭面土国王师升等"的记载，主张"师升（等）"是"面土国"之王，而"面土国"则是倭地三十国中的一国。但是，我在本文各节的考证中否定了所谓"面土国"的存在，并主张帅升等应如《后汉书》所记，是"倭国王"而不是"倭面土国王"。那么，《后汉书》所称的"倭国王"究竟是全倭之王，还是倭地三十国中的某一国之王呢？关于这一问题，必须从《后汉书·东夷传》和《三国志·魏书·东夷传》两方面的记载加以考察。兹举有关的记载如下。

（A）《后汉书·东夷传》："倭在韩东南大海中，依山岛为居，凡百余国。自武帝灭朝鲜，使驿（译）通于汉者三十许国，国皆称王，世世传统，其大倭王居邪马台国"。

（B）《后汉书·东夷传》："桓灵间，倭国大乱，更相攻伐，历年无主，有一女子名曰卑弥呼，……于是共立为王"。

（C）《三国志·魏书·东夷传》："其国本亦以男子为王，住七八十年，倭国乱，相攻伐历年，乃共立一女子为王，名曰卑弥呼"。

（D）《三国志·魏书·东夷传》："（南至）邪马台国，女王之所都"。

我在经过反复对比、考核之后，得出各项结论如下：根据（A）《后汉·东夷传》的记载，倭地除三十国中的各国之王以外，还有一个"大倭王"居于邪马台国，他是全倭之王，同时又是三十国之一的邪马台国之王。根据（B）《后汉书·东夷传》、（C）《三国志·魏书·东夷传》、（D）《三国志·魏书·东夷传》的记载，经历汉桓帝（公元147~167年）和灵帝（公元168~189年）期间的大乱之后被共立为王的卑弥呼女王是全倭之王，同时也是邪马台国之王。根据（C）《三国志·魏书·东夷传》的记载，在倭国大乱之前约七八十年，邪马台国的男王是全倭之王。

如前面多次说过，倭国王帅升等遣使向汉安帝献生口在永初元年（公元107年），而倭国大乱的年代则在2世纪60~80年代的所谓"桓灵间"。十分清楚，倭国王帅升等在位于倭国大乱之前约七八十年。因此，根据（C）《三国志·魏书·东夷传》的记载，我认为帅升等是邪马台国的男王，同时也是全倭之王，故在《后汉书·东夷传》中被称为"倭国王"。要之，2世纪初年的倭国王帅升等与2世纪晚期被共立为倭王的卑弥呼一样，两者都是（A）《后汉书·东夷传》记载中所称居于邪马台国的"大倭王"[32]。

近年来，西岛定生先生一反通说，主张女王卑弥呼是倭王，邪马台国虽为女王卑弥呼之所都，但卑弥呼不是邪马台国之王[33]。但是，我认为，《三国志·魏书·东夷传》中多处所说的"女王国"显然是指邪马台国，故女王卑弥呼是倭王，同时也是邪马台国之王。如若女王卑弥呼不是邪马台国之王，则邪马台国就不能称为"女王国"，这是合乎常理的。

按照我的考证，邪马台国的地理位置在日本本州的畿内地区[34]。我认为，当公元1世纪中叶之时，倭地三十国中要以九州北部的奴国最为强盛，故奴国王能于汉光武帝建武中元二年（公元57年）率先遣使到洛阳，向中国朝贡。中国方面知悉奴国只是倭地诸国中的一国，故《后汉书》称其为"倭奴国王"（倭的奴国之王）而不称其为"倭国王"，这已为福冈市志贺岛出土的"汉委奴国王"金印所证实。在此之后，经过大约半个世纪的时间，位于本州畿内地区的邪马台国势力大增，其男王帅升等乃继奴国王之后，于汉安帝永初元年（公元107年）遣使到洛阳，向中国朝贡。中国方面认为邪马台国的势力在倭地诸国中居首位，对其他诸国有一定的控制权，故《后汉书》称其为"倭国王"，而"倭国王"实指全倭之王。

注　释

[1]　王仲殊：《中国からみた古代日本》第17页，学生社，1992年。

[2]　西岛定生：《倭面土国出典考》第59~108页，《就实女子大学史学論集》，1990年12月。

[3]　西岛定生：《漢末の動乱と倭国大乱》第95页，《吉野ケ里遺迹は語る》，学生社，1992年5月。

[4]　长泽规矩也、尾崎康：《通典》（全八卷，别卷一），宫内厅书陵部藏北宋版，汲古书院，1980年5月至1981年9月。

[5]　范晔：《后汉书》卷第五第208页，卷第八十五第2821页，中华书局，1973年。

[6]　西岛定生：《"倭国"出現の時期と東アジア》，《アジアのなかの日本史》（2）第23页，东京大学出版会，1992年。

[7]　西岛定生：《倭面土国出典考》第82、83页，《就实女子大学史学論集》，1990年12月。

[8]　西岛定生：《"倭国"の形成時期について——〈魏志〉倭人傳の再检討》第33~35页，《大和政権への道》，日本放送教育协会，1991年。

[9]　周天游：《后汉纪校注》，天津古籍出版社，1987年。

[10]　a.《隋书》卷第八十一第1825页，中华书局，1973年。
　　　b.《北史》卷第九十四第3135页，中华书局，1974年。

[11]　王仲殊：《关于〈魏志·倭人传〉、〈后汉书·倭传〉的标点和解释》第80~81页，《古籍整理与研究》第七期，中华书局，1992年。

[12]　《旧唐书》卷第一百九十九上第5339页；《新唐书》卷第二百二十第6207页，中华书局，1975年。

[13]　《三国志》卷第三十第854~855页，中华书局，1973年。

[14]　江上波夫：《倭人の国から大和朝廷へ》第165页，平凡社，1984年。

[15]　王仲殊：《关于〈魏志·倭人传〉、〈后汉书·倭传〉的标点和解释》第81页，《古籍整理与研究》第七期，中华书局，1992年。

[16]　王仲殊：《中国からみた古代日本》第17~18页，学生社，1992年。

[17]　西岛定生：《倭面土国出典考》第76页，《就实女子大学史学論集》，1990年12月。

[18]　长泽规矩也、尾崎康：《通典》别卷《解題·通典北宋版および诸版本について》第23页，宫内厅书陵部藏北宋版，汲古书院，1980年5月至1981年9月。

[19]　西岛定生：《倭面土国出典考》第88页，《就实女子大学史学論集》，1990年12月。

[20]　《汉书》卷第二十八下第1658~1659页，中华书局，1975年。

[21]　西岛定生：《倭面土国出典考》第93页，《就实女子大学史学論集》，1990年12月。

[22] 西岛定生:《倭面土国出典考》第79页,《就实女子大学史学論集》, 1990年12月。
[23] 西岛定生:《倭面土国出典考》第77、78页,《就实女子大学史学論集》, 1990年12月。
[24] 西岛定生:《倭面土国出典考》第79、80页,《就实女子大学史学論集》, 1990年12月。
[25] 西岛定生:《"倭国"出現の时期と東アジア》,《アジアのなかの日本史》(2)第18页,东京大学出版会, 1992年。
[26] 王仲殊:《关于〈魏志·倭人传〉、〈后汉书·倭传〉的标点和解释》第79页,《古籍整理与研究》第七期, 中华书局, 1992年。
[27] 王仲殊:《古代的中日关系——从志贺岛的金印到高松塚的海兽葡萄镜》第464页,《考古》1989年第5期。
[28] 《日本书纪》后篇卷第廿第112页, 卷第卅第427页,《国史大系》, 吉川弘文馆, 1982年。
[29] 《日本书纪》前篇卷第六, 第176页,《国史大系》, 吉川弘文馆, 1982年。
[30] 王文锦:《通典》第五册第5005~5006页, 注69, 中华书局点校本, 1988年。
[31] 西岛定生:《倭面土国出典考》第77、80页,《就实女子大学史学論集》, 1990年12月。
[32] 王仲殊:《邪馬台国の男王"帥升等"について》第207页,《東アジアの古代史をう考えるか》, 星云社, 1993年。
[33] 西岛定生:《"倭国"の形成时期について—〈魏志〉倭人傳の再検討》第17~24页,《大和政權への道》, 日本放送教育协会, 1991年。
[34] 王仲殊:《中国からみた古代日本》第27~32页, 学生社, 1992年。

(本文原载《北京大学学报》1994年第4期)

从中日两国文献资料
看古代倭的国名及其他有关问题

一

日本学术界普遍认为,在公元1世纪、2世纪的中国东汉时代,日本有所谓"倭面土国",其国王"师升(等)"于汉安帝永初元年(公元107年)遣使向中国献"生口"(指奴隶,下同)。对"倭面土国"的解释虽各有不同,日本学者多以为"面土国"是《后汉书·东夷传》和《三国志·魏书·东夷传》所记倭地使译所通三十国中的一国,"倭面土国"应读作"倭之面土国"。日本宫内厅书陵部所藏北宋刊本《通典》在其第185卷《边防·东夷·倭》的条目中有"(汉)安帝永初元年,倭面土国王师升等献生口"的记述,这便是所谓"倭面土国"的主要出典。但是,我认为,"倭面土国"的国名虚讹,在历史上是不存在的[1]。

如所周知,关于汉安帝永初元年倭的朝贡奉献之事,《后汉书》的记载与上述北宋刊本《通典》所记相异。《后汉书·安帝纪》的记载为"(永初元年)冬十月,倭国遣使奉献";《后汉书·东夷传》的记载为"安帝永初元年,倭国王帅升等献生口百六十人,愿请见"。要之,根据《后汉书》的记载,汉安帝永初元年遣使奉献的是"倭国"而不是"倭面土国",帅升等是"倭国王"而不是"倭面土国王"。应该说明,以上所引《后汉书》的记载,其字句在早从各种宋刊本《后汉书》直到近年中华书局出版的标点本《后汉书》中都完全相同,毫无差异。

《后汉书》为南朝宋范晔(公元398~445年)所撰,成书于5世纪中叶偏前;《通典》为唐杜佑(公元735~812年)所撰,成书于8

世纪末或9世纪初年。因此，两书记载有异，自应以《后汉书》为准，这本来是无待于言的。

但是，日本九州福冈县太宰府天满宫西高辻家所藏唐张楚金《翰苑》的抄本残卷中有"后汉书曰，安帝永初元年，有倭面上国王师升至"之语，日本学者多疑"上"字为"土"字之误，从而使"倭面土国"的最初出典由唐代后期的杜佑《通典》上推到唐代前期的张楚金《翰苑》，又转而上推到唐代以前的所谓古本《后汉书》，乃使问题趋于复杂化。

其实，太宰府天满宫《翰苑》残卷关于汉安帝永初元年倭的朝贡奉献的记述不止一处，而有二处。称为天下孤本的天满宫《翰苑》残卷为日本平安时代（公元794～1192年）的抄本，误字、漏字甚多。我按学术界共识，改正误字，并在括号内添补漏字，举引如下：

第一处记述以"卑弥妖惑，翻叶群情，台与幼齿，方谐众望"为主句，其注文为"后汉书曰，安帝永初元年，有倭面上国王师升至。桓灵之间，倭国大乱，更相攻伐，历年无主。有一女子，名曰卑弥呼，死，更立男王。国中不服，更相诛杀。复立卑弥呼宗女台与年十三为王，国中遂定"。

第二处记述以"中元之际，紫绶之荣"为主句，其注文为"后汉书（曰），光武中元二年，倭国奉贡朝贺，使人自称大夫，光武赐以印绶。安帝（永）初元年，倭王师升等献生口百六十"。

很明显，第二处记述与前述宋代以来各种刊本《后汉书》的记载基本上是相同的，故可信其确实为引自《后汉书》。但是，从主句和注文的内容看来，第一处记述在年代上延至三国时代魏少帝（齐王芳）的正始八年（公元247年），距东汉王朝彻底消亡近30年之久，故根本不能信其为完全引自《后汉书》。因此，日本学者西岛定生先生在经过详细论证之后，否定了所谓唐代以前的古本《后汉书》记载中有"倭面上国"或"倭面土国"的国名之说[2]。对此，我是十分赞成的。关于《翰苑》第一处记述在字句上之所以产生混乱，我将在下文详加分析，另作说明。

但是，由于日本福冈县太宰府天满宫《翰苑》抄本残卷中确有"倭面上国"之词的存在，所以不能不将"倭面上国"或"倭面土国"的最初出典由《通典》上推到《翰苑》。从抄本所录书叙中有唐高宗显庆五年（公元660年）的纪年看来，张楚金撰《翰苑》的年代相当7世纪50、60年代，比杜佑撰《通典》早出约140年。《宋史·艺文志》记雍公睿注张楚金《翰苑》，但据日本学者考察，《翰苑》的注文亦为张楚金本人所作，雍公睿之注不过是极少的补注而已。

二

在辑录各类古代文献资料的许多所谓"类书"中，《册府元龟》在其第968卷《外臣部·朝贡》中记"（后汉安帝永初元年）十月，倭国王师升等遣使奉献（生）口百六十，愿请见"，《玉海》在其第152卷《朝贡·外夷来朝》中记"安帝永初元年，倭国王帅升等遣使奉献"，这在一定程度上为范晔《后汉书》关于汉安帝永初元年遣使奉献者为"倭国王"而非"倭面上国王"或"倭面土国王"的记载提供了佐证。但是，如前所述，唐张楚金《翰苑》成书于7世纪50、60年代，唐杜佑《通典》成书于8世纪末或9世纪初年，而北宋王钦若等所辑《册府元龟》和南宋王应麟所辑《玉海》则分别成书于11世纪初期和13世纪后期。因此，在《翰苑》、《通典》与《后汉书》记载相异的问题上，不能过多地依靠《册府元龟》和《玉海》等书的记述以判断其孰是孰非。

发人深省的是，西岛定生先生在有关的论文中指出[3]，东晋袁宏（公元328~376年）所著《后汉纪》在其第16卷《孝安皇帝纪》中亦记"（永初元年）十月，倭国遣使奉献"[4]，这是很值得重视的。要之，谢承《后汉书》、薛莹《后汉记》、司马彪《续汉书》（其中八《志》北宋以后配入范晔《后汉书》）等撰作于3世纪、4世纪吴、晋时代的所谓八家《后汉书》虽已亡佚[5]，但成书于4世纪中后期的袁宏《后汉纪》传留至今，袁《纪》与范《书》一样，明记汉安帝永初元年遣使奉献的是"倭国"，而不是"倭面上国"或"倭面土国"。可以说，袁宏《后汉纪·孝安皇帝纪》所记"倭国遣使奉献"字句充分表明范晔《后汉书》的记载是可靠的，而张楚金《翰苑》和杜佑《通典》的记述则不能不令人怀疑。

我要着重论证的是，《隋书》和《北史》的记载亦可否定《翰苑》、《通典》所记"倭面上国"或"倭面土国"之类国名的真实性。《隋书·东夷传》说"倭在百济、新罗东南，……汉光武时遣使入朝，自称大夫，安帝时又遣使朝贡，谓之倭奴国"。《北史·东夷传》的有关记载在字句上与《隋书·东夷传》所记完全相同，当是沿袭其原文。两书《东夷传》说汉安帝时遣使朝贡的是"倭奴国"，虽有不确切之嫌，但"倭奴国"不同于"倭面上国"或"倭面土国"，则是显而易见的。《隋书》为唐魏徵等所撰，成书于7世纪30年代，《北史》为唐李延寿所撰，成书于7世纪中叶偏前，两者成书年代不仅早于杜佑的《通典》，而且亦稍早于张楚金的《翰苑》。于是，可以断言，直至7世纪中叶偏前的唐代初期，在张楚金撰《翰苑》之前，所谓"倭面上国"或"倭面土国"之类的国名仍未在中国的各种史书、文籍中出现。我认为，这也足以否定唐代以前的古本《后汉书》中记有所谓"倭面上国"或"倭面土国"的国名之说。

这里，为了使问题进一步明朗化，我要就上述《隋书》、《北史》所记的"倭奴国"作简略的解释。如所周知，"倭奴国"的最初出典在于范晔的《后汉书》。《后汉书·光武帝纪》说"（中元二年春正月）东夷倭奴国王遣使奉献"；《后汉书·东夷传》说"建武中元二年，倭奴国奉贡朝贺，使人自称大夫，倭国之极南界也，光武赐以印绶"。在近年中华书局出版标点本二十四史之前，中国所刊古代史书中的文句都不加标点符号，各种名词更不附专名号。因此，《后汉书》所记"倭奴国"的"倭奴"二字在学者们的心目中往往被连成一体，成为一个单一的国名。但是，近代日本学术界对照《三国志·魏书·东夷传》所记倭地三十国的国名，确认上述《后汉书》中的"倭奴国"是指倭地三十国中的一国，其国名为"奴国"。要之，范晔在《后汉书》中所记的"倭奴国"其实是指"倭之奴国"。1784年在今日本福冈市志贺岛发现刻有"汉委奴国王"（应理解为"汉·倭·奴国王"）五字的金印，证实了《后汉书·东夷传》关于光武帝赐印绶的记载是正确的，而金印在志贺岛出土则又证明"奴国"地处今日本九州北部的福冈县境内。由于《三国志·魏书·东夷传》记倭地有二奴国，所以我在下文分别称之为"奴国（A）"和"奴国（B）"以示区别，而《后汉书》中的"奴国"则指"奴国（A）"。

但是，在中国古代，学者们对《后汉书》所记"倭奴国"三字的理解却不是如此精确。至少是到了唐代，史书编撰者多视《后汉书》

中的"倭奴国"为倭之全国，其国名为"倭奴"。《旧唐书·东夷传》说"倭国者，古倭奴国也"，《新唐书·东夷传》说"日本，古倭奴也"，便是最明显的例证。两《唐书》虽分别成书于五代和北宋，但所记为唐代的历史，其称古代倭国（日本）为"倭奴国"，正是反映了唐代学者对倭国国名沿革的认识，尽管这种认识是不正确的。总之，我要重复地指出，《隋书》和《北史》都明记汉安帝时遣使朝贡的是"倭奴国"，而魏徵、李延寿等唐代学者所称"倭奴国"实为"倭国"之古称，与所谓"倭面上国"或"倭面土国"毫不相干。

三

如上文所述，日本学者根据《三国志·魏书·东夷传》所记倭地三十国中有"奴国"的国名而读《后汉书》中的"倭奴国"为"倭之奴国"，其正确性早被公认。所以，读北宋刊本《通典》中的"倭面土国"为"倭之面土国"亦逐渐成为通说，而《翰苑》抄本残卷中的"倭面上国"则被视为"倭面土国"的误抄，已如前述。我不认为"倭面上国"是"倭面土国"的误抄，故暂且并列二者而称"'倭面上国'或'倭面土国'"。总之，要考核所谓"倭面上国"或"倭面土国"在历史上是否存在，首先必须检查《三国志》所记倭地三十国中是否有与"面上国"或"面土国"相当的国名。

陈寿《三国志》成书于3世纪后期的西晋时代，其《魏书·东夷传》记3世纪中叶以前的倭地倭人之事甚详。《三国志·魏书·东夷传》列举倭地诸国的国名，计有对马国、一大（支）国、末卢国、伊都国、奴国（A）、不弥国、投马国、邪马台国、斯马国、已百支国、伊邪国、都支国、弥奴国、好古都国、不呼国、姐奴国、对苏国、苏奴国、呼邑国、华奴苏奴国、鬼国、为吾国、鬼奴国、邪马国、躬臣国、巴利国、支惟国、乌奴国、奴国（B）及狗奴国（最后的狗奴国不属女王卑弥呼管辖），这便是所谓"使译所通三十国"（《后汉书·东夷传》作"三十许国"）。一目了然，在以上所举三十国中，完全没有"面上国"或"面土国"之名。由此可见，根据《三国志·魏书·东夷传》的记载，所谓"倭面上国"或"倭面土国"在历史上确实是不存在的。

自1924年张鹏一《魏略辑本》[6]刊行以后，日本学者从其说而改变观点，主张鱼豢《魏略》的成书年代应迟在西晋的太康年间（公元280～289年），与陈寿《三国志》的成书年代不相前后，两者史料来源多属共通。但是，对照《翰苑》抄本残卷中《魏略》佚文所记对马国、一支国、末卢国、伊都国、狗奴国等国名，亦可证上述《三国志·魏书·东夷传》所记倭地三十国的国名是正确的。就其中的伊都国而言，《三国志·魏书·东夷传》记伊都国"有千余户"，《翰苑》残卷所引《魏略》记伊都国"户万余"，所记户数虽相差十倍，但二者之为同一国名自属无可置疑。伊都国地处要津，为当时中国带方郡使节往来所常驻，故学者中亦有主张《魏略》"户万余"的记载比《三国志·魏书·东夷传》所记"千余户"更为确切的[7]。要之，从见于《翰苑》残卷所引《魏略》的佚文来看，所谓"倭面上国"或"倭面土国"之类的国名也是不存在的。

以1927年白鸟库吉提出"倭面土国"应读作"倭之面土国"之说为始，白鸟氏及其他学者多认为"面上国"是"面土国"之误，"面土国"又是"回（囬）土国"之误，而"回土"读音与"伊都"相近，故主张《翰苑》抄本残卷和北宋刊本《通典》所记汉安帝永初元年遣使奉献的"倭面上国"或"倭面土国"是指上述《三国志》和《魏略》中的伊都国[8]。

杜佑《通典》不记"倭面土国王师升等献生口"的文句引自何书，张楚金《翰苑》则记"有倭面上国王师升至"之语为《后汉书》所云。如以上所述，《三国志》和《魏略》不记或不可能记有"倭面上国"或"倭面土国"的国名。因此，问题只在于唐代以前的所谓古本《后汉书》中是否记有"倭面上国"或"倭面土国"。换言之，问题在于宋代以来的各种刊本《后汉书》所记汉安帝永初元年遣使奉献的"倭国"在唐代以前的古本《后汉书》中是否作"倭面上国"或"倭面土国"，而"面上国"或"面土国"本应作"回土国"，即《三国志》和《魏略》中的伊都国。

对于这个问题，我要强调指出，宋代以来各种刊本的《后汉书》皆不记"伊都国"之名。《后汉书·光武帝纪》和《后汉书·东夷传》所记拘邪韩国、奴国（A）、邪马台国、拘奴国等国名，与《三国志·魏书·东夷传》所记狗邪韩国、奴国（A）、邪马台国、狗奴国等国名（狗奴国之名亦见于《魏略》佚文）比较，除"狗"字作"拘"以外，均无差异。其实,"拘"字与"狗"字不仅字形相似,而且读音相同,故"拘奴国"与"狗奴国"亦无甚差别可言。与此相反,"回土"二字与"伊都"二字相比,不仅字形全异,而且读音不同("土"字与"都"字音虽相近,但"回"字与"伊"字音实相异)。范晔删定《东观汉记》以下众家《后汉书》而著范氏一家《后汉书》,亦曾参考《魏略》和《三国志》。因此,所谓古本《后汉书》改记《三国志》和《魏略》中的伊都国为字形全异、读音不同的"面上国"、"面土国"或"回土国"云云,那是难以想象的。

西岛定生先生因太宰府天满宫《翰苑》抄本残卷中的第一处记述所涉年代延至魏少帝的正始八年(公元247年),大大超越了《后汉书》所应记载的东汉王朝一代历史的范围,故否定了其中关于"倭面上国"或"倭面土国"的文句系引自所谓古本《后汉书》,已如前述。我以宋代以来各刊本《三国志·魏书·东夷传》、《后汉书·东夷传》以及《魏略》佚文所记倭地诸国的国名为根据,亦否定了所谓古本《后汉书》中记有"倭面上国"、"倭面土国"或"倭回土国"之类的国名的可能性。总而言之,《翰苑》抄本残卷所记"倭面上国"和北宋刊本《通典》所记"倭面土国"在历史上都是不存在的。

四

长期以来,学者们奉北宋刊本《通典》中的"倭面土国"为圭臬,断定《翰苑》抄本残卷中的"倭面上国"为"倭面土国"的误抄,几乎已成定论。但是,必须指出,太宰府天满宫《翰苑》抄本残卷中虽有不少误字,但不误之字毕竟占多数,尤其是"上"字笔划清楚,字形端正,应该认为张楚金的原文本来是作"倭面上国"。举例而言,《翰苑》残卷中一支国(现行本《三国志》作"一大国")的"支"字及景初三年(现行本《三国志》作"景初二年")的"三"字皆非"大"字、"二"字的误抄,又何能断定倭面上国的"上"字为"土"字的误抄?现行诸刊本《三国志》记卑弥呼宗女之名为"壹與",学者们据《太平御览》所引及《梁书》、《北史》所记,多疑"壹"字为"臺"字之误,而《翰苑》抄本残卷正作"臺與"(台与),亦可为例。1911年内藤虎次郎据北宋刊本《通典》作题为《倭面土国》的论考,而黑板胜美发现天满宫《翰苑》抄本残卷则迟在以后的1917年。因此，日本学者断定《翰苑》抄本残卷中的"倭面上国"为"倭面土国"的误抄，不免有先入为主之嫌。就成书年代而论，张楚金撰《翰苑》比杜佑撰《通典》早出约140年，故《通典》中的"倭面土国"之为《翰苑》中的"倭面上国"的误刻实应在乎情理之中。

在公元1世纪至3世纪的中国东汉和三国时代，倭地使译所通三十国中无"面上国"或"面土国"，这已为以上考证所究明。因此，北宋刊本《通典》中的"倭面土国"不能读作"倭之面土国"，而若读为"倭面之土国"，则在词义上又不可通。相反，如下文所述，《翰苑》抄本残卷中的"倭面上国"不读"倭之面上国"而读为"倭面之上国"，不仅词义可通，而且是有据可查的。所以，可以判定，北宋刊本《通典》中的"倭面土国"实为《翰苑》中的"倭面上国"的误刻。

日本镰仓时代（1192～1333年）中期卜部兼方著《释日本纪》，在其卷首的《开题》篇中以问答的方式述及中国史书所记古代日本的各种国号，强调其中有"倭面"之号，并称"后汉书云，孝安皇帝永初元年冬十月，倭面国遣使奉献"。不难看出，卜部兼方所称"倭面国"是省去了"倭面上国"的"上"字。正是由于"倭面上国"其实是指"倭面之上国"，故卜部氏可省去"上"字而直称"倭面国"。

日本室町时代（1392～1573年）中期偏前，一条兼良在其所著《日本书纪纂疏》中进一步对"倭面国"作解释说"此方（指倭国）男女皆黥面文身，故加'面'字呼之"，并称"东汉书曰，安帝永初元年，倭面上国王师升等献生口百六十人"。当时，北宋刊本《通典》尚未传入日本，故一条氏所称"倭面上国"决非"倭面土国"之误。十分清楚，一条氏在"东汉书曰"的句中所称"倭面上国"是指"倭面之上国"，除去赘加的"面"字，实际上是指"倭之上国"。如若"倭面上国"为"倭面土国"之误，则"倭面之土国"词义不通，已如前述。总之，如我在上文所论究，北宋刊本《通典》中的"倭面土国"是"倭面上国"的误刻，而"倭面上国"则指"倭面之上国"，于此得到确证。

现今中国的辞书如《辞源》、《辞海》、《汉语大词典》等解释"上国"一词的词义，有为指中国春秋时代中原诸国相对于南方吴、楚等国的通称的，也有指历代诸侯、外藩对帝室、朝廷的尊称的。日本《大汉和辞典》解释"上国"为近于王都之国，亦称"上邦"，又解释为一国对另一国的礼节上的敬称，如云"贵国"。上述中日两国辞书的解释皆有出典，自属正确。然而，中国古籍浩如烟海，辞书所举出典和所作解释不过是取其大要者而言，虽属正确，却是不完全的。据我个人管见所及，在《宋书·夷蛮传》[9]、《旧唐书·吐蕃传》[10]等史籍，以及《文选》[11]乃至《三国演义》[12]等文学作品之中，"上国"、"上邦"的词义同于"大国"，或为尊称，或为他称，或为自称，不拘一格。左思《吴都赋》有"习其弊邑而不睹上邦者"之句，李善注"上邦犹上国"[13]，而《辞源》则解句中的"上邦"为"大国"[14]。左思为西晋人，所作《三都赋》脍炙人口，广为传抄，曾使当时都城洛阳纸贵，而《吴都赋》以"上邦"比喻为西晋所灭的江南吴国，尤其可证"上邦"、"上国"的词义不限于上述辞书所举之例[15]。总之，"邦"、"国"二字相通，"上国"、"上邦"的"上"字与"大国"的"大"字均含褒义，故"上国"即"上邦"，亦即"大国"，而三者在书文中的用法则可因人、因事、因时、因地而变化。一条兼良所称"倭面上国"指"倭面之上国"，其词义实同"倭面之大国"[16]。

一条兼良为室町时代日本的硕学，凡属古代史书、文籍、典故之类，不论和、汉，皆甚通晓，其在《日本书纪纂疏》中所称"倭面（之）上国"的词义实亦可为《大汉和辞典》等辞书对"上国"一词所举用例作补充。

五

如前所述，根据《隋书·东夷传》和《北史·东夷传》的记述，可以判定，在7世纪中叶偏前的唐代初期，在张楚金撰《翰苑》之前，所谓"倭面上国"或"倭面土国"的名称尚未在中国的史籍中出现。张楚金《翰苑》成书于7世纪50年代、60年代，杜佑《通典》成书于8世纪末或9世纪初年，前者成书年代早出后者约140年，又因"倭面土国"词义不通，"倭面上国"词义可解，故《通典》中的"倭面土国"应为《翰苑》中的"倭面上国"之误。凡此种种，可视张楚金其人实为"倭面上国"之类名称的始作俑者。

"倭面上国"是指"倭面之上国"，其词义同"倭面之大国"，已详见以上所论。然而,"倭面"一词的最初由来又在于何处呢?我认为,就现存的古代文献史料而言,唯有《汉书·地理志》的如淳注可视为"倭面"一词的最初由来。进而言之,《汉书·地理志》的如淳注不仅是"倭面"一词之所由来,而且是张楚金《翰苑》所谓"倭面上国"的名称之所由来,尽管此一名称之造成是出于张楚金对如淳注的误解。

班固《汉书·地理志》记"乐浪海中有倭人,分为百余国"。《三国志·魏书·东夷传》称"旧百余国,汉时有朝见者,今使译所通三十国,以岁时来献见云"。颜师古注引如淳曰"如墨委面,在带方东南万里",又引臣瓒曰"倭是国名,不谓用墨,故谓之委也",而师古则曰"如淳云如墨委面,盖音委字耳,此音非也,倭音一戈反,今犹有倭国"。

学者们从来都以为如淳、臣瓒和师古的注释晦涩难解,意思不明。但是,据我理解,如淳注中"如墨委面"的"委"字为动词,意为堆积[17],"如墨委面"是说倭人黥面,如同积墨于面,而颜师古视"委面"的"委"字为"倭"字,却又指出"委"、"倭"二字读音相异,不宜混同。要之,颜师古先是误解了如淳注的本意,同时又不知"委"、"倭"二字之可通用而加以非议。其实,前述日本福冈市志贺岛出土汉光武帝所赐刻有"汉委奴国王"(汉·倭·奴国王)五字的金印便可证"委"字是"倭"字的简化,两者可以相通。

如淳为3世纪三国时代魏国冯翊人,任陈郡丞,其对班固《汉书》所作注释至唐代仍为学者们所重视,故唐初颜师古(公元581～645年)注《汉书》时多有引用,并在《汉书叙例》中记其籍贯、官职。可以推想,张楚金亦熟知如淳对《汉书·地理志》所作"如墨委面"的注释。对于"委面"二字,张楚金亦误解了如淳的本意,但他与颜师古不同,认为"委"字与"倭"字相通,故主张"委面"即"倭面"。张楚金出于对如淳注的误解,主张,"委面"即"倭面",而"倭面"则指《汉书·地理志》所记乐浪海中的倭人之国。张楚金认为汉安帝永初元年遣使奉献的师升等为倭人诸国中的大国之王,其国被其他诸国奉为上国,故在所撰《翰苑》中称为"倭面上国王"。"上国"即"上邦",其词义同"大国",而所谓"倭面上国"则应读作"倭面之上国",已如前面多次所述。

张楚金《翰苑》中"倭面上国"的"倭面"二字由来于《汉书·地理志》如淳注的"如墨委面",而"如墨委面"本指倭人黥面。前述日本一条兼良在《日本书纪纂疏》中明示"倭面国"或"倭面上国"名称的由来在于"此方（指倭国）男女皆黥面文身"，正与《翰苑》所称"倭面上国"的由来相同。卜部兼方在《释日本纪》中对"倭面国"作解释，亦在所称"后汉书云"的句下注"（倭国）男子皆黥面文身"，决非偶然。据9世纪平安时代初期敕撰《日本现在书目录》记载，当时传存于日本的《翰苑》抄本三十卷皆全。太宰府天满宫《翰苑》残卷（三十卷中的最后一卷）为平安时代的抄本，如今称为天下孤本，但在镰仓、室町时代未必是独一无二的"孤本"。卜部兼方、一条兼良所称"后汉书云"或"东汉书曰"的文句虽引自范晔《后汉书》[18]，实亦参照《翰苑》的记述，故一条氏在"东汉书曰"的句中改范书《东夷传》中的"倭国王"为"倭面上国王"，并改"帅升等"的"帅"字为"师"字（《后汉书·东夷传》作"帅升等"，而《翰苑》则作"师升等"）。应该重复指出，"倭面"二字的由来是出于《翰苑》编撰者张楚金对《汉书·地理志》如淳注的误解，所以从客观事实出发而言，所谓"倭面国"或"倭面上国"在历史上都是不存在的。

从体裁和内容看来，《翰苑》与《艺文类聚》、《初学记》、《太平御览》、《府册元龟》、《玉海》等书相似，亦属辑录各类文献资料的所谓"类书"。类书中的记述引自某书而称"某书曰"，但与某书原文相比，其字句往往在不同程度上有所出入。究其原因，主要在于类书的编撰者与各种史书、文集的注释者一样，在引用某书的记载时，只取某书原文的大要，而在字句的细节上则作删减、增添或修改。汉安帝永初元年倭国王帅升等遣使奉献之事本为范晔《后汉书》所记载，故张楚金在《翰苑》中记述此事而称"后汉书曰"，却在其第一处记述中将范晔《后汉书·东夷传》原有的若干字句删去，添以陈寿《三国志·魏书·东夷传》中的字句，并按其本人对《汉书·地理志》如淳注的误解而改"倭国王"为"倭面上国王"。以上是我对"倭面上国"出典的考证，同时也是对"倭面土国"的最初出典的考证。

六

从《新唐书·艺文志（三）》和《宋史·艺文志（六）》的记载看来，张楚金《翰苑》散失，至宋代只存十卷左右（其中未必包含最后的第三十卷），而以后遂告全部亡佚。但是，此书抄本在日本流传，为期颇长，第30卷所记"倭面上国"之词至15世纪的室町时代犹为一条兼良沿用于其所著《日本书纪纂疏》，已如前述。《翰苑》在中国宋代虽已散失，但"倭面上国"之词被误为"倭面土国"而继续存在于北宋刊本《通典》。日本宫内厅书陵部所藏北宋刊本《通典》为16世纪末年由朝鲜传入，如今虽亦成为天下孤本，但除少数补写卷以外，此书本为中国所刊，则是毫无疑问的。

与《翰苑》所记"倭面上国"之词的造成是出于张楚金对《汉书·地理志》如淳注的误解相比，北宋刊本《通典》所记"倭面土国"之词可以说是误上加误。"倭面上国"指"倭面之上国"，其词义尚属可解；"倭面土国"读作"倭面之土国"，其词义完全不通。因此，至少是从14世纪初的元代前期开始，"倭面土国"的名称在各种刊本的《通典》中被再三修改，遂致异文迭出，大有莫衷一是之势。

据日本学者调查，南宋刊本《通典》收藏于北京图书馆、上海图书馆、台湾中央研究院历史语言研究所、日本奈良天理图书馆等处。从日本学者所记各图书馆和研究所藏书的卷目看来，除北京图书馆所藏宋刻宋元递修本《通典》第九册中有第185卷《边防·东夷·倭》的条目以外，其他各处所藏皆缺此卷此条目。其实，经我亲自到北京图书馆善本书库查验，该馆所藏宋刻宋元递修本《通典》9册23卷中亦缺问题所在的第185卷[19]。因此，南宋刊本《通典》如何表记"倭面土国"之类的名称，已无从查考。

日本宫内厅书陵部所藏北宋刊本《通典》记倭王师升等的名号为"倭面土国王"，本属虚讹，词义不通，已如前述。日本静嘉堂文库中的元（大德末年）刊本《通典》所记改为"倭面土地王师升等"，其词义亦是不伦不类。此外，就明代而言，嘉靖无刊记本《通典》作"倭面土地王师升等"，与上述元刊本《通典》所记相同，而万历年间俞安期《唐类函》所收《通典》的有关条目则又改作"倭国土地王师升等"，在文理和事理上仍然是不通之极。要之，张楚金《翰苑》所记"倭面上国"在历史上本来是不存在的，而北宋刊本《通典》中的"倭面土国"又为"倭面上国"之误刻，以误传误，误上加误，所以在元刊本和明刊本《通典》中更出现"倭面土地"、"倭国土地"等异称，从而使得杜佑《通典》所记以帅升等为王的倭人之国的国名成为中国古代史籍记载中疑问最多的难题之一。

但是，不难推想，明代学者从古籍校勘学的立场出发，检查了袁宏《后汉纪》、范晔《后汉书》、王钦若《册府元龟》、王应麟《玉海》等史籍、类书的记载，并考核杜佑《通典》各刊本、抄本所记文字的异同，终于认清了所谓"倭面土国王"、"倭面土地王"之类的名号皆出于虚构、讹传，故在重刊《通典》时作了彻底的改正。日本东京大学东洋文化研究所所藏方献夫本《通典》和李元阳本《通典》等明嘉靖年间所刊《通典》都在第185卷《边防·东夷·倭》的有关文句中称汉安帝永初元年遣使奉献的师升等为"倭国王"，或从"倭面土国王"中删除"面土"二字，或从"倭面土地王"中删除"土地"二字而改"面"字为"国"字，从而与范晔《后汉书·东夷传》所记"倭国王帅升等"取得一致。清代所刊武英殿系诸版本的《通典》皆承袭上述明刊本《通典》的主旨，可以说又从"倭国土地王"中删除"土地"二字，遂使帅升等成为毫无疑义的"倭国王"，最终宣告所谓"倭面土国"、"倭面土地"、"倭国土地"之类的名称在历史上本来都是不存在的。

由于张楚金《翰苑》在宋、元以后亡佚，其抄本遗留于日本而不遗留于中国，故明、清两代学者未能寻根求源，对其所记"倭面上国"之词加以追究。然而，师升等既已按范晔《后汉书》记载而正名为"倭国王"，则《翰苑》中的"倭面上国王"在历史上自亦属于不存在之列，已如前述。

七

关于倭国王之名，范晔《后汉书》自宋代以来的各种刊本皆作"帅升等"，至今不变。与此不同，张楚金《翰苑》抄本残卷则作"师升"或"师升等"。杜佑《通典》自北宋至明代的各刊本皆作"师升等"，但清代武英殿刊本以后的《通典》则改为"帅升等"。此外，《册府元龟》作"师升等"，《玉海》作"帅升等"，而《日本书纪纂疏》按《翰苑》所记又作"师升等"。就诸书的种类而言，称"帅升等"之书与称"师升等"之书在数量上可谓不相上下，从诸书各抄本、刊本的抄刊年代看来，亦不易判断"帅升等"与"师升等"二者以何者为本原。我因范晔《后汉书》为记载东汉历史的正史，其成书年代早于张楚金《翰苑》和杜佑《通典》，更无论王钦若《册府元龟》和一条兼良《日本书纪纂疏》，又因如以上考证，《后汉书》所记"倭国王"称号确实，《翰苑》、《通典》、《日本书纪纂疏》所记"倭面上国王"或"倭面土国王"等称号虚讹，故倾向于认为范晔《后汉书》所记"帅升等"之名是正确的。我的这一倾向性意见，是与清代武英殿本《通典》校勘者的认识相同的。不过，"帅"字与"师"字不仅字形相似，而且读音相近，故可不必过于追究其孰是孰非的问题。

值得注意的是，在日本学术界，长期以来，有关学者几乎都主张倭国王之名为"帅升"（或"师升"，下同），而"等"字则是表示复数。中国史学界迄今虽未对所谓"倭面土国"之类的问题开展讨论，但从前述中华书局近年出版的标点本《后汉书》所标专名号看来，中国学者似乎也主张"帅升"二字为倭国王之名，而视"等"字为表示所举未尽、以此类推的助词[20]。因此，1989年我在题为《古代的中日关系——从志贺岛的金印到高松塚的海兽葡萄镜》的论文中提出"帅升等"三字为倭国王之名的看法[21]，可以说是破天荒之举。这里，我详述理由如下。

首先，应该指出，《通典》各刊本及《翰苑》、《册府元龟》、《玉海》乃至《日本书纪纂疏》等多种书籍中的有关文句，与范晔《后汉书·东夷传》所记"安帝永初元年，倭国王帅升等献生口百六十人，愿请见"的文句相对照，除"倭国王"三字屡有改变，已如前述以外，"献生口百六十人，愿请见"的十个字亦在不同程度上有所省略或更改，或省去"愿请见"三字，或省去"生口百六十人"的"人"字，或仅取"生口"二字而省去"百六十人"四字，或按《后汉书·安帝纪》中的文句，改"献"字为"奉献"二字而省去其余九个字，如此等等，不遑枚举。但是，除《翰苑》第一处记述而外，"帅升等"的"等"字皆得保留，绝无省去之例。这足以说明，自唐宋以降，迄于明清，学者们皆认"帅升等"（或"师升等"）三字为倭国王之名，而不以为是"帅升"（或"师升"）等人。

如上所述，记倭王之名为"师升"的，只不过是张楚金《翰苑》残卷中的第一处记述。如本文第一节所引，《翰苑》残卷中的第一处有关记述为"安帝永初元年，有倭面上国王师升至"，显示倭王之名为"师升"二字而不是"师升等"三字。但是，已经说过，太宰府天满宫

《翰苑》残卷为日本平安时代抄本，误字、漏字不少，不能排除张楚金原文本来为"师升等"的可能性。特别是残卷中的第二处有关记述为"安帝（永）初元年，倭王师升等献生口百六十"，"师升"之下有"等"字，可证第一处记述的文句确在"师升"二字之下脱漏了"等"字。

据袁宏《后汉纪·孝安皇帝纪》和范晔《后汉书·安帝纪》记载，汉安帝永初元年倭国是"遣使奉献"，而不是倭王亲自来朝。因此，《翰苑》残卷第一处记述中"有倭面上国王师升至"的"至"字完全与史实不符。从古代中日两国交往的全部历史看来，倭国从来都是遣使来向中国通好，绝无倭王亲自来朝觐见之例。所以，我认为，"师升至"也许是"师升等"的误抄。就语法而论，"有倭面上国王师升等"之句与其下"有一女子名曰卑弥呼"之句一样，亦无多大不通之嫌。

《后汉书·东夷传》记"安帝永初元年，倭国王帅升等献生口百六十人，愿请见"。若将其中"帅升等"的"等"字视为表示复数的助词，则生口便成为不是倭国王一人所献，而是倭国王与其他的人所共献。这样，上述《后汉书·东夷传》的记载必须理解为倭国王率领其臣僚，亲自来向中国汉朝皇帝献生口。但是，如上所述，倭国是"遣使奉献"，不是倭王亲自来觐，所以必须将"帅升等"三字视为倭国王之名，而不可理解为倭国王"帅升"及其臣僚等人。

八

那么，是否可将《后汉书·东夷传》的记载理解为倭国王"帅升"等人共同遣使来向中国皇帝献生口呢？我认为，这个问题不仅涉及当时倭国国内的政治组织体制，而且也与古代中国朝廷的外交上的名分规制以及中国史书记事的立场通例有关，必须查考清楚。

应该指出，倭国王只有一个，其在国内身份之高可谓与众不同，按理不能以与国内其他人的共同名义遣使向中国皇帝献生口。通览中国历代史书，凡述及倭国遣使朝贡，皆仅举倭王一人之名为代表，称使者为倭王一人所遣，决无称倭王与国内其他的人共同遣使之例，足可为证。就早在汉光武帝建武中元二年（公元57年）倭人之国第1次正式遣使到洛阳向中国奉贡朝贺之事而言，《后汉书·光武帝纪》称"东夷倭奴国王遣使奉献",虽不记奴国王的名字,但"奴国王"三字之下无"等"字,亦显示了使者为国王一人所遣之意。因此,经过反复推敲,我确信《后汉书·东夷传》等史籍所记"帅升等"(或"师升等")三字为倭国王一人之名,不可理解为"帅升"(或"师升")等人。

陈寿《三国志·魏书·东夷传》记"景初二年(二年应为三年之误)六月,倭女王(卑弥呼)遣大夫难升米等诣(带方)郡,求诣天子朝献","(正始)四年,倭王(卑弥呼)复遣使大夫伊声耆、掖邪狗等八人上献生口","(正始八年)倭女王卑弥呼……遣倭载斯乌越等诣(带方)郡","(正始八年)台与遣倭大夫率善中郎将掖邪狗等二十人,……献上男女生口三十人",其中多有"难升米等"、"伊声耆、掖邪狗等"、"载斯乌越等"、"掖邪狗等"的用语,但绝无"卑弥呼等"、"台与等"的用语。这是因为卑弥呼、台与是倭王,其他人不能与之相提并论,故称为"大夫"的使者是以卑弥呼或台与一人的名义所遣,生口之类亦是以卑弥呼或台与一人的名义所献。景初三年十二月魏帝在致卑弥呼的诏书中称"汝所献男生口四人、女生口六人"云云,使问题显得更为清楚,无可置疑。

如《三国志·魏书·东夷传》所记述,正始八年(公元247年)台与为年仅13岁的初立的女王,就倭国国内的政治组织体制而论,其统治无疑须依靠众多臣僚的辅佐,特别是倭地诸国首长的支持。但是,陈寿按中国朝廷的外交上的名分规制和中国史书记事的立场通例,十分明确地称使者掖邪拘等20人为女王台与一人所遣。要之,《三国志·魏书·东夷传》的上述记载,为我主张《后汉书·东夷传》所记"帅升等"三字是倭国王之名的看法提供了可靠的旁证。

根据范晔《后汉书》的记载,倭国王帅升等大约在位于公元1世纪晚期至2世纪初期,乃是中国史书中有名可查的最初的第一倭人。从这一意义上说,考明其名为"帅升等"而非"帅升",实亦未可视为无关紧要的琐屑之谈。

就日本方面的古代史籍而言,《日本书纪》记6世纪后期敏达天皇(公元572~585年)时有鞍部村主名为"司马达等"者受遣寻访佛教修行人,7世纪前期舒明天皇(629~641年)时有官员名为"伊岐乙等"者奉命引唐使高表仁入居难波之宾馆,7世纪后期持统天皇(公元690~697年)时有前朝功臣之子名曰"藤原不比等"者在以后的元明天皇（公元707～717年）朝任右大臣之要职。《日本书纪》又记大约早在公元3世纪以前的垂仁天皇之时，有名为"都怒我阿罗斯等"的意富加罗国（任那国）王子前来归化。以上诸人之名皆以"等"字结末，或亦稍可为我关于"帅升等"三字是倭国王一人之名的考证作附注。

最后，必须说明，中华书局新近出版的校点本《通典》（责任编辑王文锦）在有关部分的注释中谓"北宋本、明抄本、明刻本作'倭面土国王师升献生口'"，"师升"之下无"等"字[22]。但是，如我在本文第一节和第六节所述，日本宫内厅所藏北宋刊本《通典》和东京大学所藏方献夫本、李元阳本等明刊本《通典》分别作"倭面土国王师升等献生口"和"倭国王师升等献生口"，明嘉靖无刊记本《通典》作"倭面土地王师升等献生口"，"师升"之下皆有"等"字。因此，不能不说中华书局校点本《通典》的上述注释实有差错。此外，日本西岛定生先生还就明刊本《通典》是否作"倭面土国"的问题向中华书局校点本的注释提出质疑[23]。因为，据西岛先生所知，在各种刊本的《通典》之中，唯独北宋刊本《通典》作"倭面土国"。

九

如我在本文第二节所述，近代以来，经日本学者研究，《后汉书·光武帝纪》和《后汉书·东夷传》所记汉光武帝建武中元二年（公元57年）遣使奉贡的"倭奴国"是指倭地使译所通三十国中的"奴国"，其地理位置在今日本九州北部福冈县境内。所谓"倭奴国"，实际上是指"倭之奴国"，而奴国王只是倭地三十国中的一国之王。那么，《后汉书·东夷传》所记汉安帝永初元年（公元107年）献生口百六十人的"倭国王"帅升等又是倭地三十国中的何国之王呢？

日本学者根据北宋刊本《通典》中的"倭面土国王师升等"的记载，主张师升（等）是"面土国"之王，而"面土国"则是倭地三十国中的一国。但是，我在本文各节的考证中否定了所谓"面土国"在历史上的存在，并主张帅升等应如《后汉书》所记，是"倭国王"而不是"倭面土国王"。那么，《后汉书》所称的"倭国王"究竟是全倭之王，还是三十国中的某一国之王呢？关于这个问题，必须从《后汉书·东夷传》和《三国志·魏书·东夷传》两方面的记载加以考察。

兹举两《传》的有关记载，并附我的注解如下。

（A）《后汉书·东夷传》："倭在韩东南大海中，依山岛为居，凡百余国。自武帝灭朝鲜，使驿（译）通于汉者三十许国，国皆称王，世世传统，其大倭王居邪马台国。"（笔者注解：此句为全《传》首句，说明在中国东汉时代，统辖倭地诸国的"大倭王"早已有之，不仅汉末卑弥呼女王一人。又此句所记"大倭王"不分性别，可男可女，固不独指卑弥呼。"大倭王"统辖倭地诸国，必以其中一国为其势力的根本所在，故居于邪马台国的"大倭王"应亦为邪马台国之王。）

（B）《后汉书·东夷传》："桓灵间，倭国大乱，更相攻伐，历年无主，有一女子名曰卑弥呼，……于是共立为王。"（笔者注解：此句主语是"倭国"，女王卑弥呼立于"倭国大乱"、"历年无主"之际，故应为倭国之王，即倭王，亦即大倭王。）

（C）《三国志·魏书·东夷传》："其国本亦以男子为王，住七、八十年，倭国乱，相攻伐历年，乃共立一女子为王，名曰卑弥呼。"（笔者注解："其国"为代名词，"倭国"为名词。代名词应置于名词之后而不能置于名词之前，故句首的"其国"不是"倭国"的代名词，而是邪马台国的代名词。卑弥呼为王以后，邪马台国称"女王国"，故"其国"实为此《传》前段文句中多处所见的"女王国"的代名词。"其国本亦以男子为王"，是说女王国本来也以男子为王。）

（D）《三国志·魏书·东夷传》："（南至）邪马台国，女王之所都。"〔笔者注解：此句后句称"次有奴国（B），此女王境界所尽"而不称"此女王国境界所尽"，但前句称"伊都国世有王，皆统属女王国"而不称"皆统属女王"。"女王国"即邪马台国，可见女王卑弥呼实为邪马台国之王，因其又为倭王，统辖倭地其他20余国，故邪马台国亦可视为女王之所都。〕

我在经过反复对照、考核之后，得出各项结论如下：根据（A）《后汉书·东夷传》的记载，倭地除三十国中的各国之王以外，还有一个"大倭王"居于邪马台国，他（她）是全倭之王，同时又是三十国之一的邪马台国之王。根据（B）《后汉书·东夷传》、（C）《三国志·魏书·东夷传》、（D）《三国志·魏书·东夷传》的记载，经历汉桓帝（公元147～167年）和灵帝（公元168～189年）期间的倭国大乱以后被共立为王的卑弥呼女王是全倭之王，同时也是邪马台国之王。根据

（C）《三国志·魏书·东夷传》的记载，在倭国大乱之前约七、八十年，邪马台国的男王是全倭之王。

如前面多次说过，倭国王帅升等遣使向中国献生口在2世纪初的汉安帝永初元年（公元107年），而倭国大乱的年代则在2世纪60年代至80年代的所谓"桓灵间"。可以判明，倭国王帅升等在位于倭国发生大乱之前约七、八十年。因此，根据（C）《三国志·魏书·东夷传》的记载，我认为帅升等是邪马台国的男王，同时也是全倭之王，故在《后汉书·东夷传》中称为"倭国王"。要之，2世纪初年的倭国王帅升等与2世纪晚期被共立为倭王的卑弥呼一样，两者都是（A）《后汉书·东夷传》记载中所称居于邪马台国的"大倭王"。

按照我的考证，邪马台国的地理位置在今日本本州的畿内地区[24]。我认为，当公元1世纪中叶之时，倭地三十国中要以九州北部的奴国最为强盛，故奴国王能于汉光武帝建武中元二年（公元57年）率先遣使到洛阳，向中国朝贡。中国方面知悉奴国只是倭地诸国中的一国，故《后汉书》称其为"倭奴国王"（倭的奴国之王）而不称其为"倭国王"，这已为日本福冈市志贺岛出土的"汉委奴国王"金印所证实。在此之后，经过大约半个世纪的时间，位于本州畿内地区的邪马台国势力大增，其男王帅升等乃继奴国王之后，于汉安帝永初元年（公元107年）遣使到洛阳，向中国朝贡。中国方面认为邪马台国的势力在倭地诸国中居首位，对其他诸国有一定的控制权，故《后汉书》称其为"倭国王"，而"倭国王"实指全倭之王，亦即"大倭王"。当然，所谓"全倭"，在地域上也有相当大的局限性。此乃常识，无须多言。

注　释

[1]　a. 王仲殊：《「漢委奴国王」の金印》第16~18页，《中国からみた古代日本》，学生社，1992年。

b. 王仲殊：《论所谓"倭面土国"之存在与否》第84~93页，《北京大学学报（哲学社会科学版）》1994年第4期。

[2]　西嶋定生：《「倭国」の形成時期について—〈魏志〉倭人傳の再檢討》第33~35页，《大和政權への道》，日本放送教育协会，1991年。

[3]　西嶋定生：《倭面土国出典考——「倭国」の成立と關連して》99~100页，《就实女子大学史学論集》，1990年。

[4] 袁宏：《后汉纪》卷第十六第303~666页孝安皇帝纪，《景印文渊阁四库全书》史部第六十一、编年类第三○三册，台湾商务印书馆发行，1986年。

[5] 八家：《后汉书》虽已亡佚，但佚文见于其他史书、文集的注文，或为类书所引述。见周天游：《八家后汉书辑注》，上海古籍出版社，1986年。

[6] 张鹏一：《魏略辑本》（关于《魏略》记事年限及成书年代的考订，见《辑本》卷首的《序》及所补《鱼豢传》），陕西文献征辑处，1924（甲子）年。

[7] 杉本宪司：《〈魏志〉倭人傳を通讀する》第101、113页，《倭人の登場》，《古代の日本》第1，中央公论社，1985年。

[8] a. 白鸟库吉：《倭女王卑弥呼問題は如何に解決せらるべきか》，《史学雑誌》第38编第10号，1927年。
b. 江上波夫：《〈魏志〉倭人傳の讀み方》第165页，《倭人の国から大和朝廷へ》，平凡社，1984年。

[9] 《宋书·夷蛮传》记元嘉七年诃罗陀国遣使奉表曰："仰惟大国，藩守旷远，我即远方藩守之一。上国臣民，普蒙慈泽，愿垂恩逮，等彼仆臣。"表文中"大国"、"上国"俱为对中国刘宋王朝的尊称，词义相同。见《宋书》卷九十七第2378页，中华书局，1974年。

[10] 《旧唐书·吐蕃传（上）》记贞观十五年唐太宗命李道宗主婚，送文成公主于吐蕃，赞普弄赞亲迎于河源之事称："（赞普弄赞）见道宗，执子婿之礼甚恭。既而叹大国服饰礼仪之美，俯仰有愧沮之色。及与公主归国，谓所亲曰'我父祖未有通婚上国者，今我得尚大唐公主，为幸实多'。"记述中的"大国"、"上国"皆指中国唐王朝，词义相同，而"上国"则是赞普弄赞与其本国臣僚谈话时所称，不是直接的尊称，实属他称。见《旧唐书》卷第一百九十六上第5221~5222页，中华书局，1975年。

[11] 《文选》卷第五（左太冲〈吴都赋〉）第64页，世界书局影印，1935年。

[12] 《三国演义》第八十六回（《难张温秦宓逞天辩》）记蜀国使者邓芝见吴主孙权，长揖不拜，曰"上国天使，不拜小邦之主"。"上国"为邓芝对本国的自称，不是对吴国的敬称；又"上国"为"小邦"的对应词，其词义实同"大国"。《三国演义》为小说，但罗贯中为明初大文豪，其对"上国"一词的使用，自无可非议。

[13] 《文选》（左太冲《吴都赋》）李善注，世界书局影印，1935年。

[14] 《辞源》第0032页，商务印书馆，1988年。

[15] 左思《吴都赋》曰"玩其碛砾而不窥玉渊者，未知骊龙之所蟠也；习其弊邑而不睹上邦者，未知英雄之所躔也。子独未闻大吴之巨丽乎。且有吴之开国也，造自太伯，宣于延陵，"云云。李善引《左传》而注"卫州吁曰，弊邑与陈、蔡从"，《辞源》据《左传》而解"邑"为侯国，可见"弊邑"指弊国。李善又注"上邦，犹上国也"，而《辞源》解"上邦"为大国。要之，"弊邑"指卫侯的国家，不是指卫国的都邑，"上邦"、"上国"指孙吴的国家，不是指吴国的都城。《左传》中的"弊邑"为州吁对本国的谦称，但《吴都赋》中的"弊邑"则含小国之意，与"上邦"之为大国相对应。

[16] 日本学者西岛定生先生读了我《论所谓"倭面土国"之存在与否》的论文，对我关

于一条兼良所称"倭面上国"是指"倭面之上国"的见解深表赞成，但西岛先生以日本《大汉和辞典》和中国《汉语大辞典》对"上国"一词的解释为依据，认为我解"上国"（即"上邦"）之意为"大国"不妥，进而主张一条兼良所称"倭面（之）上国"在词义上难以成立。因此，我在本文此节中对"上国"的词义详加查考，以证一条氏所称正确无误。西岛先生的意见，见西岛定生：《倭面土国出典續考》第31～36页，《就实女子大学史学論集》第9号，1994年。

[17] 扬雄《甘泉赋》云"瑞穰穰兮委如山"，李善注"委，积也"。见《文选》卷第七第98页，世界书局影印，1935年。

[18] 西岛定生：《倭面土国出典考——〈倭国〉の成立と關連して》第89、95页，《就实女子大学史学論集》，1990年。如日本西岛定生先生在其《倭面土国出典考》的论文中所指出，卜部兼方、一条兼良引用的范晔《后汉书》应为7世纪后期唐章怀太子李贤（公元654～684年）作注以后的唐宋以降的《后汉书》抄本或刊本，不是7世纪中叶张楚金撰《翰苑》以前的所谓古本《后汉书》。

[19] 日本学者长泽规矩也、尾崎康编宫内厅书陵部藏北宋版《通典》（全八卷，别卷一），由汲古书院于1980年5月至1981年9月出版，其中别卷《解题·通典北宋版および諸版本について》第23页记北京图书馆所藏宋刻宋元递修本《通典》九册二十三卷的卷目为第11～15、21～27、36～38、46～48、181～195，使人以为其中包含第185卷。经查验，所记第181～195实为第181～183、194～195之误。尾崎氏所记卷目虽有误，但二十三卷的卷数是正确的。卷目之误，当为笔误。

[20] 王仲殊：《关于〈魏志·倭人传〉、〈后汉书·倭传〉的标点和解释》第80～81页，《古籍整理与研究》第7期，中华书局，1992年。

[21] 王仲殊：《古代的中日关系——从志贺岛的金印到高松塚的海兽葡萄镜》第464页，《考古》1989年第5期。

[22] 王文锦等：《通典》第五册第5005～5006页注69，中华书局校点本，1988年。

[23] 西岛定生：《倭面土国出典考——〈倭国〉の成立と關連して》第77、80页，《就实女子大学史学論集》，1990年。

[24] 王仲殊：《邪馬台国の所在地》第27～32页，《中国からみた古代日本》，学生社，1992年。

（本文日文译稿原载日本《東アジアの古代文化》第92号，1997年夏）

从古代中日两国的交流看宗像·冲之岛的祭祀遗址

有"海上正仓院"之称的宗像·冲之岛祭祀遗址不仅在日本国内十分有名,世界各国有关方面的研究者亦多予以重视,尽管由于禁忌严格[1],登临冲之岛进行实地访问者人数极少。

中国是日本的近邻,早在久远的古代就与日本有着密切的交往。作为中国考古学·古代史的研究者,我们对日本重要的古代遗址甚为注意,而宗像冲之岛的祭祀遗址则是最具特色的重要遗址之一。

一

冲之岛为日本九州福冈县北面称为"玄界滩"(亦称"玄海")的近海中的一个孤岛,南距福冈县宗像市海岸的神凑50余公里。全岛东西约1公里,南北约0.5公里,周围约4公里,面积甚小。岛上巨岩重叠,断崖绝壁连续,在称为"冲津宫"的神社周围分布着许多祭祀遗址。自1954年至1971年,经过3个阶段(1954~1955年、1957~1958年、1969~1971年)合计10次的学术调查,共发现祭祀遗址达23处之多。遗址按其处所、地形的不同,可分为"岩上"、"岩阴"、"半岩阴半露天"、"露天"4种类型,其年代依次相继,前后延续。岩上祭祀约自4世纪后半至5世纪,岩阴祭祀约自5世纪后半至6世纪,半岩阴半露天祭祀约自7世纪至8世纪,露天祭祀约自8世纪至9世纪。在长达500余年的历代的祭祀活动中,作为向神祇供奉的遗物计有铜镜,勾玉(勾形珠)、管玉(管状珠)等珠玉类,金指环、银钏(手镯)、石钏等装饰品,刀剑、甲胄等武器、武具,工具,马具,铜制容器,土师器(褐色软质陶器),须惠器(灰色硬质陶器),唐三彩,奈良三彩

（奈良时代仿唐三彩而作的彩色釉陶），玻璃碗，铜质鎏金的琴、纺织机、短刀、斧等的微型仿制品，滑石制的祭祀品，铜质鎏金的和滑石制的人形、马形、船形等的微型祭祀品，铁铤（铁器制造的素材），以及铜质鎏金的龙头（或许是套在旗杆之类顶端的饰物），等等。其数量之多，种类之繁，可谓不胜枚举。冲之岛的祭祀是对冲津宫所奉祀的宗像神的崇敬，而宗像神则是掌管海上交通之神。以大量的、各种各样的珍贵品物相供奉，其目的在于祈求航海的安全，业务的顺遂。

在中国社会科学院考古研究所的图书馆里，早就收藏着1970年刊行的《冲之岛》（Ⅰ）和1971年刊行的《冲之岛》（Ⅱ），尤其是1979年刊行的《宗像冲之岛》的大册之书，阅读之余，感受良深。可以认为，宗像冲之岛祭祀遗址的调查发掘是20世纪50年代以来日本考古学上的优秀成果之一，在世界考古学上亦具有独特而重要的意义。

从考古学·古代史的研究出发而言，与玄界滩冲之岛的祭祀遗址直接相关的是，在自宗像神社至宫地嶽神社的丘陵地带有着许多圆坟、前方后圆坟的古坟群。古坟群坐落在面向玄界滩的丘陵上，自北而南，计有胜浦古坟群、津屋崎古坟群、新原·奴山古坟群、须多田古坟群等以及宫地嶽古坟，位置皆在福冈县原宗像郡的津屋崎町境域内，其中胜浦古坟群与津屋崎古坟群紧密相连，两者名称通用。作为行政区划，宗像郡已于近年取消，其境域改属宗像市和新设的福津市，上述各古坟群所在地则改属福津市的津屋崎·胜浦地区，而各古坟群有时被统称为"津屋崎古坟群"。古坟群的年代在4世纪末至5世纪，亦有迟至6世纪初的。这些古坟群可视为当地豪族宗像氏的"奥津城"（日本语中对坟墓的雅称）。古坟内随葬品丰富，其种类、数量、品质可与冲之岛祭祀遗址中的品物相比拟，足证冲之岛的祭祀虽为畿内大和政权所主持，而当地豪族宗像氏则在岛上参与具体的运作。

1976年发掘的津屋崎41号坟别名为"胜浦峰之畑古坟"，是宗像地区最大的前方后圆坟。坟丘全长97米，石室为横穴式，筑造年代约在5世纪中期。出土遗物数量大，种类多，品质优良，与冲之岛第2期岩阴祭祀的7号、8号遗址出土的品物甚为相似，可见被葬者（墓主人）为当地豪族宗像氏中的最有权势的人物，其与冲之岛的祭祀有着密切的关联。

宫地嶽古坟坐落在福津市的宫地嶽神社的社址内，为直径约35米的圆坟，其长达22米的横穴式石室由花岗岩的巨石筑成，故可称为"巨石古坟"。随葬品丰富、精致，显示当时宗像氏豪族的繁荣与富足。此古坟的筑造年代较晚，属7世纪的古坟时代终末期。作为一种推论，墓主人被比定为胸形君德善（在日本语中，"胸形"与"宗像"皆读作Munakata，胸形君即宗像君），据记载，其人为天武天皇的外戚。若此论属实，则可说明当时宗像氏与日本中央政权关系之密切。

如日本学者所指出[2]，《日本书纪》的神话记述上古时期的所谓宗像三女神为田心姬命（《古事记》作"多纪理毗卖命"）、湍津姬命（《古事记》作"多岐都比卖命"）、市杵岛姬命（《古事记》作"市寸岛比卖命"），分别被奉祀于宗像大社的冲津宫（宗像市冲之岛）、中津宫（宗像市大岛）、边津宫（宗像市田岛）[3]，合称宗像大神，是统管玄界滩的航海之神。4世纪后半以降，大和政权与朝鲜半岛、中国大陆的交往密切，乃使女神们作为"海北道中"的守护神的地位提高，故在冲之岛举行盛大的祭祀。

二

日本为岛国，海上交通发达，宗像冲之岛的祭祀是为祈求航海的安全，这是可以理解的。在古代，日本的海上交通主要是与朝鲜半岛、中国大陆交往，这也是理所当然的。应该指出，据日本学者考察，冲之岛的祭祀是畿内的大和政权于4世纪后半开始举行的。

如所周知，据《后汉书》光武帝纪和东夷（倭）传记载，早在东汉光武帝的建武中元二年（公元57年），倭奴国王遣使到洛阳朝贡，光武帝赐以印绶。1784年2月，在今福冈市（东区）的志贺岛发现"汉委奴国王"的金印，证实了中国史书记载的正确性。"汉委奴国王"5字，应理解为"汉·倭·奴国王"，而奴国的地理位置在九州北部。长期以来，学者们多怀疑此印为伪作，主要理由是印钮作蛇形，印文为刻凿而非铸就，不合规制云云。1956年在中国云南省晋宁石寨山西汉滇国墓中发掘出土"滇王之印"的金印，对照《史记》西南夷列传的记载，这无疑是汉武帝于元封二年（公元前109年）赐给滇王的。由于滇王之印亦为蛇钮，印文亦为刻凿而非铸就，我迅速撰作题为《说滇王之印与汉委奴国王印》的论文，确认"汉委奴国王"金印为真品而非伪作[4]。

据《后汉书》安帝纪和东夷（倭）传记载，在东汉安帝的永初元年（公元107年），倭国王帅升等遣使到洛阳朝贡。日本学者主张倭国王之名为"帅升"，"等"字是表示复数的助词，我则认为"帅升等"3字为倭国王一人之名。日本学者们多认为"帅升（等）"是伊都国之王，我则主张其为邪马台国的男王[5]。帅升等所献"生口"（指奴隶）计160人之多，可见渡海前往中国的倭国使节团全体规模之庞大。

据《三国志》魏书东夷（倭人）传记载，在男王们统治邪马台国70~80年之后（约当公元2世纪70~80年代），倭国乱，争战多年，乃共立一女子名曰卑弥呼为王。我认为，卑弥呼女王是倭王，同时亦是邪马台国之王，故邪马台国称为"女王国"[6]。在邪马台国所在地为畿内抑或为九州的问题上，考古学者以坚持畿内说为主流，文献史学者则多认同于九州说。或许由于我主要是从事考古学研究的，我始终站在畿内说的立场上。

据《三国志》魏书东夷（倭人）传记载，卑弥呼于魏少帝（齐王芳）景初三年（公元239年）[7]遣使到洛阳朝贡。魏帝册封卑弥呼为"亲魏倭王"，并以许多珍贵的品物赐予，其中包含"铜镜百枚"。学者们多认为魏帝所赐之镜是三角缘神兽镜，我则主张三角缘神兽镜为东渡的中国工人在日本所制作。在日本，出土的三角缘神兽镜至今已达500余枚之多，在中国和朝鲜半岛却始终一无所见，仅此一点，即可说明问题[8]。

魏少帝正始四年（公元243年），卑弥呼女王又遣使来贡。在此后的正始六年（公元245年）、正始八年（公元247年），女王卑弥呼与中国魏王朝交往不断，卑弥呼死后，幼女王台与继位，又立即遣使来洛阳朝贡（约当正始九年）。据《晋书》武帝纪及《日本书纪》神功皇后纪引《晋起居注》记载，在经过将近20年的长时期之后，台与女王又于晋武帝泰始二年（公元266年）遣使到洛阳向继魏而立的中国西晋王朝进贡。

我主张邪马台国在畿内，但不认为卑弥呼、台与两女王是"大和政权"的统治者。据中国史书《梁书》东夷（倭）传和《北史》倭国传记载，台与女王死后，倭国又改以男子为王。按照我的考量，这便是"大和政权"的成立，其年代约当3世纪末、4世纪初[9]。邪马台国所在地有九州说与畿内说之争，而"大和政权"成立于畿内则是日本学术界确认无疑的共识。

如以上所述，自公元1世纪中叶开始，至3世纪后期为止，奴国、邪马台国经海上航行，与中国诸王朝交往，尤以3世纪的邪马台国时期为频繁，但在宗像冲之岛祈求航海安全的祭祀却要迟至4世纪中叶以后才开始举行。因此，如诸多学者所论说，冲之岛的祭祀活动是由大和政权的统治者创始的。冲之岛第1期岩上祭祀遗址出土的品物多与畿内前期古坟的随葬品类同，证实了上述的论说。

三

我认为，"大和政权"主要是指4～6世纪以畿内的大和、河内各处为宫室、陵墓所在地的倭国的政权。宫室、陵墓的所在地可以迁移、改变，而大和政权的王统则是一脉相承，世代相继的。就倭国与中国大陆的交往、通好而言，5世纪处于新的高潮期。这主要是由大和政权的所谓"倭五王"的外交政策所导致，在古代中日关系史上有着极其重要的地位。

中国史书《宋书》诸帝纪和夷蛮（倭国）传记倭五王之名各为赞、珍、济、兴、武，赞与珍为兄弟，济为兴之父，武为兴之弟，而珍与济的关系不明。因此，学术界曾有赞、珍二王与济、兴、武三王分属两个不同的王统之说。当然，这种说法是难以成立的。

日本学术界就《宋书》所记倭五王与《日本书纪》所记诸天皇相对照，曾有各种不同的见解，要以赞为履中、珍为反正、济为允恭、兴为安康、武为雄略天皇之说为妥切[10]。《日本书纪》记履中、反正、允恭三天皇为兄弟，安康天皇为允恭之子、雄略天皇为安康之弟，皆属同一王统，可谓合乎情理，与《宋书》所记亦无大的矛盾，只不过是《宋书》漏记珍、济二王的关系而已。

如所周知，崎玉县稻荷山古坟出土的铁剑有着115字的详细铭文。据考证，铭文中的"获加多支卤大王"为《日本书纪》中的雄略天皇，亦即《宋书》中的倭王武，这早已成为学术界的共识。这样，铭文所记"辛亥年"相当公元471年，为倭王武的在位之年，亦是可以肯定的。最重要的是铭文中的"杖刀人首"指倭王们的警卫队长，铭文的主人公（当事人）"乎获居臣"则是倭王武的警卫队长。铭文记述自乎获居臣的上祖"意富比垝"始任倭王的"杖刀人首"（警卫队长）以来，父子相继，任此要职，已历8代。除去乎获居臣本人不计，亦历7代之久，以一代为20年计算，7代共历140年。自倭王武在位的辛亥年（公元471年）上溯140年而至公元4世纪30年代以来，历代倭王的"杖刀人首"（警卫队长）皆由意富比垝及其子孙担任。如铭文所记，杖刀人首辅佐倭王治天下，权力极大，其职位自非与倭王有亲密关系者莫属，从而亦可据以推定自4世纪初期以来，以男子为王的大和政权的王统是一脉相承，始终不变的[11]。再就前述大和政权的王宫所在地问题而言，稻荷山古坟出土铁剑铭文记5世纪70年代在位的获加多支卤大王（雄略天皇）的王宫称"斯鬼宫"。日本学者有考证"斯鬼宫"应为大和的磯城宫的（"斯鬼"的读音与"磯城"相同，皆为shiki）[12]，而《日本书纪》记6世纪中期在位的钦明天皇于其即位之年（公元540年）迁宫室于大和的磯城[13]，可谓彼此符合。

《宋书》记倭王赞向中国遣使朝贡是在宋武帝的永初二年（公元421年），参照《晋书》安帝纪等其他史书记载，朝贡之年实可提前至东晋安帝的义熙九年（公元413年）。要之，据中国史书记载，自5世纪初期至5世纪的70年代，赞、珍、济、兴、武等倭五王先后向中国江南以建康（今南京）为都城的东晋、南朝遣使朝贡共达10次之多，可谓极为频繁。

如熊本县江田船山古坟出土铁刀铭文所明记，倭王武（获加多支卤大王）号称"治天下大王"。《宋书》东夷（倭国）传记倭王武在上表文中陈述其祖先开拓国境之情状而曰"东征毛人五十五国，西服众夷六十六国，渡平海北九十五国"云云，足见当时倭国国势之强大，而倭王武其人更可谓是具有雄心壮志的君主。

5世纪东亚的国际形势甚为复杂。在朝鲜半岛，高句丽、百济、新罗三国竞争，方兴未艾；在中国大陆，北方的五胡诸国及北魏与南方的东晋、南朝对抗，尤为激烈。在此种情况下，倭五王开展积极的外交活动，颇见功效，堪称难得。长期以来，倭国与中国交往的动机除追求政治、经济利益以外。还出于对中国的制度、文化的景仰。倭五王之向中国遣使通好，舍北魏而就东晋、南朝，这是由于东晋、南朝被视为中国的正统王朝。中国南朝与百济关系甚佳，而百济与倭国的关系亦颇亲密。倭五王遣往中国南朝的使节团所取航路经由百济，这是十分方便、稳当的。

与前述1世纪至3世纪奴国、邪马台国之向中国以北方的洛阳为都城的东汉、魏和西晋遣使相比，倭五王所遣前往以江南的建康（今南京）为都城的中国东晋、南朝的使节团经历着更为遥远、漫长的海上航路。5世纪前期，在大和政权的主持下，特别是5世纪后半在当地豪族宗像氏的进一步的参与下，冲之岛的祭祀由第1期的岩上祭祀转为第2期的岩阴祭祀，规模益显盛大。可以认为，这与祈求倭五王们所遣使节团在远海中的航行安全是分不开的。

在中国湖北省长江以南的鄂州市境内的一座3世纪末、4世纪初的西晋时期的坟墓中，曾发掘出土1件波斯萨珊朝的玻璃碗，其形制与日本奈良县新泽千冢126号坟出土的波斯萨珊朝玻璃碗十分相似[14]，据我考证，它是3世纪中期通过"海上丝绸之路"传入中国江南的吴地的[15]。更值得注意的是，类似的波斯萨珊朝的玻璃碗在江苏省长江南岸南京附近的句容市被发掘出土，所由出土的坟墓属5世纪南朝的刘宋时期，有着宋文帝元嘉十六年（公元439年）的纪年[16]，碗的形状、纹饰与日本奈良市正仓院收藏的萨珊朝玻璃碗颇相类同[17]。据我判断，句容市的玻璃碗与鄂州市的玻璃碗一样，也是从伊朗经海路传入中国江南之地的。因此，我认为，冲之岛第2期岩阴祭祀8号遗址的波斯萨珊朝玻璃碗可能是5世纪倭五王时期从中国的南朝传来的，尽管从碗的残片看来，此碗形制与中国西北部宁夏回族自治区固原县6世纪中后期北周李贤墓（公元570年）出土的1件萨珊朝玻璃碗（当系自伊朗由陆路经西域各国传入）甚为相似[18]。

四

在日本古代史上，7世纪是不同寻常的、划时代的世纪。6世纪最末年（公元600年）和7世纪初年（公元607年）遣隋使的派遣结束了自5世纪70年代倭王武之后长达100余年倭国与中国交往的断绝，而遣隋使所递国书则宣告倭国不再接受中国朝廷的册封，其与中国的关系是对等的，对此，中国方面虽不以为然，却向倭国派遣了亲善使者，促进双方的友好关系[19]。7世纪30年代以降，遣唐使继遣隋使之后，继续开展与中国的"对等外交"。按照我的考证，7世纪60年代之末，倭国改国号为"日本"[20]。经遣隋使、遣唐使及与之随行的留学生、留学僧等的努力，中国的典章制度、文化学术等等传入日本，为日本方面所重视，并加仿效，乃使日本成为律令国家。7世纪90年代藤原京的营建开创了日本的新的都城制度，而其后8世纪的平城京和9世纪以降的平安京规模宏大，形制整齐，象征着日本国家的繁荣、昌盛，在政治、经济和文化事业等各方面皆有高度的成就。

关于遣唐使派遣的次数，日本学者各持己见，未有定论。我取18次之说，其中第12次、13次、18次因故中止，实际上共计15次。应该指出，天智天皇六年（公元667年）为送唐使司马法聪而遣的伊吉连博德等至朝鲜半岛西南部旧百济的熊津都督府而还，不可称为"遣唐使"。随着年代的推移，遣唐使的规模越来越大，船舶由1只、2只增至4只，人数由200人左右增至500乃至600余人，可见日本朝廷对遣唐使的重视及遣唐使取得成果之丰硕。

遣唐使的航路有"北路"、"南路"之分。7世纪的遣唐使与遣隋使一样，取"北路"。8世纪初年至中期的遣唐使航路经由冲绳诸岛，故称"南岛路"以区别于8世纪后期至9世纪前期遣唐使所取直接横渡东海的"南路"。就航程长短、远近及航行的难易而言，北路较短而相当平易，南岛路漫长，且多风险，横断东海的南路最为便捷，但风险最为巨大。据史书记载，经由北路的遣唐使船遭难者较少，经由南岛路和南路的遣唐使船遭难者甚多。日本研究者指出，遣唐使船发生海难的比率几乎高达三分之一，可谓难航之极。究其原因，主要在于日本朝廷为显示国威，使用形体甚大之船，其建造难度超出当时日本国家造船的技术上的能力，以致船体结构不固，易于因风浪冲击而破裂[21]。据记载，9世纪30年代的第17次遣唐使离开中国时，第1、第4两船所乘人员便是因船体损坏而改乘9只新罗小船先后归来的。

日本朝廷为祈求遣唐使航海平安，使用许多办法。《续日本后记》所记仁明天皇承和五年（公元838年）以藤原常嗣为大使的第17次遣唐使船出航及次年承和六年（公元839年）返航时采取的各种措施详细而具代表性[22]。兹引述出航前祈求航海平安的若干事例如下。

承和五年三月廿七日甲申，敕曰：遣唐使频年却廻，未遂过海。夫冥灵之道，至信乃应，神明之德，修善必祐，宜令大宰府监已上，每国一人，率国司、讲师，不论当国、他国，择年廿五以上精进持经、心行无变者度之九人，香袭宫二人、大臣一人、八幡大菩萨宫二人、宗像神社二人、阿苏神社二人于国分寺及神宫寺安置供养，（遣唐）使等往还之间专心行道，令得稳平（"国"为日本古代的行政区划，其下设"郡"，明治维新改置"县"，沿袭至今）。

同年四月五日壬辰敕：自遣唐使进发之日至返朝之日，令五畿内七道诸国读海龙王经。

同年五月三日己未，遣唐使上奏言：使等漂廻，严纶未允，虽风信之愆，乃是天时，而重行之累，类有冥妨，况巨海之程，艰虞无测，不资灵祐，何以利征，请令诸国转读大般若经。

如此这般，在采取各种措施之后，遣唐使第 1 船与第 4 船于同年 7 月 5 日出发，第 2 船于 7 月 29 日出发，而第 3 船早在前年从筑紫出航之后于风浪中遭难，所乘 140 人不得入唐。

关于祈求遣唐使船平安返航归国，《续日本后纪》记述如下。

承和六年八月二十日己巳，令十五大寺读经祈愿，以船到着为修法之终。（略）奉币帛于摄津国住吉神、越前国气比神，并祈船舶归着。

应该指出，日本朝廷关心遣唐使船航海平安，严令有关官府、寺庙大力祈祷，以求神灵保佑，可谓历来如此，决不仅限于 9 世纪 30 年代的第 17 次遣唐使，这是不言而喻的。

宗像冲之岛第 3 期半岩阴半露天祭祀遗址的年代属 7 世纪至 8 世纪，第 4 期露天祭祀遗址的年代属 8 世纪至 9 世纪，出土遗物多种多样，其中包含唐三彩和奈良三彩，可证其相当于 7 世纪后期至 8 世纪中期中国的盛唐时代和 8 世纪前期至 8 世纪后期日本的奈良时代，而铸于嵯峨天皇弘仁九年（公元 818 年）的、作为日本"皇朝十二钱"之一的"富寿神宝"铜钱存在于冲之岛的 1 号遗址，说明冲之岛第 4 期的露天祭祀延续至 9 世纪的平安时代。

对照上述《续日本后纪》所记仁明天皇承和五年三月的敕令，宗像神社的僧人曾参加对遣唐使航海安全的祈祷。调查发掘判明，冲之岛基本上不存在 9 世纪末第 18 次遣唐使（公元 894 年，中止）以后的祭祀遗址，表明了随着遣唐使派遣的完全终止，长达 500 余年之久的冲之岛上的祭祀活动亦宣告结束。宗像冲之岛的祭祀遗址与古代中日两国交往历史的关系之深，实在是值得纪念的。

注　释

[1] 冲之岛的禁忌有：岛上所见所闻，不得外传；岛内之物虽一草一木，不得携出；登岛时以海水沐浴净身，是为"被禊"；某些言词被视为不祥，须用代用语；妇女不许登岛，是谓"女人禁制"，等等。

[2] a. 小田富士雄：《冲ノ島祭祀の変遷とその意義》第111页，《海の正倉院冲ノ島》，群马县立历史博物馆发行，1995年。
b. 小田富士雄：《宗像三女神の誕生と神勅》第14～15页，《海の正倉院冲ノ島》，宗像大社发行，2005年。

[3] a.《日本书记》(卷一，神代上，瑞珠盟约) 记市杵岛姫命居远瀛(冲津宫)，田心姫命居中瀛(中津宫)，湍津姫命居海滨(边津宫)，见《国史大系》前篇第29页(吉川弘文馆，1981年)。
b.《古事记》(二，天照らす大神と須佐の男の命，誓約) 记多纪理毗卖命居奥津宫(冲津宫)，市寸岛比卖命居中津宫，田寸津比卖命(即多岐都比卖命) 居边津宫，见角川文库新订本(武田祐吉译注) 第35页(角川书店，1978年)。

[4] a. 王仲殊：《说滇王之印与汉委奴国王印》，《考古》1959年第10期。
b. 王仲殊：《中日两国考古学·古代史论文集》第111～116页，科学出版社，2005年。

[5] a. 王仲殊：《从中日两国文献资料看古代倭的国名及其他有关问题》，《中日两国考古学·古代史论文集》第526～541页，科学出版社，2005年。
b. 王仲殊：《中日両国の文献資料からみた古代倭の国名とそれに関する諸問題》，《東アジアの古代文化》夏·第92号，大和书房，1997年。

[6] a. 王仲殊：《论日本巨大古坟箸墓所葬何人的问题——是卑弥呼抑或是台与》，《考古》2007年第8期。
b. 王仲殊：《巨大古墳箸墓の被葬者について——卑弥呼か台与か》，《東アジアの古代文化》春·131号，大和书房，2007年。

[7] 王仲殊：《三国志·魏书·东夷(倭人) 传中的"景初二年"为"景初三年"之误》，《考古》2006年第4期。

[8] a. 王仲殊：《论日本"仿制三角缘神兽镜"的性质及其与所谓"舶载三角缘神兽镜"的关系》，《考古》2000年第1期。
b. 王仲殊：《中日两国考古学·古代史论文集》第324～337页，科学出版社，2005年。
c. 王仲殊：《仿製三角緣神獸鏡の性格といわゆる舶載三角緣神獸鏡との關係を論ず(上)》，《東アジアの古代文化》冬·102号、春·103号，大和书房，2000年。

[9] a. 王仲殊：《论日本巨大古坟箸墓所葬何人的问题——是卑弥呼抑或是台与》，《考古》2007年第8期。

b. 王仲殊：《巨大古墳箸墓の被葬者について——卑弥呼か台与か》，《東アジアの古代文化》春·131号，大和書房，2007年。
- [10] 上田正昭：《河内王朝と百舌鳥古墳群（四、倭の五王と東アジア）》第9～12页，《東アジアの古代文化》春·第131号，大和書房，2007年。
- [11] 王仲殊：《中国から見た古代東国の成立》第35～50页，《東アジアから見た古代の東国》（講演集），上毛新聞社，1999年。
- [12] 和田萃：《祭祀の変遷——大和王権から律令国家へ》第114～117页，《海の正倉院冲ノ島》，群马县立历史博物馆发行，1995年。
- [13] 见《日本書紀》第51页卷第十九、钦明天皇元年秋七月丙子朔己丑条，《国史大系》後篇，吉川弘文館，1982年。
- [14] 安家瑶：《中国的早期玻璃器皿》第419～420页〔2. 萨珊玻璃，（1）磨花玻璃碗〕，《考古学报》1984年第4期。
- [15] a. 王仲殊：《试论鄂城五里墩西晋墓出土的萨珊朝玻璃碗为吴时由海路传入》第81～87页，《考古》1995年第1期。
  b. 王仲殊：《中日两国考古学·古代史论文集》第117～124页，科学出版社，2005年。
- [16] 刘建国：《古城三部曲——镇江城市考古》第101～102页，江苏古籍出版社，1995年。
- [17] 安家瑶：《玻璃器史话》第86～87页，中国大百科全书出版社，2000年。
- [18] 小田富士雄：《海の正倉院冲ノ島》第35页第2章古墳時代の祭祀，宗像大社发行，2005年。
- [19] 《隋书》东夷（倭国）传记隋文帝开皇二十年（公元600年）倭王遣使者诣阙，而未记使者是否持国书。《隋书》东夷（倭国）传记隋炀帝大业三年（公元607年）倭王遣使朝贡，其国书曰"日出处天子致书日没处天子无恙"云云，炀帝览国书不悦，却于次年（公元608年）遣文林郎裴世清出使倭国。《日本书纪》记推古天皇十五年（公元607年）秋七月所遣使者为小野妹子，十六年（公元608年）夏四月裴世清随返国的小野妹子访倭国，秋八月谒见倭王，呈上炀帝的敕书，又记同年（公元608年）九月裴世清归国，小野妹子随同前来，再访中国。
- [20] 王仲殊：《中国からみた古代日本》第172～180页日本国号の成立，学生社，1992年。
- [21] 茂在寅男：《遣唐使船と日中間の航海》第204～224页，《遣唐使時代の日本と中国》，小学馆，1982年。
- [22] 《续日本后纪》卷第七、第八第73～96页仁明天皇承和五年至六年，《国史大系》，吉川弘文館，1981年。

（本文原载《考古》2008年第9期）

从中国看古代日本的"东国"

——论埼玉稻荷山古坟铁剑的铭文

一

据公元5世纪中国的史书《宋书·倭国传》记载，当时所谓"倭五王"（五位倭王）之一的倭王武曾于中国南朝宋顺帝的昇明二年（公元478年）遣使上表[1]。表文由汉字写成，引用《左传》、《诗经》等中国的古典颇多，文章典雅、通顺，或系出于东渡日本的中国人之手笔。兹摘录其开头的一段如下。

"封国偏远，作藩于外，自昔祖祢躬擐甲胄，跋涉山川，不遑宁处，东征毛人五十五国，西服众夷六十六国，渡平海北九十五国，王道融泰，廓土遐畿，累叶朝宗，不愆于岁"，云云。

表文中的"毛人"是否指日本列岛东北部的虾夷，日本学术界迄今未有定论[2]。所以，我亦难以自作主张，不能随意认可或否定，从而只能说"毛人"是指当时日本大和政权行政版图以外之族群，即居住于现今日本东北地区南部、关东地区北部的未服属者。这样，倭王武向中国宋顺帝呈送的表文中的"东征毛人五十五国"之语说明当时大和政权的势力范围至少已扩大到今关东地区的北部。

那么，表文所述倭王武的祖先究竟是于何时征讨毛人之国的呢？要究明这个问题，就应该将视线转向埼玉县稻荷山古坟出土铁剑的铭文，这可谓是日本考古学与古代史研究必须紧密结合的诸多典型事例之一。

1968年夏，在日本埼玉县行田市发掘了1座称为稻荷山古坟的前方后圆坟（坟丘前部略呈方形，后部呈圆形，故名），坟内随葬着1柄铁剑，长约73.5厘米。1978年9月，通过X线的透射，发现铁剑正反两面的锈层内隐藏着合计达 115 个汉字之多的错金铭文（图 1）。经过以岸俊男先生为首的日本学者们的考察，铭文的全文得到明确的判读[3]。如所周知，这柄有着详细的错金铭文的铁剑是日本的国宝级文物，其在日本考古学和古代史研究上的重大意义可以说是无与伦比的。兹用繁体字、异体字等按原样抄录铭文，并以罗马字拼音注明铭文中的人名等名词的日本语读音如下。

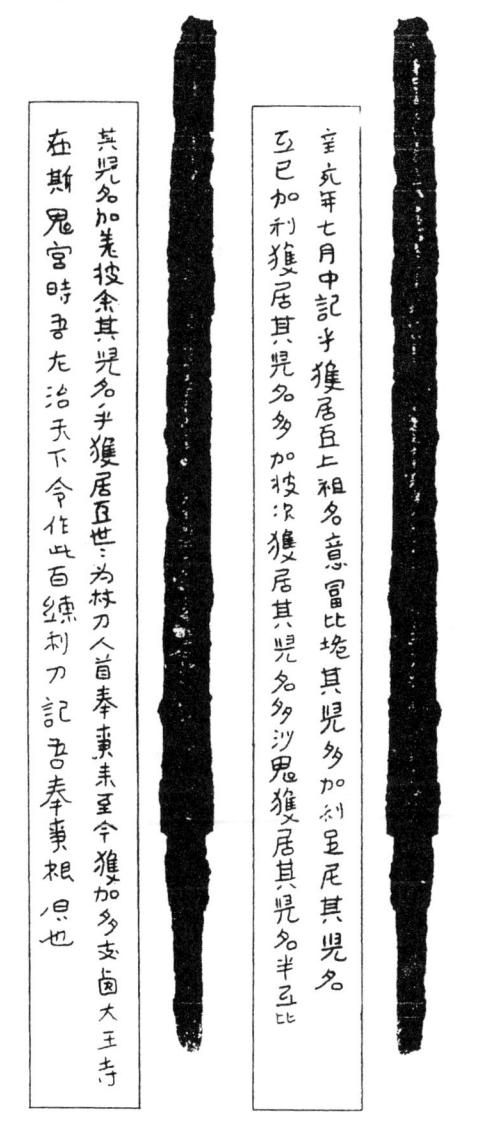

图 1　稻荷山古坟铁剑及其铭文

"辛亥年七月中记：乎獲（獲）居臣（Owake no Omi）上祖名意富比垝（Ohiko），其儿［名］多加利足尼（Takari no Sukune），其儿名弖已加利獲居（Teyokariwake），其儿名多加披次獲居（Takahishiwake），其儿名多沙鬼獲居（Tasakiwake），其儿名半弖比（Hatehi），其儿名加差披余（Kasahiyo），其儿名乎獲居臣（Owake no Omi），世々为杖刀人首，奉事来至今。獲加多支卤（Wakatakeru）大王寺（邸）在斯鬼（Shiki）宫时，吾左治天下，令作此百練利刀，记吾奉事根原也"。

按照岸俊男先生等的考证，编撰于公元8世纪前期（相当日本奈良时代初年）的日本国最古的史籍《古事记》和《日本书纪》分别记雄略天皇（即中国《宋书·倭国传》中的倭王武）的称谓为"大长谷若建命"或"大泊瀨幼武天皇"。其中，"长谷"与"泊瀨"为王宫所在的地名，皆读"Hatsuse"，而"若建"与"幼武"为天皇之名讳，皆读"Wakatakeru"，正与铁剑铭文中的"獲加多支卤"的读音一致。因此，铭文中的"獲加多支卤大王"之为《古事记》、《日本书纪》中的雄略天皇亦即《宋书·倭国传》中的倭王武，是可确认无疑，而铭文中的"辛亥年"则相当公元471年，正与《宋书·倭国传》所记倭王武即雄略天皇的在位期间符合[4]。

另一方面，早在公元1873年，在日本九州熊本县的称为江田船山古坟的前方后圆坟内发现了1柄有着75个汉字的错银铭文的铁刀。铭文中的"治天下大王"之名由5个汉字组成，其中3个字虽因锈损而不明，但第1字和第5字分别为"獲"（獲）字和"卤"字，从而可以判定江田船山古坟铁刀铭文中的"治天下大王"之名与上述埼玉稻荷山古坟铁剑铭文中的"大王"之名一样，亦为"獲加多支卤"无疑[5]。要之，中国《宋书·倭国传》记载中的倭王武即是日本《古事记》和《日本书纪》记载中的雄略天皇，雄略天皇自称"大王"，而且号称"治天下大王"。应该指出，埼玉县稻荷山古坟铁剑铭文中亦有"左（佐）治天下"之语，其意为辅佐大王统治天下，正与熊本县江田船山古坟铁刀铭文中的"治天下獲加多支卤大王"之称号符合。

倭王武即雄略天皇为何称"大王"，更为何称"治天下大王"，关于这个问题，我曾于1998年10月在日本埼玉县大东文化大学举行的国际古代史讨论会上以《从中国看公元5世纪的倭国治天下大王》为题作学术讲演，详细地加以论述[6]，所以没有必要在此再作说明。

二

埼玉稻荷山古坟铁剑铭文中的"杖刀人",是指手执刀枪担当警卫的士兵。"杖刀人首"则指其首领,即警卫队的队长。铭文中名为"乎获居臣"之人,实乃被任命为雄略天皇即倭王武的警卫队长的将军。从当时倭国的政治情况看来,倭王的警卫队长是掌握着相当大的权力的。前述铁剑铭文中的所谓"左治天下",就是说担任警卫队长之职的乎获居臣其人曾辅佐倭王武统治天下。

这里,我要对乎获居臣的"臣"字稍加说明。如所周知,古代日本的贵族、豪门之士由朝廷赐姓。这样,他们的称谓实由氏、姓、名三者组成。举中国方面最为熟悉的事例而言,公元7世纪初年,日本推古天皇派遣小野妹子为使者,来到中国的都城,向隋炀帝呈递"日出处天子致书日没处天子无恙"云云的国书,这在古代中日两国关系史上是十分有名的。其实,"小野"为其人之氏,"妹子"为其人之名,而"臣"则为其人之姓。因此,此人"氏"、"姓"、"名"的全称应为"小野臣妹子",亦可按"氏"、"名"、"姓"之序而称"小野妹子臣"。当时,日本的"姓"渐多。7世纪后期天武天皇在位时,将诸姓归纳为"真人"(Mahito)、"朝臣"(Asomi)、"宿祢"(Sukune)、"忌寸"(Imiki)、"道师"(Michinoshi)、"臣"(Omi)、"连"(Muraji)、"稻置"(Inagi)八种,是谓"八色之姓",而"臣"(Omi)则为其中第六姓。稻荷山古坟铁剑铭文所见作为获加多支卤大王的"杖刀人首"的乎获居臣即是以"臣"(Omi)为姓之人。由此可见,早在5世纪的中后期,日本的豪门、贵族已由4世纪以来的"获居"(Wake)等的称号开始萌发转用"臣"(Omi)、"君"(Kimi)之类的"姓"(Kabane)了。

据铁剑铭文所记,自乎获居臣的上祖意富比垝始任"杖刀人首"以来,父子相继,任此要职,直到最后的乎获居臣,共历8代,除去乎获居臣本人不计,亦达7代之久。以1代约为20余年计算,7代共计160余年。自倭王武在位时的辛亥年即公元471年上推160余年,就可追溯到公元4世纪初年。这就是说,自公元4世纪之初以降,历代倭王的"杖刀人首"(警卫队长)之职皆由意富比垝及其直系的子孙连续继任,经久不变。因此,可以确认,至少自4世纪初期至5世纪后半,倭国的王统是一贯始终，一脉相承，不曾发生任何中断、改变等情况的。因为，倘若王统有中断、改变等情况，那么，5世纪后半的乎获居臣就不可能与远自4世纪初期以来长达7代、8代的祖先、父辈们一样，依然担任着倭王的最为亲信的"杖刀人首"之要职，这是不言可喻的。要而言之，倭王武即雄略天皇的祖先们世世代代是以畿内地区为主要根据地的大和政权的最高统治者，是即中国方面长期以来所称的"倭王"。

三

在日本历史·考古学界，关于3世纪邪马台国的所在地，有九州说与畿内说两种不同的学说，而我本人则认同于畿内说。我主张，作为最初的"定型化"的前方后圆坟，箸墓古坟的筑造年代应在3世纪的后期，所葬之人与其说是卑弥呼女王，毋宁说是卑弥呼的后继者台与女王。我认为，《魏志·倭人传》（即《三国志·魏书·东夷传·倭人》）关于狗奴国的地理位置在邪马台国之南的记载是不正确的。我以《后汉书·倭传》（即《后汉书·东夷传·倭》）"自女王国（即邪马台国）东渡海千余里，至拘（狗）奴国"的记载为根据，指出邪马台国的地理位置既在畿内，则与邪马台国处于敌对状态的狗奴国自应坐落在伊势湾以东的爱知、静冈、长野、山梨县一带。3世纪前半，倭女王卑弥呼建都于畿内的邪马台国，向以九州北部为主的西日本各地加强控制，尤其是通过朝鲜半岛而与中国魏王朝交往，确立亲密的政治关系。3世纪后半，台与女王继位，除继续强化对西日本各地的控制之外，同时努力向以往控制所不及的、实际上是在狗奴国占领下的伊势湾以东地区发起攻击，扩大领域[7]。

根据中国的史书《梁书·东夷传》和《北史·倭国传》记载，台与女王死后，倭国改以男子为王。这便是我所考量的、大约开始于3世纪末或4世纪初的所谓"大和政权"的成立，而3世纪后期在位的台与女王则为其国的统治向"大和政权"转换准备了充分的条件，最主要之点则是在于倭国的势力、领域向东发展、扩大，使古代日本的"东国"（Azuma no Kuni）早日纳入大和政权的统治范围之内[8]。要之，我在这里所说的"大和政权"不是指3世纪邪马台国的卑弥呼女王和台与女王,而是指开始成立于3世纪末、4世纪初的倭国新政权的男王,因其都邑仍然在畿内的大和(今奈良县)地方,故称"大和政权"。

在日本史学界,学者们颇有主张上述继卑弥呼、台与两女王之后而于3世纪末、4世纪初登位的"大和政权"的男王为《日本书纪》中的崇神天皇的。如所周知,成书于8世纪前期(日本奈良时代初年)的《日本书纪》是一部起讫年代特别久长的大通史,其记载时期越早,越不可信,时期趋晚,可信程度逐渐提高。1世纪至3世纪的日本历史主要依据中国的《后汉书·倭传》和《魏志·倭人传》,而不能依据《日本书纪》的记载。5世纪、6世纪时期《日本书纪》的记载大体上可信而犹有不同程度的不足之处,而最后的7世纪时期的记载则是可信程度最高的。至于4世纪时期《日本书纪》的记载,虽然不可信的程度仍然甚高,却又不可完全不信。经过仔细的考量,我认为,日本学者主张继邪马台国台与女王之后而立的男王为崇神天皇,这应该是合理的,尽管就许多具体的叙述而论,当然是有不可取信之处的。必须着重加以说明的是,古代日本的君主称"王"或"大王",要到7世纪时才开始有"天皇"的称号,此乃常识,无须多言。本文所述"雄略天皇"、"崇神天皇"之类的称号,实属《日本书纪》编撰者所追加,而中国的史书则如实地称其为"倭王"。

据《日本书纪》记载,崇神天皇十年九月,任大彦命("命"读Mikoto,为对神和高级贵族的敬称,此处则是对名为"大彦"的高级贵族的敬称)为将军(所谓"四道将军"之一),并派遣其到北陆地区征讨叛乱者[9]。"大彦"的日本语训读为"Ohiko",正与埼玉县行田市稻荷山古坟铁剑铭文所记乎获居臣的上祖意富比垝(Ohiko)之名的读音相同,两者当为同一人。因此,如我在本文第二节中所述,我认定意富比垝始任大和政权倭王的"杖刀人首"(警卫队长)的年代在4世纪初期,这应该是正确的。

四

4世纪是日本"古坟时代"的前期,与此前3世纪的邪马台国时期相比,铁器的制作和使用进一步推广,稻作农耕的技术有了更大的发展,各种手工业生产亦有长足的进步。随着社会经济状况的提升,大和政权的统治者亦力图在政治、军事上追求业绩，取得成效。早从 4 世纪之初开始，倭王武的祖先们头戴铁兜，身披铠甲，在意富比垝及其儿孙辈等杖刀人首（警卫队长）的辅佐下，经由东海道和东山道的路程，不断向前，一直远征到关东地区的北部，从而征服了诸多的毛人之国。

古坟首先是在以大和盆地为中心的畿内地区开始筑造的，不久便延传到各地。它们有圆坟、方坟等各种不同的形状，而前方后圆坟则是最为显目的。前方后圆坟本为畿内地区的王墓，进入畿内大和政权支配下的各地首长们模仿王者之墓而筑形状相同的前方后圆坟。举例而言，在东山道，有长野县松本市的弘法山古坟、更埴市的森将军冢古坟等，在东海道，则有静冈县磐田市的松林山古坟和山梨县东八代郡的铫子冢古坟等等，都属初期的前方后圆坟或前方后方坟，多有被推定为 4 世纪初期所筑造的，可证大和政权的统治领域之向东方扩展是在甚为短促的时期内实现的。

在群马县境内的许多前方后圆坟之中，前桥市的天神山古坟全长 129 米，后圆部直径 75 米，属大型的前方后圆坟。出土的随葬品如铜镜及铁刀、铁剑、铁镞、箭袋等武器，铁斧、铁刨、铁凿、小刀等工农用具之类，极为丰富。被称为上毛野年代最古的前方后圆坟的这座古坟，实可视为古代东国成立的象征。此古坟的筑造、埋葬年代被推定为 4 世纪后半，而东国成立的时期则应提早到墓主人尚在人世的 4 世纪中期。无待于言，我在这里所说的"东国"，是指《日本书纪》崇神天皇四十八年条所记的"东国"，其中心在于群马县境域内的上毛野国[10]。

我曾借用日本镰仓时代历史书的书名，称古代"东国"所在地的群马县境内许多古坟出土的铜镜为"东鉴"（東鑑），并加详细的论述[11]。特别应该指出的是，在前桥市天神山古坟中随葬的 5 面铜镜之中，有 2 面是三角缘神兽镜，其中的 1 面五神四兽镜与奈良县天理市柳本黑冢古坟的 1 面出土镜和同县樱井市外山茶臼山古坟的 1 面出土镜属"同范镜"，而在群马县藤冈市三本木古坟内随葬的 3 面三角缘神兽镜之中，又有 1 面三神五兽镜与天理市柳本黑冢古坟的 2 面出土镜属"同范镜"[12]。樱井茶臼山古坟的筑造年代可推定为 4 世纪前期，柳本黑冢古坟的筑造年代则可推定在 4 世纪之初。这样，从上毛野国的立场出发而言，奈良县樱井茶臼山古坟和柳本黑冢古坟出土的三角缘神兽镜的"同范镜"之在群马县前桥市天神山古坟和藤冈市三本木古坟中存在，说明了关东地区北部的"东国"与畿内的大和政权之间的联系是相当密切的。

五

虽然已就若干有关的古坟作了论述，但从古代东国史研究的观点看来，最重要的还是在于埼玉县行田市的稻荷山古坟。在行田市的"埼玉古坟群"中，主要包含着8座前方后圆坟和1座圆坟（图2），而全长为120米的、称为稻荷山古坟的前方后圆坟实为此古坟群中的年代最早者。从发现的须惠器（灰色硬质陶器）和埴轮（陶质明器，有圆筒状的及模仿各种器具乃至人物、动物之类的形态的）的特征看来，或可判定其年代在公元5世纪末叶。古坟的后圆部有黏土椁（用黏土铺垫、覆盖的墓坑）和砾椁（用石块铺垫、覆盖的墓坑）两处埋葬设施。黏土椁因早年乱掘，所剩遗物极少。在砾椁中，以前述的铁剑为首，有铜镜、马具、挂甲、金属带具、银环、珠玉、工具等各种随葬品出土，保存良好，其中的马具曾被认定其组合的形制属6世纪初头的。因此，砾椁的埋葬在5世纪末，抑或在6世纪初，尚难明确断定。其实，在最初的调查发掘报告书中，曾推定稻荷山古坟的筑造年代在6世纪前半[13]，而我则早就认为这样的推定是不正确的。

以后，由于铁剑铭文的发现和解读，到了20世纪80年代，研究者们多认为应将古坟的年代提早到5世纪末至6世纪初，从而增强了反对调查发掘报告书的年代判断的倾向。在1995年出版的《日本古代遗迹事典》的有关条目中，则有学者明确认定此古坟的年代在于5世纪之末[14]。其实，除上述黏土椁、砾椁以外，后圆部坟丘正中央处可能还有另一年代较早的埋葬设施，可推测此古坟的最初埋葬年代应提前至5世纪的晚期（约当80年代），不限于末年。

埼玉稻荷山古坟铁剑铭文中所见的"獲加多支卤大王"既为《古事记》和《日本书纪》记载中的雄略天皇，亦即中国《宋书·倭国传》中所记的倭王武，这就可以确认铭文中的"辛亥年"必然相当于公元471年，乃是无可争辩的事实。然而，在国际学术界，至今仍有坚持认为"辛亥年"相当公元531年的研究者存在。公元531年虽然亦属中国传统历法中的"辛亥年"（古代日本使用从中国传入的历法），但其时雄

图 2　埼玉古坟群平面布局示意图

略天皇及其杖刀人首（警卫队长）乎获居臣早已死去甚久，又如何能制造这柄出土于埼玉稻荷山古坟的珍贵铁剑呢？要之，确认铭文中的"辛亥年"相当于公元471年，这是研究稻荷山古坟铁剑的前提。无视这一重要的前提，各种关于铁剑的所谓论述就将成为无稽之谈，无法为诸多有识之士所认可、接受。

另一方面，作为非常有势力的豪门贵族，曾经辅佐获加多支卤大王治天下的乎获居臣不可能将自己精心设计制造的重要的铁剑转让于人，更难以想象乎获居臣会让以多达115个字的错金铭文详细记述祖先们世世代代的光荣历史的珍贵铁剑移交他人之手。实际上，纵使要转送此剑于他人，但就对方而言，接受铭刻着全然与自家无关之事的铁剑，这岂不也是毫无意义可言？

总而言之，以辛亥铭铁剑随葬的埼玉稻荷山古坟必然是为乎获居臣而筑造的，乎获居臣无疑是稻荷山古坟的墓主人（日本称"被葬者"）。只因稻荷山古坟的埋葬设施（墓坑）不限于砾椁一处（有黏土椁，甚至还有另一位于坟丘正中的、年代较早的墓坑），所以5世纪末、6世纪初砾椁所葬为乎获居臣的儿子（也就是说，乎获居臣死后，珍贵的铁剑遗传给自己的儿子），这样的可能性也不是完全不存在的。

六

如所周知，在日本的学术界，早自铁剑铭文发现的当初，直至30余年以后的今日，主张乎获居臣为北武藏（日本的地方行政区划本来称"国"，明治维新改为"县"，埼玉县在昔日武藏国的北部）的地方豪族的学者颇多。以井上光贞先生为首，学者们的见解大体上可简介如下。

年青时期的乎获居臣自武藏（昔日武藏国包含今东京都大部、埼玉县和神奈川县一部之地）上赴大和（昔日畿内地区的一"国"，今为奈良县），作为倭王的警卫队长（杖刀人首）而建功勋，乃作此错金铭文之铁剑，以纪念自己家族的业绩。后来，返回家乡的乎获居臣死去，便以此铁剑为随葬品而葬身于北武藏之地的埼玉县行田市的稻荷山古坟。

然而，必须指出的是，大和政权的倭王最初任命的杖刀人首（警卫队长）不是公元5世纪后半的乎获居臣。根据铁剑的铭文，乎获居臣的远祖意富比垝早在4世纪初期已被大和政权的倭王任为警卫队长，是即铁剑铭文所称的"杖刀人首"。4世纪初期，以畿内为根据地的大和政权的统治范围未必远及北武藏一带之地，故被倭王任为杖刀人首（警卫队长）的意富比垝与其说是北武藏的地方豪族，毋宁认定其为畿内的中央豪族之人更为确切。如若前述《日本书纪》记载中崇神天皇最为信任的称为"大彦命"的高级贵族即为意富比垝其人，那就更能说明所有的问题了。总而言之，埼玉稻荷山古坟的墓主人乎获居臣应与他的家族中的祖先们一样，属于畿内的中央豪族，这应该是非常合乎情理的，乃是无可置疑的事实。如所周知，早在30年前发现并解读铁剑铭文的当初，岸俊男先生及其他学者就主张乎获居臣为畿内的中央豪族出身，尽管狩野久氏持异议而认为属北武藏的地方豪族。然而，人们要提出的疑问是：中央豪族出身的乎获居臣自畿内来到武藏而客死于此，却又为何不归葬于畿内的故土呢？假若乎获居臣所葬之墓本来就在于畿内，那么，这柄有着错金铭文的珍贵铁剑又为何埋置于这里埼玉稻荷山古坟的砾椁内呢？要解答这样的疑问，实在可以说是十分困难的。

尽管如此，我还是坚持认为，乎获居臣亲自设计制作的珍贵的铁剑不可能转让于他人，多达115个汉字的错金铭文详细地记述着祖先们世世代代的光荣历史的贵重铁剑是没有转入他人之手的理由的。因此，可以深信，以这柄铁剑随葬的埼玉稻荷山古坟的墓主仍然非乎获居臣其人（包括他的儿子）莫属。按照我的考量，乎获居臣作为警卫队长，辅佐获加多支卤大王（雄略天皇）统治天下，权力大而能力强。雄略天皇为了进一步加强畿内的大和政权对东国的统治，特派其最为亲信的警卫队长乎获居臣前往北武藏之地，使其成为所谓"埼玉政权"[15]（这是日本学者提出来的一个新名词，强调北武藏之地在经略"东国"事务上的重要性）的"指导者"，是即现今中国人通常所说的"领军人物"。以后，乎获居臣死去，便葬身筑造于当地的稻荷山古坟。以上所说，合情合理，决非牵强附会之辞。

此前亦曾述及，据日本学者们仔细考察，明确判定，乎获居臣所葬稻荷山古坟是主要由8座前方后圆坟和1座圆坟组成的"埼玉古坟群"中的筑造年代最早的一座古坟。这样，无待于言，以意富比垝为首的乎获居臣的祖先们乃至他的父亲等前辈亲人所葬的坟墓都不包含在"埼玉古坟群"之内。这一无可争辩的事实，也充分说明了乎获居臣的家族本来就不是北武藏的地方豪族。

附记：本文为 2009 年 6 月作者在日本埼玉县东松山市大东文化大学举办的亚洲史学会研究大会上的讲演稿，原稿由作者本人用日文写成；兹译成中文，稍作增改，并加注释，在《考古》上发表，以就正于广大读者。

注　释

[1]　《宋书》卷第九十七第 2394~2396 页，夷蛮（倭国）列传第五十七，中华书局，1974 年。

[2]　千田稔：《歴史地理学から見た東国の成立》第 19~34 页，《東アジアから見た古代の東国》讲演集，上毛新闻社，1999 年。

[3]　铁剑铭文由岸俊男、田中稔、狩野久于 1978 年 10 月判读、解明。见和田萃：《金石文が秘める歴史的背景》，冈崎晋明：《古墳時代以降の文字と記号》第 11、12、401、402 页（《日本の古代》第 14 卷《ことばと文字》，中央公论社，1988 年）。

[4]　铁剑铭文由岸俊男、田中稔、狩野久于 1978 年 10 月判读、解明。见和田萃：《金石文が秘める歴史的背景》，冈崎晋明：《古墳時代以降の文字と記号》第 11、12、401、402 页（《日本の古代》第 14 卷《ことばと文字》，中央公论社，1988 年）。

[5]　王仲殊：《中国からみた五世紀における倭国の治天下大王》第 145~155 页，《稲荷山古墳の鐵剣を見直す》，学生社，2001 年。

[6]　王仲殊：《中国からみた五世紀における倭国の治天下大王》第 145~155 页，《稲荷山古墳の鐵剣を見直す》，学生社，2001 年。

[7]　a. 王仲殊：《论日本巨大古坟箸墓所葬何人的问题——是卑弥呼抑或是台与》第 68~73 页，《考古》2007 年第 8 期。
　　b. 王仲殊等：《巨大古坟箸墓の被葬者について——卑弥呼か台与か》第 22~29 页，《東アジアの古代文化》第 131 号，大和书房，2007 年。

[8]　a. 王仲殊：《论日本巨大古坟箸墓所葬何人的问题——是卑弥呼抑或是台与》第 68~73 页，《考古》2007 年第 8 期。
　　b. 王仲殊等：《巨大古坟箸墓の被葬者について——卑弥呼か台与か》第 22~29 页，《東アジアの古代文化》第 131 号，大和书房，2007 年。

[9]　《日本書紀》卷第五第 163 页崇神天皇十年九月条，《国史大系》前篇，吉川弘文馆，1981 年。

[10]　《日本書紀》第 168~169 页崇神天皇四十八年正月、四月条，《国史大系》前篇，吉川弘文馆，1981 年。

[11]　王仲殊：《中国から見た古代東国の成立——群馬県内の古墳から出土した銅鏡の背景について》第 35~49 页，《東アジアから見た古代の東国》讲演集，上毛新闻社，1999 年。

[12]　樋口隆康：《三角縁神獣鏡新鑑》第 142、145 页，学生社，2000 年。

[13] 日本埼玉县教育委员会关于稻荷山古坟的最初的调查发掘报告书《稻荷山古墳発掘概報》发表于1969年（古坟发掘的次年），当时尚未在铁剑上发见错金的铭文。1978年铁剑上的铭文发见以后，于次年1979年发表《稻荷山古墳鐵劍金象嵌銘概報》；1980年、1981年又出版题为《埼玉稻荷山古墳》和《稻荷山古墳》之书。以上所述，可见大塚初重、小林三郎：《古墳辞典》，《埼玉稻荷山古墳》第25~26页、《埼玉古墳群》第125~127页，东京堂，1982年。

[14] 金井塚良一：《埼玉古墳群》第196页，《日本古代遗迹事典》，吉川弘文馆，1995年。

[15] "埼玉政权"一词为日本学者金井塚良一所创造，"政权"的起讫年代可分别由埼玉古坟群中的稻荷山古坟（筑造于5世纪晚期）和将军山古坟（筑造于6世纪末）的筑造年代作代表，前后共经历约100年，其时北武藏的埼玉之地成为畿内大和政权经略关东地区北部"东国"事务的重要据点，故委任重量级的政治人物在此坐镇，死后皆埋葬在埼玉古坟群中的各座古坟内，而乎獲居臣所葬稻荷山古坟实属最初的创始。其实，作为"政权"，"埼玉政权"应开始于乎獲居臣受遣来到北武藏主政之时，而不待其死亡之后。

（本文原载《考古》2009年第12期）

东晋南北朝时代中国与海东诸国的关系

这里所谓"海东诸国",是指东晋南北朝时代朝鲜半岛上的高句丽、百济、新罗等国和日本列岛上的倭国。

本文以论述当时中国与倭的关系为主,兼及中国(主要是南朝)与高句丽、百济、新罗的关系,同时也论述倭与高句丽、百济、新罗等的关系。

一 "空白的4世纪"

日本史学界称公元4世纪为"空白的世纪","谜的世纪"[1]。这是因为4世纪倭与中国的官方交往断绝,中国史书中完全没有关于当时倭国的记述,而日本《古事记》和《日本书纪》关于4世纪历史的记述则是难以凭信的。与3世纪之有《三国志·魏志·倭人传》、5世纪之有《宋书·倭国传》相比,4世纪的日本历史全无可靠的记载,确实成为"谜"。

据《魏志·倭人传》记载,从景初三年(公元239年)到正始八年(公元247年),倭国(邪马台国)女王卑弥呼及其继承者台与多次遣使到洛阳向魏朝进贡,魏朝由带方郡派官员到邪马台国回访,使中倭国交进一步确立。泰始元年(公元265年),晋武帝废黜魏帝而即位。可能仍然以台与为女王的倭国,及时地于翌年泰始二年(公元266年)遣使到洛阳入贡,企图维持自景初三年(公元239年)以来的友好关系。但是,自此年以后,倭与中国的官方关系却长期断绝了。直到东晋安帝义熙九年(公元413年),倭国才重新向江南的建康遣使。总之,以"空白的4世纪"为主的公元267~412年的145年是中倭国交的大断绝时期。

造成中倭国交大断绝的原因，也许是多方面的。但是，主要的原因无疑是由于中国方面在这一时期经历了空前的大乱。

从晋惠帝永平元年（公元291年）开始，中国发生了所谓"八王之乱"，激烈的内战延续10余年，严重地削弱了西晋的政权。接着，晋怀帝永嘉元年（公元307年）又爆发了称为"永嘉之乱"的民族大动乱，在匈奴等少数民族的武力攻击下，西晋的都城洛阳和长安相继陷落。以黄河流域为主体的中国北方地区战争不绝，社会动荡，政权分裂，进入了混乱的"五胡十六国"时代。这便是当时广泛流传的谚语之所谓"永嘉中，天下灾"，"永嘉世，九州空"[2]（图1）。晋穆帝升平元年（公元357年）至孝武帝太元七年（公元382年），以长安为都城的前秦逐渐征服北方地区。但是，经过太元八年（公元383年）的"淝水之战"，前秦的势力顿时瓦解，黄河流域又陷入四分五裂的状态。总之，从西晋永嘉元年（公元307年）发生"永嘉之乱"到北魏太延五年（公元439年）灭北凉而统一华北，中国黄河流域的战乱和分裂延续达130余年之久。在这样的情势下，倭与中国北方的政权通交当然是不可能的。

图1 "永嘉中，天下灾"等的砖铭

晋怀帝永嘉七年（公元313年）以后，随着乐浪郡和带方郡的陷落，中国在朝鲜半岛的统制力也丧失了。高句丽占据半岛的北部乃至中部，百济和新罗也分别在半岛的西南部和东南部崛起。这使得东亚的国际形势也大大改变了。

建武元年（公元317年），晋元帝在江南即位，史称东晋。与北方的"五胡十六国"相比，东晋是中国的正统所在，保持着比较强大的实力，其都城建康甚为繁荣，成为中国政治、经济和文化的中心。因此，高句丽早在晋成帝咸康二年（公元336年）便遣使到建康入贡。百济向东晋遣使从简文帝咸安二年（公元372年）开始，但此前曾奉行东晋的年号[3]。在这样的国际情势下，倭国当然也充分认识到有与东晋建立国交的必要。从《宋书·倭国传》的记载可以认为，倭国越海向东晋遣使必须得到百济的引导和协助，而高句丽却始终加以阻挠。这就使得倭王的使者迟至晋安帝义熙九年（公元413年）才能前往江南的建康，从而使4世纪完全成为"空白的世纪"。

二 倭五王的遣使和上表

如所周知，汉光武帝建武中元二年（公元57年），倭奴国王遣使到雒阳朝贡，光武帝赐以印绶[4]。汉安帝永初元年（公元107年），倭国王帅升等又遣使到雒阳，献上生口（奴隶）160人[5]。这两次遣使，使倭与中国建立了初步的、但不失为正式的外交关系。桓、灵之间（公元147～189年），倭国大乱，历时数十年，倭与汉朝的关系中断。到景初三年（公元239年），邪马台国女王卑弥呼才遣使到洛阳，与魏朝重建国交。

但是，如前面所说，造成以"空白的4世纪"为主的140余年中倭国交大断绝的主要原因是"中国大乱"，而不是"倭国大乱"。相反，考古学研究表明，在"空白的4世纪"里，倭国社会经济的发展是相当明显的。在日本考古学上，发端于公元前3世纪的"弥生时代"，经前期、中期、后期，延续500～600年，到公元3世纪而告结束。大约从3世纪末到4世纪初开始，随即进入了"古坟时代"。4世纪是古坟时代的前期，铁器的使用推广，稻作农耕的效率提高，各种手工业的产

图2 大阪平野的巨大古坟（"履中陵"）

品也都有所改进[6]。到了5世纪，即古坟时代的中期，倭国的国力进一步增强，在武器军备方面尤有显著的改善[7]。大阪府河内平野的巨大古坟，显示了"大和政权"（以畿内地区为根本的倭国）的倭王们在国内有着强大的统制权（图2）。于是，在这样的情况下，以倭王为首的统治集团便急切地谋求向海外扩张，首先是企图控制朝鲜半岛南部的新罗和百济，进而与半岛北部的高句丽相抗争。为了实现以上的计划，必须得到中国方面的支持。这便是倭王们屡次向中国遣使的主要目的之所在。

所谓"倭五王"，是指《宋书·倭国传》所记先后遣使到建康朝贡的讚、珍、济、兴、武五王，珍为讚之弟，兴为济之子，武为兴之弟。据《梁书·倭传》记载，倭五王之名各为讚、弥、济、兴、武，弥为讚之弟，济为弥之子，兴为济之子，武为兴之弟。两书的记载稍有差异（主要是《梁书》以弥代珍），何者为是，将在下文述及。这里按《宋书·倭国传》所记，以讚、珍、济、兴、武为倭之五王。据《晋书·安帝纪》和《宋书·倭国传》记载，自晋安帝义熙九年（公元413年）到宋顺帝昇明二年（公元478年），倭五王向东晋和南朝的宋遣使共达10次之多。

《宋书》记宋的皇帝对倭五王的除授甚详，其要点如下：

永初二年（公元421年），宋武帝始授倭王讚以官职。

元嘉十五年（公元438年），倭王珍自称"使持节都督倭、百济、新罗、任那、秦韩、慕韩六国诸军事，安东大将军"，宋文帝仅授珍为安东将军。

元嘉二十年（公元443年），宋文帝授倭王济为安东将军。

元嘉二十八年（公元451年），宋文帝始授倭王济为使持节都督倭、新罗、任那、加罗、秦韩、慕韩六国诸军事，而授安东将军如故。

大明六年（公元462年），宋孝武帝授倭王兴为安东将军。

昇明二年（公元478年），倭王武自称"使持节都督倭、百济、新罗、任那、加罗、秦韩、慕韩七国诸军事，安东大将军"，宋顺帝授武使持节都督倭、新罗、任那、加罗、秦韩、慕韩六国诸军事，安东大将军。

昇明二年（公元478年），倭王武向宋顺帝上表。表文全属汉文，多有引用《左传》、《毛诗》等中国古典之处，当系出于被称为"归化

人"的汉人之手笔。《宋书·倭国传》载表的全文如下:

封国偏远,作藩于外。自昔祖祢躬擐甲胄,跋涉山川,不遑宁处。东征毛人五十五国,西服众夷六十六国,渡平海北九十五国。王道融泰,廓土遐畿。累叶朝宗,不愆于岁。臣虽下愚,忝胤先绪,驱率所统,归崇天极。道遥百济,装治船舫。而句骊无道,图欲见吞,掠抄边隶,虔刘不已。每致稽滞,以失良风,虽曰进路,或通或不。臣亡考济实忿寇仇雍塞天路,控弦百万,义声感激。方欲大举,奄丧父兄,使垂成之功不获一篑。居在谅闇,不动兵甲,是以偃息未捷。至今欲练甲治兵,申父兄之志。义士虎贲,文武效功,白刃交前,亦所不顾。若以帝德覆载,摧此强敌,克靖方难,无替前功。窃自假开府仪同三司,其余咸假授以劝忠节。

如所周知,"祖祢"是一个普通的名词,泛指祖先。但是,根据《梁书》编撰者的理解,表文中的"祖祢"实为"祖弥",专指倭王武的祖父,"弥"是其名。这便是《梁书·倭传》以"弥"为倭五王之一的原因。但是,《宋书》明记遣使的五王之名为"讚"、"珍"、"济"、"兴"、"武",所以《梁书》以"弥"代"珍"是不合理的。我认为,倭王的名单应按照《宋书·倭国传》(连同武的表文)并参考《梁书·倭传》所记,包含弥、讚、珍、济、兴、武六王。倭王武在表文中称弥为"祖弥",则弥可能是武的祖父,也可能是武的曾祖。《宋书》记讚为珍之兄,济为兴之父,兴为武之兄,却未记珍与济的关系,故珍与济或许为父子,也或许为兄弟。这样,倭王的名单和世系应如以下两表所示:

(A) 弥―┬讚
　　　　├珍
　　　　└济―┬兴
　　　　　　　└武

(B) 弥―┬讚
　　　　└珍―济―┬兴
　　　　　　　　└武

如表(A)所示,若济为珍之弟,则弥为武的祖父。如表(B)所示,若济为珍之子,则弥应为武的曾祖。不论两表所示世系以何者为是,结合《晋书·安帝纪》的记载,弥应在位于晋安帝义熙九年(公元413

年）之前，不曾向中国遣使，从而不属于向中国遣使的"倭五王"之列。倭王武在表文中主要是颂扬弥的拓境安邦之功，所谓"累叶朝宗"则是指以后讚、珍、济、兴四代的遣使，并不包括弥在内。

与《日本书纪》的记载相对照，《宋书》中的讚、珍、济、兴、武五倭王可比为《书纪》中的履中、反正、允恭、安康、雄略五天皇，而倭王武表文所述的"祖弥"则可比为仁德天皇，尽管《书记》关于各代天皇在位年数的记载不是完全准确的。据《书纪》记述，仁德天皇为履中、反正、允恭三天皇之父，允恭天皇为安康、雄略二天皇之父。因此，与表（B）相比，表（A）所示世系应该是更切合实际的。

三 高句丽的《好太王碑》

在倭人的心目中，从1世纪到3世纪，朝鲜半岛本来是中国的统制范围。到了4世纪，随着乐浪郡和带方郡的陷落，中国在朝鲜半岛的势力丧失。因此，以中国的藩臣自居的倭王有充分的理由可以与新罗、百济乃至高句丽争夺半岛上的统制权。倭王们相信，向朝鲜半岛出兵，是无损于中国的利益的。这在倭王武致宋顺帝的表文中已表露无遗。

最近30~40年来，日本学术界有以新的观点和立场重新对《日本书纪》关于"大和政权"向朝鲜出兵的记载作批判性的分析和考察的。学者们认为，《日本书纪》是8世纪的奈良时代编纂的，其所记述，多有虚妄之处，关于出兵朝鲜的记述尤其不足为信。4、5世纪倭国的实力欠强，就军事方面而论，倭国的步兵实无从与高句丽等国的骑兵相抗，从而主张入侵朝鲜是不可能的[8]。

在中国吉林省集安县的洞沟（通沟），树立着一块巨大的石碑，称为《好太王碑》（图3）。这是公元414年高句丽的长寿王为表彰先王好太王的功绩而建立于他的陵墓之前的。好太王名谈德，碑文中称"国冈上广开土境平安好太王"，因其年号为"永乐"，又称"永乐太王"。碑文述及倭、百济（碑文作"百残"）、新罗之处甚多。其中，"百残新罗旧是属民，由来朝贡。而倭以辛卯年来渡海，破百残□□新罗，以为臣民"的二句，是最关重要的。对这二句文字，从来的解释是："百济、新罗旧是（高句丽的）属民，由来（向高句丽）朝贡。而倭（兵）以辛卯年（公元391年）来渡海，破百济、□□、新罗，以为（倭的）

臣民"。这样，从碑文看来，倭国的兵队在4世纪末已大举侵入朝鲜半岛的南部。

但是，从第二次世界大战结束以来，学术界有对上述的碑文提出疑问的[9]。有的学者修正了碑文的句读，更改了文句中的主词，主张这二句碑文应释读为："百济、新罗旧是（高句丽的）属民，由来（向高句丽）朝贡。而倭（兵）以辛卯年（公元391年）来。（高句丽）渡海破百济，云云"。以后，有的学者又认为碑文经过近代的篡改，特别是"渡海破"三字是出于别有用心的捏造，根本不能凭信。总之，持新见解的学者们是要彻底否定倭国在4世纪末入侵朝鲜半岛的旧说。

图3 《好太王碑》全景

1963年秋，我作为中国科学院考古研究所东北工作队副队长（队长夏鼐先生因故留在北京，未曾前往现场）兼第二组（吉林、黑龙江组）组长，赴吉林省集安县，在洞沟（通沟）考察《好太王碑》，并向当地有关单位及附近居民做调查。考察和调查的结论是，此碑历年既久，石质风化，碑文多有损蚀，但未有篡改的迹象。多年以来，我仔细考核碑文的文句，就其句读和含义作反复的推敲。我坚信，从前后的文辞和文法的结构来看，这二句碑文应明确释读为："百济、新罗本来是（高句丽的）属民，一向（向高句丽）朝贡。而倭（兵）于辛卯年（公元391年）来渡海，破百济、□□、新罗，以为（倭的）臣民"。日本学者西岛定生先生近年在他的有关论文中提出"倭以辛卯年来"的"来"字可解为"以来"，从而主张倭兵渡海进攻不限于辛卯一年，而是在辛卯年（公元391年）以来的数年间，但仍然认为是倭"渡海破百济、□□、新罗以为臣民"，而不是高句丽"渡海破百济"[10]。要之，就文句本身而论，《好太王碑》的碑文确实记述着4世纪末倭国兵队渡海侵入朝鲜半岛的南部（图4）。当然，《好太王碑》是长寿王为颂扬先王功绩而建造的，碑文的记述有所夸张，这是可以理解的。

如前面所说，《宋书·倭国传》所载倭王武致宋顺帝的表文中有"自昔祖弥渡平海北九十五国"等语。倭人之谓"海北"，无疑是指对马海峡以北的朝鲜半岛。因此，可以说，倭王武表文所述与《好太王碑》碑文所记是一致的。倭王武称弥为"祖弥"，不知是祖父还是曾祖。但是，如上文所说，不论弥是武的祖父或是曾祖，根据《宋书·倭国传》和《晋书·安帝纪》的记载，他的在位期间应在晋安帝义熙九年（公元413年）之前，即公元4世纪末至5世纪初，正与《好太王碑》所记"辛卯年"（公元391年）接近。诚然，《宋书·倭国传》的记载虽然是十分可靠的，但倭王武在致中国皇帝的表文中称颂祖先的功绩，也难免有夸张之辞，这也是完全可以理解的。然而，将高句丽《好太王碑》的碑文与中国史书所载倭王的表文相对照，两者竟不谋而合。这就不能不使人深信从4世纪末到5世纪初倭国兵队入侵朝鲜半岛南部的历史事实是难以全盘否定的。

据《宋书·倭国传》记载，倭王珍早在元嘉十五年（公元438年）便要求授予"都督百济、新罗、任那、秦韩、慕韩等国诸军事"之权。从元嘉二十八年（公元451年）起，宋的皇帝也承认倭王们有"都督新罗、任那、加罗、秦韩、慕韩等国诸军事"之权。无待于言，这不是反映倭王们的虚幻的梦想，而是反映了当时倭国在朝鲜半岛南部有着某种程度的军事存在。

图4 《好太王碑》碑文（局部）

四 南朝的外交政策

泰常八年（公元423年），北魏太武帝在平城即位。神䴥四年（公元431年)至太延五年(公元439年),北魏先后灭夏、北燕和北凉,统一了华北,国势进一步强大。太平真君十一年(公元450年),太武帝的大军长驱南下,直达长江北岸的瓜步,严重威胁宋的都城建康。长期以来,为了抵抗来自北魏的巨大军事压力,宋朝除充实自身的力量以外,在外交上必须与高丽句、百济、倭等海东诸国保持友好关系,以求加强与北魏相抗的地位。

在海东诸国之中,高句丽的军事实力最强,其地理位置又与北魏接近。因此,对南朝的宋来说,为了牵制北魏,与高句丽交好是最为重要的。元嘉十六年(公元439年),宋文帝为了与北魏作战,曾向高句丽求战马,便是最好的例证。高句丽采取两面外交的手法,既向南朝入贡,旋即又向北魏入贡。这使得宋朝更有必要拉拢高句丽,以免它完全倒向北魏。宋武帝早在永初元年(公元420年)就封高句丽的长寿王为征东大将军,以后又多次加授官位,以示恩宠。大明七年(公元463年),宋孝武帝更进授长寿王为车骑大将军、开府仪同三司,这在当时对外国的册封上几乎可以说是达到了无以复加的地步。

百济的军事力量远不如高句丽强大。在高句丽的攻击下,百济处境困难。长寿王十五年(公元427年),高句丽的首都从鸭绿江畔的丸都南迁大同江边的平壤,锐意南征,增加了对百济的威胁。对南朝的宋来说,百济虽然也能在军事上牵制北朝,但所能起的作用不是很大。然而,与高句丽的两面外交不同,百济一贯忠诚于南朝。除延兴二年(公元472年)曾向孝文帝上表谴责高句丽以外,百济从来不与北魏勾结。所以,宋对百济是十分信任的。永初元年(公元420年),宋武帝在授高句丽王为征东大将军的同时,授百济王为镇东大将军。后者在次序上虽处于前者之后,但官位的等级是与前者相同的。

5世纪新罗的国力尚未充分发展。在外交方面,除早在东晋孝武帝太元年间(公元377、382年)曾向前秦遣使以外[11],新罗一直不向北魏进贡,也不向南朝的宋进贡。因此,宋与新罗之间是没有国交的(图5)。

中国古代王朝都以"四夷来朝"为荣,南朝亦不在例外。对南朝的宋来说,倭国入贡当然是好事。由于倭国始终不与北朝勾结,其入贡更值得欢迎。但是,倭国地理位置遥远,国力又不很强大,不能在军事上牵制北朝。特别是倭国致力于向朝鲜半岛扩张,谋求控制新

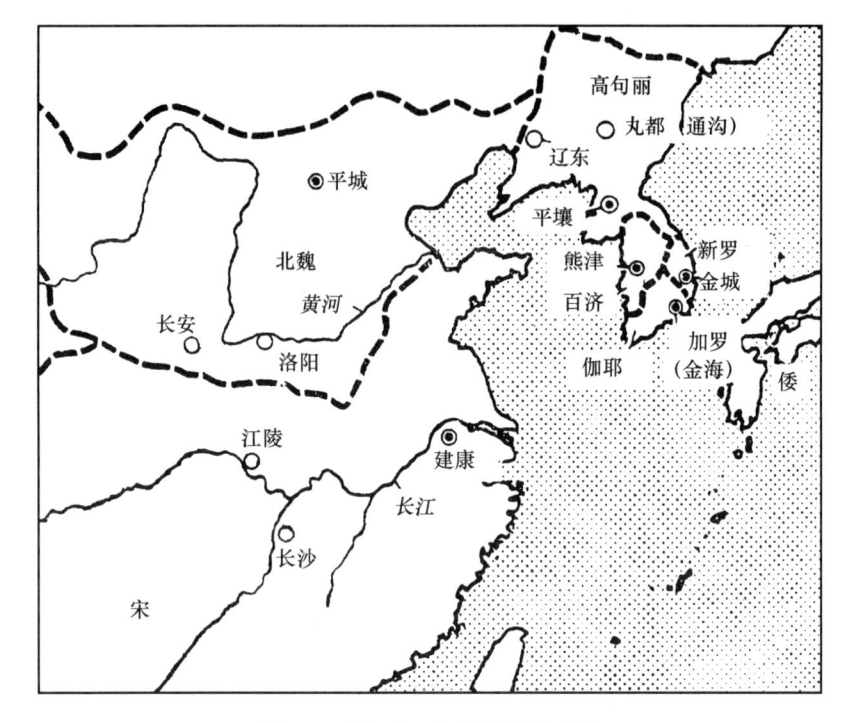

图5　5世纪东亚国际形势示意图

罗、百济，又坚持与高句丽抗争，这不能不引起宋朝的顾虑。宋朝欢迎倭国入贡，但不能给它以过多的支持，以免招致高句丽和百济的不满。

在倭国的强烈要求下，宋朝承认倭王有"都督新罗、任那、加罗、秦韩、慕韩等国诸军事"之权，但始终否定其有"都督百济诸军事"之权。从《宋书·倭国传》的记载可以看出，倭国视高句丽为敌国，视新罗、百济为藩国，而以两国的上国自居。但是，与倭国的自视甚高相反，宋的皇帝早就授高句丽王为征东大将军乃至车骑大将军，授百济王为镇东大将军，却长期仅授倭王为安东将军。只是到了最后，宋顺帝才于昇明二年（公元478年）晋升倭王武为安东大将军。其实，安东大将军在官位的等级上虽与征东大将军、镇东大将军相等，但就次序而论，仍处于两者之后，更不能与高级的车骑大将军相提并论。总之，从《宋书·东夷传》的全部记载看来，5世纪中国南朝的对倭政策和对朝鲜政策是紧密相关的，是充分注意力量对比、权衡利害关系的现实主义的外交政策。

五　"大王"的称号

1968年，在日本埼玉县行田市发掘了一座古坟，称为稻荷山古坟。10年后的1978年9月，日本学者利用X光照射，发现稻荷山古坟出土的铁剑有115个字的错金铭文（图6）[12]。经已故京都大学教授岸俊男先生等学者判读，铭文中的"获加多支卤大王"应读作Wakatakeru大王[13]。《古事记》和《日本书纪》各称雄略天皇为"大长谷若建命"或"大泊濑幼武天皇"，"若建"和"幼武"都读作Wakatakeru，正与"获加多支卤"的读音相同。因此，可以确认，"获加多支卤大王"即《记·纪》中的雄略天皇。学者们考定，铁剑铭文中的"辛亥年"相当于公元471年，与《宋书·倭国传》所记倭王武的在位年分基本上相符。从《日本书纪》所述雄略天皇的事迹看来，他也应该是《宋书》中的倭王武。这在日本学术界已取得一致的意见，可谓已成定论。

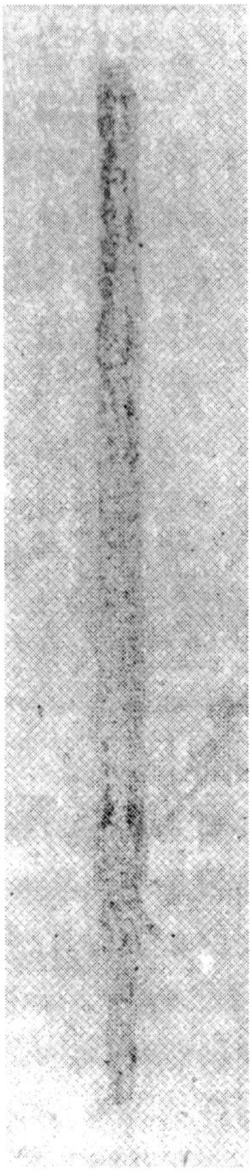

稻荷山古坟铁剑铭文的发现，还使得1873年日本熊本县玉名郡江田船山古坟出土铁刀错银铭文中的开头十个字被纠正而判读为"治天下获□□□卤大王"[14]。十分明显，船山古坟铁刀铭文中的"治天下获□□□卤大王"与稻荷山古坟铁剑铭文中的"獲加多支卤大王"为同一人，即《记·纪》中的雄略天皇，亦即《宋书》中的倭王武。

图6　稻荷山古坟铁剑

日本古代史研究表明，雄略天皇在位时，倭国的国力和倭王的权势得到空前的发展。据《宋书·倭国传》记载，宋的皇帝始终仅授倭国的讚、珍、济、兴四王为安东将军，但昇明二年（公元478年）宋顺帝忽然晋升倭王武为安东大将军。这也许是与倭国国力和倭王权势的增长有关的。

如所周知，日本采用"天皇"的称号是从7世纪初期的推古朝（公元593~628年）或后期的天武朝（公元672~686年）开始的。

《古事记》和《日本书纪》所记 6 世纪以前的许多"天皇",包括"雄略天皇"在内,其称号是出于 8 世纪初期编纂《记·纪》时的附会和追崇("仁德"、"履中"、"反正"、"允恭"、"安康"、"雄略"等名则是 8 世纪后半追加的中国式谥号)[15]。其实,他们起初只被称为"王",以后又自称为"大王"。何时开始自称"大王",这是日本古代史上的重要问题。从稻荷山古坟铁剑铭文和船山古坟铁刀铭文来看,倭王武(即雄略天皇)至少在被中国的皇帝晋升为安东大将军之前七年,已号称"大王"[16]。当然,在倭王武之前,5 世纪其他各倭王也有号称"大王"的可能性。"大王"称号的成立,正说明倭国的国力和倭王的权势有了划时代的增长。

要了解"大和政权"的倭王们为什么进号"大王",这不仅须从 5 世纪倭国国内情势的发展着眼,而且还应该从当时东亚国际情势的视野出发,来加以考察。

前面已经说过,当时倭国视高句丽为敌国,视百济、新罗为藩国。据《好太王碑》记载,高句丽王谈德称"国冈上广开土境好太王",因其年号为"永乐",故又称"永乐太王"。由于南朝鲜庆州壶杅塚古坟出土的青铜碗也有"(乙卯年)国冈上广开土地好太王(壶杅)"的铭文[17],可见高句丽的威势和好太王的名声已广泛播扬到新罗的都城。1979 年南朝鲜忠清北道发现高句丽的《中原碑》,碑文中的"辛酉"说明它建造于公元 421 年或 481 年[18],从而可以判断碑文所记"(五月中)高丽太王"应该是指好太王的嗣王长寿王(名巨琏)。《中原碑》中的"高丽太王"还说明,"太王"不仅是高句丽王死后的敬称,而且是生前的尊号。这不能不使人认识到,倭王们之进号"大王",是为了与号称"太王"的敌国高句丽王相抗衡,同时也是为了从称号上居于百济王和新罗麻立干〔4、5 世纪新罗国势微弱,其君主先称"尼师今",后称"麻立干",而不称"王";6 世纪初国势转强,智证麻立干乃于即位后的第四年(公元 503 年)始称"新罗国王"〕之上,突出倭国对百济、新罗两藩国的上国地位。要之,"大王"称号的成立不仅是出于 5 世纪倭国国内情势发展的需要,而且是与当时倭国对朝鲜三国的外交姿态紧密相关的。可以说,这也是雄心勃勃的倭王们对中国皇帝的册封(封高句丽王为征东大将军乃至车骑大将军,封百济王为镇东大将军,而仅封倭王为安东将军)所持不满态度的一种表现。

高句丽长寿王在位时称"太王",还可以从南朝鲜庆州瑞凤塚古坟出土的银盖碗铭文得到证明。瑞凤塚的银盖碗,在碗底和盖内各有"延寿元年太岁在辛三月(中)太王教造合杆,三斤"和"延寿元年太岁在卯三月中太王教造合杆,用三斤六两"的铭文。学者们认为,"延寿"是新罗的逸年号,"辛卯岁"相当于公元511年[19]。对照《三国史记·新罗本纪》,公元511年应为新罗智证王十三年。《新罗本纪》称"智证"为王的谥号,新罗用谥号从此开始,但未记智证王在位时曾用年号。《新罗本纪》明记法兴王二十三年(公元536年)称"建元元年",新罗之用年号应以此为始[20]。因此,智证王十三年(公元511年)实无称"延寿元年"之理。我认为,瑞凤塚银盖碗铭文中的"辛卯岁"相当于公元451年,"延寿元年"为高句丽长寿王三十九年(公元451年)[21]。高句丽好太王用"永乐"年号,其嗣王长寿王用"延寿"年号是可以理解的。长寿王三年(公元415年)所作青铜碗(壶杆)存在于新罗的"壶杆塚",长寿王三十九年(公元451年)所作银盖碗(合杆)当然也可以存在于新罗的"瑞凤塚"。瑞凤塚银盖碗铭文记作器月份为"三月中"而不明记日期,其方式正与《中原碑》碑文所记"五月中"相一致。以上都说明,瑞凤塚银盖碗铭文中的"太王"与《中原碑》碑文中的"高丽太王"一样,是高句丽长寿王在位(公元413~491年)时的称号。总之,倭王们自称"大王",主要是为了在称号上与在位的高句丽太王抗衡。

六 友好的百济国

在朝鲜三国之中,百济与东晋、南朝的关系最为亲密,与倭国的关系也甚为友好,尽管倭王们多次向中国皇帝谋求授予对百济的军事控制权。如前所述,据《三国史记》和《晋书》记载,百济向东晋朝贡始于近肖古王二十七年,即晋简文帝咸安二年(公元372年)。但是,从日本奈良县天理市石上神宫所藏"七支刀"的铭文看来,至少在此前的太和四年(公元369年),百济曾奉行东晋的年号(图7)[22]。据《日本书纪》记载,百济肖古王在向东晋遣使的同年,也向倭国遣使。"七支刀"是肖古王为赠送倭王而作的,在刀的铭文中使用东晋"泰和四年"(公元369年)的年号,正说明百济是此后倭与东晋通交的媒

图7 石上神宫的七支刀

介。事实上，如倭王武致宋顺帝的表文所述，倭国遣使往建康，就是取道于百济的。

永初元年（公元420年），宋武帝即位，将百济王的官位从东晋所授镇东将军晋升为镇东大将军。文帝元嘉二十七年（公元450年）、孝武帝大明元年（公元457年）、明帝泰始七年（公元471年），百济多次入贡，使宋和百济的友好关系不断加深。前面多次说过，从元嘉十五年（公元438年）开始，倭王珍就向宋的皇帝要求授予"都督百济、新罗、任那、秦韩、慕韩等国诸军事"之权。对此，宋文帝于元嘉二十八年（公元451年）授倭王济为"都督新罗、任那、加罗、秦韩、慕韩等国诸军事"，以加罗（伽耶）替换百济。昇明二年（公元478年），宋顺帝进授倭王武为安东大将军，而授"都督新罗、任那、加罗、秦韩、慕韩等国诸军事"如故，仍然拒绝武对授以"都督百济诸军事"的要求。由此可见，宋与百济的关系是何等亲密无间！

百济的军事力量虽然不强，但它在文化和工艺技术方面却是相当发达的。这主要是依靠百济自身的努力，同时也是由于得到中国方面的帮助。就史书记载而言，宋文帝元嘉二十七年（公元450年）赠百济《易林》、式占、腰弩等，便是很好的说明[23]。据《日本书纪》记载，雄略天皇（即倭王武）在位时，倭国从百济引进"陶部"、"鞍部"、"画部"、"锦部"等各种技术工人，这对倭国十分有益。日本考古学上称为"须惠器"的硬质陶器，便是由来自百济的"陶部"工人制造的。

建元元年（公元479年），齐高帝即位，进授倭王武为镇东大将军。但是，从《南齐书》的记载看来，倭国没有向齐遣使，而百济却在永明八年（公元490年）遣使入朝，齐武帝授百济王牟大为镇东大将军。

梁武帝天监元年（公元502年）进授百济王为征东大将军，普通二年（公元521年）又改授为宁东大将军。在梁武帝在位的40余年间，百济与南朝的亲密关系又达到一个新的高潮。百济的使者多次来到建康，向梁贡献方物，而梁则向百济赠送涅盘等佛教经义，并派遣毛诗博士和画师、工匠等人员（图8）。太清二年（公元548年），梁朝发生"侯景之乱"。百济圣明王不知建康有变，犹于次年（公元549年）遣使入贡。使者见城阙荒毁，痛哭流涕，竟被侯景所执囚，数年后始获释而归。

梁武帝在开国的天监元年（公元502年）也按例进授倭王武为征东大将军。但是，从《日本书纪》的编年看来，倭王武（雄略天皇）已经在几年前死去[24]。也许是由于5世纪以来倭国因未能如愿以偿地从南朝的宋得到最大的支持而感到失望，进入6世纪以后，倭王们始终不与梁交往，从而使倭与中国的国交又陷入一个相当长的断绝时期。但是，据《日本书纪》记载，在6世纪前期，倭国却大大加强了与百

图8　梁《职贡图》中的百济使者（宋代摹本）

济的友好关系。百济向倭派遣五经博士，中国的典籍、文物通过百济而传入倭国。6世纪中期，百济还向倭派遣僧侣，传授佛教。总之，作为朝鲜半岛上的友好之国，百济在沟通中国与倭国的关系上自始至终起着极为重要的作用，在文化方面尤其如此。

七　武　宁　王　墓

武宁王是中国《梁书》所记的百济王余隆，也是朝鲜《三国史记·百济本纪》所记的斯麻王，"武宁"是他的谥号。

公元475年，因受高句丽（长寿王）的攻击，百济文周王自汉城（广州）迁都于南方的熊津（公州）。自文周王元年（公元475年）至圣明王十六年（公元538年），百济以熊津为都城凡5代63年，武宁王是其中的第4代。其父东城王牟大于公元479年即位，百济的国力稍稍

图9　武宁王墓墓室

恢复。据《南齐书·百济传》记载，永明八年（公元490年）牟大抗北魏获胜，遣使向齐报捷称功，齐武帝授为镇东大将军，已如前述。

武宁王余隆即位于公元501年，次年（公元502年）被梁武帝进授为征东大将军。据《梁书·百济传》记载，普通二年（公元521年）余隆始遣使奉表，自称累破高句丽，国势转强，梁武帝改授为宁东大将军。普通四年（公元523年），武宁王死。两年以后（公元525年），葬于熊津的登冠（"登冠"二字见于武宁王墓志，虽未能详考，信系陵墓所在的地名），即今南朝鲜忠清南道公州宋山里（图9）。

1971年，在公州宋山里发掘了武宁王的墓[25]。土筑的坟丘成圆形，直径约20米。墓道长9.3米，成斜坡状。地下的墓室为用模印有莲花纹和菱格网状纹的砖券砌的单室，长4.2米，宽2.7米，高2.9米，顶部为圆拱状，门向南。东西两壁各设二个直棂窗，北壁设一个直棂窗，这五个假窗的上方都有一个灯龛。砖砌的棺床在墓室的北部，其上置木棺二具，东侧为王棺，西侧为妃棺。在通往墓室的甬道内，置王和妃的石质墓志（背面兼作买地券）各一方，其后立一石雕的镇墓兽。墓志（包括买地券）用汉字镌刻，形式和内容都与中国南朝的墓志相似。武宁王的墓志全文为："宁东大将军百济斯麻王，年六十二岁，癸卯年五月丙戌朔七日壬辰崩，到乙巳年八月癸丑朔十二日甲申安厝登冠大墓，立志如左"。

棺内的随葬品有金冠饰、金簪、金耳饰、金钏、银钏、银带具、镀金的铜履以及由金、玉、琥珀、玻璃制成的各种珠饰，有用金银装饰的铁刀，有钵、盏、盆、熨斗、镜等青铜器皿和用具，有瓶、壶、盏等青

东晋南北朝时代中国与海东诸国的关系 ·249·

瓷器。青瓷器多与中国南朝的产品相似，应该是从南朝输入的。铜镜中的 1 枚"七乳兽带镜"，也许与梁简文帝在其《望月》诗中所咏的"七子镜"有类同之处[26]。另 1 枚"宜子孙兽带镜"与日本群马县绵贯观音山古坟出土的完全相同，两者应属"同范镜"[27]；由于它们是"翻铸镜"，不是中国的原产品，所以其产地有系在百济的可能性。金冠饰和镀金的铜履与日本熊本县船山古坟、滋贺县鸭稻荷山古坟、群马县二子山古坟[28]，以及新近发掘的奈良县藤之木古坟等古坟出土的镀金的铜冠和铜履相似[29]，说明日本古坟中的这种冠、履是受百济的影响，也许是从百济输入的。总之，武宁王墓出土的各种器物，正反映了当时百济与中国、倭国两方面的密切的关系。

从墓的形制和构造来看，武宁王墓显然是采用中国南朝的制度。据记载，中国东晋的帝陵在建康，南朝的帝陵在建康和丹阳。其他贵族和官僚等人的墓，则多在建康及其附近地区。最近 30 余年来，在江苏省南京、丹阳等地发掘了许多东晋、南朝的陵墓。就地下的墓室而言，它们的特点是都为砖筑的单室，室前附甬道，室内设棺床，室内壁间往往用砖雕砌直棂窗，窗上有灯龛[30]。要之，武宁王墓的墓室与东晋、南朝陵墓的墓室甚为相似。墓砖的砌筑方式，特别是墓室壁上雕砌的直棂窗和灯龛，几乎与东晋、南朝的墓完全相同（图 10）[31]。这说明，百济在丧葬仪礼制度上受中国南朝的影响至深。

图 10 武宁王墓（左）与南京南朝墓（右）的直棂窗和灯龛

1989 年 4 月，我在日本福冈市举行的国际学术讨论会上就武宁王墓的营建问题向汉城大学名誉教授金元龙先生提出如下的看法：东晋、南朝的陵墓与中国其他各时代的陵墓一样，其墓室是建筑在地下的。在营建和待葬期间，按理不许一般的官民等人进入观看。埋葬以后，封闭严密，更是谁也无从看见。百济的使者虽多次到建康访问，但作为外国人，决无被邀请深入到墓室内参观的可能性。武宁王墓在形制和构造上与中国南朝的陵墓如此相似，不能不使人推想其建造也许有中国的工匠参加。当然，陵墓规模宏大，其建造自应以众多的百济工匠为主，但中国的工匠起了指导的作用。公州宋山里其他古坟所用的砖有"梁官瓦为师矣"的铭文（"瓦"字兼指砖、瓦），便是梁的砖瓦工匠在百济传授工艺技术的有力的物证[32]。《梁书·百济传》记大通六年（公元534年）、大同七年（公元541年）梁武帝两次满足了百济请求派遣工匠和画师等人的愿望，可以推证此前梁的工匠也有前往百济的。

八 "扶桑馆"里无倭人

如前面所说，在自晋安帝义熙九年（公元413年）至宋顺帝昇明二年（公元478年）的60余年间，倭五王先后向东晋和南朝的宋遣使达10次之多。由于4世纪以来中国北方长期处于动乱状态，5世纪的倭国只向江南的建康进贡，从来不派使节往北方诸国。进入6世纪以后，倭国不再向梁遣使，也不向北魏遣使，从而使倭与中国的国交又告绝断。

孝文帝太和十九年（公元495年），北魏自平城南迁洛阳，在东汉、魏晋洛阳城的旧址上重建新都（图11）。自此年以迄孝武帝永熙三年（公元534年），北魏以洛阳为都城凡40年。在这40年间，以黄河流域为主体的广大北方地区出现了相当安定的局面，却终究没有招致倭国的遣使入贡。从6世纪前期东亚的国际情势来看，当时的倭国除仍与高句丽为敌以外，还与渐趋强盛的新罗发生激烈的冲突，从而不得不加深与百济的友好关系。从5世纪后期以来，百济与高句丽的抗争愈益严重，与支持高句丽的北魏也曾发生战争而处于敌对状态，这也许是倭国不与北魏建交的原因之一。

景明二年（公元501年），北魏宣武帝在洛阳大兴土木，增筑里坊，使都城的规模扩大，建置齐备。为了招致"四夷来朝"，特在洛阳的南郊多设专为招待宾客的馆舍和住宅区，称为"四夷馆"和"四夷里"。据《洛阳伽蓝记》记述，"四夷馆"和"四夷里"各在永桥（宣阳门外洛水上的浮桥）以南、圜丘以北的大道两旁。大道之东为"四夷馆"，一名"金陵"，二名"燕然"，三名"扶桑"，四名"崦嵫"；大

图11　北魏孝文帝陵（洛阳）

道之西为"四夷里"，一曰"归正"，二曰"归化"，三曰"慕化"，四曰"慕义"。吴（南朝）人投国者处"金陵馆"，三年后赐宅"归正里"；北夷来附者处"燕然馆"，三年后赐宅"归化里"；东夷来附者处"扶桑馆"，赐宅"慕化里"；西夷来附者处"崦嵫馆"，赐宅"慕义里"。

如上文所述，倭国始终不向北魏遣使，这是毋庸置疑的事实。但是，由于"四夷馆"中有"扶桑馆"，乃使某些学者揣测倭人来到了北魏的洛阳。其实，这是出于对"扶桑"二字的误解，应予纠正。

"扶桑"是中国古代神话中的树木名，最初见于《楚辞·离骚》之谓"饮余马于咸池兮，总余辔乎扶桑"。《山海经·海外东经》说"汤谷上有扶桑，十日所浴"，郭璞注"扶桑，木也"。《淮南子·天文训》说"日出于旸谷，浴于咸池，拂于扶桑，是谓晨明"；陆机《日出东南隅行》也说"扶桑升朝晖，照此高台端"。由于相传扶桑是太阳所由升起之处，乃被作为东方的代名词，所以洛阳"四夷馆"中的东夷馆称为"扶桑馆"。东夷馆之称"扶桑馆"，犹西夷馆之称"崦嵫馆"（《楚辞·离骚》云"吾令羲和弭节兮，望崦嵫而勿迫"；《山海经·西山经》谓"鸟鼠同穴山西南三百六十里曰崦嵫之山"，郭璞注"日没所入山也"），其道理是十分清楚的。据《魏书·东夷传》记载，与北魏有联系的东夷诸国为高句丽、百济、勿吉、失韦、豆莫娄、地豆于、库莫奚、契丹、乌洛侯等，而没有倭国。由此可见，住在"扶桑馆"里的"东夷来附者"虽多，但不包含倭人。总之，历史事实说明，没有任何倭人来到过北魏的都城洛阳。自《后汉书》、《三国志》以降，《晋书》、

《宋书》、《南齐书》、《梁书》皆于《东夷传》中记倭国倭人之事，唯《魏书》独无，这决不是偶然的[33]。

"扶桑"之被作为国名，实始于《梁书》。据《梁书·东夷传》记载，扶桑（国）在大汉国东二万余里，地在中国之东，其地多扶桑木，故以为名。《梁书·东夷传》中的扶桑国与同书同传中的倭国虽同在中国的东方海外，但两者相距遥远，并无关联，决不能混为一谈。只是到了唐代，倭国改称"日本"，其国名乃与太阳升起的所谓"日出处"相联系，故以后有"扶桑"之称。时代大不相同，岂可同日而语！

九　新罗的强盛

据《三国史记·新罗本纪》记载，早在奈勿尼师今二十六年（公元377或382年），新罗曾向前秦进贡。对照《晋书·苻坚载记》和《资治通鉴·晋纪》的记述，其入贡之年应为东晋孝武帝太元二年（公元377年）或七年（公元382年），《载记》中的"薛罗"便是《通鉴》中的新罗[34]。但是，除了说明它对当时国际形势的失察以外，这次入贡没有产生任何积极的效果。从此以后，新罗长期不与中国交往。

5世纪的新罗先是依附于高句丽，中期以后转而与百济交好，因国势微弱，仍无力遣使与中国的南朝或北朝建立关系。但是，到了5世纪末、6世纪初，新罗的国力渐渐充实，智证麻立干乃于即位后的第四年（公元503年）进号称王，已如前述〔《魏书·世宗纪》记北魏宣武帝景明三年（公元502年）、永平元年（公元508年）诸外国并遣使朝贡，其中有"斯罗"。对照《梁书·新罗传》所述，"斯罗"应该便是新罗。这样，智证王在位时新罗也许已开始与北魏建立外交关系，但《三国史记·新罗本纪》未记此事〕。庆州附近"金冠塚"、"金铃塚"、"瑞凤塚"、"壶杆塚"和"天马塚"等古坟的发掘，说明当时新罗在政治、经济和工艺技术等各方面的发展已经达到相当的水平，其冠服、马具等类对倭国也有一定的影响（图12）。6世纪前期法兴王在位（公元514~540年）时，新罗的国势骤然强盛。普通二年（公元521年），法兴王的使者终于随同百济武宁王的使者来到建康，受到梁朝的欢迎。中国的佛教，也从此传入新罗。这与倭国相比，正是所谓"后来居上"，成为鲜明的对照。

《三国史记·新罗本纪》记法兴王于十一年（公元524年）"出巡南境拓地"，侵占伽耶（加罗）诸国，从而与长期盘据任那的倭国军队发生冲突。据《日本书纪》记载，继体天皇二十一年（公元527年）大和朝廷发大兵征讨新罗，却在筑紫（今福冈县境内）遭到当地豪族的遮击，这便是有名的"磐井之乱"。磐井的叛乱说明，新罗的势力已影响到今九州的北部各地。叛乱虽然于次年（公元528年）平定，但后果之深使倭国与新罗的军事力量对比从此更处于不利的地位。

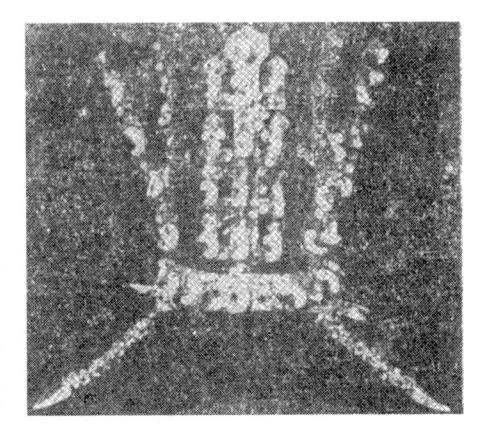

图12 庆州天马塚出土金冠

真兴王即位（公元540年）以后，新罗先是联合百济攻击高句丽，不久又转而与百济相争夺。当时百济已自熊津迁都于泗沘（夫余），励精图治的圣明王竟在率军出击新罗的战斗中阵亡。从此以后，百济陷入高句丽、新罗两面夹攻的困境。圣明王在位（公元523～554年）期间，百济与倭国进一步结成联盟。但是，联盟的成果主要在于倭国从百济引进经书、佛教、历法和医术等，却没有改变两国在军事上与新罗相抗的劣势。圣明王死后，新罗的军势更加显得强劲。据《日本书纪》记载，钦明天皇二十三年（公元562年），新罗攻灭任那，5世纪以来倭国设在朝鲜半岛南部的根据地终于彻底丧失。

在这之前，陈武帝于永定元年（公元557年）即位，取代了梁朝的统治。两年以后（公元559年），武帝死去，文帝、废帝先后继位。高句丽、百济、新罗相继于天康元年（公元566年）、光大元年（公元567年）和二年（公元568年）开始往建康遣使。宣帝即位以后，新罗等三国又各在太建二年（公元570年）至十年（公元578年）的数年中不止一次地相竞向陈朝入贡（百济、高句丽也向北齐、北周入贡）。太建十一年（公元579年），淮南、江北诸郡为北周所夺，陈的版图限在长江中下游江南地区，国势日趋衰落。但是，百济和高句丽依然分别于陈后主至德二年（公元584年）、三年（公元585年）遣使来建康。只有倭国在海北挫折以后，忙碌于国内力量的调整，仍无意于追求中国皇帝的册封。7世纪初圣德太子向大一统的隋朝开展不执臣礼的"对等外交",究其根源,也许正在于6世纪的倭国早已长期置身于中国的册封体制之外。

注　释

[1]　西島定生等:《空白の四世紀とヤマト王権—邪馬台国以後》,角川选书179,角川书店,1987年。

[2]　广东省广州和广西壮族自治区梧州晋墓出土的砖各有"永嘉中,天下灾,但江南,尚康平"和"永嘉世,九州空,余吴土,盛且丰"等铭文。见麦英豪等:《广州西郊晋墓清理报导》(《文物参考资料》1955年第3期);广西梧州市博物馆:《梧州市晋墓、南朝墓发掘简报》(《文物资料丛刊》第8期)。

[3]　福山敏男:《石上神宮七支刀の銘文》,《美術研究》第158号,1951年。

[4]　王仲殊:《说滇王之印与汉委奴国王印》,《考古》1959年第10期。

[5]　王仲殊:《古代的中日关系——从志贺岛的金印到高松塚的海兽葡萄镜》,《考古》1989年第5期。

[6]　田边昭三:《倭王権成立期の生産と社会構造》第109～112页,《空白の四世紀とヤマト王権》,角川书店,1987年。

[7]　辰已和弘:《武器・武具に古代の戰闘をさぐる》第143～208页,《日本の古代》(6),中央公论社,1986年。

[8]　石田英一郎:《日本国家の起源》第111～114页,《日本文化論》第四章,筑摩书房,1969年。

[9]　寺田隆信、井上秀雄:《好太王碑探訪記》第139～148页中所述20世纪后半朝鲜、中国和日本学术界关于好太王碑的研究概况,日本放送出版协会,1985年。

[10]　西島定生:《廣開土王碑文辛卯年条の読み方について》第187～205页,歷史编,《三上次男博士喜壽記念論文集》,平凡社,1985年。

[11]　《三国史記》卷第三第2页,《新羅本紀》第三奈勿尼師今,朝鲜史学会,1928年。

[12]　埼玉县教育委员会等:《埼玉稻荷山古墳辛亥銘鐵劍修理報告書》,埼玉县立さきたま史跡の博物館,1982年。

[13]　岸俊男:《稻荷山鐵劍銘の意義》第9～21页,《日本の古代》(6),中央公论社,1986年。

[14]　岸俊男:《稻荷山鐵劍銘の意義》第9～21页,《日本の古代》(6),中央公论社,1986年。

[15]　佐藤宗諄:《律令制と天皇》第13、14页,《日本の古代》(15),中央公论社,1988年。从大阪府柏原市松岳山出土的船王後墓志看来,不论"天皇"称号的开始成立是在7世纪初期的推古朝还是在后期的天武朝,至少在《记・纪》成书之前,6世纪的倭王已被追称为"天皇"。见奈良国立文化财研究所:《日本古代の墓誌》第74、75

[16] 《宋书·倭国传》记载:"大明六年诏曰'倭王世子兴奕世载忠……宜授爵号,可安东将军、倭国王'。兴死,弟武立,自称'使持节都督倭、百济……慕韩七国诸军事,安东大将军,倭国王',顺帝昇明二年遣使上表"。从这段记载看来,倭王武的即位应在大明六年(公元463年)之后,昇明二年(公元478年)以前,不能确限于昇明二年(公元478年)这一年。所以,稻荷山古坟铁剑铭文中的"辛亥年"(公元471年)与倭王武的在位年限未必抵触。

[17] 金载元:《壶杆塚と金铃塚》,《国立博物館古蹟調査報告》第1册,乙酉文化社,1948年。

[18] 上田正昭、田边昭三:《埋もれた邪馬台国の謎》第232、233页,《日本歷史展望》第1卷,1981年。

[19] 金元龙:《韓国美術史》第156页,日本株式会社名著出版,1976年。

[20] 《三国史记》卷第四第2、4页,《新罗本纪》第四智证麻立干、法兴王,朝鲜史学会,1928年。

[21] 关于"延寿"为高句丽长寿王的年号,延寿元年相当公元451年的问题,近年日本学者已有论及,见鎌田元一:《大王による国土の统一》第58页〔《日本の古代》(6),中央公论社,1986年〕。

[22] 福山敏男:《石上神宫七支刀の铭文》,《美術研究》第158号,1951年。

[23] 《宋书·百济传》记元嘉二十七年,百济王余毗"上书献方物,私假台使冯野夫西河太守,表求易林、式占、腰弩,太祖并与之"。见《宋书》卷第九十七第2394页(中华书局,1974年)。

[24] 《日本书记》记雄略天皇在位共二十三年。若倭王武即位于宋顺帝昇明二年(公元478年),则武应在齐和帝中兴元年(公元500年)死去。若按稻荷山古坟铁剑铭文中的"辛亥年"(公元471年)计算,则雄略之死应早在公元493年以前。

[25] 金元龙、有光教一:《武寧王陵》,三和出版社、学生社,1974年。

[26] 梁简文帝《望月》诗有"形同七子镜"之句,见《艺文类聚》卷第一《天部》所引。见杨泓《吴、东晋、南朝的文化及其对海东的影响》,《考古》1984年第6期。

[27] 金元龙、有光教一:《武寧王陵》第35页,三和出版社、学生社,1974年。

[28] 《世界考古学大系(3)》(日本Ⅲ)第119~120页,图版第129、第134,平凡社,1959年。

[29] 奈良县立橿原考古学研究所:《(斑鳩)藤ノ木古坟》,吉川弘文館,1989年。

[30] 王仲殊:《中国古代墓葬概说》第455页,《考古》1981年第5期。

[31] 杨泓:《吴、东晋、南朝的文化及其对海东的影响》第565、571页,《考古》1984年第6期。

[32] 关野贞:《塼より見たる百济と支那南北朝特に梁との文化關係》第475~490页,《朝鮮の建築と芸術》,1934年。

[33] 王仲殊:《关于日本古代都城制度的源流》第364~365页,《考古》1983年第4期。

[34] 《晋书·苻坚载记(上)》记"(太元四年)分遣使者征兵于鲜卑、乌丸、高句丽、百

济及薛罗、休忍诸国","康居、于阗及海东诸国,凡六十有二王,皆遣使贡其方物";《苻坚载记(下)》记"(太元七年)益州西南夷、海东诸国皆遣使贡其方物"。见《晋书》卷第一百十三、卷第一百十四第 2902、2904、2915 页(中华书局,1974 年)。《资治通鉴·晋纪》记"太元二年春,高句丽、新罗、西南夷皆遣使入贡于秦"。见《通鉴》卷第一百四第 3281 页(中华书局,1976 年)。

(本文原载《考古》1989 年第 11 期)

新罗的历史·文化及都城的形制

一

据《三国史记·新罗本纪》记载，早在奈勿尼师今二十六年，新罗便向中国的前秦遣使朝贡。对照《晋书·苻坚载记》及《资治通鉴·晋纪》的记载，朝贡之年相当东晋孝武帝太元二年（公元377年）或七年（公元382年）。《苻坚载记》所记"薛罗"，便是《通鉴》中的"新罗"。与百济于简文帝咸安二年（公元372年）向东晋遣使朝贡相比，在时间上相差不过5年至10年。但是，经太元八年（公元383年）的淝水之战，前秦的势力迅速瓦解，从而可说新罗的朝贡是出于对国际形势的误判，其欲与中国通好的企划以失败告终。或许是由于初次的重大外交活动遭受意外的挫折，教训深刻，此后新罗乃长期蛰居在朝鲜半岛东南隅，不涉足于中国内地。

据好太王碑碑文所记，从4世纪末开始，新罗受到倭国的侵攻，不得不依附于高句丽的好太王，而5世纪前期的新罗仍然须受好太王及其继承者长寿王的庇护。新罗都城庆州附近壶杅冢古坟的筑造年代虽推定在5世纪末至6世纪初，但出土的青铜碗（壶杅）在底部铸有"乙卯年国冈上广开土地好太王壶杅"的铭文（图1），可证其为以5世纪初期去世不久的高句丽好太王名义所制作[1]。同在庆州附近的瑞凤冢古坟亦大约筑造于5世纪末至6世纪初，而出土的银盒（合杅）分别在底部和盖上记有"延寿元年太岁在辛，三月中太王教造合杅"和"延寿元年太岁在卯，三月中太王教造合杅"的铭文，经考证，"延寿元年"为长寿王在位的第三十九年（公元451年），其干支为辛卯，故可判定此盒为5世纪中叶长寿王在位时所制作[2]。这2件高句丽的重要文物在新罗的古坟中存在，说明4世纪末至5世纪中叶之时新罗与高句丽关系之密切，而好太王和长寿王皆号称"太王"，可见当时的新罗实际上是高句丽的从属之国。1979年在韩国忠清北道发现的高句丽"中原碑"碑文记"新罗寐锦"与"高丽太王"相比，"高丽太王"显然居优位，而"新罗寐锦"则居下位，亦可说明问题[3]。

图1　韩国庆州壶杅冢出土铜碗

5世纪中叶以后，新罗的国策一变，主要是联结西邻百济，以求从北方大国高句丽的势力范围脱身而出。只因国力微弱，加之交通不便，虽欲与中国的南朝或北朝通好，却难以实现。因此，中国方面以新罗为化外之邦，不加任何支持和援助。更有甚者，为了满足倭国的要求，中国南朝宋的皇帝于元嘉二十八年（公元451年）开始授倭王以"都督新罗诸军事"的名号，力图扩张势力的倭王乃据以视新罗为其藩国。当时的新罗文化滞后，制度欠备，其国名除"新罗"以外，或称"薛罗"、"休罗"，或称"斯罗"、"斯卢"，颇显杂乱，没有定规。

5世纪末至6世纪初，新罗的国力终于渐见充实。据《三国史记·新罗本纪》记载，智证麻立干于即位的第四年（公元503年）正式定国名为"新罗",并废除"尼师今"、"麻立干"等旧称,正其国的君主名号为"新罗国王"。从中国《魏书·世宗纪》的记载看来,智证王于北魏景明三年(公元502年)、永平元年(公元508年)先后遣使洛阳,向宣武帝朝贡,也足以显示新罗国势增强的趋向。只是由于事属其国遣使远赴中国参与国际政治、外交活动之伊始,两次朝贡皆未受到北魏的重视,而《魏书》仍记其国名为"斯罗",亦在某种程度上反映了相关的情况。

但是,必须指出,从考古学的立场出发而言,新罗都城庆州附近被判定为5世纪后期至6世纪前期筑造的"金冠冢"、"金铃冢"、"天马冢"以及前已述及的"壶杅冢"和"瑞凤冢"等诸多古坟的调查发掘则充分表明当时新罗在政治、经济乃至工艺技术等许多方面已达到相当高的水平。出土的遗物与同时期日本古坟中的随葬品相比,不仅毫无逊色,反而可证新罗的工艺技术其实是居日本之上位。就冠服和马具之类的形制、规格而论,新罗对倭国具有一定的影响力,这是显而易见的(图2)。

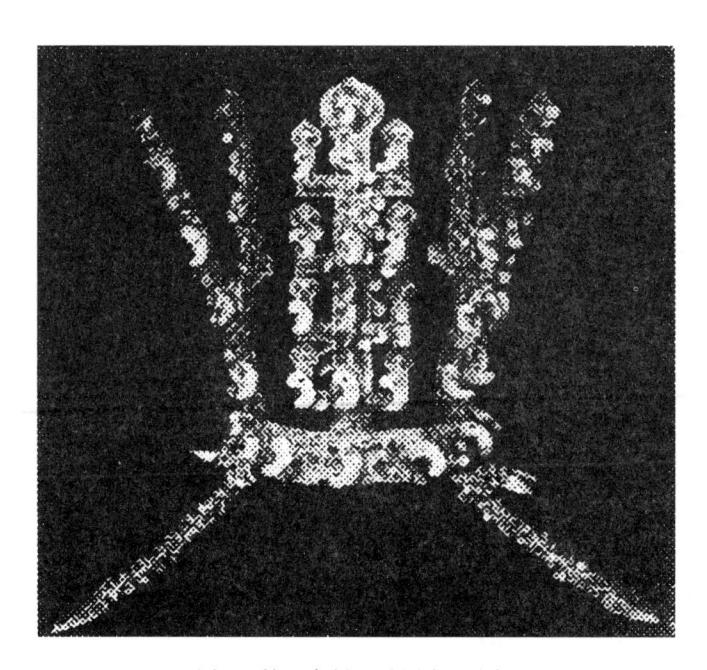

图2 韩国庆州天马冢出土金冠

二

到了6世纪前期的法兴王在位期间（公元514年～540年），新罗的国势突然趋向隆盛。由于其父智证王向北魏遣使朝贡未有功效，法兴王乃求善邻百济作媒介，与中国江南的梁王朝通交。普通二年（公元521年），在百济武宁王所遣使者的伴同下，新罗的使者终于首次来到向往已久的建康城，在朝堂上觐见威名远扬的梁武帝。于是，自此以后，新罗开始进一步摄取中国的制度、文化，而佛教亦随之传入新罗。

作为新兴之邦的新罗，大力实行国家体制的整顿、改革，以求国力的大幅度上升和强化。据《三国史记·新罗本纪》记载，法兴王于其即位的第七年（公元520年）便正式颁布律令，可谓政治上的重大创举。众所周知，1988年在韩国庆尚北道蔚珍郡凤坪里发现有"甲辰年"纪年铭的石碑，称为"凤坪新罗碑"[4]。碑文记法兴王十一年（公元524年）制定的执行法律的具体规则，正表明新罗的国家体制、机能有了长足的改善和提高。与倭国相比，虽说是起步稍迟，而如今的新罗却大有凌驾于倭国之上而阔步前进之势。随着国力的充实，制度的完备，法兴王于在位的第二十三年（公元536年）采用中国式的年号而称此年为"建元元年"。这与倭国于7世纪中期始用"大化"的年号相比，要早出100余年之久。

特别值得注意的是，《三国史记·新罗本纪》记法兴王十一年（公元524年）新罗向国境南方地区扩展势力，占据伽耶诸国。倭国称伽耶之地为"任那"，长期设置称为"任那日本府"的管理机构，实施统治[5]。新罗军事力量的扩张对"任那日本府"的存在构成威胁，乃使朝鲜半岛南部形势高度紧张。据《日本书纪》记载，倭国朝廷于继体天皇二十一年（公元527年）命近江毛野臣率大军征讨新罗。征讨军的行进至筑紫（今日本福冈县）之地因当地豪族的军事动乱而受阻，这便是有名的所谓"盘井之乱"。动乱虽于次年（公元528年）平息，却使倭国的军事力量遭受一定的打击，甚至可据以认为新罗势力的影响已及于日本九州地方的北部。

真兴王即位（公元540年）以后的新罗，先是联合百济以讨高句丽，在取得不少战果之后，又转而将矛头指向久为同盟之国的百济，将百济北部从高句丽夺还的旧都汉城之地纳入自国的版图。当时的百济已自熊津（公州）迁都于泗沘（扶余），励政图治、力求复兴的君主圣明王在与新罗的战斗中阵亡。从此以后，百济遂处于高句丽、新罗两国的夹击之下，境况艰难。圣明王在位期间（公元523~554年），百济与倭国结成同盟，但结盟的成果主要表现在倭国自百济传入经书、佛教、历法、医术等，却无从改变两国在军事上对新罗的弱势状态。百济圣明王战死之后，新罗的军事力量进一步处于强劲的优势，难以与之抗衡，终于使倭国于钦明天皇二十三年（公元562年）被迫放弃"任那日本府"，从而使其国的势力彻底从朝鲜半岛撤出。真兴王巡视各地，抚慰人民，鼓励军政官员，并多建石碑以为纪念，而远在今咸镜南道所建"磨云岭碑"碑文则记新创的"太昌"年号，且以"真兴太王"的名号自称，显示了长期以来其与"高丽太王"抗衡的雄心壮志[6]。

在此之前，在中国的南朝，陈武帝于永定元年（公元557年）即位，取代梁王朝的统治。不久，高句丽、百济、新罗的使者接踵而至，向陈王朝的嗣君朝贡，前后达20余年之久，而高句丽、百济同时亦向北朝的北齐、北周朝贡。开皇元年（公元581年）隋文帝建立隋王朝，高句丽、百济迅速遣使前来，分别接受"辽东郡公"、"带方郡公"的封号，长期以来只与江南的陈通交的新罗亦于开皇十四年（公元594年）遣使来向隋王朝进贡，受封为"乐浪郡公"。

倭国自6世纪中叶以来在朝鲜半岛因新罗的崛起而丧失势力，故忙碌于国政的整顿、改革，无意与朝鲜半岛诸国相竞而向中国皇帝求册封。6世纪末至7世纪前期推古天皇在位时，执政的圣德太子于隋炀帝的大业三年（公元607年）向早已统一全中国的隋王朝遣使，使者小野妹子所呈国书称"日出处天子致书日没处天子无恙"云云，决意实行不执臣礼的所谓"对等外交"。隋炀帝览国书不悦，称其为"无礼"，却不加任何处分与制裁。

三

6世纪后期，以朝鲜半岛北部为根本的高句丽领有辽河以东的广大地域，国力强大。高句丽与中国境界交接，争端不绝，特别是其向辽西地区的攻略为中国方面所不容。开皇十八年（公元598年）隋文帝征讨高句丽，因战况不利，难以取胜，不得不撤兵而返。大业七年至十年（公元611~614年），隋炀帝倾全国之力，再度发动对高句丽的战争，并按"远交近攻"的策略，联络百济、新罗，对通过小野妹子呈递无礼国书的倭国亦采取宽容的态度以求友好。但是，当时的百济以新罗为主要的敌国，有意与高句丽相依，表面上对中国的出兵表示支持，实际上却持旁观态度，在隋军与高句丽冲突之时按兵不动，不加任何支援。结果，隋炀帝的远征以大失败告终，隋王朝不久亦随之覆灭。

贞观二十年（公元646年），唐太宗亲自率大军征伐高句丽，因对方防守坚强，抵抗有力，不能取胜。在此期间，百济义慈王加强与高句丽合作，趁机夺取东邻新罗的许多城市、乡镇，并一反往常，以敌对的态度面向中国，不留余地。因此，中国方面决定采取先灭百济以孤立高句丽的战略方针。考虑到倭国与百济的关系十分亲密，唐王朝特于高宗显庆四年（公元659年）十二月暂时扣留正在东都洛阳访问的津守吉祥等倭国遣唐使者，以免泄漏军事机密[7]。显庆五年（公元660年）三月，唐将苏定方受朝廷派遣，率大军进入百济熊津江地区，新罗武烈王（金春秋）亦统军前来配合作战。同年八月，百济都城泗沘陷落，义慈王被俘。龙朔三年（公元663年）八月，倭国为支持义慈王之子丰璋的复国之战，特派海军船队赴援，却在白村江口受唐海军猛击，大败而退（图3）。乾封元年（公元666年）九月，唐高宗趁高句丽内乱，发大军征讨，新罗文武王亦出兵与唐军组成联合战线，遂于乾封三年（公元668年）九月攻陷高句丽首都平壤，宝藏王遭拘捕。这样，继百济之后，高句丽终告灭亡。

此后不久，高句丽遗民奋起抗战，新罗亦为本国的利益而与唐军发生冲突。新罗的对唐战争延续到文武王十六年（公元676年），其结果是唐朝的军政势力不得不从朝鲜半岛撤出。这样，几乎领有朝鲜半岛全域的、称为"统一新罗"的强大王朝乃以全新的姿态登上东亚的历史舞台，影响巨大。

四

长期以来，新罗的都城始终在于今韩国庆尚北道的庆州市地区，至统一新罗时期而不变。据《三国史记》记载，其最初的王宫为新罗的

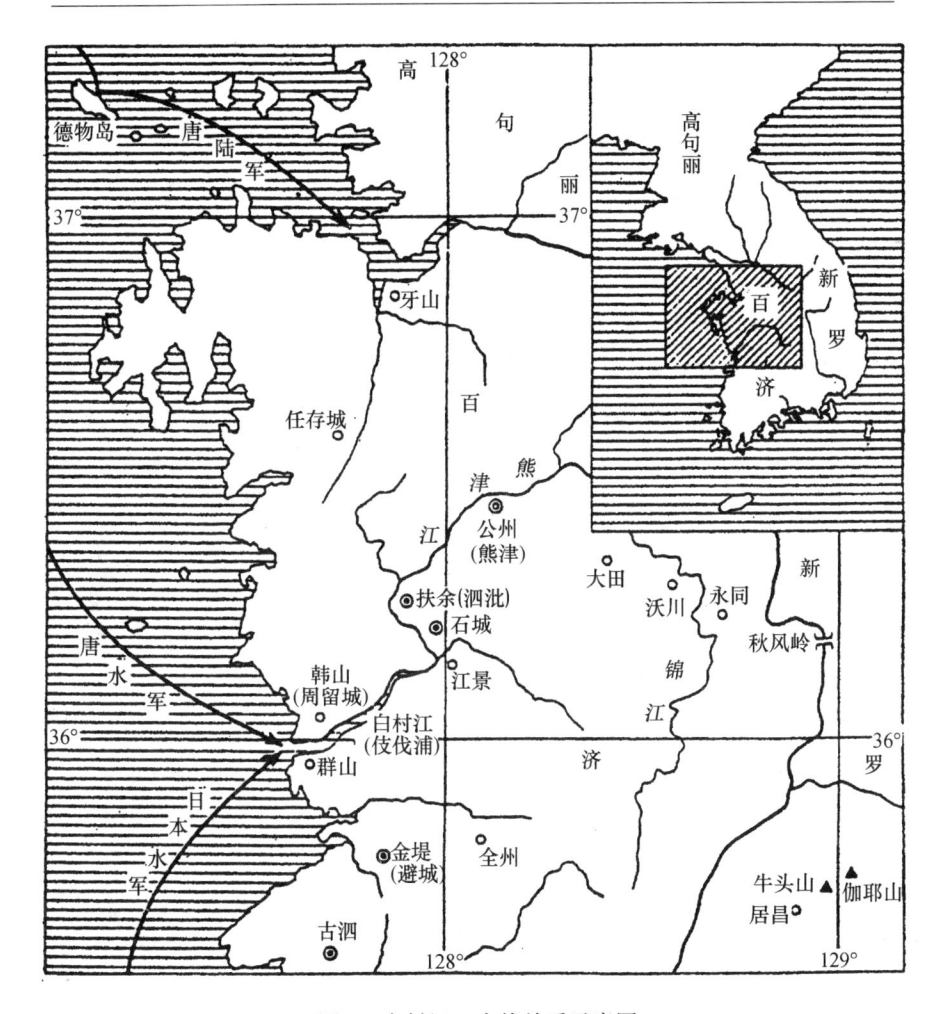

图3 白村江口会战关系示意图

始祖赫居世在位第二十一年（公元前37年）时所建的"金城"。其后，婆娑尼师今于其在位的第二十二年（公元101年）移居筑造于金城东南方的称为"月城"的王宫。此类传说虽不能尽信，但照知麻立干于其在位的第九年（公元487年）七月"葺月城"，并于翌年正月从明活城"移居月城"的记载则应该是确实的。"月城"的位置被比定在今庆州街市区东南方的丘陵地，因丘陵的平面形状呈半月形而得名。

据《三国史记》记述，创立统一新罗的文武王于其在位的第十四年（公元674年）在宫内"穿池、造山，种花草，养珍禽、奇兽"。记述中的"池",无疑是指位于月城东北方的"雁鸭池"。以"海"喻池,池旁的宫殿称为"临海殿"。《三国史记》记孝昭王六年(公元697年)九月"宴群臣于临海殿",是"临海殿"之名在史书中的初见,从而可以推知临海殿的建置应在雁鸭池造成之后不久。"雁鸭池"是后世相传的俗称,其当初的原名为"月池",这是研究者们参照《三国史记·职官志》所记"月池典"、"月池嶽典"等东宫官名推定的。1975年和1976年,对雁鸭池遗迹进行调查发掘,多有收获。

唐高宗龙朔二年(公元662年),建于长安城东北部的新宫大明宫落成,其规模视太极宫有过之而无不及。皇帝于次年移居大明宫,使此宫取代太极宫而成为京师长安政治中枢之所在。大明宫内穿凿称为"太液池"的大水池,池中耸立着以"蓬莱山"为名的岛屿。近年以来,中国社会科学院考古研究所的研究者们发掘太液池遗址[8],不禁使我联想到新罗庆州都城宫内之设雁鸭池是否与对太液池的模仿有关。太液池面积广大,远非雁鸭池之可比,却不能以此为由否定后者的设置有仿自前者的可能性。应该指出,雁鸭池面积虽小,但池中有岛,可视为其与太液池的重要相似之点,决非牵强附会。

据《三国史记·新罗本纪》记述,文武王六年至九年(公元666～669年),新罗遣金庾信之子三光与金天存之子汉林入唐任宿卫,又遣大奈麻汁恒世入唐进贡献,并遵唐朝皇帝之命遣祇珍山级飡等入唐献磁石("奈麻"、"级飡"等皆为新罗职官名称),等等。担任宿卫的贵族、权臣的子弟及前往朝贡、奉献的使臣皆进入大明宫,是在大明宫内完成其使命的。在此前真德王在位(公元647～654年)之时,以金春秋(以后的武烈王)之子文注为先例,金仁问等亦曾在太极宫为唐朝皇帝任宿卫。文武王六年(公元666年)金三光等改在大明宫任宿卫,故能详知大明宫内的各种情况。尤其是文武王十四年(公元674年)正月,在唐大明宫任宿卫的大奈麻金德福期满归国,来到庆州都城,而文武王恰于此年二月开始在宫内整备池苑,可推想德福所传大明宫太液池的景观正好作为参考。这似乎是偶然的巧合,却属无可置疑的事实。要之,作为唐长安城宫殿对新兴的统一新罗庆州都城宫殿建制所加影响之一例,我试就雁鸭池与太液池之间的关系作如上的论说。

如《三国史记·地理志》所记述,月城作为王居所在的宫城而有"在城"的别称,延至8世纪以后的时期仍然如此,而遗址上发现的瓦片则有"在城"的铭文,可证史书记述之不虚。文武王十九年(公元679年)创建的东宫指雁鸭池·临海殿所在之处的宫殿,则可以从遗址发掘出土的木简及有墨书铭文的陶器上所见"洗宅"、"龙王典"等东宫官署之名得到证实。因雁鸭池原名为"月池",东宫之有"月池宫"的别称亦见于《三国史记》的记载。此外,应该特别指出的是,称为"北宫"的宫殿之名见于《三国遗事》所记惠恭王(公元765~780年)在位时期,而在《三国史记》的相应记载中则称"王庭"。1939年调查发掘的城东里遗址位于月城的正北方,经过对遗迹、遗物的考察,研究者强调其为北宫遗址的可能性甚高。

五

如所周知,据《三国史记》记述,真德王三年(公元649年)新罗采用唐朝的衣冠,次年又使用唐高宗的"永徽"(公元650~655年)年号。据考古学者们的调查发掘,庆州市将军路第1号坟、蔚州郡华山里第34号坟、釜山市华明堂第3号坟、公州邑熊津洞第29号坟、金海郡礼安里第49号坟等韩国的许多古坟以及庆州市普黄洞皇龙寺遗址、庆州市仁旺洞雁鸭池遗址等庆州都城内重要遗址皆曾出土铜质的带扣、铊尾与方形或半圆形的銙饰,它们的制作年代可判定为7世纪中叶至末年[9],在雁鸭池遗址的调查发掘中还发现"仪凤四年"(公元679年)的纪年铭平瓦和"调露二年"(公元680年)的纪年铭砖[10]。要之,直到统一新罗时期,以衣冠、服饰与年号的使用为代表的中国唐朝规章制度之被新罗王国接受、容纳不仅见于史籍的记载,而且亦为考古调查发掘工作所证实。这样,认为统一新罗的庆州都城在形制上的改造、更新是出于对中国唐王朝京师长安城的仿效,可谓是理所当然的。

据《三国遗事》记载,新罗全盛之时,京城中有178936户、1360坊、55里、35金入宅(富润大宅)。这是见于《三国遗事》卷第一的《辰韩》条中的记载,但如在紧接其后的《四节游宅》条中所明示,所记实为包含宪康王(公元875~886年)在位期间在内的8世纪初至9世纪末的统一新罗时代的状况。特别是卷第五《念佛师》条中的"360坊、17万户",确为对于8世纪中叶景德王(公元742~765年)时期实况的记述无疑[11]。当然,无论是怎样不可一世的"全盛之时",多达

17万余的户数对新罗的都城来说，显然是被夸张了的。但是，"1360坊"应为"360坊"的笔误，而非故意的捏造。与《三国史记·地理志》所见新罗始祖赫居世于中国西汉宣帝五凤元年（公元前57年）开国时都城内有"35里"的古远难信的记载相比[12]，《三国遗事》所记"55里"之数的正确程度是相当之高的。

要而言之，根据上述《三国遗事》的记载，统一新罗时代的庆州都城全域首先是划分为55个"里"，然后又可细分为360个"坊"。"里"与中国唐长安城、日本平城京等都城内的"坊"相当，"坊"则相当于日本平城京内的"坊"进一步细分而成的"町"或"坪"。

2002年12月，我应邀在日本京都就新罗都城作演讲时曾引用韩国著名学者绘制的"庆州王京平面复原图"（图4），却对此图提出个人独自的解析[13]。我认为，《三国遗事》所记虽为"360坊"，但除去月城的王宫、月池的东宫以及其后新建的北宫（城东里遗址）所占的面积，复原图中的方格形区划共约330个，它们便是以上所说的"坊"。330个"坊"被55个"里"所均分，每个"里"包含6个"坊"。必须注意，从复原图和我对此图的解析看来，"坊"的平面为正方形，而"里"的平面则为东西横长方形，长与宽的比率为3∶2。这样，若将"南北大路"以东和以西的京域分别称为"左京"与"右京"，则左京的幅度相当于2个"里"的长度，而右京的幅度倍增，相当于4个"里"的长度。据1976年至1983年对遗迹的调查发掘，作为规模宏伟的伽蓝，皇龙寺的位置在于左京中部的东侧边缘，全寺面积相当于4个"坊"，即三分之二个"里"。

应该说明，由于我所引用的"庆州王京平面复原图"本身未必准确[14]，我对此图的解析当然是有不切实之处的。然而，如前所述，我坚持认为，与《三国史记》所记"35里"相比，《三国遗事》所记"55里"是可信的，而后者《辰韩》条所记"1360坊"则为《念佛师》条所记"360坊"之误，这是可以确信无疑的。

统一新罗庆州都城的改造虽说是以唐长安城的形制为模仿对象，但从上古的原初时代开始，直到新的所谓律令制的统一新罗时代，新罗的都城始终在于庆州的原址，历代相继，前后延续，建筑物纷乱、错落，甚至互相重叠，改造是十分困难的，所以不能如日本的平城京、平安京那样成为左右对称的、整然有序的所谓"条坊制都城"。在庆州都城的

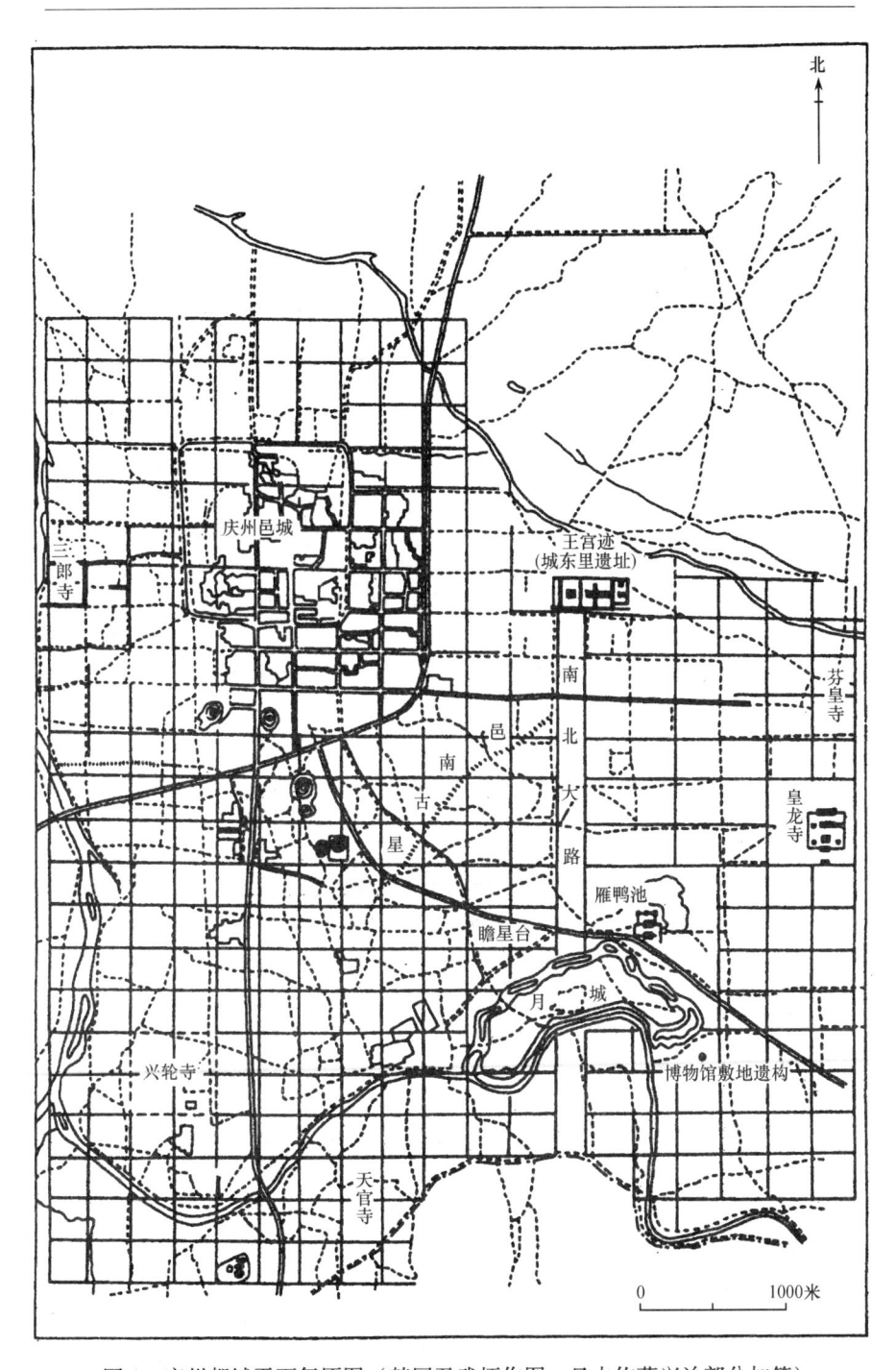

图4 庆州都城平面复原图（韩国尹武炳作图，日本佐藤兴治部分加笔）

周围,有明活山城、南山城、仙桃山城等山城可担当首都的防卫任务,故无须特意筑造围绕首都全域的城墙。尽管如此,按照我个人的一贯主张,与日本的平城京、平安京一样,没有城墙围绕的庆州亦可称为"都城"[15]。

注　释

[1] 此青铜碗(壶杅)出土于1946年,收藏于韩国首尔市中央博物馆。底部所铸铭文为凸起的阳文,在韩国初期金石文字中可称罕见的特例。铭文中的"乙卯年"相当公元415年,在好太王逝世之后3年。

[2] 此银盒(合杅)出土于1926年,收藏在韩国首尔市中央博物馆。关于铭文所记"延寿元年(太岁在辛卯)"的年次虽曾有各种不同见解,要以主张为长寿王三十九年(公元451年)干支属"辛卯"之说为妥切。对此,朝鲜学者孙永锺、韩国学者李丙焘等早在20世纪60年代、70年代发表有关论文,详加论证。

[3] a. 上田正昭、田边昭三:《高句麗の中原碑》第232～233页,《埋もれた邪馬台国の謎》,旺文社,1981年。
b. 武田幸男:《高句麗"太王"の用例》第259页,《高句麗史と東アジア》,岩波书店,1989年。

[4] 日本学者井上秀雄对"凤坪新罗碑"碑文的内容作简要的叙述,对书体的特点作确切的评论,并在所录碑文全文中标明何者为受损之字,何者为有异议之字,何者为出于推测之字。见井上秀雄:《五～六世紀の主要な金石文》第349～351页(《古代東アジアの文化交流》,溪水社,1993年)。

[5] 倭国之改用"日本"国号始于7世纪后期,《日本书纪》所记"任那日本府"的名称是不适当的。考虑到成书于8世纪20年代的《日本书纪》往往称古代的倭国为"日本",故可推定所谓"任那日本府"其实是"任那倭府",亦即所谓"任那之官家"。见王仲殊:《新羅の强盛》第130页(《中国からみた古代日本》,学生社,1992年)。

[6] 关于"磨云岭碑"碑文中的"真兴太王"的名号,学术界有持怀疑态度的。但是,研究高句丽史的日本专家武田幸男则坚信碑文中的"真兴太王"是指刻石立碑的新罗真兴王本人。见武田幸男:《東アジアの"太王"号》第271页(《高句麗史と東アジア》,岩波书店,1989年)。

[7] 《日本书纪》齐明天皇五年己未(公元659年)条记遣唐使"以陆奥虾夷男女二人示唐天子"句下注引《伊吉连博德书》所述其年十二月唐朝敕旨称"国家来年必有海东之政,汝等倭客不得东归,遂逗西京,幽置别处,闭户防禁,不许东西,困苦经年"。见《日本书纪》后篇第271页(《国史大系》,吉川弘文馆,1982年)。

[8] 中国社会科学院考古研究所、日本奈良文化财研究所联合考古队:《唐长安城大明宫太液池遗址考古新收获》、《唐长安城大明宫太液池遗址发掘简报》,《考古》2003年第11期。

[9]	伊藤玄三：《統一新羅の銙帯金具》第14~39页，《律令期銙帯金具の調查研究》，法政大学文学部，1998年。
[10]	韩国文化部文化財管理局：《雁鴨池發掘調查報告書》本文编第86页，图第20~443；第87页，图第31~552，学生社，1993年。
[11]	《三國遺事》卷第一《辰韓》条及《四節遊宅》条、卷第五《念佛師》条，分别见韩国精神文化研究院姜仁求等：《譯注·三國遺事》Ⅰ第216、第221页；Ⅳ第364页（以会文化社，2002年）。
[12]	《三國史记》卷第三十四，《雜志》第三，《地理》一，朝鲜史学会编辑发行，1928年。
[13]	王仲殊：《唐長安城および洛陽城と東アジアの都城》第411~420页，《東アジアの都市形態と文明史》，国際日本文化研究センター，2004年。
[14]	韩国学者尹武炳的"庆州王京平面复原图"是根据现今地面上隐约察见的道路、里坊的不确切的形迹推测复原的。1987年，尹氏本人改变了思路，又按《三国史记》所见"35里"的记载，重新绘制庆州都城平面复原图，方方正正，非常规整。但是，2002年、2003年以来，韩国国立庆州文化财研究所等学术单位和学者们发表多篇新的有关庆州都城遗迹的调查发掘报告和论文等，说明历时数百年之久的庆州都城在形制、布局上的变迁甚为复杂，不能简单地对里坊的区划作完全整然的复原。见黄仁镐：《新羅王京の変遷》第2~19页（《東アジアの古代文化》第126号，大和书房，2006年）。
[15]	20世纪70年代以来，日本学者创"宫都"一词以称日本的藤原京、平城京、长冈京、平安京，理由是它们的周围皆无城墙围绕，故不能以"都城"称之。我举《日本书纪》天武天皇十二年（公元683年）十二月"凡都城宫室非一处，必造两参"及《续日本纪》桓武天皇延历三年（公元784年）六月"经始都城，营作宫殿"的记载，指出藤原京、平城京、长冈京、平安京等皆应按上述《日本书纪》、《续日本纪》的记载称为"都城"，而"宫都"之词不见于任何古籍，不宜采用。

（本文原载《探古求原》，科学出版社，2007年）

论开元通宝对古代日本货币制度的影响

——兼论开元通宝传入琉球列岛的经路

唐高祖武德四年（公元621年）新铸开元通宝钱，成为中国古代货币史上的一大变革。从此以后，中国铜钱仍然采取圆形方孔的形状，但钱文上不再标"两"、"铢"等重量单位，而改以"通宝"、"元宝"等为钱币的名称。唐代高宗时又铸乾封泉宝，玄宗以降续铸开元通宝，而肃宗曾铸乾元重宝，代宗则铸大历元宝，德宗铸建中通宝，武宗会昌五年（公元845年）所铸开元通宝背面有字纪铸地，称"会昌开元"。此后，历代铜钱在形状和名称上皆大体承袭上述的唐钱。

开元通宝的钱文。据《唐书·食货志》所记，按上下左右之序而读，"开元"二字不是年号。当时流俗亦有将钱文自上及左环读作"开通元宝"的，"开通"二字亦非年号。因此，就"通宝"、"元宝"之类的钱名而言，开元通宝的钱文在中国古代货币史上虽具划时代的创新意义，但在钱文中冠年号实始于此前南北朝时代的"孝建四铢"、"太和五铢"、"永安五铢"，甚至追溯至4世纪初年、前期蜀中赵廞的"太平百钱"和成汉李寿的"汉兴"钱[1]，而唐代钱文之用年号则迟在此后的乾封泉宝、乾元重宝、大历元宝、建中通宝。宋以后的历代铜钱几乎都在钱文中冠年号，这应该是对高宗以后的各种唐钱钱文的承袭。

中国唐代继汉代之后，国势强大，版图辽阔，对外交往尤为繁盛。这样，开元通宝、乾元重宝、大历元宝、建中通宝等铜钱遂随之流传四方。据不完全统计，西自伊朗、乌兹别克斯坦、阿富汗、塔吉克斯坦、吉尔吉斯斯坦等西亚和中亚各地，东至朝鲜、韩国和日本，北自俄罗斯和蒙古，南至越南等许多外国境内亦多有以开元通宝为主的唐代铜钱发现，其流传范围甚至远及非洲的东部[2]、西伯利亚的南部[3]、太平洋西部海中的南沙群岛[4]，等等。本文专就开元通宝对我国东邻日本古代货币制度及社会经济生活的影响作叙述，特别是对开元通宝在琉球列岛各地的大量传入作论考，以究明久已存在的关于传入经路的问题，从而为古代中日两国交流史的研究增添新的篇章。

一

7世纪初年日本开始派遣遣隋使，30年代以降又派遣遣唐使，许多留学生、学问僧随之以往，在各方面向中国学习，取得丰硕成果，从而导致公元646年称为"大化改新"的新政的实施。从此以后，日本的政治体制、社会经济和文化事业不断进步、发展，终于使律令制国家的建设得以完成。

据《弘仁格式》所记，天智天皇七年（公元668年）曾制定近江令。据《日本书纪》记载，天武天皇十年（公元681年）下令编纂律令，其中的令于持统天皇三年（公元689年）颁布，即所谓飞鸟净御原令，而律却不曾制定。此后，经多年努力，遂于文武天皇大宝元年（公元701年）编成新的律令，称为"大宝律令"。于是，日本作为一个政令统一、法制齐备的国家，面貌一新。

一般认为，日本最初的本国钱币是元明天皇和铜元年（公元708年）发行的"和同开珎"。"同"字为"铜"的简略，其先例可追溯到3世纪邪马台国时期的铜镜铭文，镜铭中的"同出徐州"、"用青同"之类的"同"字无非为"铜"的简体。但是，据《日本书纪》记载，天武天皇十二年（公元683年）四月壬申诏曰"自今以后，必用铜钱，莫用银钱"，持统天皇八年（公元694年）三月乙酉则有"拜铸钱司"的举措。加之《续日本纪》仅记元明天皇和铜元年（公元708年）"始行银钱"、"令近江国铸铜钱"、"始行铜钱"等，而不记钱的名称，乃以为和铜元年之前早已行和同开珎钱，故《续日本纪》无须记钱名。因此，某些研究者提出新说，认为早在元明天皇之前，日本已行本国钱币，可称"古和同钱"，而"同"字非"铜"的简体，"和同"二字为和睦协同之意，不是年号，云云。应该指出，对于此种异论，我是坚决反对的。我认为《日本书纪》所记天武天皇诏书中的"铜钱"应是"富本"钱，而"银钱"则无文字，此种无文银钱与富本（铜）钱的实物在日本皆有出土。总之，和同开珎始铸于元明天皇和铜元年（公元708年），这是不容置疑的。

元明天皇在藤原京即位之翌年（公元708年）正月，武藏国秩父郡献和铜，乃改元为和铜元年。日本古昔用铜，颇有自中国大陆或朝鲜半岛输入者，故称本国所产善铜为"和铜"，以为区别。《续日本纪》中有"和铸诸器不弱唐锡"之语，可供说明。关于铸钱之事，按通常对《续日本纪》有关记载的理解，应该是先在和铜元年五月发行银钱，同年七月又令近江国铸铜钱而于八月开始发行，所发行的银钱、铜钱即为传世的和考古发掘调查发现的和同开珎，钱文中的"同"字为"铜"的简略，已如上述。但是，对于钱文中的"珎"字，或认为是"寶"的简笔，或认为是"珍"的别体，长期争论，未有定说。本文按日本学术界现行通例，照钱文原样写作"珎"，尽管我本人早已认为应该是"开宝"，不是"开珍"。除和同开珎（宝）而外，称德天皇铸神功开宝钱，可谓无独有偶。

和同开珎圆形方孔，大小、形状以及钱文体制皆与中国唐代的开元通宝相似，可判定是特意模仿开元通宝而铸造的（图1）。据调查发掘出土，中国的开元通宝除铜钱之外，有金钱亦有银钱[5]，故和同开珎除铜钱之外，亦有银钱。"和同"二字为年号，而"开元"二字非年号，但"开珎"之"开"与"开元"之"开"皆含"开始"之意，字义相当，决非偶然。据《唐书·食货志》记载，开元通宝的钱文出欧阳询之手笔，而和同开珎钱文书体与开元通宝类同，尤以两者共有的"开"字为明显。日本自7世纪前期遣留学生、学问僧到中国学习以来，精于中国书法者大有人在。早在孝谦天皇天平胜宝六年（公元754年）鉴真和尚携入二王（羲之、献之）真迹法帖之前，光明皇后已于圣武天皇天平十六年（公元744年）临摹王羲之所书《乐毅论》，推想8世纪初日本书法家中已有学欧阳询书体者，固不待9世纪初期擅长书法的嵯峨天皇为学欧体者作倡导[6]。以上为题外之言，

图1 钱文书体比较
1. 开元通宝 2. 和同开珎

姑在此处附带述及之。

在和铜元年铸钱以后的第3年（公元710年），日本的都城自飞鸟藤原京迁至奈良平城京。在以平城京为都城的70余年中，除继续铸和同开珎铜钱而外，淳仁天皇天平宝字四年（公元760年）铸开基胜宝金钱、太平元宝银钱和万年通宝铜钱，称德（孝谦重祚）天皇天平神护元年（公元765年）铸神功开宝铜钱。桓武天皇迁都平安京，于延历十五年（公元796年）铸隆平永宝铜钱；嵯峨天皇弘仁九年（公元818年）铸富寿神宝铜钱，仁明天皇承和二年（公元835年）铸承和昌宝铜钱，嘉祥元年（公元848年）又铸长年大宝铜钱；清和天皇贞观元年（公元859年）铸饶益神宝铜钱，贞观十二年（公元870年）又铸贞观永宝铜钱；宇多天皇宽平二年（公元890年）铸宽平大宝铜钱；醍醐天皇延喜七年（公元907年）铸延喜通宝铜钱，村上天皇天德二年（公元958年）铸乾元大宝铜钱。除开基胜宝金钱、太平元宝银钱是乃特殊的珍品而不作为货币通用以外，其余自和同开珎至乾元大宝的十二种铜钱合称"皇朝十二钱"。如上所述，中国开元通宝除铜钱之外有金钱和银钱，而和同开珎除铜钱之外仅有银钱，故淳仁天皇铸开基胜宝金钱弥补之。中国唐代铜钱有"通宝"、"泉宝"、"重宝"、"元宝"四种名称，而日本皇朝十二钱等取"通宝"、"元宝"之名而不用"泉宝"、"重宝"，却增以"开珎（宝）"、"胜宝"、"永宝"、"神宝"、"昌宝"、"大宝"等新名（图2）。皇朝十二钱铜钱（和同开珎除外）及开基胜宝金钱、太平元宝银钱皆称"宝"，若谓唯独和同开珎铜钱、银钱不称"宝"而称"珍"，这是难以设想的。

在平城京遗址，除发现奈良时代所铸各种铜钱以外，在西大寺附近亦曾发现开基胜宝金钱[7]。在平安京遗址，则发现奈良时代和平安时代所铸自和同开珎至乾元大宝的皇朝十二钱铜钱全数[8]。当时在平城京和平安京设东市、西市以兴商业，可见皇朝十二钱在商市交易中起到一定的作用。除都城所在的畿内地区以外，以和同开珎为首的各种铜钱在地域上的流通范围甚广，西自筑前（今福冈县）、东至陆奥（今福岛、宫城、岩手、青森县），皆有钱的出土[9]，便可为证。就九州地方而言，迄今已发现皇朝十二钱的地点包括在福冈、熊本、大分、宫崎、鹿儿岛五县之内，而出土的钱的种类则除饶益神宝、宽平大宝以外，其余10种铜钱无不齐全。其中，福冈县境内的出土地点最多，钱的出土量亦较

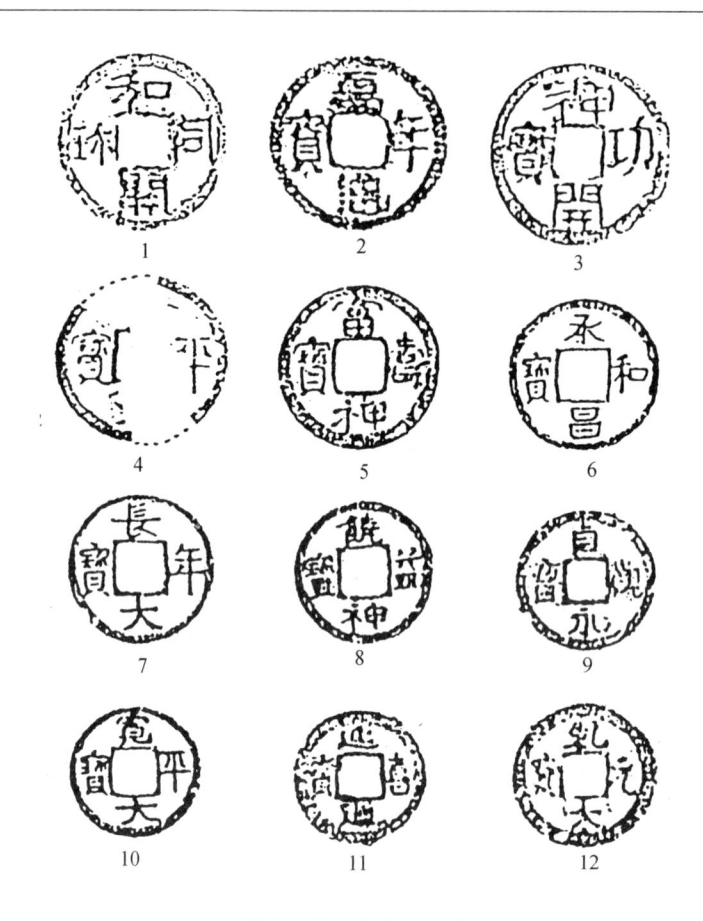

图 2　日本皇朝十二钱
1. 和同开珎　2. 万年通宝　3. 神功开宝　4. 隆平永宝　5. 富寿神宝　6. 承和昌宝
7. 长年大宝　8. 饶益神宝　9. 贞观永宝　10. 宽平大宝　11. 延喜通宝　12. 乾元大宝

大，这应该与作为统辖西海道九国二岛的重要据点城市大宰府的长期存在有关[10]。

然而，和同开珎银钱与开基胜宝金钱、太平元宝银钱一样，亦非一般的通货。中国陕西省西安市何家村唐代窖藏出土的 5 枚和同开珎银钱当是遣唐使作为礼品而携来中国[11]，以显示日本所铸钱币之精良，而实际上也的确可与同窖出土的开元通宝金钱、银钱媲美。1933 年至 1934 年"东亚考古学会"在我国黑龙江省宁安县渤海上京龙泉府遗址发现和同开珎铜钱，曾引起争议[12]。以后闻有关的日本学者作为当事人而信誓旦旦，否认在发掘调查中有舞弊行为。自 8 世纪前期至中后期，以及在整个9世纪，渤海作为一个藩国，与唐王朝在政治、经济和文化上的关系甚深，同时也与日本有使节往来，直至10世纪初期。因此，在渤海都城遗址发现和同开珎可谓不在情理之外，而和同开珎银钱在西安市唐代窖藏中出土似亦可作为旁证。这是中日两国钱币交流史研究上的一段特别的插曲，故稍作叙述于此。顺便言及，在渤海上京龙泉府宫城遗址内也发现了开元通宝铜钱[13]。这本属意料中事，无须多加解说（图3）。

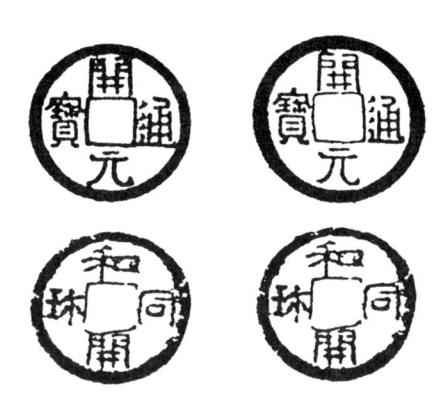

图3 西安唐窖藏开元通宝金钱、银钱（上）及和同开珎银钱（下）

二

日本以和同开珎为首的皇朝十二钱模仿中国以开元通宝为主的唐钱，这在某种意义上可谓与自汉至唐的和田马钱、汉龟二体钱、高昌吉利钱、突骑施钱等西域诸国的铜钱稍有相似之性质。当然，作为7~8世纪以降的律令制国家，日本可称海东大国，其钱币制备完善，设计周密，特别是仿效中国铜钱形制程度甚高，自非西域诸国所能比拟。突骑施钱虽略与开元通宝相似，但品质欠佳，形式不一，固不能与日本的和同开珎相提并论。然而，和田马钱、汉龟二体钱、高昌吉利钱、突骑施钱虽为西域诸国自造的货币，却为中国汉唐时代的五铢钱和开元通宝钱等之在西域流通起媒介作用。同样，以和同开珎为首的皇朝十二钱的发行亦不排除开元通宝之在日本各地流通。

作为律令制国家的钱币，日本朝廷力求铸造之精良，故铸于8世纪奈良时代的各种钱的规格皆甚高，有如上述。但是，因日本矿产资源不足，铜的产量亦甚有限，故8世纪末迁都平安京之后，以隆平永宝为开端，钱体趋向小型化，富寿神宝以后诸钱形体更是每况愈下，尤其是钱内所含铅的比率增大，以致延喜通宝和乾元大宝几乎由铜钱变为铅钱，说明铸钱业之难以维持。于是，10世纪50年代末所铸乾元大宝成为皇朝十二钱中的最后一种钱,接着便宣告彻底终止铸钱。

其实,即使在8世纪的奈良时代和9世纪的平安时代,日本的社会经济虽有长足的发展,但从总体上说,物物交换的习惯在一定程度上仍然盛行,对货币的需求量不是很大,这也是皇朝十二钱的发行以失败告终的原因之一。相反,前述西域诸国的地理位置在称为"丝绸之路"的国际交通要道之上,早自1~2世纪的汉代,乃至7~8世纪的唐代,各国商人相竞而至,沿途贩运,货物珍贵,交易旺盛,故各种钱币流通其间,所起作用甚大。相比之下,日本皇朝十二钱的发行在社会经济条件方面反而有不及之处,亦属事实。

如日本学者所指出,皇朝十二钱衰落之另一原因在于以开元通宝为主的唐钱之大量输入。在8世纪初年始铸和同开珎之前,日本是否曾以中国的开元通宝为通货,暂且不论。据《类聚国史》等记述,嵯峨天皇在位(公元809~823年)时,日本称开元通宝为"开钱",与皇朝钱同时兼行,则可肯定无疑。因当时的皇朝钱形质低劣,不受信用,开元通宝反而有取而代之之势[14]。

图4 日本宽永通宝铜钱(新疆奇台出土)

随着皇朝十二钱之在10世纪中叶以后的彻底废绝,此后数百年间,日本长期使用主要是从中国输入的"渡来钱"("渡来"指来自海外),直到17世纪30年代江户幕府于宽永十三年(1636年)发行"宽永通宝"铜钱为止(图4)。"渡来钱"中除早先传入的唐代开元通宝以外,主要是中国北宋、南宋和明代的各种铜钱。它们作为通货,在日本流行,并被大量仿造,而仿造品亦混杂其间而被使用。唐王朝虽于10世纪初期消亡,但开元通宝仿造品的使用却长时期在日本各地延续。例如,在大阪府堺市16世纪遗址出土的各种供仿造用的铸范之中,开元通宝仿造品的铸范在数量上名列前茅[15],可谓中日两国货币交流史上的趣闻、佳话。

三

日本冲绳县的琉球列岛，是指以冲绳本岛为主的冲绳诸岛和包括宫古诸岛、八重山诸岛的先岛诸岛。位于冲绳诸岛东北的奄美诸岛和吐噶喇诸岛，则与大隅诸岛同属九州南端的鹿儿岛县（古昔称"萨摩"），故大隅诸岛、吐噶喇诸岛，有时亦包括奄美诸岛，合称萨南诸岛。琉球列岛及其东北的奄美诸岛，在地理上介乎我国台湾省与日本九州鹿儿岛县之间，在东亚古代史上属后进地区。按照国际学术界关于先史时代、原史时代和历史时代的划分标准，琉球列岛和奄美诸岛各地在公元7～12世纪的500～600年间犹属先史时代的终末期，而原史时代和历史时代的开始则须待13世纪前后称为Gusuku的"城"的陆续出现，作为城主的权力人物称"按司"。14世纪琉球王国成立，此地区才进入明确的历史时代。

社会历史的发展进程虽云滞后，但就中国古代货币的对外传播而论，琉球列岛却意外地可称"先入"之地。如所周知，日本本州广岛县三原市发现中国战国时代燕国明刀钱的传说不确，但冲绳本岛那霸市的城岳贝冢却确实有1枚明刀钱出土（据说近年在具志头村又有新的出土例）。此外，在以本岛为主的冲绳诸岛中，中川原贝冢、清水贝冢、Ururu贝冢和北原贝冢等遗址又各有五铢钱出土，在八重山诸岛中的竹富岛则有货布钱的发现。

本文所要论究的，主要是琉球列岛及奄美诸岛各处遗址出土的开元通宝。据日本冲绳学者高宫广卫氏统计，在冲绳县所属的冲绳诸岛和宫古·八重山诸岛，也包括其东北方鹿儿岛县所属的奄美诸岛在内，各地出土开元通宝的遗址迄今已多达30余处[16]。但是，多数遗址在年代上属14世纪、15世纪以降的历史时代，有过晚之嫌。因此，本文按高宫广卫氏的规定，只以公元7～12世纪的先史时代终末期遗址出土的开元通宝为论究对象。开元通宝始铸于7世纪初期，8世纪以降继续铸造，作为唐王朝发行的主要货币，其在中国国内通用至少延至10世纪初的唐代末年。因此，上述冲绳7～12世纪遗址中存在的开元通宝决非日本后世的仿造品，亦非所谓"备蓄钱"（日本在13～14世纪前后的"中世"时代，往往有将自外国传来的大量开元通宝等所谓"渡来钱"及本国的皇朝钱置于大瓮中而埋入地下的，称为"备蓄钱"）之类，而是作为当时中国的现行货币而传入的（图5）。

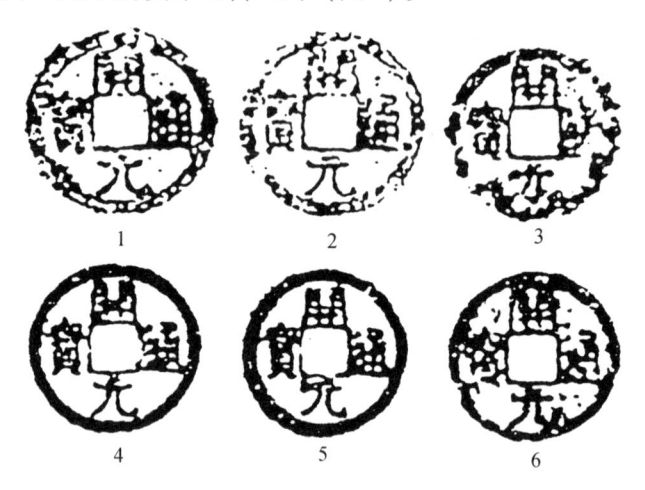

图5 冲绳先史时代终末期遗址出土开元通宝
1、2. 面绳第1贝冢　3、4. 野国贝冢　5. 谢名堂贝冢　6. 连道原贝冢

然而，在先史时代的琉球列岛等地，物物交换是社会经济生活的主流。所以，传入的开元通宝就其用途而言，便有两种可能性。一是作为货币而在各地流通，另一是被作为装饰、仪礼乃至咒术用品等等，皆属非货币用途。高宫广卫氏在多篇论文中论及开元通宝的用途，虽不完全排除其属非货币用途的可能性，实际上却倾向于认为它们在冲绳的琉球列岛等地亦在某种情况下被作为货币而使用。对此，因高宫氏的论述甚详，我不必作任何补充。

我在本文中所要重论证的，是关于开元通宝传入琉球列岛等地经路如何的问题。首先，如高宫广卫氏在其题为《开元通宝与按司的出现》的重要论文中所表明的，在奄美诸岛以北的萨南诸岛，没有任何开元通宝的出土。从奄美诸岛到冲绳诸岛和宫古·八重山诸岛的称为琉球列岛的境域内，出土开元通宝的7～12世纪的先史时代终末期遗址共计13处。它们在地域上的分布及出土钱的枚数如下：在奄美诸岛中，奄美大岛用见崎遗址出土1枚，其南德之岛面绳第一贝冢出土4枚。在冲绳诸岛中，冲绳本岛兼久原贝冢出土1枚，热田贝冢出土2枚，连道原贝冢出土9枚，野国贝冢出土6枚，大川原第一遗址出土1枚，平敷屋

Tobaru 遗址出土8枚，本岛西南久米岛谢名堂贝冢出土1枚，北原贝冢出土13枚。在西南方远处的先岛诸岛（即宫古·八重山诸岛）中，石垣岛嘉良岳贝冢出土1枚，崎枝赤崎贝冢出土33枚，西表岛仲间第一贝冢出土1枚。以上合计13处遗址（多为贝冢），共出土81枚开元通宝铜钱。

我在本文前节曾述及8～10世纪日本皇朝十二钱的发行不排除中国开元通宝之在日本流通。9世纪以降，随着皇朝十二钱铸造的衰落，开元通宝在日本的流行反而有增加的趋向。但是，除日本后世的仿造品以外，中国开元通宝在日本本土各地考古发掘调查中的发现情况如何，却不甚清楚。我只是从上述高宫广卫氏的论文中得知，在整个九州地区，出土开元通宝的遗址（包括坟墓）计4处，其位置集中在北部的福冈县境内。其中，下山门遗址出土1枚，柏原G-1号坟出土2枚，海之中道遗址出土1枚，朝仓橘广庭宫遗址出土2枚。

从以上遗址（包括贝冢、坟墓）在地域上的分布情形看来，可以判断琉球列岛和奄美诸岛各地的开元通宝不是从日本九州方面传来的。我的理由如下：首先，九州出土开元通宝的遗址都限在北部福冈县境内，在九州的中部、南部各地皆不见有此钱出土；在奄美诸岛之北的吐噶喇诸岛和大隅诸岛也无开元通宝的发现，则已如前述。传闻在鹿儿岛县（不包括其所属的萨南诸岛）境内曾有开元通宝钱出土，但出土的遗址年代甚晚，所出之钱又与中国的皇宋通宝、洪武通宝等宋钱、明钱乃至日本江户时代的宽永通宝混杂，有属于所谓"备蓄钱"之嫌，亦不排除其为后世仿造品的可能性。就九州北部福冈县境内的4处遗址而言，出土的开元通宝总共不过6枚，远非琉球列岛、奄美诸岛13处遗址出土81枚钱之比。而且，除柏原G-1号坟属7世纪中叶以外，其余3处遗址年代皆较晚，以福冈市的海之中道遗址为例，开元通宝与万年通宝、贞观永宝、延喜通宝等日本皇朝钱共存、伴出[17]，足见其年代迟在10世纪以降，不比琉球列岛等地出土开元通宝的先史时代终末期遗址为早。在九州南部的宫崎、鹿儿岛两县境内，曾发现有后世作为"备蓄钱"的皇朝十二钱，但琉球列岛等地至今不见任何皇朝十二钱的发现例。这说明，长期以来，琉球列岛之地不在日本国的领域内，故日本皇朝钱的流传止于今九州地方南部，而不入冲绳县之境。要之，冲绳县及其北奄美诸岛各处的开元通宝应由海路自中国直接传来，而不经由日本的九州境域，这便是我的主要观点。

再就各遗址出土开元通宝钱的枚数而论，在琉球列岛的大范围内，先岛诸岛（即宫古·八重山诸岛）的位置居西南端的最远处，其中石垣岛的崎枝赤崎贝冢出土量多达33枚，独居第一。冲绳本岛西南久米岛的北原贝冢亦出土13枚之多，居第二位。相反，在冲绳诸岛东北的奄美诸岛，面绳第一贝冢出土不过4枚，用见崎遗址所出仅1枚。这样，可进一步推定，上述各地开元通宝的传入经路不是由东北至西南，而是由西南向东北。

前已述及，唐武宗灭佛，没收寺院铜像及钟磬等物，允许各地政府用以铸钱。淮南节度使铸新的开元通宝，背面有"昌"字表明为会昌年间所铸，其余各地所铸多以一个代表州名之字为背文，统称"会昌开元"。唐玄宗开元十三年（公元725年）改闽州为福州，州的治所在闽县（今福州市），当地政府铸会昌开元钱，以背面的"福"字为标志。宫古·八重山诸岛西南端最远处的西表岛仲间第一贝冢出土的1枚开元通宝铜钱属背面有"福"字的会昌开元，铸造地点无疑是在福州[18]。这更为我的上述观点提供了无可争议的证据。

高宫广卫氏题为《开元通宝与按司的出现》的论文确认，在我国台湾省西北部十三行遗址的下层出土开元通宝多枚，在台湾西南的澎湖岛亦有开元通宝钱于内垵C遗址的文化层中被发现[19]。这样，判断冲绳琉球列岛各处出土的开元通宝是从中国东南部以福建省为主的沿海地区直接传入，又得到了顺理成章的新的论据（图6）。

四

日本古代称今九州鹿儿岛县南方的萨南诸岛（包括大隅诸岛、吐噶喇诸岛，亦可包括奄美诸岛）乃至冲绳诸岛为"南岛"。其中，大隅诸岛中的种子岛称多褹或多祢岛，屋久岛称掖玖、夜久、夜句或益救岛，吐噶喇岛称吐火罗或都货逻岛，奄美诸岛中的奄美大岛称庵美或掩美岛，德之岛或称度感岛，冲永良部岛或称伊兰岛，而冲绳诸岛中的冲绳本岛则称阿儿奈波岛。凡此等等，皆可见于《日本书纪》、《续日本纪》的记载，偶尔亦见于大宰府遗址的木简[20]。大宰府作为当时西海道之

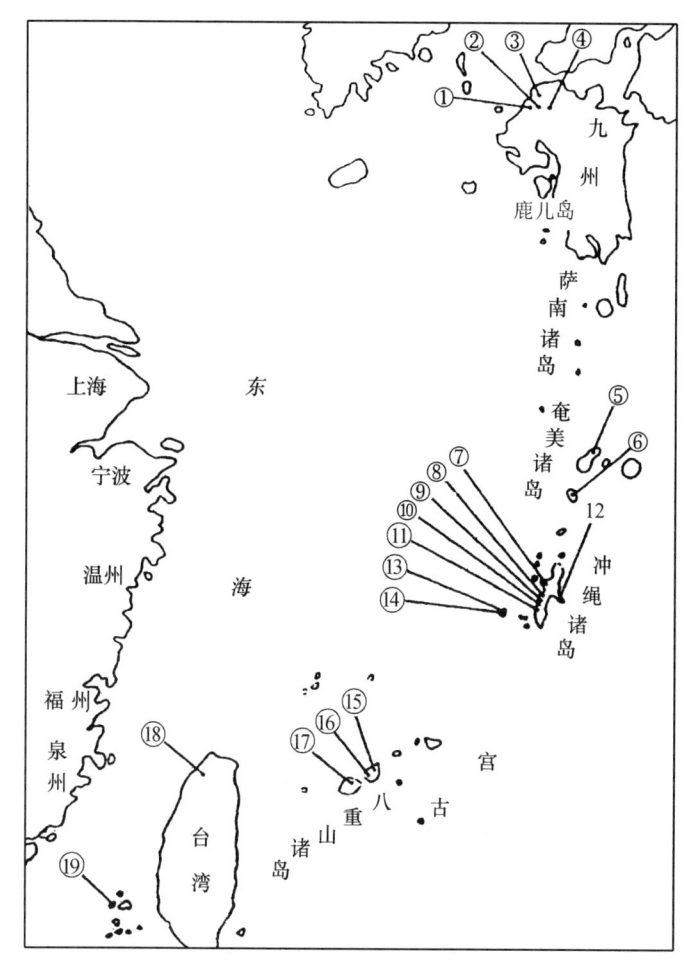

图6 九州、琉球列岛、台湾、澎湖出土开元通宝遗址分布
（采自高宫广卫《开元通宝与按司的出现》论文）

①福冈县山下门遗址1枚 ②同上柏原G-1号坟2枚 ③同上海之中道遗址1枚 ④同上朝仓橘广庭宫遗址2枚 ⑤奄美大岛用见崎遗址1枚 ⑥德之岛面绳第1贝冢4枚 ⑦冲绳本岛兼久原贝冢1枚 ⑧同上热田贝冢2枚 ⑨同上连道原贝冢9枚 ⑩同上野国贝冢6枚 ⑪同上大川原第1遗址1枚 ⑫同上平敷屋遗址8枚 ⑬久米岛谢名堂贝冢1枚 ⑭同上北原贝冢13枚 ⑮石垣岛嘉良岳贝冢1枚 ⑯同上崎枝赤崎贝冢33枚 ⑰西表岛仲间第1贝冢1枚 ⑱台湾十三行遗址多枚 ⑲澎湖内垵C遗址1枚

重镇，统管九国三岛（后改为九国二岛），而所谓三岛则指北方的对马、壹岐和南方的多褹岛，后者位于萨南诸岛的最北部，靠近九州大岛，故于文武天皇大宝二年（公元702年）被纳入日本国正式的版图，校户置吏。

据《日本书纪》、《续日本纪》记载，日本与南岛的交往可追溯至推古天皇二十四年（公元616年）掖玖岛之始有人来归化，及舒明天皇元年（公元629年）遣使前去该岛探访。以后，随着年代的推移，南岛各岛与日本的关系有所增进，而文武天皇二年（公元698年）遣文忌寸博士等8人前往招致，乃使多褹、夜久、奄美、度感等各岛之人于翌年（公元699年）来贡方物，则可视为南岛与日本的关系之一次大进展。因此，文武天皇大宝二年（公元702年）以粟田真人为首的第7次遣唐使和元正天皇养老元年（公元717年）以多治比县守为首的第8次遣唐使为避新罗在朝鲜半岛海域梗阻交通，使团船舶之往返皆得改取南岛路而经由南岛。据还俗僧元开（淡海真人三船）所著《唐大和上东征传》记录，孝谦天皇天平胜宝五年（公元753年）十一月，鉴真和尚随归国的第10次遣唐使东渡赴日本，其与副使大伴古麻吕共乘之第2船经由南岛中的大岛阿儿奈波岛，寄泊约半个月，又进而经由东北方的益救岛，寄泊约10日，然后抵达九州南部秋妻屋浦（今称秋目浦，属鹿儿岛县川边郡）。大使藤原清河、仕唐甚久而归国的阿倍仲麻吕（晁衡）等所乘第1船，与鉴真等所乘第2船同在阿儿奈波岛寄泊10余日，但自该岛启航后因大风遇险而远飘安南，以后转往中国。副使吉备真备与僧普照所乘第3船自益救岛起航后虽遇大风，犹得平安返抵日本[21]。遣唐使船在南岛寄泊情形，大抵如此。于是，日本学者主张，遣唐使船归国途中寄泊于南岛（主要为阿儿奈波岛，即冲绳本岛），以其自中国携来的开元通宝遗岛民，此即琉球列岛、奄美诸岛出土开元通宝之由来。此说多为日本研究者所首肯，传承既久，可谓已成彼国学术界之定论。其可取之点在于主张琉球列岛、奄美诸岛各处开元通宝是由中国扬州、苏州等长江下游地区自海路直接传入，而不是辗转经日本九州地方传来的。

然而，应该指出，当时与南岛相关联之船决不仅限于8世纪前期至中期的三四次遣唐使船（8世纪后期至9世纪的遣唐使船航路改由九州五岛列岛直接横渡东海往中国，不经由南岛），而应包括其他往来于中国东南沿海与琉球诸岛之间的船舶如中国和琉球的商船之类在内。遣唐使船的寄泊地点在于冲绳本岛及其东北方的奄美诸岛、吐噶喇诸岛乃至大隅诸岛等处，而出土开元通宝数量最多的八重山诸岛中的石垣岛则位于冲绳本岛西南甚远的台湾附近，故难以设想琉球列岛、奄美诸岛各处出土的开元通宝皆为遣唐使船于归途寄泊时之所遗。关于石垣岛出土的33枚开元通宝，日本学者中有主张是由东北方的冲绳诸岛方面辗转传来的[22]，但这只是出于推想，欠缺根据，不合情理。与此相反，我则认为石垣岛的开元通宝应与冲绳诸岛、奄美诸岛的开元通宝一样，是由中国东南方之地经海路直接传入，不可能是先传至冲绳诸岛而以后又转而向西传入石垣岛的。总而言之，我的意见是：与其谓开元通宝皆系由8世纪遣唐使船于三四次的旅途寄泊中遗于琉球列岛、奄美诸岛各处，毋宁说是于7~8世纪以降的较长时期之内在中国东南地区与琉球列岛各地区之间以民间交流的方式由互相往来的商船多次轮番输入的。13处遗址81枚钱，这只是近年（1960年前后以来）偶尔调查发掘出土的数字，而千余年前从中国唐朝陆续传来的开元通宝又何止几百、几千枚？

在7~12世纪先史时代终末期的琉球列岛内部，因社会经济生活滞后，以物易物为主要的交换手段，不使用货币。但是，岛民们与中国方面进行交易，开元通宝在相当大的程度上作为货币使用，这是不难理解的。

1975年6月，东京国立博物馆举行主题为"日本出土的中国陶瓷"的展览会，展品甚夥。其中有2件黄釉绿褐彩瓷钵，据传为冲绳县八重山诸岛中的西表岛出土，引起学术界的重视。经陶瓷学者鉴定，此两件瓷钵为中国湖南省长沙铜官窑产品，烧造年代在唐代后期[23]。长沙铜官窑所产瓷器销售甚广，除湖南省的长沙、益阳、常德等处以外，在中国南方和北方各地的许多遗址和墓葬中皆有出土，尤以位于今江苏省长江北岸的唐代商业大都会扬州和今浙江省东部沿海的港口城市明州（今宁波）的出土量为最大，而宁波出土的铜官窑瓷器为向海外出口的外销品[24]。铜官窑外销瓷在南亚、西亚的斯里兰卡、巴基斯坦、伊朗、伊拉克，以及在东南亚的泰国、菲律宾、印度尼西亚各地的出土都达到相当可观的数量。

当然，在东亚的朝鲜半岛和日本，铜官窑瓷器也有发现。然而，就日本本土而言，以九州北部福冈县境内的大宰府及其附近地区的遗址为主，兼及于奈良平城宫和药师寺等遗址，铜官窑瓷器的出土地点为数不多，出土量也不是很大[25]。作为八重山诸岛中的主要岛屿之一，西表岛的位置在冲绳县琉球列岛最西端，其西接中国的台湾省，与中国东南沿海的宁波、福州、泉州等港口城市相距亦甚近。所以，可以认为，西表岛出土的铜官窑瓷器是从中国东南沿海城市直接传入的。这与其邻岛石垣岛大量出土开元通宝铜钱的事实相印证，更可为上述琉球列岛、奄美诸岛各地的开元通宝系由中国东南地区直接经海路传入之所说增添佐证。

五

在日本冲绳县各地，发现距今约二、三万年前的旧石器时代洞穴遗址颇多[26]。新石器时代的冲绳，因受日本本土绳文文化的影响较深，故称绳文时代，这已为考古学界所公认[27]。日本的弥生文化亦有所波及于冲绳，但至今不能确言冲绳是否有所谓弥生时代。日本约于公元3世纪后期进入古坟时代，而古坟（日本的"古坟"有其特定意义，不是泛指古代之墓）分布的南界限于九州最南端的鹿儿岛县为止，古坟所体现的政治、文化影响不及于冲绳。如前所述，冲绳的先史时代漫长，公元7～12世纪的数百年间犹属先史时代的终末期。7～8世纪以降，日本朝廷长期于今九州北部福冈县境内设大宰府，在行政、军事和外交上对西海道九国三岛（以后改为二岛）实行统辖，其南界亦限于今鹿儿岛县的种子岛（多褹岛）为止，冲绳不在其统辖范围之内。

大约在公元13世纪，冲绳各地陆续出现以石块或土筑墙的"城"，作为城主的权力者称"按司"，已如前述。以后，各处城主分别为中山、山南、山北三王所兼并，三王之中以中山王的势力为最强。明太祖洪武五年（1372年），添浦按司姓尚名察度者以中山王之身份遣使向中国朝贡。成祖永乐十四年（1416年），中山嗣王尚巴志攻破山北，不久又灭山南，冲绳各地归于统一，是为琉球王国[28]。在15世纪中叶之前，琉球王国的版图以冲绳本岛为中心，西南及于宫古·八重山诸岛，东北至奄美诸岛，甚至远及萨南·吐噶喇诸岛。

琉球王国自成立以来的大约 200 年间，接受中国明王朝的册封，不断朝贡。

另一方面，日本自 7~8 世纪以来，在全境划分以"国"为主的地方行政区域，计 60 余国，分别属于若干"道"。今九州地方为西海道，所属有筑前、筑后、丰前、丰后、肥前、肥后、日向、大隅、萨摩九国（又加对马、壹岐二岛）。以后，因中央朝廷的控制相对转弱，各国藩主的自主权力逐渐增强。至 15 世纪、16 世纪的战国时代，位于今九州南部的萨摩国势力大增。萨摩藩主岛津氏，向南方海中的萨南诸岛扩充领地。据有关资料，约当 15 世纪中叶，琉球王国与日本萨摩藩的境域分界在萨南·吐噶喇诸岛北部的卧蛇岛。至 15 世纪、16 世纪之交，岛津氏占吐噶喇诸岛全域[29]，以后又进而兼并奄美诸岛，而琉球王国以兵力薄弱而退却，终于在明万历三十七年（1609 年）因萨摩军大举侵入都城而被全部征服，其王被掳去[30]。然而，主要是为图国际贸易之巨利，兼求政治、文化等各方面关系之延续，琉球王国仍然向中国进贡，不久又继明王朝之后接受清王朝的册封，直至 270 年后的光绪五年（1879 年）。

明治四年（1871 年），日本因行维新之政而废藩置县，萨摩国改为鹿儿岛县，而琉球则归鹿儿岛县管辖。明治十二年（1879 年）废琉球王国而设冲绳县，此即所谓"琉球处分"，琉球国与中国清王朝的关系亦于此年告终。"冲绳"二字训读为 Okinawa，与 8 世纪奈良时代之称阿儿奈波（Akonawa）近似。

查中国历代史书、文籍，早在唐初编撰的《隋书·东夷传》中即有关于"流求国"的记载，《北史·东夷传》因袭之。以后，唐代杜佑《通典》始称"琉球"，而张鷟《朝野金载》作"留仇"，刘恂《岭表异录》作"流虬"，《宋史》（成书于元初）、《通志》（郑樵）、《诸蕃志》（赵汝适）仍称"流求"。元代《岛夷志略》（汪大渊）作"琉球"，《元史》（成书于明初）称"瑠求"。明代以降，自正史至于各种书籍、文集，皆称"琉球"。

明代以降的"琉球"指上述琉球王国，即现今日本冲绳县之地，自无任何疑问。自隋至元，各代史书、文籍或称"流求"、"琉球"，或称"留仇"、"流虬"、"瑠求"，文字虽有差异，读音无不相同，所指为同一地方，自在情理之中。但是，自隋至元的"流求"、"琉球"、"留仇"、"流虬"、"瑠求"是否与明代以降的"琉球"同属一地,则成为19世纪末期以来中外学术界久争不决的问题。归纳起来,大致不外两种意见。一种是自隋至元的"流求"、"琉球"、"留仇"、"流虬"、"瑠求"等与明代的"琉球"一样,亦指今日之冲绳。另一种则认为明代的"琉球"虽指冲绳无疑,但自隋至元的"流求"、"琉球"、"留仇"、"流虬"、"瑠求"之类则指中国的台湾。双方的主张各有所据,久争不决自有其甚多原因。为此,我在本文中无须再以文献考证为手段,以判断其孰是孰非。

然而,开元通宝始铸于7世纪20年代的唐代初期,其在冲绳7~12世纪的各处遗址出土甚多。它们之传入冲绳,早则可在7世纪的唐代前期,晚亦不迟于12世纪的北宋。北宋时,因所铸本朝新钱盛行,唐代遗留的开元通宝基本上已不通用,故可推定其传往冲绳应在北宋之前。要之,至少早在唐代,冲绳即与中国颇有交往。因此,自隋唐开始的以"流求"、"琉球"、"留仇"、"流虬"、"瑠求"等为名的地域尽管在明代之前是指台湾,亦应包含台湾东北方今称"琉球列岛"的冲绳之地。

注　释

[1]　吴荣曾:《中国古代钱币》第671~673页,《中国大百科全书·考古学》,中国大百科全书出版社,1986年。

[2]　1945年在非州桑给巴尔卡将瓦(Kajengwa)村发现钱币窖藏,出土约250枚中国铜钱,中有唐代开元通宝4枚。见马文宽:《从考古资料看中国唐宋时代与伊斯兰世界的文化交流》第241页(《汉唐与边疆考古研究》第一辑,中国社会科学院考古研究所编,科学出版社,1994年)。

[3]　在西伯利亚米努辛斯克(Minusinsk)博物馆中收藏有附近地区出土的唐代开元通宝,见冈崎敬:《東西交涉の考古学》第137页表10(平凡社,1980年)。

[4]　1995年在南沙群岛南薰礁发现开元通宝2枚,钱文清晰。见王恒杰:《南沙群岛考古调查》第69页(《考古》1997年第9期)。

[5]　1970年10月,在陕西省西安市何家村唐代窖藏中发现中国和各外国的许多珍贵钱币,其中有开元通宝金钱30枚、银钱421枚。见陕西省博物馆等:《西安南郊何家村发现唐代窖藏文物》第37、38页,图第14、15(《文物》1972年第1期)。

[6]　按欧阳询亦学二王,故可称王羲之书法之一分支。9世纪初日本空海和尚等学王羲之,实可谓与欧阳询同出一宗,而嵯峨天皇更以直接学欧体著称。见叶喆民:《中

日书法艺术的交流》第 409~412 页(《中日文化交流史论文集》,人民出版社,1982 年)。
[7] 奈良国立文化财研究所:《よみがえる奈良—平城京》第 14 页,1981 年。
[8] 井上满郎:《平安京再现》第 75 页,河出书房新社,1990 年。
[9] 奈良国立文化财研究所:《平城京再现》第 69、70 页,新潮社,1985 年。
[10] 高仓洋彰:《九州出土の皇朝十二钱》第 210~221 页,《大宰府と觀世音寺》,图书出版海岛社,1996 年。
[11] 陕西省博物馆等:《西安南郊何家村发现唐代窖藏文物》第 33、36 页,《文物》1972 年第 1 期。
[12] 原田淑人等:《東京城》第 76、77 页,图版第 118-1,东亚考古学会,1939 年(见《文物参考资料》所载李文信文章,1951 年 10 月)。
[13] 黑龙江省文物考古研究所:《渤海上京宫城房址发掘简报》第 40 页,《北方文物》1987 年第 1 期。
[14] 原三正:《古代の渡来钱》第 13 页,《月刊·考古学ジヤーナル》1985 年 7 月号。
[15] 岛谷和彦:《中世の模鑄钱生産》第 28、29 页,《月刊·考古学ジヤーナル》1994 年 3 月号。
[16] 高宫广卫:《開元通宝と按司の出現》第 1 页,《南岛文化》第 19 号,冲绳国际大学南岛文化研究所,1997 年。
[17] 九州历史资料馆:《大宰府—発掘ガ語る遠の朝廷》第 58 页,1988 年。
[18] 木下尚子:《開元通宝と夜光貝——7~9 世纪の琉·中交易试論》第 187~219 页,《琉球·東ジアの人と文化》(高宫廣衛先生古稀记念論集)上卷,2000 年。
[19] 高宫广卫:《開元通宝と按司の出現》第 2、3、17 页,《南岛文化》第 19 号,冲绳国际大学南岛文化研究所,1997 年。
[20] 三岛格:《大宰府と南岛》第 330~346 页,《東アジアの考古と歴史》(下),同朋社出版,1987 年。
[21] 元开(淡海真人三船):《唐大和上東征传》第 90、91 页,中华书局,1979 年。
[22] 安里嗣淳:《中国唐代貨錢(開元通宝)と琉球圏の形成》,《文化課紀要》第 7 号,冲绳教育委员会,1991 年。
[23] 三上次男:《冲绳出土の中世中国陶瓷について》第 205、206 页,《陶瓷贸易史研究》上,中央公论美术出版,1987 年。
[24] 高至喜:《长沙铜官窑址》第 62、63 页,《中国大百科全书·考古学》,中国大百科全书出版社,1986 年。
[25] 九州历史资料馆:《日本出土の陶瓷器》第 82 页,《大宰府——発掘が語る遠の朝廷》,1988 年。
[26] 下川达弥:《旧石器时代(冲绳の洞穴)》第 41、42 页,《発掘が語る日本史》,新人物往来社,1986 年。
[27] 高宫广卫:《先史古代の冲绳》第 10~26 页,第一书房,1991 年。
[28] 《明史·外国四(琉球)》,中华书局,1976 年。

[29] 龟井明德：《薩南諸島の生產と交易》第 280、281 页，《發掘が語る日本史》，1986 年。
[30] 《明史·琉球传》记其事发生在万历四十年，《明史·神宗纪》则记在万历三十七年，应以《神宗纪》为准。

（本文原载《考古一生——安志敏先生纪念文集》，文物出版社，2011 年）

论琉球国"万国津梁之钟"的制作地问题

一

中国明代称冲绳之地为琉球。据中国和冲绳方面的史籍记载，明太祖洪武五年（公元1372年），琉球添浦按司名察度者首先遣使向中国朝贡，接受册封，从此确定了琉球与明王朝的密切关系。明宣宗宣德四年（1429年）尚巴志完成统一大业，正式建立琉球王国，传七代而至尚德，是谓第一尚氏王朝。约当明宪宗成化五年（1469年），内间金丸夺取政权而登位，是为尚圆王，开始了第二尚氏王朝长达400余年的系谱，其第三代尚真王（1477~1526年）在位的50年间是琉球王国的全盛期。明万历三十七年（1609年），琉球王国为日本九州南部萨摩藩的岛津氏征服。岛津氏为图贸易之利，支持并鼓励琉球方面继续向中国进贡，仍接受明王朝及其后清王朝所加的册封，直至清光绪五年（1879年）。

琉球作为岛国，在第一尚氏和第二尚氏王朝总共约450年的长时期中，始终通过海上船舶往来，与亚洲各国紧密联系，进行贸易。贸易对象最主要的是中国、日本及韩国（王氏高丽、李氏朝鲜），也包括暹罗、旧港（三佛齐）、爪哇、满剌加、苏门答腊、安南等许多东南亚国家。琉球遣使向中国朝贡并接受册封，自有其政治上的重要原因，在制度、文化等各方面也深受中国影响，其派遣留学生到中国学习无疑亦多有效益。然而，琉球国的最明显的目的实际上在于求得贸易之利，所谓朝贡，其实是有利于琉球的官方贸易。从中国输入的铁器、陶瓷器、丝织品等许多货物，以及作为通货的铜钱，对当时的琉球王国都是十分需要的。明穆宗隆庆年间（1567~1572年）琉球与暹罗的贸易因故断绝，与东南亚其他各国的贸易亦多在此前停止。因此，学术界所称琉球国的

"大交易时代"约以1570年为下限，其上限则可追溯至上述的1372年，前后共约200年，尽管与中国的贸易始终不断，继续进行。在日本冲绳的学术界，亦有称所谓大交易时代为"万国津梁时代"的，其缘由即在于本文所要讨论的"万国津梁之钟"的铭文。

自尚巴志始建统一的琉球王国以来，尚泰久是第一尚氏王朝的第六代国王，在位于明景帝景泰五年（1454年）至英宗天顺四年（1460年），凡7年。尚泰久王提倡佛教，广建寺庙，多铸梵钟。其中1钟铸于天顺二年戊寅（1458年）六月十九日乙亥，高154.5厘米、口径94厘米，重约600公斤[1]，悬置在琉球王国都城首里城正殿之前[2]。在同时期琉球王国的许多梵钟之中，此钟是最大、最重的1个（图1）。

图1 "万国津梁之钟"
（现存冲绳县立博物馆）

这里，要顺便插几句话。自古以来，中国宫内正殿皆坐北向南，日本宫殿亦无不如此，而琉球国首里城正殿却坐东向西。对此，中国明、清二朝遣往琉球的册封使陈侃、徐葆光在归国后所撰《使琉球录》、《中山传信录》中分别有"王之居舍以向西者为正殿"[3]和"王殿九间皆西向"[4]的记述，而李鼎元在其所撰《使琉球记》中则作解释说："王宫西向者，以中国在海西，表忠顺面内之意"[5]。1992年10月我与韩国汉城大学名誉教授金元龙先生在那霸市出席作为冲绳从美军占领下回归日本20周年纪念的第2次"冲绳研究国际学术讨论会"，会前一同参观复原重建即将完毕的首里城宫殿，曾互相言及此事，而日本上田正昭教授则在为此次学术讨论会所作纪念讲演中称首里王府遥拜紫禁城，其宫殿向西当与所谓"望阙"有关[6]。要之，琉球国受中国明、清两朝册封，故在宫殿设计上采用此种特殊礼制（图2）。至于琉球王国普遍用当时中国王朝的年号纪年，那更是无待于言了。

图2　复原重建的琉球王国首里城正殿（西→东）

现在，话题回到天顺二年（1458年）所铸的铜钟。钟的铭文曰：

"琉球国者，南海胜地，而锺三韩之秀，以大明为辅车，以日域为唇齿，在此二中间涌出之蓬莱岛也，以舟楫为万国之津梁，异产至宝充满十方刹"云云。

这样，此钟便被称为万国津梁之钟。铭文以十分简要、明确的词句道出了琉球王国在以15世纪中叶为中心的、前后约200年的所谓大交易时代的盛况，弥足珍贵，乃使学术界亦有称琉球王国的大交易时代为"万国津梁时代"的，已如前述。近年在冲绳本岛北部的名护市新建称为"万国津梁馆"的大会堂，也正是出于对此钟的高度重视。

早在1982年5月，正当冲绳回归日本10周年之际，我首次访问其地，曾与专程陪我前往的日本东京大学名誉教授西岛定生先生一同在那霸市冲绳县立博物馆观察此钟，细读其铭文。在此后继续对冲绳的几次访问中，我又不止一次在博物馆重睹此钟。2001年9月22日，我应邀在名护市新建成的万国津梁馆举行的第4次"冲绳研究国际学术讨论会"上作为外国学者的代表致辞，以万国津梁之钟的铭文为所致之辞的出发点，受到欢迎，深感荣幸。由于万国津梁之钟的制作地问题在国际学术界尚有不同的看法，也由于我对此钟铭文含义怀有高度的兴趣，我特地写作今天的这篇小文，阐述个人见解，就正于读者方家。

二

1999年11月27至28日，我在冲绳那霸市出席亚洲史学会第9次研究大会。在会上作讲演并参加讨论的中、日、韩、美4国学者共12

人，而当地的日本听众（其中有各方面的学者）多达数百人。11月27日，韩国中央大学名誉教授任东权先生在其题为《漂流录所见的琉球》的报告讲演中提出万国津梁之钟有为移住琉球的朝鲜人所造的可能性[7]，接着又在次日28日的讨论会上作补充发言，继续强调此钟可能是李氏朝鲜（1393~1910年）的工匠来到冲绳制作的[8]。

在11月28日的讨论会上，我首先表示任东权教授之说欠缺确切的证据[9]。接着，主持讨论会的亚洲史学会会长、日本京都大学名誉教授上田正昭也对任教授所说提出疑问[10]。最后，冲绳那霸市经济文化部历史资料室室长田名真之先生在发言中指出尚泰久国王在位时所铸铜钟不仅万国津梁之钟1个，而是共有8个或许是7个之多，它们的铸造地点皆在日本的京都，书写钟的铭文者为琉球佛寺的僧人，来自日本，即所谓"渡来僧"[11]，明确反对任东权教授的主张。

任东权教授主张万国津梁之钟为朝鲜工匠来到冲绳所造的理由，主要有以下各点：（1）中国在琉球之西，日本在琉球的东北，而朝鲜则在琉球的正北，所以唯有朝鲜人最深感琉球是"南海胜地"。（2）就国家大小而论，明为大国，就距离远近而言，日本距琉球较近，但钟铭首先说的是琉球国"锺三韩之秀"，可见钟的制作者以朝鲜为重，应为朝鲜人。（3）钟铭明记相国寺住持溪隐安潜奉琉球国王之命书写铭文，从"溪隐安潜"这4个字可判定其人姓安、名潜、号溪隐，而朝鲜多安姓，可见其为朝鲜人[12]。

然而，就上述任教授的第1点理由而论，正如上田正昭先生在讨论会上所指出，日本在中国之东，故中国人称日本在东海（东瀛），但日本自己亦早有东海扶桑国之称。地理上位于冲绳之北的，除朝鲜以外，还有日本，所以不能说唯独朝鲜人可称冲绳所在之处为"南海"。其实，冲绳人可自称地处"南海"，就像今日"西亚"一词不限于东亚人使用，西亚诸国之人皆可自称其所在地域为"西亚"，而中、日、韩等国皆称本国地域在"东亚"[13]。

对于任教授的第2点理由，我的看法也是否定的。据文献记载，自14世纪80年代、90年代以降，王氏高丽（公元918~1392年）、李氏朝鲜（1393~1910年）与琉球互相遣使，交往频繁。在考古学实物资料方面，冲绳出土的古瓦颇多为高丽瓦匠所造。由于来自韩国（高丽、朝鲜）的移民有技术，多才能，故钟铭谓琉球国"锺三韩之秀"。但是，这绝不排除琉球国亦锺大明、日域之秀，其程度甚至远超三韩。铭文谓琉球国"锺三韩之秀"于先，只是出于行文、修辞上的需要，不足以说明书写此钟铭文的人最重视三韩。铭文接着称琉球为涌出于大明、日域二者中间的蓬莱岛而排除三韩于此二者之外，足可为证。

以上关于第1、第2两点的讨论，说明任教授的看法是难以令人首肯的，但在论证万国津梁之钟的制作地何在、制造者何人的问题上还不是最重要的。最为重要、最具实质性意义的问题在于任东权教授所举第3点理由之是否能够成立，即相国寺住持溪隐安潜是否为韩国（李氏朝鲜）人。对此，我想在本文的下一节详加议论，并回过头来，一一列举当时琉球国的有关梵钟，就钟铭书写者的各种情况作分析，特别是对僧人的名字作考证。

三

琉球国第二尚氏王朝尚敬王于其登位之年，即清康熙五十二年（1713年），命首里王府编纂名为《琉球国由来记》（是否为当初的原名，尚难完全肯定）的典记共计二十一卷，其内容是详记琉球国情的各个方面，可谓无所不包。日本法政大学名誉教授、冲绳学研究所所长外间守善与冲绳县立艺术大学教授波照间永吉合作，根据"京大本"、"鎌仓本"、"史料丛书本"3种本子，加以整理、校订，并加校订注、解说、索引，于1997年4月由东京角川书店出版，是为《定本·琉球国由来记》[14]。蒙外间、波照间两先生惠赠此书，我得以仔细阅读。据《由来记》记述，尚泰久王在位期间（1454～1460年）所铸梵钟，包括万国津梁之钟在内，至少共有15个之多（所计限于有详细铭文可查，或有实物遗留至今者，其余皆不计入）。兹按年份、日期先后，列举如下：

景泰七年丙子（1456年）所铸7个（铸于九月二十三日的4个，小春吉日的2个，十一月二十日的1个）[15]，其中3个遗留至今，2个存那霸市冲绳县立博物馆，另1个（十一月二十日所铸）移至美国，存安纳波利斯（Annapolis）海军学校。

景泰八年丁丑（1457年，此年正月中旬中国明朝英宗皇帝复位，改元"天顺"，琉球国远在海外，不能及时知此消息，故仍用旧年号）

所铸3个[16]（铸于正月朔旦的1个，五月初一的1个，六月某日的1个），皆遗留至今，2个存冲绳县立博物馆，1个存冲绳县糸满市中央公民馆。

天顺元年丁丑（1457年）所铸3个[17]（铸于六月某日的1个，十月吉日的1个，十二月九日的1个），其中1个遗留至今，存冲绳县立博物馆。

天顺二年戊寅（1458年）所铸1个[18]（即万国津梁之钟，铸于六月十九日），遗留至今，存冲绳县立博物馆。

天顺三年己卯（1459年）所铸1个[19]（铸于三月十五日），遗留至今，存冲绳县立博物馆。

另有天顺三年己卯（1459年）所铸1个[20]（铸于三月某日），为尚泰久王因药师如来像而建东光寺时所铸，《由来记》卷十"公私废寺本尊并钟事"项记此钟铸造年月，卷十一"顶峰院药师如来"项称其有铭，但不记铭辞，钟的实物亦未遗留，姑且破例计入。

以上16个钟的铭文，至少有15个可确认皆为相国寺住持溪隐安潜所书，另1个的铭文按理亦不在例外。据铭文，当时这许多梵钟或寄舍于唐荣（久米村，闽地"三十六姓"中国人聚居之区，人才辈出，贡献甚多，故称"唐荣"）上天妃宫、下天妃宫、天尊殿，或寄舍于灵芝山建善寺、万年山广严寺、壶宝山长寿寺、大庆山万寿寺、冲山临海寺（"一品权现"）等处，亦有寄舍于以溪隐安潜为住持的相国寺的。到了二百数十年以后的18世纪初期编纂《琉球国由来记》之时，它们有仍置原处的，亦有转移他处的。有景泰七年十一月二十日铭记的钟原置大安寺，以后移置波上山的护国寺，前述撰《使琉球记》的中国清王朝遣往琉球的册封副使李鼎元于嘉庆五年（1800年）曾在护国寺见此钟[21]，即是一例。

从《琉球国由来记》的记述看来，琉球佛教之传入虽有种种传说，其兴盛实肇始于尚泰久王在位期间，他可被视为第一位积极提倡佛教的琉球国王。据《由来记》记述，当时琉球最负盛名的僧人有二。一为芥隐承琥，本是日本平安京（京都）人，景泰年间（1450~1456年）渡海来到琉球国，在尚泰久王支持下创建诸寺，成为开山祖。另一即为溪隐安潜，他深受尚泰久王尊重，被延请为天界寺、相国寺住持，甚至奉王命以相国寺住持身份书写当时所铸全数梵钟的铭文，已如上述。以后，到了明成化二年（1466年）尚德王在位时，溪隐安潜又以天界寺开基（"开基"即"开山"，为寺的创始人）的身份为新铸梵钟作铭，直至成化五年（1469年）即尚圆王登位之年仍继续任相国寺住持。但是，《由来记》未记明溪隐安潜为来自何处的僧人，以致引起韩国任东权教授在亚洲史学会研究大会上与其他与会学者之间的争论。为此，作为解决问题的关键之一，我要着重指出，溪隐安潜在妙高山天界寺任住持，称为"第一祖"，亦称"开山"[22]，在相国寺任住持则往往称"相国二世"或"本寺二世"[23]。我认为此中自有缘故，必须究明。

如学术界所周知，日本室町幕府最有名的第3代将军足利义满（1358～1408年）于日本长庆天皇弘和三年（1383年）在日本京都始建相国寺，接着又以天龙、相国、建仁、东福、万寿五寺为京都"五山"，相国寺为"五山"之第二。此寺成为临济宗相国寺派的根本道场，名僧辈出，长盛不衰。最有意思的是相国寺开山祖妙葩（字春屋，号不经子）和尚尊其已故之师疏石（号梦窗）为开山第一祖，谦称自己为第二世[24]，从而被传为佳话。这使我想到，琉球国的相国寺仿日本京都五山相国寺之名而建立，故开山祖溪隐安潜效妙葩和尚故事，始终自称为"二世"。据此，可以确信，溪隐安潜与芥隐承琥一样，也是来自日本京都的"渡来僧"。

四

为了进一步证明溪隐安潜是日本的僧人而不是朝鲜的僧人，我再就"溪隐安潜"这4个汉字作考证。

中国南朝梁释慧皎所著《高僧传·释道安》云："以大师之本，莫尊释迦，乃以'释'命氏"。按"释"为中国佛教对释迦牟尼的简称，以后又泛指佛教，如云"释教"、"释氏"、"释子"、"释典"等等。道安（公元314～385年）本姓卫，为东晋、前秦时的僧人，传法、译经，对当时佛教贡献甚大，声望极高。如以上慧皎《高僧传》所云，道安弃俗姓卫氏而以"释"为姓，开中国僧尼姓"释"之先河，为后世遵行，影响及于朝鲜、日本等东亚诸国。以日本最著名的僧人为例，奈良时代（公元710～784年）初期的道慈、平安时代（公元794～1192年）初期的空海和后期的寂昭皆于出家后分别弃额田、佐伯、大江之俗姓不用[25]，乃众所周知之事，而此等事例比比皆是，无须多举。

一般说来，日本奈良、平安时代及其以前的僧人，与中国唐代的僧人一样，多用由2个汉字组成之名。至中世的鎌仓（1192～1333年）、室町（1338～1573年）时代，则渐渐流行用由4个汉字组成的名字，与中国宋代及其以后禅僧之用四字名号（或名字）相似。13世纪中期，中国禅僧兰溪道隆东渡日本，日僧圆尔辨圆亦来访中国，二人皆曾师事中国禅僧无准师范，可称同门师兄弟，是中日两国佛教交流史上的名僧。兰溪道隆（俗姓冉氏）以"兰溪"为字或号，"道隆"是二字相连之名而不是指姓道名隆[26]。同样，圆尔辨圆（俗姓平氏）以"圆尔"为字，"辨圆"为二字相连之名而非指姓辨名圆[27]。再以日本京都相国寺的僧人为例，15世纪初扬名全国的画僧如拙（或谓取"大巧如拙"之义，故又称大巧如拙）因传记不详，有云其原籍在日本九州的[28]，亦有认定其本为中国人的[29]，但"如拙"为二字相连之名而不是指姓如名拙则是可以肯定的，尽管3世纪中国三国时代（公元220～265年）注《汉书》的学者姓如名淳。以精通中国汉学著称的儒僧大岳周崇和作为如拙传人的画僧天章周文（或称越溪周文），各以"大岳"、"天章"（号"越溪"）为字，而"周崇"、"周文"皆为二字相连之名而不是指姓周名崇或姓周名文[30]，盖日本人本无姓周者，更何况出家的僧人不用俗姓。此等事理，可谓不言自明。

日本江户时代元禄（1688～1703年）年间僧人师蛮用中国的汉文著《本朝高僧传》之书75卷，为日本各时代、各宗派的僧侣共1600余人一一作传记，其中包含若干来到日本访问或定居的中国僧人和朝鲜半岛的僧人。朝鲜半岛的僧人或为7世纪的高句丽僧人和百济僧人，亦有8世纪以降的新罗的僧人。与日本僧人和中国僧人一样，师蛮在《本朝高僧传》中为这些高句丽、百济、新罗的僧人作传记，皆称他们的法名如"慧灌"、"昙慧"、"观勒"、"道藏"、"审祥"、"丰国"、"道宁"、"放济"等而冠以"释"姓，不称俗姓[31]，亦可为以上所说作证。

话已说到这里，我还想特别指出的是，在新罗王朝（公元676～935年，即所谓"统一新罗"）之后的王氏高丽时代（公元918～1392年），有僧人名一然（1206～1289年）者撰《三国遗事》之书，详述高句丽、百济、新罗三国历史上的遗闻逸事及佛教传布情况，实为韩国最有名的文史书籍之一，几乎可与金富轼所撰史书《三国史记》相提并论[32]。一然9岁出家为僧，78岁时被封为"国尊"，其俗姓金氏却始终弃置不用[33]。举此一例，足可说明问题。

以上总而言之，如《琉球国由来记》所述，芥隐承琥以"芥隐"为字，"承琥"是其名讳而不是指姓承名琥。同样，溪隐安潜应以"溪隐"为字，"安潜"为其名而不是指姓安名潜，从而决不可因"溪隐安潜"4个汉字中有一"安"字便判定其为韩国人。

正是因为溪隐安潜是日本的僧人，所以他在为万国津梁之钟所书铭文中称日本为"日域"。在古代，中国称日本为"倭"，日本亦因而以"倭"自称。据查考，从7世纪70年代开始，倭国改号"日本"。日本人称本国境地为"日域"大约以9世纪平安时代（公元794~1192年）初期以降为盛，《本朝文粹》（11世纪藤原明衡所撰汉文集，共十四卷）卷九录大江朝纲于醍醐天皇延喜八年（公元908年）所作《夏夜于鸿胪馆饯北客》诗序中有"朝此日域"之语，可举为一例。13世纪镰仓时代（1192~1333年）僧人无住一圆的《沙石集》（共十卷）撰成于后宇多天皇弘安二年至六年（1279~1283年），集中（第二卷）有云"日域佛法之滥觞"，尤为众所周知。由于琉球国与日本关系密切，琉球书籍中亦有称日本为"日域"的，但往往限于佛教僧人之用语，如云"飞锡于日域"，"日域比丘"，"日域三个之权现"等，或系受《沙石集》之影响。

五

任东权教授就万国津梁之钟的制作地问题提出独自的看法，主要是揣测此钟铭文书写者相国寺住持溪隐安潜为朝鲜的僧人，却完全没有言及钟铭所记造钟工匠的姓名，以及他们的籍贯、出身等。所以，我要在这里着重提出，开展讨论。

据《琉球国由来记》记录，尚泰久王在位时所铸十余个梵钟的铭文记明造钟工匠的姓名为藤原国吉（有时省略"藤原"之姓，只记其名"国吉"）、藤原国光、藤原国义，而以后第二尚氏王朝尚真王于明弘治九年（1496年）所铸之钟的铭文则记工匠姓名之全称为"藤原朝臣家信"。按日本"藤原"之姓始于7世纪天智天皇即位二年（公元668年）大化革新元勋中臣连镰足之赐姓"藤原朝臣"（"藤原"本是大和国高市郡的小地名，为中臣连镰足早年所居之地)[34]，其子不比等于7世纪末文武天皇二年（公元698年）承袭而称"藤原朝臣不比等"[35]，并于8世纪奈良时代（公元710~784年）初期揽朝廷大权。7世纪80年代天武天皇十三年（公元684年）定"八色之姓"，"朝臣"为其中第二姓，但以后在一般场合，与"真人"、"宿祢"、"忌寸"、"道师"、"臣"、"连"、"稻置"等姓一样，"朝臣"二字可在表述姓名的文词、言语中省略，故藤原朝臣不比等往往简称藤原不比等，其他人的姓名亦如此。在藤原不比等的4个儿子之中，次子房前一族称"北家"，最为繁荣，屡世擅政，乃使平安时代（公元794~1192年）于9世纪中期以后因其行所谓"摄关政治"（"摄关"指当时最大的权臣职位称号"摄政"和"关白"）而称"藤原时代"。

　　进入中世的镰仓时代（1192~1333年），藤原氏的势力虽有所减弱，但12世纪80年代以降近卫家与九条家交替为"摄政"，至13世纪中期又进而增添"鹰司"、"二条"、"一条"3家而成为藤原"五摄家"[36]，其族人仍占贵族社会之枢要。随着年代的推移，除大臣、官员、学士、诗人、画师等以外，藤原氏之人亦有成为工匠的。后醍醐天皇（1319~1339年）时，藤原吉光被誉为刀剑锻造的三大名匠之一[37]，便是其例。在此之前，藤原氏的铸钟工匠亦开始在京都出现。要之，前述琉球国尚泰久王及尚真王在位期间铸造梵钟的工匠藤原国吉、藤原国光、藤原国义、藤原朝臣家信等为室町时代（1338~1573年）的日本工匠，乃是无可置疑之事。所谓朝鲜工匠来到冲绳铸钟之说，实在是站不住脚的。

　　日本奈良国立文化财研究所前所长坪井清足之父坪井良平先生是研究梵钟的专家，早在20世纪50年代我就慕名读过他发表于日本国史讲习会《考古学讲座》（第3卷）中的题为《梵钟》的长篇论著[38]。1985年6月坪井所长来访北京，特惠赠其父良平先生新著《历史考古学的研究》之书[39]，书中《金工品篇》的大量篇幅主要为关于梵钟的详细论述所占。经我最近查阅，以藤原为姓氏的铸钟工匠始见于镰仓时代后期，而以室町时代为多，其铸钟地点主要在京都。例如，正安三年（1302年）藤原守行铸山城国禅定寺之钟[40]，建武二年（1336年）藤原国安铸江州西念寺之钟[41]，永享七年（1435年）藤原国次铸山城国来迎院之钟[42]，文明十年（1478年）藤原国久铸山城国清水寺之钟[43]，文明十六年（1484年）藤原长家、藤原有光铸山城国清凉寺之钟[44]，大永元年（1521年）藤原朝臣吉久铸山城国醍醐山观音堂之钟[45]，等等。按山城国即今之京都府，清水寺、清凉寺等为名刹，延传至今，所铸之钟尚存，唯清凉寺钟铸于宿院（小地名），地在今大阪府堺市。来迎院之钟虽已破旧，铭文字迹漫漶、缺失，犹得识其铸造年月日及工匠姓名。江州为近江国之别称，即今之滋贺县，地近京都，而西念寺钟今存爱知县甚目寺，当是由于后世之转移。总而言之，从以上所述种种事例看来，15世纪中后期为琉球王国铸造梵钟的藤原国吉、国光、国义、家信等人应为日本京都的工匠。15世纪后期为琉球国（在今冲绳县）铸钟的藤原家信与16世纪前期在山城国（今京都府）铸钟的藤原吉久皆于钟铭所记姓名中保留"朝臣"（读"Ason"或"Asomi"）的古姓，可谓难得之极，无可置疑地证明他们同为日本京都的工匠。

六

然而，我以为，琉球国许多梵钟的铸造虽出于日本工匠之手，但铸造地点容或在琉球当地而未必远在日本的京都。这就是说，国吉、国光、国义、家信等藤原氏工匠是从日本来到琉球的所谓"渡来工匠"，正如溪隐安潜等僧人是从日本来到琉球的所谓"渡来僧"一样。

《琉球国由来记》所录许多梵钟的铭文记铸钟年月日、钟铭书写者及铸钟工匠的姓名，但完全不记钟的铸造地点（清康熙三十六年重铸的1个除外）。因此，此等梵钟究竟为何处所铸造，有待考察。冲绳田名真之先生在亚洲史学会研究大会的讨论发言中所称全数梵钟皆在日本京都铸造（又称一次铸造许多钟）之说或系出于学者们的共识，却未必已成定论。《冲绳时报（Okinawa Taimus）》1999年11月28日朝刊在报道27日任东权先生的讲演时，该报记者谓万国津梁之钟的制作场所迄今不明[46]。这样，关于此等梵钟铸造地何在的问题，似乎尚有讨论的余地。所以，我不揣冒昧，在这里提出日本京都工匠来到琉球铸钟的异说。

据《琉球国由来记》记述，天德山圆觉寺的楼钟为尚真王于明弘治九年（1496年）命工匠藤原朝臣家信所铸，经一百数十年至于清顺治（1644～1661年）年间损坏，声响不正。康熙三十四年乙亥（1695年）夏，该寺住持兰山和尚作为"使僧"，渡海赴日本九州萨摩藩首府鹿儿岛，接着又乘船往山城（京都）请重铸，待到康熙三十六年丁丑（1697年）之夏铸就运来，前后历2个整年，3个年头[47]（重铸之钟甚高大，今存冲绳县立博物馆）。当时琉球国在萨摩藩岛津氏统治之下，其与鹿儿岛之间的交通频繁，但经由鹿儿府前往京都求铸铜钟1个，竟如此多费时日。15世纪中期尚泰久王在位时，自景泰七年（1456年）至天顺三年（1459年）的4年间连续铸钟至少15、16个，特别是景泰七年自季秋、小春至仲冬的约三个月的短期内所铸之钟共计7个之多，若皆远往日本京都求铸造，造毕船运至冲绳，则在时间上将作如何安排，实难想象。

前面已经说过，景泰八年（1457年）正月十六日中国明朝英宗皇帝通过"夺门之变"而复辟，改元"天顺"，所以景泰八年实际上是天顺元年。只因琉球国作为中国的外藩，远在东南方海中，消息不很灵通，不能迅速得知明朝改元之事。于是，在相当于公元1457年的丁丑年1年之内，尚泰久王一共命铸6个梵钟，其中正月朔旦、五月初一、六月某日所铸3个钟的铭文纪年为"景泰八年"，六月某日、十月吉日、十二月九日所铸另3个钟的铭文纪年则为"天顺元年"。这说明，琉球国确知明朝改元是在此年六月。正因为梵钟是在琉球当地按日期先后顺序及时铸造的，乃使正月朔旦（景泰八年正月朔旦虽在"夺门之变"发生之前，但按规定亦应改称天顺元年正月朔旦）、五月初一、六月某日的3个钟的使用"景泰八年"的错误纪年得不到改正。因此，不仅年份相同之钟往往非一次所铸，甚至月份（六月）相同之钟亦有非一次铸就的。

其实，工匠远赴外地铸钟，决非不可理解。就日本本土而言，1981年由九州长崎县返送宫崎县高崎町的东雾岛山大权现之钟铸于江户时代（1603～1867年）初期的庆长二十年（1615年）六月，其铭文明示此钟为家住今山口县（昔为长门国）长府的铸工伊藤久三郎专程赴萨摩（今鹿儿岛县），在今鹿儿岛市内的竖野之地所制作[48]。这是由于萨摩、日向（今宫崎县）二国自古以来皆无本地的铸钟工匠，乃须从外地聘请良工前来之故。由此推想，15世纪琉球王国佛教始兴，寺庙初建，亟待多铸梵钟，而琉球本地无铸工，遂依来自日本京都而在琉球佛寺任住持的高僧之议，聘请京都的藤原氏工匠前来铸造。京都的僧人可渡海至琉球国，长期任佛寺之住持，京都的工匠又为何不可应邀赴琉球铸钟？铜钟铸就，经久不坏，而寺庙有限，无须多铸，故铸钟工匠于完成任务之后，自可早日还乡。

除尚泰久王于明景泰七年（1456年）至天顺三年（1459年）铸梵钟至少15个、16个之外，成化二年（1466年）尚德王在位时亦曾铸过1个梵钟，悬挂于天界禅寺之佛殿（今存冲绳县国头郡金武村观音寺）。此钟铭文仍为兼任该寺开基的溪隐安潜所书写，铸钟的工匠则为花城与大城[49]。大城曾于天顺元年十月吉日铸寄舍万寿寺之钟时任奉行[50]，同年十二日九日铸寄舍魏古城之钟时又与花城同任奉行[51]，天顺三年三月十五日铸寄舍冲山一品权现之钟时花城始任铸工[52]。花城、大城和曾于景泰七年、景泰八年、天顺三年多次铸钟时任奉行的与那福[53]之是否分别与冲绳当地的花城村[54]、大城村[55]、与那村[56]有关系，值得注意。至于国吉、国光、国义等藤原氏工匠，则可推想已于天顺二年（1458年）完成任务之后返回日本的京都。成化五年己丑（1469年）第二尚氏王朝尚圆王登位，又曾为由溪隐安潜任住持的相国寺新铸梵钟[57]，对于此钟铭文纪年所启示的事情，我将在下文详叙。

在这以后，经过20余年的较长岁月，第二尚氏王朝的英主尚真王于明弘治八年乙卯（1495年）、九年丙辰（1496年）命工匠藤原朝臣家信、大和氏相秀为天德山圆觉寺铸殿中钟、殿前钟、楼钟各1个[58]，其中弘治九年所铸楼钟于清顺治（1644～1661年）年间损坏，康熙三十六年（1697年）在京都重铸成功，已如前述，而殿中钟和殿前钟保存良好，遗留至今，皆存冲绳县立博物馆。我要指明的是，殿中钟和楼钟的铭文谓尚真王"命良工铸斯宝钟"，"择工尽美，刻日成功"，从语调、文义看来，也似乎说明它们为琉球国当地所铸。因为，倘若钟的铸造地远在日本的京都，则尚真王就不能任意"择工"，更不能要求"刻日成功"了。要之，藤原朝臣家信、大和氏相秀是继藤原国吉、国光、国义等人之后应聘前来琉球国铸梵钟的日本京都的工匠。

如上文已经言及，据《琉球国由来记》记述，开创第二尚氏王朝的尚圆王亦曾下令铸钟，钟的铭文称：

琉球国君世高王，乘大愿力，新铸巨钟，寄舍相国寺，说偈以铭之，祝王基之万岁（中略），时成化（五年）己丑十月七日，住持溪隐记之[59]。

关于尚圆王登位之年，诸说稍有差异，而外间守善先生断定是在明成化五年（1469年），应该是最为可靠的[60]。这样，成化五年己丑十月七日正当尚圆王登位之初，钟铭中的"琉球国君世高王"应指尚圆王其人。当时溪隐安潜仍为相国寺之住持，尚圆王特为其新铸梵钟。钟铭不记铸造此钟的工匠为何人，但估计仍为花城与大城。

如所周知，日本室町时代（1338～1573年）后土御门天皇应仁元年（1467年）正月，京都爆发激烈大战乱，史称"应仁之乱"，历时10年有余，京都繁华之区因兵燹化为荒墟，堪称浩劫。文明九年（1477年）战乱结束，故如《大乘院寺社杂事记》所记，清水寺之钟得于次年文明十年在京都室町附近的空地搭临时性小屋以铸[61]。但是，明宪宗成化五年（1469年）正当"应仁之乱"爆发后的第3年，战争方殷，战乱中的京都百业俱废，岂能为远在南海的琉球国新铸梵钟？

七

《琉球国由来记》等虽详述置于琉球王国宫殿、佛寺、庙宇等处的许多梵钟，但不记钟的制作情形如何，从而不能认为其国有铸造巨大梵钟的能力。外间守善先生在1997年11月27日亚洲史学会研究大会上作题为《亚细亚史中的冲绳》的基调讲演，广泛地讲述琉球王国时代的冲绳在美术（绘画）、雕刻、制陶、漆艺、染织及建筑等各个方面的情况甚详细，独无一言及于铸造业[62]。冲绳的遗址曾出土刀、镞等铁器及些许铜质的物件，它们可视为来自海外的输入品。诚然当时已传入某种程度的锻冶技术，亦与大规模的、精巧的金工品铸造业无缘。我想，这便是外间先生不在讲演中言及金工品铸造业的原因所在。

但是，韩国任东权教授在为亚洲史学会研究大会所作日本语讲演稿（以下称《讲演稿》）中详述朝鲜《李朝实录》所载琉球漂流录，其中世祖八年壬午（1462年，《讲演稿》作1463年）二月辛巳（十六日）条中的梁成漂流录记当时琉球国有钟匠[63]，这是非常值得重视的。为此，我查阅了《李朝实录》（原名为《朝鲜王朝实录》，《讲演稿》简称《王朝实录》）的汉文原文[64]，以资核对。

据漂流录记述，李氏朝鲜世祖二年丙子（《讲演稿》作世祖元年），水军梁成等人自济州岛乘船遇风，漂流至琉球，曾得见其国之王城，所述王城三重，内城有二、三层的殿阁，大体如同李氏朝鲜汉城景福宫中的勤政殿云云[65]，与首里城的实况相似（见图2），可证其言属实，非出虚构。李氏朝鲜世祖二年（《讲演稿》作世祖元年）为丙子年（1456年），万国津梁之钟虽铸于此后天顺二年的戊寅之年（1458年），但如前所述，至少有7个梵钟是在景泰七年的丙子之年（1456年）铸造的。梁成实见铸造的情景，故在漂流录中谓琉球国有钟匠。

应该说明，《李朝实录》的汉文原文为"工匠只用铸匠、木手，余皆未见"[66]，而任教授的日本语讲演稿则应汉译作"工匠唯有钟匠与木匠"[67]。宋陶毂《清异录·人事》谓"木匠总号运金之艺，又曰手民"，故《李朝实录》原文中的"木手"即木匠，是无疑义。"铸匠"虽可解释为泛指从事铸造业的工匠，但因造钟几乎无不称"铸"，故任教授在讲演稿中直接以"钟匠"代"铸匠"是可以理解的。就琉球国的实际情况而论，各类工匠皆无可称为"铸匠"者，故不得不认梁成漂流录中的"铸匠"为钟匠。只是《李朝实录》的原文是说梁成在琉球所见工匠只有钟匠、木匠，其余的工匠未曾见到，不是说琉球国的工匠唯有钟匠、木匠而无其他的工匠，这是必须说清楚的。因为，在琉球国，有着陶器、漆器、染织以及石造雕刻等的各种工匠[68]，梁成虽未遇见，但决不会绝对否定他们的存在。

漂流录记梁成等于丙子年（1456年）正月二十五日从济州岛出发，二月二日漂着于冲绳本岛北面的仇弥岛（即久米岛）。在仇弥岛停留一个月，便乘贡船到冲绳本岛，住在水边的公馆，距琉球国都城5里余（《讲演稿》作"半里"）。梁成等大约于同年四月初来到琉球的王城，所见王城情况已略如前述。由于漂流录述及次年丁丑年（1457年）之事[69]，可见除景泰七年丙子年之铸7个梵钟以外，景泰八年丁丑和天顺元年丁丑之年之铸6个梵钟亦正当梁成在琉球的滞留期间，故梁成亦可能得见其铸造之情状。

诚如坪井良平先生所指出，到了室町时代（1338~1573年）中后期，铸造梵钟已成为地方上的一种具有轰动效应的盛事，热闹非常。据《北野社家日记》、《晴富宿祢记》、《荫凉轩日录》、《严助往年记》等的记述，在日本京都铸造梵钟，皆是于空地上构搭临时性的工棚、小屋，以为工作的场所，在一定程度上可称"露天作业"，乃使延德四年

(1492年）铸爱宕山白云寺钟、祇园社钟及永正十三年（1516年）铸下醍醐寺钟之时皆招引成千上万的男女老少前来围观，下醍醐寺钟的铸造以失败告终，而围观群众竟达6万人[70]。琉球国户口不多，但铸钟时围观之人必不在少，这是可想而知的。因此，作为漂流而来的异国之人，梁成等不仅可以得知铸钟之事，甚至能够混杂于人群之中，亲临铸造的现场，目睹其盛况，印象甚深，乃于归国后在所记漂流录中称琉球国有铸钟的工匠。梁成漂流录此言进一步说明琉球国许多梵钟的铸造虽出于日本工匠之手，但铸造的地点不是在日本的京都，而是在琉球当地。

综上所述，琉球国铸梵钟始于第一尚氏王朝尚泰久王在位时的景泰七年（1456年），终于第二尚氏王朝尚真王在位时的弘治九年（1496年），前后历时40年，可分3个小时期。第1期是景泰七年（1456年）至天顺三年（1459年）的4年间，尚泰久王铸钟至少15个、16个。第2期是在相隔7年以后的成化二年（1466年）及其后的成化五年（1469年），第一尚氏王朝末代尚德王和第二尚氏王朝初代尚圆王各铸钟1个。第3期是再隔20余年之后，第二尚氏王朝尚真王于弘治八年（1495年）、弘治九年（1496年）共铸钟3个。这样，琉球国铸梵钟虽云历时40年，但实际上铸钟之年不过8个年头。除景泰七年铸7个，天顺元年（包括所谓景泰八年）铸6个以外，其他年头所铸往往仅1个或2个钟。此后，因佛寺、庙宇、宫殿等处所需梵钟多已齐备，没有继续铸造的必要，而来自日本的铸钟工匠已于完成各自的任务之后及时归国，不复前来，所以，严格说来，琉球国本身实无包括梵钟在内的大规模金工品铸造业，以致到了大约200年之后的康熙三十四年（1695年）尚贞王在位时，不得不遣人远赴日本京都，以求重铸天德山圆觉寺之楼钟，而于两年以后的康熙三十六年（1697年）铸成运来。我们不能因为天德山圆觉寺的1个钟是17世纪90年代在日本京都重铸的，便由此判断包括万国津梁之钟在内的15世纪50年代至90年代的其他许多梵钟全都是在日本京都铸造的。

注　释

[1]　冲绳县教育委员会：《沖縄の文化財》第45页，旧首里城正殿前梵鍾，1975年。

[2] 冲绳县教育委员会:《冲绳の文化财》第 74 页,首里城迹,1975 年。
[3] 陈侃:《使琉球录》第 69 页,丛书集成初编,中华书局,1985 年。
[4] 徐葆光:《中山传信录》第 146 页,《小方壶斋舆地丛钞》第十帙(三),上海著易堂印行,1891 年。
[5] 李鼎元:《使琉球记》第 192 页,《小方壶斋舆地丛钞》第十帙(三),上海著易堂印行,1891 年。
[6] 上田正昭:《沖縄文化の原像》第 479 页,《沖縄文化の源流を探る》復帰 20 周年紀念冲縄研究国際シンポジウム実行委員会,文進印刷株式会社,1994 年。
[7] 任东权:《漂流録でみた琉球》第 62 页,《アジアの中の沖縄》アジア史学会第 9 回研究大会実行委員会,文進印刷株式会社,2000 年。
[8] 任东权:《漂流録でみた琉球》第 194~198 页(シンポジウム・任東權の発言),《アジアの中の沖縄》アジア史学会第 9 回研究大会実行委員会,文進印刷株式会社,2000 年。
[9] 王仲殊:《アジアの中の沖縄》第 197 页(シンポジウム・王仲殊の発言)(アジア史学会第 9 回研究大会実行委員会),文進印刷株式会社,2000 年。
[10] 上田正昭;《アジアの中の沖縄》第 198~199 页(シンポジウム・上田正昭の発言)(アジア史学会第 9 回研究大会実行委員会),文進印刷株式会社,2000 年。
[11] 田名真之:《アジアの中の沖縄》第 202~203 页(シンポジウム・田名真之の発言)(アジア史学会第 9 回研究大会実行委員会),文進印刷株式会社,2000 年。
[12] 任东权:《漂流録でみた琉球》第 62 页、第 194~198 页(シンポジウム・任東權の発言),《アジアの中の沖縄》アジア史学会第 9 回研究大会実行委員会,文進印刷株式会社,2000 年。
[13] 上田正昭;《アジアの中の沖縄》第 198~199 页(シンポジウム・上田正昭の発言)(アジア史学会第 9 回研究大会実行委員会),文進印刷株式会社,2000 年。
[14] 外间守善、波照间永吉:《定本·琉球国由来記》,角川书店,1997 年。
[15] 外间守善、波照间永吉:《定本·琉球国由来記》第 170、185、199~200、201、202~203、209、215 页,角川书店,1997 年。
[16] 外间守善、波照间永吉:《定本·琉球国由来記》第 169(上)、169(下)、203 页,角川书店,1997 年。
[17] 外间守善、波照间永吉:《定本·琉球国由来記》第 192、217、218(203)页,角川书店,1997 年。
[18] 冲绳县教育委员会:《沖縄の文化財》第 45 页旧首里城正殿前梵鍾、第 74 页首里城迹,1975 年。
[19] 外间守善、波照间永吉:《定本·琉球国由来記》第 212 页,角川书店,1997 年。
[20] 外间守善、波照间永吉:《定本·琉球国由来記》第 203、221、222 页,角川书店,1997 年。
[21] 李鼎元:《使琉球记》第 183 页,《小方壶斋舆地丛钞》第十帙(三),上海著易堂印行,1891 年。

[22] 外间守善、波照间永吉：《定本·琉球国由来记》第186、187、188、208页，角川书店，1997年。

[23] 外间守善、波照间永吉：《定本·琉球国由来记》第192、215页，角川书店，1997年。

[24] 辻善之助：《日本佛教史》第四卷第230页中世篇之三（第八章第三节），岩波书店，1991年。

[25] 辻善之助：《日本佛教史》第一卷上世篇第140页第三章第二节、第299页第四章第三节，第二卷中世篇之一162页第七章第三节，岩波书店，1991年。

[26] 师蛮：《本朝高僧传》第十九卷第279页道隆传，《大日本佛教全书》，日本佛书刊行会，1913年。

[27] 师蛮：《本朝高僧傳》第二十卷第282页（辨圆传），《大日本佛教全书》，日本佛书刊行会，1913年。

[28] 白柳秀湖：《民族日本歷史·戰国编》第336页第三篇第十五章，千仓书房，1938年。

[29] 辻善之助：《日本佛教史》第四卷第454页中世篇之三（第八章第五节），岩波书店，1991年。

[30] 辻善之助：《日本佛教史》第四卷第417、455页中世篇之三（第八章第五节），岩波书店，1991年。

[31] 师蛮：《本朝高僧传》第一卷第61、64、69页，第七十二卷第892、894页，第七十五卷第917页，《大日本佛教全書》，日本佛书刊行会，1913年。

[32] 一然：《三國遗事》，《世界思想全集》第8，乙酉文化社，1990年。

[33] 任道斌等：《佛教文化辞典》第146页（人物·一然），浙江古籍出版社，1991年。

[34] 竹内理三等：《日本古代人名辞典》第五卷第1224～1230页（中臣連鎌足），吉川弘文馆，1979年。

[35] 黑板胜美、国史大系编修会：《续日本後记》第一卷第3页（文武天皇二年八月丙午），吉川弘文馆，1982年。

[36] 横田健一：《要說日本史》第八章第153页（藤原氏"五攝家"系谱表），创元社，1978年。

[37] 白柳秀湖：《民族日本歷史·戰国编》第182页第一篇第五章，千仓书房，1938年。

[38] 坪井良平：《梵鍾》第1～202页，《考古学講座》第3，国史讲习会、雄山阁，1926年。

[39] 坪井良平：《梵鍾》第123～368页，《歷史考古学の研究》Ⅱ金工品篇（一），ビジネス教育出版社，1984年。

[40] 坪井良平：《梵鍾》第283页，《歷史考古学の研究》Ⅱ金工品篇（一），ビジネス教育出版社，1984年。

[41] 坪井良平：《梵鍾》第108～109页，《考古学講座》第3，国史讲习会、雄山阁，1926年。

[42] 坪井良平：《梵鍾》第142～143页，《考古学講座》第3，国史讲习会、雄山阁，1926年。

[43] 坪井良平：《梵鍾》第357页，《歷史考古学の研究》Ⅱ金工品篇（一），ビジネス教育出版社，1984年。
[44] 坪井良平：《梵鍾》第144～145页，《考古学講座》第3，国史讲习会、雄山阁，1926年。
[45] 坪井良平：《梵鍾》第360页，《歷史考古学の研究》Ⅱ金工品篇（一），ビジネス教育出版社，1984年。
[46] 《冲绳タイムス》1999年11月28日朝刊所载报道：万国津梁の、人が造つた？
[47] 外间守善、波照间永吉：《定本·琉球国由来记》第179～180页，角川书店，1997年。
[48] 坪井良平：《梵鍾》第356～357页，《歷史考古学の研究》Ⅱ金工品篇（一），ビジネス教育出版社，1984年。
[49] 外间守善、波照间永吉：《定本·琉球国由来记》第208页，角川书店，1997年。
[50] 外间守善、波照间永吉：《定本·琉球国由来记》第217页，角川书店，1997年。
[51] 外间守善、波照间永吉：《定本·琉球国由来记》第192页，角川书店，1997年。
[52] 外间守善、波照间永吉：《定本·琉球国由来记》第212页，角川书店，1997年。
[53] 外间守善、波照间永吉：《定本·琉球国由来记》第169、170、185、200、209、212页，角川书店，1997年。
[54] 外间守善、波照间永吉：《定本·琉球国由来记》第211、494、496页，角川书店，1997年。
[55] 外间守善、波照间永吉：《定本·琉球国由来记》第281、284、338页，角川书店，1997年。
[56] 外间守善、波照间永吉：《定本·琉球国由来记》第406、410页，角川书店，1997年。
[57] 外间守善、波照间永吉：《定本·琉球国由来记》第188页，角川书店，1997年。
[58] 外间守善、波照间永吉：《定本·琉球国由来记》第178～180页，角川书店，1997年。
[59] 外间守善、波照间永吉：《定本·琉球国由来记》第188页，角川书店，1997年。
[60] 外间守善：《アジア史の中の琉球王国》第12页，《アジアの中の沖縄》アジア史学会第9回研究大会实行委员会，文进印刷株式会社，2000年。
[61] 坪井良平：《梵鍾》第357页，《歷史考古学の研究》Ⅱ金工品篇（一），ビジネス教育出版社，1984年。
[62] 外间守善：《アジア史の中の琉球王国》第14～22页，《アジアの中の沖縄》アジア史学会第9回研究大会实行委员会，文进印刷株式会社，2000年。
[63] 任东权：《漂流録でみた琉球》第64～67页（梁成らの漂流），《アジアの中の沖縄》アジア史学会第9回研究大会实行委员会，文进印刷株式会社，2000年。
[64] 国史编纂委员会：《朝鲜王朝實錄》第七册第512、513页，《世祖實錄》第一部卷27，国史编纂委员会，1984年。
[65] 以勤政殿为中心的李氏朝鲜的景福宫宫殿始建于14世纪90年代，16世纪90年代毁

于战火，19世纪60年代全部重建。见金元龙：《韓国美術史》（第七章《李氏朝鮮時代》，第三节《宮城建築》）第368~370页，图版第83（株式会社名著出版，1976年）；又见《朝鲜历史文物》（中文版）第75页（平壤文物保存社，1980年）。

[66] 国史编纂委员会：《朝鲜王朝實錄》第七册第512页，《世祖實錄》第一部卷27，国史编纂委员会，1984年。

[67] 任东权：《漂流録でみた琉球》第65页，《アジアの中の沖縄》アジア史学会第9回研究大会实行委员会，文进印刷株式会社，2000年。

[68] 外间守善：《アジア史の中の琉球王国》第16~22页，《アジアの中の沖縄》アジア史学会第9回研究大会实行委员会，文进印刷株式会社，2000年。

[69] a. 任东权：《漂流録でみた琉球》第65页，《アジアの中の沖縄》アジア史学会第9回研究大会实行委员会，文进印刷株式会社，2000年。

b. 国史编纂委员会：《朝鲜王朝實錄》第七册第513页，《世祖實錄》第一部卷27，国史编纂委员会，1984年。

[70] 坪井良平：《梵鍾》第357~360页，《歷史考古学の研究》Ⅱ金工品篇（一），ビジネス教育出版社，1984年。

（本文原载《考古》2002年第6期）

灿烂的出云古代文化

亚洲史学会第11次研究大会在日本岛根县滨田市召开，故称"岛根大会"。岛根县昔为出云国，而本次大会的主题为"环日本海文化的再发现——东亚青铜器文化与古代出云"。因此，我受委托而作纪念讲演，特以"灿烂的出云古代文化"为讲题。

今天是2002年11月12日，阴历为十月八日。在日本，传说阴历十月全国之神聚集于出云开会，各地诸神皆一走而空，故称此月为"神无月"。然而，我们在出云之地出席亚洲史学会的研究大会，却仿佛有与众神同在的感觉，可谓十分难得。

说起出云，人们都会想到《出云国风土记》和出云大社。遵照元明天皇和铜六年（公元713年）五月的敕命，日本诸国（"国"为地方行政区划，其下设"郡"）开始编撰风土记（记述土地、环境、物产、民俗、宗教、文化等等的地方志）。留传至今的播磨（在今兵库县西南部）、常陆（在今茨城县）、肥前（在今佐贺县、长崎县）、丰后（在今大分县）、出云（在今岛根县）五国的风土记皆为奈良时代（公元710～794年）所编撰，其中唯独圣武天皇天平五年（公元733年）编撰的《出云国风土记》为没有缺轶的完整原本。应该特别指出的是，与其他诸国风土记之为朝廷派遣的国司、大宰府官员等所撰作不同，《出云国风土记》则是经土著豪族出云国造（"国造"为诸国本地豪族世袭之官，掌管祭祀）之手编撰的，文章条理整然，内容精致而具特色，弥足珍贵。

出云大社（日本最有名的神社，在今岛根县簸川郡大社町）的主殿在建筑学上可称"大社造"（神社建筑的最古样式）的代表，天下无双（图1）。在相当日本平安时代（公元794～1192年）中期的10世纪70年代之初，源为宪著《口游》之书而谓"云太，和二，京三"云云者，便是说出云大社乃凌驾于大和（奈良）的东大寺和京都（平安京）

的大极殿之上的，最为宏伟、壮观的神殿建筑。正是由于出云大社的存在，遂使每年阴历十月虽为日本全国各地的"神无月"，而出云此月却反而成了不同往常的"神有月"或"神在月"。要之，《出云国风土记》和出云大社乃是出云国人的骄傲。

图1 出云大社的神殿建筑

在考古学的发掘调查方面，出云境域内亦有许多引人注目的重要发现。例如，1915年开始发掘的松江市大草町冈田山1号坟出土的圆头大刀有"额田部臣"的银镶嵌铭文，而"额田部臣"正为见于《出云国风土记》的氏姓之名。又如1972年在大原郡加茂町发掘的神原神社古坟，出土称为三角缘神兽镜的铜镜，镜铭中有"景初三年"的纪年，故被视为中国三国时代（公元220~265年）的魏镜。但经我对铜镜的形制、花纹和铭辞全文的详细考察，此镜实为3世纪30年代东渡日本的中国吴地工匠在日本所制作，这在中日两国的考古学研究上都很有意义。当然，在出云地区的考古工作之中，最激动人心的重大事件应当首推1984~1985年簸川郡斐川町荒神谷青铜器埋纳遗址的发现，这是举世公认的。亚洲史学会本次研究大会取"东亚青铜器文化与古代出云"的主题，原因正在于出云出土的青铜器蜚声日本国内外，非同凡响。

1984年夏，斐川町神庭荒神谷遗址陆续出土铜剑，共计有358把之多（图2）。此前日本全国各地出土铜剑总共为300把左右，而荒神谷1处的出土量竟超过全国长期积累的总数。这样大量的发现在全日引起轰动自不待言,就连远在中国北京的我也曾为此而深感惊讶和喜悦。惊讶是因为出土的状况、规模在日本考古学史上没有先例,超越了通常所能想象的程度,喜悦则是由于日本的这一重大发现可为东亚考古学的整体研究增添新的珍贵的资料。

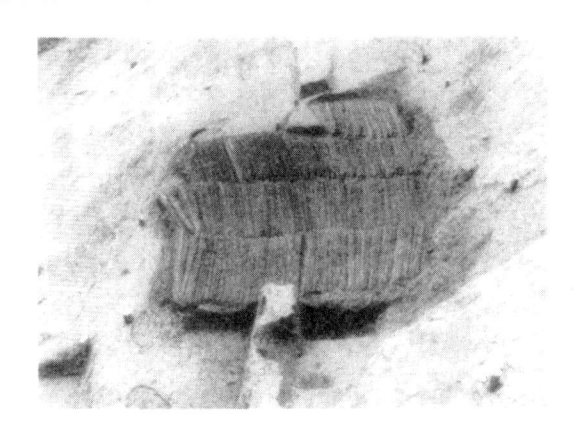

图2 荒神谷358把铜剑出土情状

据我所知,在日本考古学的型式学上,铜剑可分为细形、中细形、中广形、平形四种。它们的形体按上述的顺序先后,逐渐趋向大型化,其中的中细形铜剑按其大型化的程度不同又可分为a、b、c三类。荒神谷遗址出土的358把铜剑全属中细形c类,剑的长度各约51厘米(图3)。它们集中埋置于开掘在丘陵斜面上的一个浅坑内,坑穴东西长约4.6米,南北宽约2.6米,坑底铺垫黏土。这358把铜剑自左至右分为4行,每行各为34把,111把,120把,93把,排列非常紧密而有序(图2)。埋置完毕,其上覆盖黏土。

1985年夏,在铜剑出土地点东侧约7米处,又发现铜铎6个,铜矛16支。它们共同埋置于东西长约2.1米,南北宽约1.5米的一个浅坑之内。6个铜铎的放置以3个为1列,2列之铎彼此以钮相向,其右侧则置铜矛16支,作锋端、銎部交错的排列(图4)。6个铜铎的高度在22~24厘米之间,全属小型,其中1个为菱环钮式,施"横带纹";5个为附外缘钮式,施所谓"袈裟襻纹"。在16支铜矛之中,2支长各约70厘米,属中细形b类,14支长各75~84厘米,属中广形(见图4)。可以说,1985年铜铎、铜矛的发现是1984年铜剑大发现的"锦上添花"。

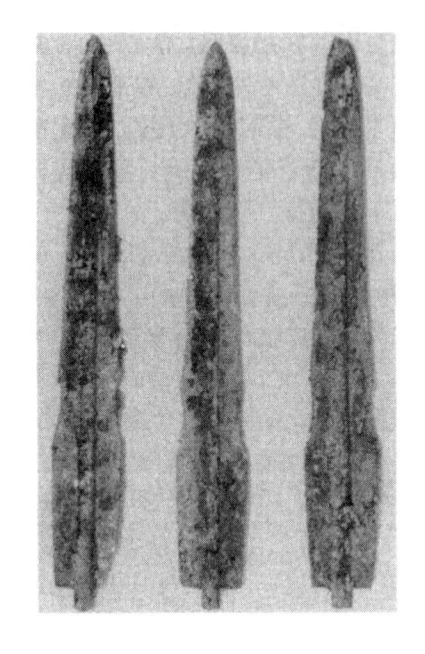

图3 荒神谷出土铜剑的型式　　图4 荒神谷铜铎、铜矛的出土情状

当时，有关的日本学者来到北京，访问中国社会科学院考古研究所。我欢迎贵宾们的来访，仔细倾听他们对日本考古学上的这一空前大发现的介绍，并表示由衷的祝贺。欢谈之间，我不免流露对铜铎之数仅限6个稍有不足之感，却又表示深信以后继续发现，其数必能增多。真是事有凑巧，待到11年后的1996年10月，在荒神谷遗址东南不远处的大原郡加茂町岩仓遗址又一举发现铜铎计39个之多，从而使出云境域内铜铎出土之数达50个。全日本出土铜铎的总数至今约为480个，出云的出土量一跃而居全国各地之首。由于是在修筑农用道路的工程中发现的，除少数可确认其埋置状态外，大多数铜铎已脱离原位。考古学者们通过各种手段，力求恢复它们本来的埋纳位置。

1997年，岛根县当局举办以"众神之国，悠久的遗产"为题的古代出云文化展览会，加茂岩仓遗址出土的39个铜铎全数展出，与此前荒神谷遗址出土的大量铜剑、铜铎、铜矛相辅相成，充分显示了出云青铜器文化的灿烂辉煌。日本学者们早已判定，这许多铜剑、铜铎、铜矛的制造和埋纳的时期属日本考古学上的弥生时代中期，大体上相当于公元前1世纪至公元后1世纪。借日本的一位考古学者的话语来说，在距今约2000年前的远古时代，作为祭器的铜剑、铜铎、铜矛在今岛根县境内的山丘间埋纳，以祀神灵，这表明关于众神会集的出云"神有月"、"神在月"的传说沿承已久，事出有因，未必全是后世的虚构。

除上述簸川郡斐川町荒神谷和大原郡加茂町岩仓两遗址的大发现之外，出云其他各处发现的铜剑、铜铎、铜矛等为数亦不甚少。例如，1973年调查的八束郡鹿岛町志谷奥遗址曾出土铜剑6把，铜铎2个，据称其埋置的时期与荒神谷的相同，埋置的情状则不无差异。此外，据传闻，作为出云大社境界内的"摄社"（祭祀与大社所祭诸神有亲缘关系之神或其他有特殊来历之神的神社），命主神社域内亦曾出土铜戈。如此等等，不一而足。

现在，请允许我把话题转向日本著名作家松本清张。今年是松本清张氏逝世的10周年，我与他曾在中国的北京和日本的福冈等处会见、交谈或共同参加学术讨论会，故倍增怀念之情。松本氏所著文学之书以推理小说（侦探小说，因1946年以后日本规定的"当用汉字"中无"侦"字而改称）为大宗。其中有题为《砂器》的佳作，所编故事的舞台在岛根县最大湖泊宍道湖南方以操"chíchí腔"方言（主要流行于日本的东北地方）为特点的仁多郡，亦属出云的境域。虽为文学方面的作家，松本清张亦甚关心古代史和考古学的研究，可谓造诣颇深。早在1984年10月，岛根县松江市山阴中央新报社率先发起以"古代出云王权之是否存在——对弥生铜剑358把出土之谜的回答"为题的公开学术讨论会，邀请门胁祯二、近藤乔一、速水保孝、足立克己等学者作为讲师和评论员参加，而以松本氏为会议的首席主持人。会上所作报告、发言和讨论等的全部记录以松本氏的名义编集成书而于1985年5月在松江市出版。1986年初，又继续以松本氏为首，包括山本清、门胁祯二、佐原真、近藤乔一、速水保孝、水野正好、高桥彻诸氏，共著题为《铜剑、铜铎、铜矛与出云王国的时代》的专书，仍以松本清张为主编者而由日本放送出版协会于同年9月在东京发行。前后两书的内容自有不同，但都论述荒神谷遗址大量青铜器的出土是否表明出云王权（王国）的存在，而后者更进一步就荒神谷出土的青铜器为何时所铸造，铸造的原因何在，以及经何人之手而埋置等等之类的问题再作深入的探讨和论究。

应该补充言及的是，当时关于荒神谷青铜器的讨论会接二连三，前后相继，堪称日本古代史和考古学界的极大盛事。例如，就在1986年3月的1个月之内，朝日新闻社和山阴中央新报社分别以东京的朝日大厅和松江市的岛根县民会馆大厅为会场，先后举行称为"古代之谜问出云——荒神谷青铜器是否为王国存在的证明"和"出云荒神谷说明了什么"的公开讨论会，以亚洲史学会会长身份主持今天研究大会的上田正昭先生亦曾应邀作为讲师和评论员参加在岛根县民会馆举行的盛大讨论会。

从20世纪80年代后期至90年代中期，关于荒神谷青铜器的论著有所增加，各种形式的研究会之类亦时有举行。学者们相聚一堂，各抒己见，求同存异，多有成果。但是，由于没有涉及加茂岩仓遗址的发现，未免美中不足。1996年10月加茂岩仓遗址发现39个铜铎之后，有关的论著又迅速问世。以大塚初重先生为首，有石野博信、石川日出志、武末纯一、冈村秀人等颇具代表性的考古学者出席参加的、称为"弥生时代的考古学"的学术研讨会在东京的学生社（以编集、发行考古学书籍闻名的出版社）举行。研讨会的召开日期虽为1996年7月，但研讨成果所录之书则于1998年才由学生社出版发行。因此，书中《弥生的祭祀是如何举行的》一章不仅详述荒神谷遗址出土的铜剑、铜铎和铜矛，而且也包含会后不久追加的关于加茂岩仓遗址出土铜铎的论述，其在学术研究上的广度、深度有所增加，给我的印象颇深。

关于荒神谷、加茂岩仓等遗址出土的青铜器的制作地问题，众多研究者的意见虽不无差异，但大体上是类同的。岛根县本地学者们于1997年直截了当地提出结论性的见解，在日本学术界占主导地位：（1）荒神谷遗址出土的铜矛为北九州方面所传来；（2）荒神谷、加茂岩仓、志谷奥遗址出土的附外缘钮式的铜铎无疑是从畿内（京都、大阪、奈良地区）方面传来的，但加茂岩仓遗址出土的扁平钮式铜铎则很可能为出云境域内所制作；（3）荒神谷遗址出土的中细形c类铜剑全为出云本地所制作，故可称为"出云型铜剑"（参见《岛根县考古年表》）。

今天在岛根县的浜田市召开以"东亚青铜器文化与古代出云"为主题的亚洲史学会研究大会，出席作讲演并参加讨论的除许多日本学者之外，还有来自中国、朝鲜（临时因故未能出席，但送来讲演稿，在会上宣读)、韩国和美国的学者。由于是规模盛大的国际会议,讨论的重点虽置于古代的出云,论述的范围自可扩大到东亚的全域而不以日本为限。在前述各种青铜器之中,以铜剑为例而言,一般认为中细形、中广形、平形之剑为祭器而用于祭祀,是日本的本国产品,而细形之剑主要制作于朝鲜半岛,本属实用的武器。此外,大家都知道,问题的讨论至少还必须涉及中国东北地区的曲刃青铜短剑,才能追根溯源,究明来龙去脉。

中国是东亚青铜器文化的发祥地,这是国际学术界公认的。在极为辽阔的中国境域之内,青铜器文化主要起源于黄河流域,以后传播到各周边地区。与中原黄河流域各处相比,周边地区青铜器的种类、形制不无变异,文化面貌亦具各自的特色。中国东北地区青铜器文化的重心在辽宁省境内,曲刃青铜短剑亦被称作"辽宁式铜剑",因剑身略呈琵琶形,故又有所谓"琵琶形铜剑"之称。经多方面的考察、论证,辽宁式琵琶形铜剑开始制作的年代可上溯到大约公元前9世纪,长期传承,逐渐演变,直到大约公元前4世纪以降方始演变成为所谓细形铜剑。这样,无待于言,以辽宁省境内为主的中国曲刃青铜短剑与朝鲜半岛的细形铜剑之间存在着密切的关系。事实上,所谓辽宁式琵琶形铜剑多有直接传入朝鲜半岛的,除半岛北部以外,还远及韩国忠清南道(扶余郡松菊里)、庆尚北道(清道郡礼田洞)乃至全罗南道(丽川市积良洞)等半岛南部各地,更说明上述问题值得深入论究。总之,各国学者从各自的观点出发,作细致、周详的讨论,必有助于加强对诸多重要学术问题的更进一步的认识,从而使本次研究大会取得丰硕的成果。

如大家所共知,小泉八云是英国人,原名拉夫卡迪奥·亨(Lafcadio Hearn)。他于19世纪末来到日本,曾在岛根县松江中学任教,以后成为著名文学家。小泉氏称赞出云为日本民族的摇篮之地,尤其是作为"众神之国"而闻名今古,从而以无比的热爱定居于此,"八云"之名据说也取自"出云"的枕词(添加于某些特定语句之前的修饰词,为日本语文所独有,主要见于和歌)。1993年6月,我在东京大学名誉教授西岛定生先生专程陪同下,访问岛根县的出云市和松江市。蒙岛根当地著名学者渡边贞幸、松本岩雄等热心引导,考察以荒神谷为首的古代遗址,参观称为"八云风土记之丘"的历史资料馆和岛根县立博物馆,并造访出云大社等名胜,顺便也想谒见小泉八云的故居,以示仰慕。不料因日程太紧，又值阴雨之日，我等所乘之车只能在故居之前较远处暂停片刻，隔着雨水淋湿的车窗玻璃略作窥视而已。时近黄昏，我若有所失地面对隐隐约约的故居，在车上做了一首短歌（日本和歌中最多见的一种形式，以五、七、五、七、七5句31音为规格）：

　　　　八雲立つ出雲の國は天霧りて
　　　　　現と見えず八雲の住まい

　　我诵读当时所作的歌词以表我对出云的景慕之忱，并预祝这次亚洲史学会的研究大会取得圆满的成功。

（本文原载《考古》2003年第8期）

从东亚石棚（支石墓）的年代
说到日本弥生时代开始于何时的问题

一

如所周知，作为当今国际学术界所称"巨石文化"（megalithic culture）的主要遗迹之一，dolmen 在中国素称石棚，日本则于 20 世纪 50 年代初年改称沿用已久的外来语ドルメン（dolmen）为支石墓[1]。本文题目中的"东亚石棚（支石墓）"，便是指中国的石棚和朝鲜半岛（朝鲜·韩国）、日本的支石墓，它们译为英语，全称 dolmen。石棚（支石墓）按其结构、形状不同，可分桌子式、棋盘式两大类。前者主要分布在中国东北地区和朝鲜半岛北部，故称北方式；后者主要分布在朝鲜半岛南部和日本九州地方，故称南方式。其实，在朝鲜半岛南部的韩国境内，北方式、南方式兼而有之，两者在此转变、演化，次序参差，不可一概而论。

在朝鲜半岛全域，估计大约共发现有 4 万座支石墓，而韩国西南部全罗南道的支石墓则在 2 万座以上。在全罗北道高敞郡的竹林里、上甲里，多达 400~500 座的支石墓密集于山腰间，分布范围延续约 2.5 公里之广，堪称最大的支石墓群。2000 年 12 月，联合国教科文组织正式指定高敞支石墓为世界文化遗产，蜚声韩国国内外。

2003 年 10 月 21 日，我应邀赴韩国，次日 22 日在高敞出席主题为"东亚支石墓的起源和发展"的国际学术会议。会议由韩国高敞支石墓学术大会推进委员会与亚洲史学会第 12 次研究大会实行委员会共同主办，而韩国韩西古代学研究所所长、著名考古学者全荣来为会议的组织者和主持人。在大会上作报告、讲演的，除许多韩国学者以外，还有中国、日本的学者；朝鲜北方的学者虽未前来，但也提交文稿，在会上宣读。听讲者主要是韩国当地人士,人数计200余人之多,济济一堂,可称盛会。

我先在大会的开幕式上致祝辞,然后对照印发的讲演集文稿,倾听每一位学者的报告讲演,而且与韩国全荣来、日本大塚初重两教授一同担任座长,在最后的讨论会上主持会议,并发表个人意见。10月23日,在全荣来教授亲自陪同下,我还和与会的中国学者、日本学者在高敞郡竹林里参观妥善保存的支石墓群的现场。通过参加这次学术会议,我增长了对东亚石棚(支石墓)的知识,乃于归国后撰作这篇文稿,就正于广大读者。本文的要旨曾在10月22日讨论会的发言中披露,蒙有关学者首肯。

二

中国的石棚分布在东北地区的辽宁省、吉林省及东部沿海地区的山东省、浙江省,而以辽宁省南部辽东半岛石棚的数量为最多。

对辽东半岛石棚的研究,应该首推辽宁省文物考古研究所的学者许玉林。他对各处石棚作调查发掘,写过多篇论文,并有题为《辽东半岛石棚》的专著出版。在1992年举行的第4次"环渤海考古国际学术讨论会"上,许玉林发表了题为《对辽东半岛石棚有关问题的探讨》之文[2],主张辽东半岛石棚的年代以大型石棚为最早,可上溯至公元前2000~前1500年,中型石棚次之,约在公元前1500~前1100年,小型石棚又次之,约在公元前1000~前700年。在1994年出版的《辽东半岛石棚》的专书中[3],许玉林修正大型石棚的年代为公元前1500~前1100年以前,但仍主张应早于中型石棚(公元前1500~前1100年)的年代,而小型石棚的年代修正为公元前1000~前500年,与原来所定的年代(公元前1000~前700年)差异不大。

日本青山学院大学教授田村晃一对东亚支石墓多有研究,他于1993年10月、1994年4月两次到辽东半岛作实地考察,而于1996年写成题为《辽东石棚考》的论文,发表在同年出版的名为《东北亚细亚的考古学·第二》(《槿域》)的专刊上[4]。针对上述许玉林的年代观,田村晃一提出完全相反的见解,主张辽东半岛石棚的年代以小型石棚为早,但最早亦不过约在公元前2000年纪之末(即公元前1000年稍前),而大型石棚则是由小型石棚演进而来,年代较晚。

中国社会科学院考古研究所学者白云翔应邀于2003年3月在日本奈良出席称为"巨石文化讨论会—东西方史前遗迹比较"的国际学术会议,在会上发表以"中国东北地区和东部沿海地区的巨石纪念物"为题的讲演[5]。白云翔在熟知前人研究成果的基础上,经过亲自的实地考察,认为辽东半岛石棚确可分成大型、中型、小型三类,就总体年代而言,其上限约在公元前1200年,下限约在公元前500年,而大型石棚的存在应属辽东半岛石棚发生、发展过程中的成熟期。

这次在韩国高敞举行国际学术会议,韩国方面邀请中国旅顺博物馆学者王嗣洲作报告讲演,他因故未能亲临出席,但提交题为《中国辽东半岛石棚墓和大石盖墓》的文稿[6],在大会上宣读。王嗣洲亦主张辽东半岛石棚可分大型、中型、小型三种类型,它们的年代上限约为距今3000多年(公元前1000多年),下限距今约2500年(公元前500年),与上述白云翔的年代观没有多大差异,而白云翔、王嗣洲所主张的年代上限基本上与日本田村晃一致。我觉得,在考古学上,中国辽东半岛石棚的调查发掘虽已开展多年,工作的范围有待继续扩大,研究的深度亦须进一步提高,但就石棚的总体年代而论,如今已经得到比较合理、可靠的判定。

三

在朝鲜半岛,黄海北道黄州郡沈村里的支石墓和燕滩郡五德里的支石墓是最有名的。原因非他,乃是在于朝鲜学者石光浚将朝鲜半岛西北部各地的支石墓归纳为沈村里型和五德里型两大类型,并详细推定其年代。根据1979年石氏在平壤出版的《考古民俗论文集(7)》上发表的题为《关于我国西北地方支石墓的研究》的论文,其所推定的沈村里、五德里支石墓的年代如下:沈村里A型为公元前2000年纪中叶,B型为公元前2000年纪后半,C型为公元前2000年纪末,D型为公元前10~9世纪,E型为公元前8~7世纪,而五德里A型相当沈村里C~D型,B型相当沈村里D~E型,C型相当沈村里E型及以后[7]。这样,沈村里、五德里支石墓的分类、编年受到国际学术界的重视,从而使得沈村里支石墓(A型)被认为是朝鲜半岛支石墓中的年代最早者。1982年,日本学者甲元真之在其题为《中国东北地方的支石墓》的论文中以沈村里支石墓的年代为标尺,衡量辽东半岛石棚的最初年代,所得结论乃是沈村里(A型)支石墓的年代早于辽东半岛的各种类型的石棚,其中包括甲元真之认为是早于石棚而出现的大石盖墓(Big-stone-covered Tombs)[8]。但是,据我看来,甲元氏的意见可谓言之过早,未必准确、可信。

应该指出,韩国学者对上述石光浚的年代观持反对态度。在1991年发表的题为《韩半岛支石墓的型式学的展开》的论文(刊登于同年发行的《九州考古学》第66号)中[9],全荣来强调指出,支石墓内随葬的石剑为中国琵琶形铜剑(曲刃青铜短剑)的模造品,根据中国铜剑文化的编年,朝鲜半岛西北地区的北方式支石墓在年代上应是发生于相当中国西周末至春秋初,而发展于战国早期之时。这样,按照全氏的研究,沈村里型支石墓的年代最早不超过公元前8世纪,又何能上溯至公元前1500年以前?全荣来还指明,在朝鲜半岛南部的韩国境内,五德里A型支石墓于公元前3世纪尚有存在,足证其开始年代决不可能早至公元前1000年左右。

这次在韩国高敞举行的国际学术会议上,石光浚送来题为《关于中国东北地区的支石墓》的文稿[10],由他人代读。在文稿中,石氏未就沈村里型、五德里型支石墓的年代问题作具体论述,却似乎有将朝鲜半岛西北部支石墓的最初年代进一步提升到公元前3000年纪后期(公元前2000多年)的倾向,从而更与上述韩国学者的见解大相径庭,无法相提并论。

2003年3月,韩国光州博物馆学者赵现锺在日本奈良举行的国际学术会议上发表题为《韩国的巨石文化》的讲演[11],开头便说韩国(Korea,指朝鲜半岛全域)的巨石文化(其主要遗迹为支石墓和立石menhir)流行于公元前10世纪至公元前3世纪的青铜时代,也表明沈村里的支石墓年代最早不超过公元前1000年。赵氏的讲演可视为反映韩国学术界关于支石墓年代问题的最新见解,所以值得重视。

四

1949年日本考古学者原田大六在福冈县糸岛郡怡土村发掘石崎遗址,开始确认支石墓在日本境内的存在[12]。从此以后,数十年来,随着考古工作的持续进展,日本支石墓的发现不断增多,并可判定它们的分布在于九州地方西北部的福冈、佐贺、长崎、熊本各县。经考古学者们对出土遗物的分析,确定九州地方的支石墓最初出现于绳文时代晚期的后半,以"山之寺式"土器、"突带文"土器(日本称早期的软质陶器为"土器")为代表,而支石墓的终末期则在弥生时代中期后半,以"须玖Ⅱ式"土器为代表。2003年3月20日日本九州大学名誉教授西谷正在日本奈良举行的国际学术会议上发表的题为《日本列岛的支石墓》的论文[13]和2003年10月22日日本东京女子圣学院大学教授中山清隆在韩国高敞举行的国际学术会议上发表的以"北部九州的初期支石墓"为题的讲演[14],可视为日本学者关于日本支石墓研究的最新论述,所述九州地方西北部的支石墓起源于日本绳文时代晚期后半的见解应属当今日本学术界的共识。

九州地方初期支石墓在地面以下的埋葬设施为土圹、石棺,以后转而以瓮棺为主流,在地面上则用大石板覆盖,其下垫几个较小的石块。十分明显,这样的支石墓属于东亚支石墓中的"南方式"。然而,与韩国的"南方式"支石墓相比,虽有一定的共通之处,却又有其自身的特点。诚如中山清隆在其讲演中所指出,虽然不能简单地说日本九州西北部地区支石墓所葬全为来自韩国的渡来人(日本为岛国,故称古代从国外迁来的移民为"渡来人"),但九州支石墓所葬之人与韩国移民及其子孙有密切的关系,则是无可置疑的[15]。我在韩国高敞学术会议上仔细聆听中山氏的讲演,深感叙述清楚,论证有据,可谓言简而意赅。

然而,必须指出,断定九州支石墓开始出现于日本绳文时代晚期的后半,这虽属迄今日本学术界的共识,但从2003年5月以来,日本学术界究竟判定绳文时代晚期后半的具体年代(绝对年代Absolute date)于何时,却不能不令人关切。直截了当地说,2003年5月19日,日本国立历史民俗博物馆提出新的碳14测定数据,竟将日本弥生时代开始期的年代提早到公元前约1000年,从而亦将绳文时代晚期后半的年代提早到公元前1000年以上,乃使以往关于日本支石墓年代的共识突然转变为不可调和的争议,在东亚支石墓的总体编年和传播历程的研究上造成莫大的混乱。

五

2003年5月20日，日本全国报纸皆在朝刊上以"稻作传来，提早500年"、"弥生之始，公元前约1000年"的标题在头版大事报道[16]，主要是根据日本国立历史民俗博物馆（简称"历民博"，在千叶县佐仓市）对以九州北部福冈、佐贺县等为中心的日本各处弥生时代遗址乃至朝鲜半岛南部个别遗址出土陶器上附着的碳化物所作AMS（加速器质谱计）碳14年代测定的数据，将日本开始从中国、朝鲜半岛传入水稻种植的时期从原来久已成为定论的公元前约5世纪提前500年，从而使日本考古学上的弥生时代开始期被提早到公元前约1000年。5月25日，历民博的研究者们又在东京世田谷区日本大学理工学部召开的日本考古学协会总会上发表上述的测定结果，在超额满员的会场上引起强烈的质疑之声[17]。

日本西南学院大学教授高仓洋彰、佐贺女子短期大学教授高岛忠平、福冈大学教授小田富士雄、北九州市立自然史・历史博物馆学艺员松井和幸等有代表性的日本学者一齐对按历民博的测定数据而判定的弥生时代开始于公元前约1000年之说持否定态度，他们根据日本弥生时代的铁器、青铜器与中国和朝鲜半岛的青铜器、铁器在发展、传播历程上的比较研究，坚决反对因历民博的碳14测定而产生的新的年代论。

例如，松井和幸说：中国从加工陨铁演进到人工炼铁的时期是在西周末年至春秋初期（用人工铁制成的铁剑出现于公元前约800年的西周末年），若按历民博的测定，则日本可谓是直接发明人工炼铁，或者是在中国出现最初的人工铁之后便立即传播到日本[18]，这是难以设想的。高仓洋彰说：若按历民博的测定年代，则日本早在公元前800年已有铁器，诚然中国在西周时代也有铁器，但曲田遗址（在福冈县糸岛郡二丈町）出土的铁器（铁斧残片）品质优良，板付遗址（在福冈市博多区）发现的许多木桩皆经铁工具加工，从而可认为当时日本铁器处于比中国更为进步的位置，这样，古代东亚铁器的制造岂不成了最初是在日本开始的了吗[19]？此外，爱媛大学副教授村上恭通也说：福冈县曲田遗址出土的弥生时代早期铁器的年代若提早到公元前8世纪，那么，在中国正规的铁器普及之前，日本已有了铁器，这是不可思议的[20]。

如所周知，在日本列岛，首先进入弥生时代的地区是在九州的北部。在关于弥生时代开始于何时的问题上，听听以九州学者为首的日本本国考古学者们的意见，应该是十分必要的。

六

在日本学术界，流行"学问无国界"的至理名言。作为中国的考古工作者，我对日本弥生时代开始期的年代提早到公元前约1000年亦持否定态度。由于许多日本学者已从铁器、青铜器的问题出发作论述，我改就东亚石棚、支石墓的演变过程着眼，论证弥生时代早期前半的年代不可能上溯到公元前约1000年。

从中国辽宁省南部的辽东半岛开始，经朝鲜半岛北部和南部，至于日本九州地方的西北部，石棚、支石墓在地理上的分布一脉相连。虽然各处石棚、支石墓的具体年代尚未最后论定，但就其形式、构造乃至出土遗物看来，日本支石墓在东亚石棚、支石墓发展、演变的年代序列上应是处于最晚的阶段。这是包括日本学者在内的国际学术界的共识，可谓已成定论。就其与韩国支石墓的比较而言，日本支石墓的总体年代居后，这也是没有疑问的。因此，前述日本学者中山清隆于2003年10月在韩国高敞举行的国际学术会议上作讲演，确认日本九州支石墓是从朝鲜半岛南部韩国之地传来的[21]。

然而，若按日本国立历史民俗博物馆的碳14测定，日本弥生时代开始期的年代在公元前约1000年，绳文时代晚期后半的年代自亦应在公元前1000年之前。换言之，早在公元前1000多年之时，日本九州地方已经存在支石墓，与东亚各地的石棚、支石墓相比，其年代之早至少是大大超越了朝鲜半岛南部韩国境内的支石墓。这样，朝鲜半岛南部的支石墓就要被认为是从日本九州传来的。于是，要加讨论的问题不在于日本九州支石墓所葬是否为来自韩国的移民，反而在于韩国支石墓所葬是否为来自日本的移民，岂不可笑？要之，若按日本历民博的碳14测定，将日本弥生时代开始期的年代提早到公元前约1000年，将绳文时代晚期后半的年代提早到公元前1000多年，而此时日本九州地方早已出现支石墓，这在东亚石棚、支石墓的研究上可以说是违反公论，颠倒事实，其观点岂能为国际学术界接受？

这里，我要郑重说明，西谷正、中山清隆两教授明言日本九州地方的支石墓开始出现于绳文时代晚期的后半，但未曾言及绳文时代晚期后半的绝对年代在何时。本文引用两教授的最新论文和学术讲演，只是为了确认日本九州支石墓出现于绳文时代晚期的后半，按 2003 年 5 月 19 日以前的通说，其绝对年代约在公元前 500 年，这是合乎情理的。事实上，我对西谷、中山两教授关于日本支石墓的论述是赞成的，他们的论点与日本国立历史民俗博物馆碳 14 年代测定数据的发表无关，应该是十分清楚的。在历史民俗博物馆测定数据发表后，西谷氏亦曾就日本曲田遗址的铁器发表意见，认为与中国的情况不合，是很大的问题[22]。

日本著名考古学者、明治大学名誉教授大塚初重在其题为《AMS 法碳 14 年代测定与弥生时代的考古年代》之文的结束语中说：日本考古学界因前期旧石器捏造问题而丧失信誉，这是对洋洋得意的考古学者们的当头一棒。历史民俗博物馆高调宣扬其研究成果，却未待学术界作出评价。对此，世人会是如何论说的呢？以"不可信赖的考古学研究"等语相奚落，这样的动向是存在的。对于捏造问题的深刻后遗症，我们是不能忘记的[23]。大塚先生语重心长，用意至深，故如实节录其言于此，以为纪念。

注　释

[1]　斋藤忠：《支石墓》第 189 页，《日本考古学用语辞典》，学生社，1992 年。

[2]　许玉林：《对辽东半岛石棚有关问题的探讨》第 120～131 页，《环渤海考古国际学术讨论会论文集》，知识出版社，1996 年。

[3]　辽宁省文物考古研究所：《辽东半岛石棚》第 74～76 页，辽宁科学技术出版社，1994 年。

[4]　田村晃一：《遼東石棚考》第 95～119 页，《東北アジア考古学》第二，东北亚细亚考古学研究会，1996 年。

[5]　Bai Yun Xiang, "Megalithic Monuments in the Northeast Area and the Eastern Coast of China," Meeting on Megalithic Culture, Comparing Prehistoric Ruins of the East and Europe, 2003, Nara, Japan.

[6]　王嗣洲：《中国辽东半岛石棚墓和大石盖墓》第 46～47 页，《東北亞支石墓의起源과展開》，2003 年。

[7]　a. 石光濬：《我国西北地方支石墓에關する研究》，《考古民俗論文集》第 7 辑，1979 年。

[b] 全荣来：《韩半岛支石墓の型式学的展开》第41～46页，《九州考古学》第66号，1991年。

[8] 甲元真之：《中国东北地方の支石墓》第229～242页，《森贞次郎博士古稀记念古文化论集》上卷，瞬报社写真印刷株式会社，1982年。

[9] 全荣来：《韩半岛支石墓の型式学的展开》第41～46页，《九州考古学》第66号，1991年。

[10] 石光濬：《关于中国东北地区的支石墓》第36～41页，《东北亚支石墓의起源과展开》，2003年。

[11] Cho Hyun Jong, "Megalithic Culture of Korea," Meeting on Megalithic Culture, Comparing Prehistoric Ruins of the East and Europe, 2003, Nara, Japan.

[12] 原田大六：《福冈县石ケ崎の支石墓を含む原始墓地》，《考古学杂志》第三十八—四，1952年。

[13] Nishitani Tadashi, "Dolmens in the Japanese Archipelago," Meeting on Megalithic Culture, Comparing Prehistoric Ruins of the East and Europe, 2003, Nara, Japan.

[14] 中山清隆：《北部九州の初期の支石墓—最近の发掘例から》第78～80页，《东北亚支石墓의起源과展开》，2003年。

[15] 中山清隆：《北部九州の初期の支石墓—最近の发掘例から》第78～80页，《东北亚支石墓의起源과展开》，2003年。

[16] 以《朝日新闻》为例，2003年5月20日（火曜日）日刊以"稻作伝来、500年早まる"，"弥生の始まり、纪元前约1000年"为标题，在头版头条作报道，其详细记事则在该报第35页继续刊登。

[17] 片冈正人：《古代史情报》第137～148页，《东アジアの古代文化》第116号，大和书房，2003年。

[18] 松井和幸：《东アジアの铁文化からみた弥生时代の铁器》第128～131页，《东アジアの古代文化》第116号，大和书房，2003年。

[19] 片冈正人：《古代史情报》第146页，《东アジアの古代文化》第116号，大和书房，2003年。

[20] 村上恭通：《古代史通信特别版》第133页所载发言要点，《东アジアの古代文化》第116号，大和书房，2003年。

[21] 中山清隆：《北部九州の初期の支石墓—最近の发掘例から》第78～80页，《东北亚支石墓의起源과展开》，2003年。

[22] 村上恭通：《古代史通信特别版》第136页，《东アジアの古代文化》第116号，大和书房，2003年。

[23] 大塚初重：《AMS法による^{14}C年代と弥生时代の考古年代》第119页，《东アジアの古代文化》116号，大和书房，2003年。

（本文原载《考古》2004年第5期）

中国考古学研究应与世界考古学接轨

——访当代著名考古学家王仲殊

近年来,考古发掘与考古研究日益成为学界热议的话题。汉唐时代考古学作为中国考古学研究领域的一项重要内容,也引起了学术界的普遍关注。为此,本报记者就汉唐考古研究以及其他相关问题对中国当代考古学家王仲殊进行了采访。

一 汉唐考古学国际影响深远

《中国社会科学报》(记者刘维维):作为中国汉唐时代考古学的专家,您认为汉唐时代考古学有哪些特点?

王仲殊:汉唐时代是中国封建社会最昌盛的时代,国家统一,国力强大,经济发达,文化、艺术繁荣。在中央政府直接统治领域的周围,还有许多少数民族政权,如汉代的匈奴、东胡、西南夷,唐代的吐蕃、南诏和渤海,以及自汉朝至唐朝的西域各国,它们与中央王朝保持着政治、经济和文化上的联系。

汉唐时代中国文化的许多方面在当时世界上居领先地位。通过陆路和海路的交通,中国与整个亚洲甚至欧洲的个别国家,尤其是日本、朝鲜及中亚、西亚各国,进行频繁的交往,国际影响深远。因此,汉唐考古学不仅在中国考古学上占有重要的地位,在世界考古学的领域内也是十分受重视的。应该说明,汉唐时代其实也包含汉、唐之间的魏晋南北朝。

由于汉唐时代史书、典籍丰富,所以考古调查发掘工作必须与历史文献记载相结合,又由于与外国的交往频繁,所以中国考古学研究应该与世界考古学接轨。

《中国社会科学报》：汉唐文化对周边地区影响深远，表现在汉唐考古学领域也是如此。我记得您曾写过一篇题为《论汉唐时代铜钱在边境及国外的流传》的论文，受到学界好评，我想这也是汉唐考古学之魅力的一大表现吧？

王仲殊：的确如此。从汉武帝开始，中央王朝大举向周边各地扩充版图，增置郡县，或派遣使节，开展外交活动，从而与边疆地区的少数民族乃至境外的各族、各国增进关系。到了唐代，中国的版图继续扩大，对外交往尤为繁盛。于是，"半两"、"五铢"、"货布"、"货泉"以及"五行大布"等两汉魏晋南北朝的钱币和"开元通宝"、"乾元重宝"、"大历元宝"、"建中通宝"等唐代钱币遂流传四方。除我国各边远地区以外，西自伊朗、乌兹别克斯坦、阿富汗、塔吉克斯坦、吉尔吉斯斯坦等西亚、中亚各国，东至朝鲜、韩国和日本，北自俄罗斯和蒙古，南至越南等许多外国境域都有上述各种钱币的发现。就唐代的开元通宝而言，其流传范围甚至远及非洲的东部、西伯利亚的南部乃至太平洋西部的南沙群岛等地。为此，我撰作那篇论文，以钱币为例，阐明汉唐考古学的范围之广阔、国际影响之深远。

二　汉唐考古学与日本考古学关系密切

《中国社会科学报》：汉唐时期，中日两国联系紧密，那么表现在汉唐考古学与日本考古学、日本古代史方面又是怎样呢？

王仲殊：据《汉书》记载，早在公元前2世纪末，汉武帝在朝鲜半岛设乐浪、临屯、玄菟、真番四郡，其中以乐浪郡为最重要，治所在今朝鲜平壤附近（公元前82年，废临屯、真番郡，以其所属地并入乐浪郡）。大约在公元前1世纪后半叶，日本人（当时称为倭人）便有到乐浪来贸易的，而汉代中国在经济、文化等方面也就直接影响到日本。

据《后汉书》记载，当时日本（称为倭国）分为许多小国。到了东汉光武帝建武中元二年（公元57年），日本九州北部的奴国派使节通过乐浪郡来到东汉的首都洛阳，向中国朝贡，光武帝册封其国君主为"奴国王"，并赐以金印，印文为"汉委奴国王"（汉·倭·奴国王）五字。1784年，在今日本九州福冈市志贺岛发现这枚金印，证明中国史书的记载是正确的。又据《后汉书》记载，到了东汉安帝永初元年（公元107年），倭国王帅升等又派使节来到洛阳朝贡。据《三国志》和《晋书》记载，到了3世纪前期的曹魏和后期的西晋，倭国女王卑弥呼及其继任者台与女王多次派遣使者，通过分乐浪郡南部之地而设置的带方郡，来到洛阳朝贡，日本与中国的关系又有了进一步发展。从考古学角度来看，中国的许多物品如铜镜之类传入日本，日本人十分爱好，并加以仿造，甚至中国人也有东渡至日本定居而从事手工业品制作的。

据《晋书》、《宋书》等记载，在5世纪的初年至后期，日本的五位国王赞、珍、济、兴、武，称为"倭五王"，先后派使节团来到中国江南的都城建康，向东晋和刘宋朝贡，追求中国的册封。这样，中国与日本的交往持续发展，中国的制度、文化也对日本产生更大的影响。

据《隋书》和《唐书》记载，到了7世纪的隋代和唐代，日本因国力增强改而奉行所谓"对等外交"的国策，不接受中国的册封，其君主不再向中国皇帝称臣。然而，从7世纪初年到9世纪30年代，日本先后向中国隋朝派出4次遣隋使，向唐朝派出15次遣唐使。使节团的规模甚大，所乘船舶每次由7世纪时的2艘增至8世纪、9世纪时的4艘，每次使节团的总人数从二百数十人增至五百数十人，甚至达到600人。除大使、副使等官员以外，还有许多留学生、学问僧前来，长期在中国留学。中国的律令法规、典章制度、文化艺术、宗教，乃至都城的规划、宫殿的设计等等，都成为日本方面学习的对象，加以模仿。当时日本的各种书籍，也多是用中国的汉字撰写的。

从上述情况可以知道，中国汉唐时代考古学与日本考古学、日本古代史的关系非常密切，这是不言而喻的。日本学者若不懂得中国考古学和中国古代史，他们要研究日本本国的考古学和古代史也几乎是不可能的。所以，日本学者们努力学习中国考古学和中国古代史，有的造诣颇深。

我认为，中国人研究中国汉唐时代考古学，其实也不可不懂日本考古学和日本古代史。如果不懂日本考古学和日本古代史，那就不能得知中国汉唐文化对日本的影响，从而可以说是对于有着重大国际影响的汉唐文化的认识不足。

三 日本考古学和日本古代史研究成果丰硕

《中国社会科学报》：您在研究中国汉唐考古学的同时，兼就日本考古学和日本古代史做广泛、深入的研究，成果显著。除了《从中国看古代日本》之外，还有哪些主要的学术作品？

王仲殊：在日本考古学和古代史方面，我除了著有《从中国看古代日本》、《三角缘神兽镜》等专书在日本出版以外，还撰作《说滇王之印与汉委奴国王印》、《再论日本高松冢古坟的年代及所葬何人的问题》、《再论好太王碑文辛卯年条的释读》、《论所谓"倭面土国"之存在与否》、《论日本古代都城宫内大极殿龙尾道》、《论唐长安城圆丘对日本交野圆丘的影响》等论文数十篇，在中国的刊物上发表，或译成日文，在日本的刊物上转载。

《中国社会科学报》：您所提到的"汉委奴国王印"、"高松冢古坟"、"好太王碑文辛卯年条"以及"倭面土国"等都是考古学界普遍关注的热点问题，您是如何论述的？有怎样的观点？

王仲殊：前面已经说过，1784年在日本福冈市志贺岛出土"汉委奴国王"金印，这在日本考古学和古代史上实属重大的发现。但是，从19世纪晚期到20世纪中叶，日本学术界有人认为此印出于伪造，不是真品，其主要理由是印钮为蛇形，印文为刻凿而非铸成。1956年，在中国云南省晋宁石寨山发掘出"滇王之印"金印，对照史书记载，它无疑是汉武帝于元封二年（公元前109年）赐给滇王的。"滇王之印"的印钮亦为蛇形，印文亦为刻凿而非铸成。因此，我于1959年撰作论文《说滇王之印与汉委奴国王印》，明确判定日本的"汉委奴国王"金印亦无疑如《后汉书》所记，是汉光武帝于建武中元二年赐给倭的奴国之王的真品。我高兴地说，从此以后，金印发出更为灿烂、明亮的光辉。

1972年，在日本奈良发掘了高松冢古坟，坟内的壁画丰富、精美，成为轰动全国的考古大发现。高松冢古坟的年代及所葬何人，是日本学者们的最大论题。值得庆幸的是，我发现古坟出土的一面称为"海兽葡萄镜"的铜镜与我国西安市东郊发掘的唐代独孤思贞墓随葬的一面"海兽葡萄镜"在大小、形状和纹饰上完全相同，毫无差异，故可称两者为"同范镜"。独孤思贞墓志记其人入葬在武则天的神功二年（公元698年）。于是，我判断高松冢的"海兽葡萄镜"是以粟田真人为首的日本第七次遣唐使于文武天皇庆云元年（公元704年）从中国长安携至日本都城藤原京的，而古坟所葬应为死于庆云二年（公元705年）五月的刑部亲王。刑部亲王任"知太政官事"（宰相）之职，负责编纂《大宝律令》，热衷于考察中国唐朝的典章制度、学术文化而感受良深，故其坟墓仿唐朝贵族陵墓形制，坟内壁画亦与同时期唐朝贵族墓中的壁画相似。我的见解受到日本方面的认同，并多次应邀在日本作有关的演讲。

在我国吉林省的集安市，留存着5世纪初期高句丽长寿王为其父好太王所建立的一块巨大的石碑，称为"好太王碑"。碑文详细记述好太王的功绩，其中有"而倭以辛卯年来渡海破百残□□新罗以为臣民"的字句，称为"辛卯年条"（辛卯年相当公元391年）。此条碑文涉及古代日本（倭国）的军政要事，故为日本学术界所重视。但是，远自19世纪晚年以来，学者们对碑文的句读和解释各不相同，争论甚烈。1991年，我参考许多文献资料，特别是查阅葛洪的《抱朴子》和陶弘景的《真诰》等书，判定好太王碑文辛卯年条的文句应释读为"而倭以辛卯年来渡海，破百残（济）、［任那］、新罗，以为（倭之）臣民"。我的见解为日本有关专家们所一致赞同，成为定论。

《中国社会科学报》：从您对以上问题的论述中，我们真切地体会到日本文化深受中国古代文化的影响。众所周知，日本古代都城的形制主要就是模仿中国唐代的长安城。对此，您曾撰写过多篇相关论文，不知您的结论为何？

王仲殊：日本古代都城形制主要仿唐长安城，这是当今国际学术界的共识。其实，早在7世纪40年代，日本宫内主殿已仿长安太极殿之名而称"大极殿"。7世纪60年代，长安大明宫建成，宫内主殿称含元殿。日本宫内主殿虽长期称大极殿而不改，但8世纪前期奈良平城京宫内大极殿的左右两阶却仿含元殿之制而称"龙尾道"。日本学者们认为，仅设左右两阶不便于升登，故想定两阶之间应有一条木造的阶梯，只因年久枯朽，遗迹无存。1998年我写作题为"日本古代都城宫内大极殿龙尾道"的论文，详述据日本史书所记，平安京宫内大极殿的台阶亦称龙尾道，而13世纪鎌仓时代古图所绘龙尾道只设左右两阶，没有位于中间的所谓木造的阶梯，从而断定上述奈良的平城京应与8世纪末、9世纪以降的平安京一样，宫内主殿大极殿所设称为龙尾道的台阶仅有左右两阶。我的见解为日本学者们所采纳，特别是2010年日本奈良文化财研究所为庆祝平城京建都1300周年而新绘平城京宫内大极殿图，图中的大极殿仅有左右两阶，去掉了以前所绘图中的那条位于中间的所谓木造的阶梯，使我深感欣喜。

日本学者们认为，日本古代都城制度虽仿自中国唐代的都城，但平城京、平安京没有在郊外设各种所谓礼制建筑，与中国都城有所不同。对此，我早有自己的看法，一旦时机成熟，便可撰作论文，公开发表。1999年，中国社会科学院考古研究所工作队在唐长安城南门外发掘唐代圆丘的遗迹，而圆丘则是皇帝冬至祭天的场所，相当于后世的天坛。我查阅《大唐开元礼》、《大唐郊祀录》等唐代典籍，对照《续日本纪》、《日本文德天皇实录》等日本史书记载，于2003年撰作题为《论唐长安城圆丘对日本交野圆丘的影响》的论文，确认日本桓武天皇、文德天皇分别于8世纪晚期和9世纪中叶在长冈京、平安京南郊交野郡所设圆丘举行冬至祭天大典，祭文的内容和祭祀的程序完全与唐朝相同。因此，可以说，在日本都城的郊外，也不是完全不设礼制建筑的。

《中国社会科学报》：您对日本出土的称为"三角缘神兽镜"的铜镜研究很深，所撰有关的论文多达10余篇，汇编成书，在日本出版，名声很大。那么，现在中日两国学术界关于三角缘神兽镜的争论究竟如何？

王仲殊：日本学者们主张日本出土、多达数百面称为"三角缘神兽镜"的铜镜是从3世纪30年代末年开始，由中国魏朝皇帝赐给倭国女王卑弥呼的，这便是三角缘神兽镜的所谓"魏镜说"。但是，自1981年以来，我始终认为这许多在中国境内一无所见的铜镜，就其形状、纹饰乃至铭文中的有关字句而言，应该是中国三国时代吴的工匠东渡日本，在日本制造的。我陆续发表有关的论文，共计16篇之多，越来越受到日本学者乃至社会各界人士的重视。就在最近的三四年前，日本著名的金属考古学者根据镜内所含铅的同位素比率测定，确认铅出产于日本本国境内的铅矿，从而证明三角缘神兽镜是在日本制造的，根本不是中国的"魏镜"。这对我所主张的学说，是非常有力的支持。

四　考古调查发掘必须与历史文献相结合

《中国社会科学报》：据我了解，但凡在某一领域取得卓越成就的专家学者，一般会有比较特殊的早年求学经历。您能否简单介绍一下，其中有哪些因素对您以后的学术生涯产生了重要影响？

王仲殊：我在高中读书时，本想毕业之后进大学专攻文学。父亲说文学容易流于虚饰，劝我改修素朴、实在的史学。

1946年，我考进杭州的浙江大学文学院史地系就学，专攻中国古代史。1949年5月，杭州解放，浙江大学院系调整，史地分开，地理系划归理学院，历史系停办。这样，我就转学到北京大学历史系，1950年7月毕业。早在此年4月，负责筹建中国科学院考古研究所的梁思永先生（任常务副所长）委托北大历史系教授张政烺推荐1名即将毕业的青年学生到成立伊始的考古所工作，张先生选中了我。我便于毕业后的8月7日进入这个十分优越的学术机构，开始从事考古学研究。

另外，1946年以后，夏鼐先生在南京中央研究院历史语言研究所工作。1948年冬到1949年春，"中央研究院"迁往台湾。夏鼐先生不愿去台湾而留在大陆，1949年9月受聘在浙江大学任教授。当时我已转学到北大，所以与夏先生不曾相识。但是，夏先生听浙大的老师们说我在历史文献方面颇有修养，对日本语文的学习成绩更是十分优异。1950年9月中旬的一个晚上，夏鼐先生从杭州乘火车来北京，就任考古研究所副所长，我没有去车站迎接。第2天早上上班，我与夏先生初次见面，他特地找我谈话，以我在历史文献和日本语文方面有优势为由，希望我研究中国汉唐时代考古学，又因汉唐时代日本与中国交往频仍，关系密切，故可同时研究日本考古学和日本古代史。数十年来，我始终遵从夏先生为我指定的治学路线，至今不变。

《中国社会科学报》：作为考古学界的前辈，您如何看待中国考古学的发展前景？

王仲殊：前面已经说过，1950年我从北京大学毕业，立即进入中国科学院考古研究所工作。2010年是考古研究所成立60周年，也是我本人从事考古学研究工作的60周年。2010年7月，作为成立60周年纪念活动之一，考古研究所要求每个工作人员写一份个人简历，编集成为

《同仁录》，而简历的最后要添加所谓"工作感言"。我的工作感言就是："考古调查发掘工作必须与历史文献记载相结合，中国考古学研究应该与世界考古学接轨。"

中国考古学的内容丰富，范围广大，其所包含的时代计有旧石器、新石器、夏商、两周、秦汉、魏晋南北朝、隋唐、宋辽金元明等，极为长久。各个时代的考古学都有各自的重要性和各自的特点，但在研究工作中都存在着有关国际交流的任务。总的说来，一个人的力量有限，不可能在研究中国考古学的同时，致力于对世界考古学的全面研究。但是，作为一个重要的学术研究单位，中国社会科学院考古研究所应该在某种程度上具备研究各外国考古学的人才。所以，我最后还是要强调我从事考古学研究60周年的工作感言：中国考古学研究应该与世界考古学接轨。

（本文原载《中国社会科学报》2011年1月27日）

见微知著　博通中西
——王仲殊先生访谈记

王仲殊先生是当代中国著名的考古学家，他的研究领域主要是在中国汉唐时代考古学，兼及日本考古学和日本古代史。1950年，王先生毕业于北京大学历史系，同年进入中国科学院考古研究所（今为中国社会科学院考古研究所），努力学习，辛勤工作，多有成就。1978年以来，王仲殊先生历任中国社会科学院考古研究所副所长、所长、学术委员会主任，兼任中国社会科学院研究生院教授、博士生导师，2006年荣膺中国社会科学院荣誉学部委员称号。王先生先后受聘为秘鲁国立库斯科大学名誉教授、德意志考古学研究院通讯院士、日本亚洲史学会评议员（常务理事）、冲绳学研究所客座研究员等，在国际学术界享有盛誉。

值此中国社会科学院建院30周年之际，我们对王仲殊先生进行专访，借以向学术界乃至社会各界介绍王仲殊先生不平凡的学术生涯和渊博的学识。

姜波（中国社会科学院考古研究所，以下简称姜）：王先生，您好，很荣幸有机会向您采访。我们都知道，1996年9月，继巴金、费孝通之后，您被日本方面授以"福冈亚洲文化奖"大奖。日本方面宣称：王仲殊先生是亚洲有代表性的优秀考古学家，对中国考古学的确立和发展作出了重大的贡献，在古代中日两国交流史的研究上取得了显著的业绩，对亚洲的国际学术交流产生了很大的影响，并广泛地向全世界展示了中国文化和亚洲文化的重要性及其意义之深厚。我们想请您谈谈您当时的感受。

王仲殊（以下简称王）：作为一个中国的考古工作者，我被日本方面授以"福冈亚洲文化奖"大奖，确实感到很高兴，很光荣。我想，日本方面授我以此等殊荣，大概是由于除了中国考古学之外，我在日本考古学和日本古代史，特别是中日两国交流史的研究上做过一些工作，在两国学术界和社会上产生了一些影响之故。

1950年9月，我进入中国科学院考古研究所不久，从浙江杭州前来就任考古研究所副所长的夏鼐先生（1962~1982年任所长）为我指引治学的方向。夏先生早就听说我在浙江大学就学时，历史文献和日本语文是我在学业上的优势所在，所以明确主张我应专攻在研究上必须充分以历史文献记载与田野调查发掘相结合的中国汉唐时代考古学，又因汉唐时代日本与中国交往甚密，日本的制度、文化多受中国影响，故可兼攻日本考古学和日本古代史。50余年来，我始终遵循夏鼐先生为我指引的治学方针，直至今日而不变。

中国汉唐时代考古学的研究课题是多种多样的，我把重点置于都城和宫殿制度的考察。我参加并主持汉代长安城遗址和唐代渤海国上京龙泉府遗址的发掘工作，编写发掘报告，撰作论文，也对汉唐洛阳城和唐代长安城作相关的研究，并有所论述。正是在研究中国汉唐时代都城、宫殿的基础上，我对平城京、平安京等日本古代都城及都城中的重要宫殿试作研究。在器物学方面，我注重对中国汉唐时代铜镜的考察，发表了多篇论文。在这个基础上，我对日本出土的称为"三角缘神兽镜"的铜镜作多方面的论述，提出我个人独自的见解。日本学术界重视我的见解，使我感到欣慰。

姜：大家都知道，在日本福冈县前原市伊都国历史博物馆庭中，置立着一块引人注目的石碑，碑上镌刻您亲笔写作的《伊都怀古》的七言律诗。我们想了解一下事情的原委。

王：在中国的唐代，中日两国学者之间有交谊甚深的。王维、李白为阿倍仲麻吕（晁衡）作诗，至今仍被中日两国人民传为佳话。早在青少年时代，我受父亲影响，就喜欢作唐诗、宋词。1981年以来，我不断应邀访日，结识了许多日本学者，他们多知道我善于作诗。1986年10月，我应日本文部省邀请，偕夫人前往，到日本各地访问。在福冈县前原市访问时，蒙市长热情接待。当时正值伊都历史资料馆（今称伊都国历史博物馆）已经建成，即将开馆，市长恳请我提笔书写馆名，并请作汉诗（日本称中国唐代以来的律诗、绝句为"汉诗"）一首，刻石成碑，以为纪念。我因盛情难却，立即结合古代伊都国的历史，作《伊都怀古》七律一首以应。市长读诗后，称赞之余，又要求我用日文撰一篇散文，以解释诗的内容，我亦应允撰作之。我爱好日本文学，包括日本的诗歌（和歌、俳句）。自古迄今，日本学者能作汉诗者甚多，中国学者能作和歌、俳句者极少，使人有颇不相称之感。为此，我亦曾作和歌、俳句数首，在日本举行的学术大会上当众披露，受到热烈欢迎，日本学者有作和歌与我互相唱和的。

姜：人们在谈论一个学者的时候，总喜欢询问他的家世和求学的经历。您能不能给我们介绍一下这方面的情况？

王：我出生在浙江省宁波市，宁波的天一阁藏书可谓驰名天下。我的父亲在宁波任中学语文教师，兼任报社文艺副刊主编，并长期受聘为天一阁文献委员会委员。我在青少年时代受父亲熏陶，以致后来对古典文学和历史文献深有爱好。

1946年夏秋之际，我报考大学，先后在上海考取厦门大学、北京大学、武汉大学、复旦大学，却就近选择最后在杭州考取的浙江大学，就读于史地系历史部。1949年新中国成立，浙江大学院系调整，我转学到北京大学历史系。在大学时代，我受教于谭其骧、周一良、张政烺诸先生，学习古代史，得益匪浅。

1950年8月，由于张政烺先生的事先举荐，我有幸进入中国科学院考古研究所工作。当时考古所常务副所长是梁思永先生，他对我十分关爱。考古所另一位副所长是夏鼐先生，他对我也是关怀备至，教导有方。夏先生为我指明治学方向，带领我到外省各地进行田野调查发掘工作，使我从此踏上考古学研究之路，至今已达50余年，而我的学术生涯仍在顺利继续中。

姜：说到这里，我想问一问您当初是怎样学习日本语文的。

王：1945年我从高中毕业，在家中父亲的书柜里捡得一本鲁迅翻译的题为《出了象牙之塔》的日本文学之书（作者厨川白村），阅读再三，爱不释手，从此迷上了日本文化。我决定入大学后以日语为第二外国语，努力学习。当时浙江大学日语教授夏禹勋先生与我有特别深厚的师生之情，给我以极大的鼓励和帮助。在1948年暑假期间的两个月中，我留在学校，夜以继日地阅读日本的许多文学作品，达到无以复加的程度。接着，我用日文写作短篇小说和散文多篇，托人送请夏老师审阅、修改，夏老师竟误认它们是日本文学家的作品，是我请他为我讲解的。

1949年我转学到北京大学历史系，经常听周一良先生讲授日本历史。我曾想毕业后作为周先生的研究生，专攻日本史，只因校方无相关的机制、计划而未果。我进入考古研究所工作伊始，梁思永副所长听来访的周一良先生说我对日本语文的造诣颇深，便要我翻译日本考古学家梅原末治的论文，以备测验前来投考的青年学生们的日语水平之用。读了梅原的论文，我对梁思永副所长说，论文内容虽好，但文章语法欠通，不宜作为考核语文水平的标准。梁先生听了大笑说，梅原末治是日本考古学界第一人，或许由于他少年时代只在小学读书，以后不曾在中学和大学入学，以致所写文章在语法上欠通，这样的可能性也是存在的。现在回想，当时我真是冒冒失失，对梅原末治先生有不敬之嫌。

姜：我们知道您参与或主持编写的田野考古报告集有《辉县发掘报告》、《长沙发掘报告》、《六顶山与渤海镇——唐代渤海国的贵族墓地与都城遗址》等多部，研究专著则有《汉代文明》（英文）、《汉代考古学概说》（中文、韩文）、《三角缘神兽镜》（日文）、《从中国看古代日本》（日文）等多种，皆早已在国内、国外出版。此外，还有《说滇王之印与汉委奴国王印》、《论日本高松冢古坟的年代与被葬者》、《关于日本三角缘神兽镜的问题》、《再论好太王碑文辛卯年条的释读》、《论所谓"倭面土国"之存在与否》、《论唐长安城圆丘对日本交野圆丘的影响》等学术论文100余篇，其中40余篇已编入近年出版的《中日两国考古学·古代史论文集》中。大家都想问，您是如何完成这些著作的？

王：应该说，我算不上是高产作者吧！中国社会科学院在20世纪70~80年代曾经有过规定，要求担任研究所领导的学者每年必须完成2~3篇高质量的学术论文。我只不过是按当时的规定而为之，到今天我仍然这样要求自己，不敢有违。

姜：说到治学的思想与方法，王国维强调"地下之新材料"与"纸上之材料"互相参证，即他所谓的"二重证据法"。夏鼐先生也曾很生动地说过，考古材料与历史文献"犹鸟之双翼，车之双轮，不可偏废"。很多人把您的研究成果看作是考古材料与历史文献相结合的典范，您能不能就此作一些阐述？

王：我的看法是，考古学研究要充分结合文献记载，在历史时代考古学的研究上尤其如此。中国古代文献浩如烟海，自当按各自的专业需求，择要阅读。要紧的是必须懂得文献史、目录学等，以便在繁多的古籍中寻求确切相关的记载，加以考核。在引用文献时务必实事求是，力求准确，不可断章取义，切忌牵强附会。

这里，不妨说说我对好太王碑的研究。此碑碑文涉及古代中国、朝鲜半岛和日本列岛的交流历史，深受有关各国的学者们的重视。碑文中有"而倭以辛卯年来渡海破百残□□（任那或加罗）新罗以为臣民"之句，通称"辛卯年条"，因其涉及当时倭国与朝鲜半岛诸国的关系，受到学术界的特别关注。但是"以辛卯年来渡海"如何标点、解释，中、日、韩诸国学者莫衷一是，长期议论，未有终结。我在广泛检阅各种古籍以后，举葛洪《抱朴子》"（左慈）避地来渡江东"和陶弘景《真诰》"（平仲节）以大胡乱中国时来渡江"等文句为例，说明"来渡"是古汉语中常用的动词搭配，故辛卯年条应该标点、解释为："而倭以辛卯年来渡海，破百残（济）、（任那或加罗）、新罗，以为臣民"。我的这一见解，已经为日本学者们所认同，我本人也自信是正确无误的。

再如日本学术界素有"倭面土国"的说法，以其为《三国志·魏书·东夷传》和《后汉书·东夷传》所记的倭国或倭地三十国中的一国。然而，按照我的考证，在日本古代历史上根本不曾有过所谓的"倭面土国"。其所以出现误解，是因为如淳注《汉书·地理志》"乐浪海中有倭人"之句，形容黥面的倭人"如墨委面"，而"委"字被《翰苑》作者张楚金误解为"倭"，此乃"倭面"一词之由来，又据《翰苑》和一条兼良所著《日本书纪纂疏》记述，"倭面土国"则又应系"倭面上国"之误写，真可谓是误上加误。有的学者坚持"倭面土国"在历史上存在，并倾力以作研究，长此以往，恐怕真的要"下笔千言，离题万里"的了！

姜：您的研究成果在日本学术界及社会各界引起广泛注意，这在很大程度上与您对日本出土的"三角缘神兽镜"的考察有关。请您对这方面的情况稍作介绍。

王：长期以来，日本学者多认为三角缘神兽镜属于《三国志·魏书·东夷传》所记魏朝皇帝赐给日本邪马台国女王卑弥呼的"铜镜百枚"，这便是三角缘神兽镜的"魏镜说"。与此相反，我从三角缘神兽镜的形制、纹样、铭文的考察出发，主张它们不是魏镜，而是三国时代的吴的工匠东渡日本，在日本所制作，这正与"本是京师，绝地亡出"（"京"为地名，在今江苏省镇江，孙权曾在此建都）的镜铭相符合。后来日本发现 2 枚"景初四年"铭铜镜，也说明远在日本作镜的吴的工匠因不知曹魏景初三年的翌年已改元"正始"，乃至沿用"景初四年"的年号，而"景初四年"的年号实际上是不存在的。这非常有力地表明三角缘神兽镜不是在中国制作的"魏镜"，而是东渡的吴的工匠在日本所制作。应该指出，自从我于 1981 年发表《关于日本三角缘神兽镜的问题》的论文以来，至今已过去了 26 年的时间。在这长时期内，虽经许多学者仔细搜寻，但在中国全境和朝鲜半岛境内始终不见有 1 枚三角缘神兽镜出土；相反，日本境内出土的三角缘神兽镜却越来越多，如今已达 500 余枚。这样，可以说，所谓三角缘神兽镜的"魏镜说"实在是没有任何立足之地了。最近，日本著名的金属考古学者新井宏根据三角缘神兽镜内所含铅的同位素比率测定，确认铅出产于日本本国境内的铅矿，从而证明三角缘神兽镜是在日本制作的，根本不是中国的"魏镜"。我所主张的学说，得到了自然科学研究成果的支持，这决不是偶然的。

姜：著名历史地理学家兼翻译家冯承钧曾经说过，"研究一国之文化，应旁考与其国历史有关系诸民族的事迹，缘历史种族皆不免有文化之互相灌输也。因文化之互相灌输，所以一国的历史可以补他国的不足"。您在中日两国交流史和日本古代史方面的研究成果，可以说是"一国之史可补他国的不足"的经典范例。您为什么选择中日两国交流史和日本古代史为自己的学术研究方向，您有哪些心得？

王：考古学属人文科学的领域，是广义的历史科学的重要组成部分。一国之史可补他国之史的不足，一国之考古当然亦可补他国考古之欠缺。作为考古工作者，我注重中外文化交流的研究，主要是受夏鼐先生的影响。如姜波同志你所熟知，夏鼐先生曾亲笔录取王国维少年时说过的话："异日发明光大我国之学术者，必在兼通世界学术之人，而不在一孔之陋儒"。前面已经说过，1950 年 9 月的一天，刚从杭州来到北京就任中国科学院考古研究所副所长之职的夏鼐先生特地找到我，与我谈论关于我的学术研究的方向问题。考虑到我有一定的历史文献知识和日本语文水平，夏先生便鼓励我朝着中国汉唐时代考古学和中日两国交流史的研究方向开拓治学的境界，奋力前进。当然，我研究中国考古学，兼及日本考古学和日本古代史，这与我早年对日本文化的爱好也是分不开的。

将中日两国的考古资料与历史文献结合起来，往往会有意外的重要收获。1972年在日本奈良发掘了著名的高松冢古坟，墓室内彩绘壁画丰富、精美，使其成为轰动日本全国的考古大发现。高松冢古坟的墓主人及其入葬年代，是日本学者们的最大论题。当时，我从郭沫若先生处读到从日本快速送来的新闻报纸，便着手撰文考究。很有意思的是，我发觉高松冢古坟出土的一面称为"海兽葡萄镜"的铜镜与西安市东郊唐独孤思贞墓出土的一面"海兽葡萄镜"在大小、形制和纹饰上完全相同，属所谓"同范镜"，而独孤思贞墓志则记其人死于武周万岁通天二年（公元697年），而于次年神功二年（公元698年）入葬。据此，我判定高松冢古坟的海兽葡萄镜是以粟田真人为执节使的第7次遣唐使于文武天皇庆云元年（公元704年）从中国长安携归日本藤原京的。高松冢古坟建制规整，彩色壁画颇具唐风，故可推测墓主人应该为热衷于仿效唐朝的制度、文化而负责编撰《大宝律令》的忍壁亲王；《续日本纪》记忍壁亲王死于庆云二年（公元705年）五月，在年份上亦与我的考证相吻合。我的论考受到日本学术界的重视，有的学者则明确表示赞同。直到30余年以后的2004年10月，我还应邀到日本京都，专门就高松冢古坟的年代和所葬何人的问题再作讲演，受到热烈的欢迎。

远在日本江户时代中期的1784年，日本九州北部的志贺岛（今属福冈市）出土了有名的"汉委奴国王"金印。不言而喻，此印应如《后汉书·东夷传》所记，是汉光武帝于建武中元二年（公元57年）通过来访的使者赐予倭奴国王的。但是，直到20世纪50年代，日本研究者众说纷纭，多有异论，特别是怀疑其为赝作，不是真品，主要理由是印钮作蛇形，印文为刻凿而非铸就，不合规制云云。1956年冬，在我国云南省晋宁石寨山的西汉滇国墓中出土了"滇王之印"的金印，按照《汉书·西南夷列传》记载，此印无疑是汉武帝于元封二年（公元前109年）赐予的。值得注意的是，"滇王之印"的印钮亦作蛇形，印文亦为刻凿而非铸就。于是，我撰作《说滇王之印与汉委奴国王印》的论文，断定"汉委奴国王"印与"滇王之印"一样，亦系中国汉王朝之所赐。从此以后，怀疑论的迷雾消散，作为两千年来中日两国友好交流史的重要实物见证,"汉委奴国王"金印发出更为灿烂、明亮的光辉。

姜:说到这里,我在兴奋之余,还想回过头来,请您继续谈谈您在中日两国都城、宫殿制度的比较研究中所取得的重要成果。

王:在这个方面,要说的话实在太多了。这里,因时间所限,我只就"龙尾道"和"圆丘"的问题加以阐述。

据日本学术单位发掘,8世纪前期日本平城京宫内正殿大极殿建立在称为"龙尾坛"的大坛上,这显然是出于对中国唐长安城大明宫含元殿的模仿。龙尾坛在其前面左右两侧各设一条斜坡道以供升登,而坛的前面中央部分则无台阶之类的设施。但是,岸俊男先生于1981年发表个人的见解,认为龙尾坛前面正中央处本来应有一条木造的阶梯,只因年久枯朽,不留痕迹,故未能发现。许多日本学者按此见解,绘制大极殿龙尾坛的复原图,突出殿前正中央处的木造阶梯,竟成定论。

另一方面,早在1959~1960年,中国科学院考古研究所马得志先生负责发掘大明宫含元殿遗址,在发掘报告中明确认定龙尾道的位置在殿前的正中央处。然而,1995~1996年考古研究所以安家瑶为队长的唐长安城工作队的大面积发掘证明,含元殿的龙尾道应如《两京新记》、《剧谈录》、《西京记》、《长安志》等许多唐宋时代的书籍所记,分为左右二股,各沿"翔鸾"、"栖凤"两阁盘曲而上,而在殿的前面正中央处则不存在任何阶道,从而使日本平城京宫内大极殿前面正中央处是否设有木造的台阶亦成为疑问。

于是,我撰作题为《论日本古代都城宫内大极殿龙尾道》的论文,主要是参照《日本后纪》、《续日本后纪》、《日本文德天皇实录》等日本史书记载,尤其是根据日本鎌仓时代(1192~1333年)的"九条家图"、"近卫家图"等古图,认定日本平安京宫内大极殿龙尾坛(史书中称"龙尾道")的两个台阶分别设在坛的前面左右两侧近边缘处,从而可证平城京宫内大极殿龙尾坛前面正中央处不可能设有所谓木造的阶梯。日本学者读此论文,多加认同,而马得志先生亦承认当初发掘含元殿遗址时,因限于各种条件,对龙尾道遗迹的探测失误。可以说,我的论文的发表使得中日两国考古学界两全其美,各自维护了含元殿龙尾道和大极殿龙尾坛(史书中亦称"龙尾道")的真实形制。

关于中日两国古代都城制度的比较研究,从来都局限于都城内的宫殿、里坊、街路、市场、寺庙等项，而不及于都城的郊外。学者们认为，自古以来，中国都城郊外多设各种礼制建筑，而日本都城郊外则无类似的设施，这是两国都城制度的重要差异。

1999年中国社会科学院考古研究所唐长安城工作队在唐长安外郭城南面正门明德门外发掘了唐代圆丘的遗址，引起各方面的重视。我以此为契机，撰作题为《论唐长安城圆丘对日本交野圆丘的影响》的论文，打破了历来关于中日两国古代都城制度的比较研究局限于都城内部而不及于郊外的旧例。我在论文中根据《续日本纪》、《日本文德天皇实录》等日本史书记载，确认日本桓武天皇和文德天皇分别于8世纪后期的长冈京和9世纪中叶的平安京南郊交野郡设圆丘以祀天神的事实，又参照《大唐开元礼》、《大唐郊祀录》等中国唐代的典籍，证明当时日本天皇于十一月冬至之日在圆丘祀天神的制度仿自中国唐王朝，乃至礼仪的程序、祭祀的配享以及祭文的文章、字句等几乎都与中国相同。就史书记载而言，日本举行冬至祭天的郊祀典礼虽仅限于桓武天皇、文德天皇二代，却亦足以否定所谓日本古代都城郊外完全没有礼制建筑的笼统之说。

姜：谢谢王先生的详细讲述。人们常常说，作学问的态度应是"无证不信，孤证不立"。您在这方面为青年人作出了榜样。您能不能就此谈谈您的看法？

王：学术的进步必有其时代的局限，但客观求实则是各时代学者们的共同追求。姜波同志读了我的《中日两国考古学·古代史论文集》，曾写作一篇详细的读后记。你在读后记中引当年裴骃评价太史公《史记》时所说"其文直，其事核，不虚美，不隐恶"之语，又引潘次耕为《国史考异》作序时所说做学问的态度应该是"去取出入，皆有明证，不徇单辞，不逞臆见，以信传信，以疑传疑"的话。你在读后记中对我的评价过高，使我有愧不敢当之感。但是，我愿在这里借你所引裴骃、潘次耕等古代、近代学者的话语，与你姜波同志等青年学者共勉之。

须加说明的是，做学问应该追求真理，秉承事实，理直气壮，刚正不阿。我与日本许多著名学者都有厚重的交谊，我对他们也一直是尊敬、钦仰，并怀感激之情。但是，在涉及若干具体的学术问题时，我与他们都有过认真的讨论，甚至是激烈的争议，讨论和争议的结果往往能使学术研究向前推进，而彼此之间的情谊也随之而加深。

姜：年青人常常说，您的治学在中国考古学界别具风格。您对青年学者们的治学有什么建议？

王：对于这个问题，我想讲三点意见：

1. 作中国之考古，须兼通中国之文史

古代中国文明在世界各古代文明中最特别之处，就在于它是自古至今连绵不断的；中国考古学有别于世界各国考古学，是因为有浩如烟海的参考文献。考古发掘所揭示的遗迹、遗物只有置于一定的历史文化背景下去考察，才能求得真实。

2. 作一国之学问，须旁考邻国的历史

对中国考古学者来说，西域与中亚考古、东北亚考古、东南亚与南岛语族考古、南亚考古都是前景广阔的学术领域。国内学术界在这些领域的研究上还有待增强，年青一代的考古学者应该有"兼通世界学术"的抱负。

3. 作一课题之研究，须贯通该研究领域的学术史

作论文的关键在于选题，题目选好了，文章等于完成了一半。选择一个研究课题，必须通晓该领域的学术研究史，以便在材料齐全且具备一定的学术生长空间的条件下开展研究工作。既要不作无谓的重复性劳动以求创新，也要注意避免在条件不成熟的情况下勉为其难，拔苗助长。

（本文原载《南方文物》2007年第3期）

附录

墨西哥古代文化简述

美洲有两个古代文明中心，一个是以墨西哥为主的墨西哥和中美地区，一个是以秘鲁为主的南美安第斯山地区。当 16 世纪初西班牙入侵者来到美洲时，南美的秘鲁已经有一个统一的印加帝国；当时墨西哥虽然还没有形成统一的国家，但像阿兹狄克人所建立的国家那样，也具有相当的规模。墨西哥各族人民都有着悠久的历史和高度的文化。

一

现代学术界，一般都认为美洲的人类最初很可能是从亚洲过去的：大约在距今四五万年前，亚洲的人类开始经由白令海峡，到达美洲各地，其中包括墨西哥。考古工作证明，在距今约二万二千年的时候，墨西哥已存在较高的旧石器时代文化。1949 年在墨西哥市附近铁希戈戈湖的古代湖床里发现的"梯贝希班人"（Tepexpan Man）的头骨化石，经鉴定，则是属于公元前约八千年的（图 1）。到公元前第三千年后期至第一千年前期，墨西哥的许多地区已进入原始公社的繁荣期，农业生产有了发展；这个时期，称为墨西哥古代文明的"形成期"。

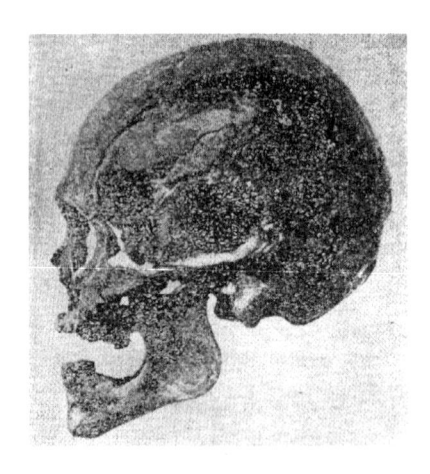

图 1 "梯贝希班人"的头骨

在"形成期"，普遍种植玉蜀黍和豆类等作物，开始了定居的农业生活。石器的加工有了进步，并已有石杵和石臼。大量制作陶器，其中有素地刻纹的，也有红地白纹的。种植棉花，纺线织布，纺织技术有了进一步发展。居住建筑已成为固定性的，从而形成了村落，这些村落便成为社会、经济生活的单位。在许多村落里，已有了被认为是"神殿"的宗教建筑物。墨西哥古代文明"形成期"的特点之一是，各地流行制作大量的各种陶质小人像，都系女性，所以有称之为"母神像"的，它们可能与母系氏族社会尊崇女性的传统有关，也可能是反映了最初的农业社会对于"大地母神"、"丰收女神"之类的信仰和崇拜；通过这些人像，可以了解当时的服装和风俗（图2）。

图2　陶质塑像

公元前第一千年中期或后期，即到了"形成期"的最后阶段，作为宗教祭祀之用，开始建筑了大型的"金字塔"（古代美洲的"金字塔"，与埃及的"金字塔"不同，它们不是陵墓，而是神庙等宗教建筑物的台座），墨西哥市南郊库伊库伊尔科（Cuicuilco）的"金字塔"，便是属于这个时期的。这个最古老的大型"金字塔"，呈椭圆形，高15米，长135米，用土、砂和石块筑成，必须动员并组织很多劳动力才能建筑起来。

约从公元前第二千年末至第一千年初期开始，维拉鲁克斯州东部海岸地区出现一种较高的文化，称为奥尔密克（Olmec）文化。奥尔密克文化的遗物中，最引人注意的是许多石刻人像和用硬玉雕成的人像，脸型奇特（图3）。在塔巴斯科州的拉·文塔（La Venta）发现的高达2米的巨大石刻人头像，也是属于奥尔密克文化的。奥尔密克文化的石器和陶器，也比较进步。一般认为，奥尔密克文化是墨西哥"古典期"文明的先驱，它与秘鲁的查文（Chavin）文化在发展阶段上相当，在文化内容上亦有相似之处。

二

大约到公元前第一千年的末期，在墨西哥的文化最发达的地区，开始达到原始公社制解体、阶级社会萌芽的阶段。从此以后，便进入了所谓"古典期"。这个时期，作为神庙的"金字塔"，规模越来越大，说明了宗教权力的加强，祭司阶级在社会上取得了支配地位。出现了规模宏大的城市和许多城邦，在建筑、雕刻、美术和各种工艺方面都有高度的发展。由于地区和民族的不同，分布在各地的几种主要的文化，各有较显著的特征。

在以今墨西哥城为中心的高原地区，出现了高度的文明，它集中表现在提奥地华甘（Teotihuacan）的遗迹上。遗迹在墨西哥市北面约50公里，是一个规模宏大的都市，面积达18平方公里（其中心部分约6平方公里）。这个城市开始建筑约在公元1世纪，最繁荣的时期约在公元3世纪至9世纪，是当时初期奴隶制国家的都城，也是一个盛大的宗教中心。主要的建筑物分布在一条长达2公里的大道（它被后来的阿兹狄克人称为"死者之路"）的两侧，包括好几座庞大的被称为"金字塔"的神庙。其中最大、最著名的是"太阳金字塔"，高60余米，底部每边长220余米，须用100万立方米的土坯和石块（图4）。在"太阳金字塔"的旁边，还有"月亮金字塔"，形式相仿，体积略小。此外，还有一座称为圭查尔柯脱尔（Quetzalcoatl）神庙的"金字塔"，周边用石料

图3 "奥尔密克"文化的玉雕

图4 太阳金字塔

一层层砌筑起来，每层都饰以带有羽毛的蛇头，体积虽较"太阳金字塔"和"月亮金字塔"为小，但建筑的精致和华丽却有过之而无不及。提奥地华甘的建筑规模，说明了墨西哥古代文明的高度水平。

马雅文化是美洲古代文化中最发达、水平最高的，也是全世界最著名的古代文明之一。马雅族（Mayas）的分布地区，包括墨西哥南部和危地马拉、洪都拉斯。这里大约也在公元前第一千年后期开始由原始氏族社会向阶级社会过渡，到公元后最初的几个世纪已出现许多奴隶制的城邦，居民众多，他们主要是农民，受祭司贵族的统治。城中建筑物以神庙为主，也有宫室；建筑技术方面的特点之一，是已知使用"假拱"（Corbeled Vault）。马雅人民由于种植玉蜀黍等农作物的需要，必须对季节作详细的观察，在天文历法方面有杰出的成就。他们发明了以365日为1年的太阳历，1年18个月，1月20天，共计360天，剩下的5天作为禁忌日。马雅文化另一突出的成就，是创造了美洲唯一的古代文字。古马雅文字是一种象形文字，包括许多图形、符号，也有音标、音节。数字方面，采用20进位制；已知用"零"的符号，这在当时全世界是很先进的。在马雅的城市里，每隔一定年限（大都是20年），就要建立一个石柱，在石柱上雕刻记载重大事件的内容和日期，因此马雅文化是美洲古代史上唯一有明确纪年可考的。和墨西哥的其他古代文化一样，公元9世纪以前马雅人还不知使用金属，工具主要是石器，却创造了如此高度的文明，是非常惊人的。

马雅文化在雕刻、绘画等艺术方面的成就，是很突出的。1947年在墨西哥启阿巴斯州东部古马雅名城皮德拉斯·尼格拉斯（Piedras Negras）附近的波南帕克（Bonampak）地方发现了彩色的壁画（其年代约当公元7~9世纪）。壁画绘描在一个被称为"画厅"的神庙里，共有3个房间，彩色绚烂，保存良好，其内容包括贵族的仪仗、战争与凯旋、庆祝游行的情景等，绘描技术达到了高度的水平（图5）。墨西哥的学者曾说波南帕克和中国的敦煌、印度的阿旃陀、克里特的诺萨斯一样，是世界壁画艺术的宝藏之一。在启阿巴斯州境内的另一个古马雅城邦巴林坎（Palenque），存在着许多丰富多彩的建筑物。特别值得重视的是，1952年在巴林坎一个被称为"铭记的神庙"的金字塔内部深处，发现了高7米，宽4米，进深9米的墓室，石棺上盖着一块雕

图 5　波南帕克的壁画（局部）

图 6　巴林坎的墓室及石棺上的雕刻大石板

刻精致的大石板（根据石板上所刻象形文字，年代在公元 7 世纪），尸骨的头部覆盖着玉制的面具，并有玉制的装饰品等随葬器物（图 6）。这是墨西哥考古工作中的一项重大发现。如前所述，古代美洲的"金字塔"都是神庙一类建筑物的台座，不是陵墓，但巴林坎的这个"金字塔"却是例外。皮德拉斯·尼格拉斯、巴林坎和其他古玛雅的许多城邦一样，到了公元 9 世纪时，突然衰落而至荒废了，其原因或认为是由于气候的突变或地力的尽竭，或认为是由于疫病或战乱，究竟怎样，在古玛雅的纪年石柱上的象形文字未能读通之前，这还是一个不能解决的问题。

墨西哥古典期的另一个重要的文化，是以蒙特·阿尔班为中心的沙波狄克（Zapotec）族的古代文化。蒙特·阿尔班（Monte Alban）在瓦哈加州瓦哈加市附近，这里的古代文化可以追溯到公元前第一千年中期的"形成期"。到了公元1~3世纪，这里的文化发展到了"古典期"，开始出现大规模的建筑活动，公元4~11世纪达到了最繁盛的阶段。在高出四周平野数百米的山地上，绵延10余里，遍布神庙、殿堂、球场与坟墓。"球场"是美洲古代特有的建筑物之一，与宗教礼仪有关。坟墓都构筑在地下，其特点之一是墓里有一种陶制的随葬罐（或认为是香炉），罐的外形是人像，冠服严繁，装饰复杂，被认为是神或祭司的模像。公元11世纪以后，蒙特·阿尔班的古典期文化衰落了。以后，这里又来了米希狄克（Mixteca）族，开始了所谓"后古典期"的文化。有名的蒙特·阿尔班第7号墓，便是属于米希狄克时期的，墓里出土大量制作精致的金银器，并有各种硬玉、绿松石、珊瑚、真珠等装饰品，代表了米希狄克的高度的工艺水平。

埃尔·达清文化是墨西哥的一个很有地方性特点的古典期文化，被认为是托托纳克（Totonacs）族的古代文化。埃尔·达清（El Tajin）遗迹，在维拉克鲁斯州东海岸中部巴班特拉城西南约8公里，也是一个作为宗教中心的城市，建筑物包括各种神庙、广场、宫殿和球场等。在埃尔·达清的神庙建筑中，最有名的是一座6层的阶段式"金字塔"，高约18米，四面共有365个壁龛，据说与1年的365日有关（图7）。作为埃尔·达清文化的特征的，是许多硬石的雕刻，按它们的外形而称为"轭形"、"斧形"和"叶形"石刻，往往雕出奇怪的人物和动物，又加以许多复杂的纹饰（图8）。这些石雕的真实用途不明，一般都推测与宗教礼仪有关。此外，还有一种称为"笑脸"的陶制人像，雕塑得很生动，也是埃尔·达清文化的特征之一。

三

公元9世纪以后，墨西哥的古代文化进入了所谓"后古典期"，也称为"军事国家期"。从这个时期开始，战争显得比较频繁；与宗教方面的祭司阶级权力存在的同时，军事首领的权力加强了。在文化史上值

图 7　埃尔·达清的阶段式"金字塔"

图 8　"轭形"石刻

得注意的是，金、银、铜等金属的加工制作技术在这个时期开始发展起来，这可能是由于受到南美秘鲁方面的影响。

公元 9 世纪时，北方从事狩猎的勇武善战的托尔提克（Toltec）族南下，到达以今墨西哥城为中心的高原地区。他们在今墨西哥城北面伊达尔哥州的杜拉（Tula）建立都城。从 1940 年起，开始大规模地发掘杜拉的遗址，至今仍在继续中。都城格局宏伟，面积约 12 平方公里，其中心部分集中了许多神庙、宫殿和球场等大型建筑物。最大的一个神庙，系在高大的石砌台座上排列着巨型的石柱，整个石柱都雕刻成武士像，承托着神庙的屋顶，极为壮观。托尔提克人崇拜圭查尔柯脱尔

(Quetzalcoatl）神，即空气与水之神，其形象是一条带着羽毛的蛇。杜拉的神庙，在台座的周边装饰着虎、鹰和"带着羽毛的蛇"的浮雕，后者即象征圭查尔柯脱尔神。托尔提克人在建筑、雕刻、陶器和其他工艺方面，都有一定的成就；陶器上施铅釉，是一创新。从托尔提克时期开始，今墨西哥城及其周围的高原地区也使用了象形文字。托尔提克族的国家存在到公元12世纪为止。根据后来的传说，约当公元10世纪的时期，当一个著名的国王在位时，托尔提克的国势达到了最昌盛的阶段；以后，这个国王离国东去。这个传说反映了一定的历史事实，因为10世纪以后在玉加丹半岛北部再度兴起的马雅城邦中出现了各种托尔提克文化的影响。

如前所述，在墨西哥的南部地区，马雅文化的许多城邦在公元9世纪时突然衰落了。但是，在公元10世纪时，在玉加丹半岛的北部再度兴起了新的马雅城邦，它们继续繁荣、发展，直到公元15世纪。新的马雅城邦中，最重要的是奇钦·伊查（Chicen-Itza）、马雅班（Mayapan）和乌希玛尔（Uxmal），它们之间结成了联盟，支配着这一带的其他城邦。这些新的马雅城邦，在建筑方面有高度的发展。例如奇钦·伊查的建筑物，构筑得十分精致，它们包括金字塔式的神庙、广泛应用柱厅的殿堂、球场（球戏在这时已由宗教礼仪发展到群众性的娱乐）、市场和天文观象台等，真可以说是丰富多彩。特别应该提出来的是天文观象台，沿着它的精密设计的窗口的对角线，可以观察到春分、秋分落日的半圆和地球的南极与北极的方向，充分说明了墨西哥古代劳动人民的智慧（图9）。这个时期的新的马雅文化，显然是受到了托尔提克文化的影响。例如，在杜拉遗址中存在的被称为"恰克木

图9 奇钦·伊查的天文观象台

尔"（Chacmool）的奇特的人物卧像和"带着羽毛的蛇"的石刻也在这里的城邦出现，金属制作的技术也可能是经由托尔提克族传入到这里的。因此，这个时期的马雅文化，也称为马雅—托尔提克时期。

四

活动在以今墨西哥城为中心的高原地区的托尔提克族，约在公元12世纪后期，由于新的北方民族不断南下侵入而衰亡了。最后南下的北方民族是阿兹狄克人（Aztecs），他们来到了墨西哥高原。阿兹狄克人凭借其较强的武力，征服了周围的其他民族，在较短时期内建立了一个幅员较大、人口较多的奴隶制国家，往南控制了今圭瑞罗州和瓦哈加州的西半部，势力及于太平洋沿岸。

公元14世纪时，阿兹狄克人便在今墨西哥城所在的地方建立了都城——铁诺支第特兰（Tenochtitlan）。当时，铁希戈戈湖面积很大，阿兹狄克人的都城建筑在湖中的岛上。随着阿兹狄克国势的发展，铁诺支第特兰城也不断扩大，在到公元16世纪初的近200年间，人口增加到10余万，与秘鲁印加帝国的都城库斯科（Cuzco）和奇谟帝国的都城昌昌（Chan Chan）一样，是当时美洲乃至全世界最大的城市之一。原来的岛已不敷用，建筑物环绕着岛而建立在湖中的木桩上，房屋之间靠水道交通往来。全城有3条10余米宽的用三合土砌筑的石道与湖岸联接，又筑有1条长10余公里的大堤以防湖水的泛滥。都城的中心是一个广场，是全城也是全国的宗教圣地，建有数十座金字塔式的神庙，其中最大的神庙高达35米，是供奉阿兹狄克的主神辉齐罗波奇脱里（Huitzilopochtli）的。阿兹狄克的统治者，残酷地用战争中得到的俘虏和奴隶祭神，在祭辉齐罗波奇脱里神时，被作为牺牲的俘虏或奴隶的人数是惊人的。铁诺支第特兰城遭到西班牙入侵者的疯狂破坏，遗迹几乎已荡然无存，但北郊提那尤加（Tenayuca）的金字塔尚能得到保存，它也是奉祀辉齐罗波奇脱里的神庙，规模虽然不很大（高约18米），但砌筑得很整齐，可以由此想见当时城内中心广场上的最大神庙的形制和规模。在墨西哥市的国立人类学博物馆里，保存着一块直径近4米的圆形"历石"（又称"太阳石"），雕刻出按照阿兹狄克人的宇宙观而划分的世界自创世以来的4个时代（图10）。这件巨大的阿兹狄克文物，据说原来也是建立在铁诺支第特兰城的中心广场之上的。

图10 "历石"（"太阳石"）

在城北脱拉梯罗哥（Tlateloco），有一个用石柱围绕的大市场，阿兹狄克商人在这里出售当时墨西哥各族人民生产的许多物品：蜂蜜、香草、布匹、陶器、羽毛镶嵌的饰物和金银工艺品，等等。阿兹狄克的陶器，种类和形状较多，以褐地黑纹为特征，纹样从抽象的图案发展到花鸟鱼虫等写实的题材。所谓羽毛镶嵌，是用珍贵的鸟羽，按照精心的设计，缀贴或编织起来的饰物，是美洲古代文化特有的工艺品之一，到了阿兹狄克时期，已广泛用于头饰、礼品、祭祀和节庆的仪仗等，制作得十分精致、美丽（图11）。阿兹狄克的

图11 "羽毛镶嵌"的饰物

金银工艺品，和印加帝国的金银制品一样，绝大多数都在西班牙殖民者的掠夺下毁灭了，但它们的高度的技巧和艺术价值亦曾引起当时欧洲人的赞叹。

墨西哥各族人民，是勤劳勇敢的人民。墨西哥灿烂的古代文化，是墨西哥古代各族人民劳动和智慧的结晶。公元1521年，西班牙殖民者入侵铁诺支第特兰城，受到了阿兹狄克人民坚决的抵抗。西班牙入侵者疯狂破坏了铁诺支第特兰城的所有的建筑，掠夺了阿兹狄克人民的全部财富。但是，墨西哥各族人民在长期的历史中所创造的高度的文化及其对世界文明所作的贡献，是永远不可磨灭的。

（本文原载《考古》1973年第4期）

阿尔巴尼亚考古旅行记

地拉那的初秋，天高气爽。1972年9月11日，地拉那的机场上，晴空万里，阳光照耀。我们一下飞机，踏上了阿尔巴尼亚的土地，便受到阿尔巴尼亚朋友的热情接待。此后，在整个访问期间，我们北到斯库台，南到萨兰达，东到莫拉瓦山麓的科尔察，西到亚得里亚海滨的都拉斯，到处受到了阿尔巴尼亚朋友的热烈欢迎和亲切款待。

我们这次前往阿尔巴尼亚，是代表中国科学院应阿尔巴尼亚国立地拉那大学的邀请，参加第1次伊利里亚人研究会议。

在会议期间，曾举行了一次到附近的都拉斯参观；会后第2天又开始了为期5天的旅行。旅行分为三组，分别前往南、北、东三路。每个代表可以参加其中一组。阿尔巴尼亚朋友又特别挽留我们多停留两星期，以便我们可以进行更多的参观访问（图1）。现就都拉斯之行和三路的参观访问的情况，在下面四节中分别介绍。

一　都拉斯之行

都拉斯在地拉那的西边约40公里，是阿尔巴尼亚最古老的城市之一。在公元前6世纪便已是一个经济繁荣、人口众多的海港城市，中世纪仍以良港闻名，今日还是阿尔巴尼亚的重要海港。我们参观时远望海港码头上停泊着很多的轮船，包括我国的远洋货轮。

根据希腊作家的记载，相传公元前627年，希腊人由科西拉（Corcyra）前来这里建立殖民地，将港口下城叫做地拉基阿姆（Dyrrachium），上城叫做伊庇丹努（Epidamnus），两者都是伊利里亚语的地名。原先这里便是伊利里亚人中道兰提亚族（Taulantine）所居住的。这希腊殖民地由于与毗邻的伊利里亚人贸易通商，便成为当时亚得里亚海东

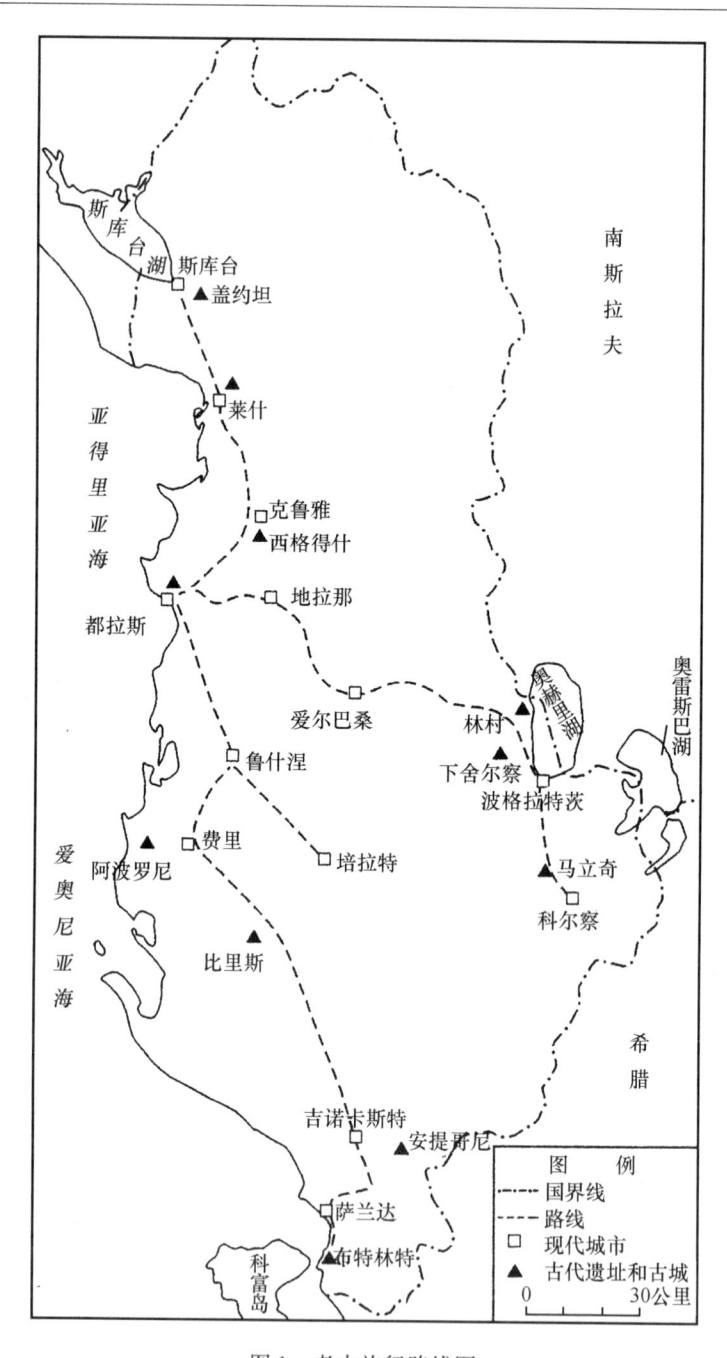

图 1　考古旅行路线图

岸最大的商业中心。和本地历史有关的事情，还有一件值得特别提一下：希腊著名史家修昔底德（Thucydides，公元前5世纪）记载说，伊庇丹努（即今天的都拉斯）城的贵族党和平民党内争，各由希腊引进外援作战，因而最后酿成了延续30来年的著名的伯罗奔尼撒战争（《伯罗奔尼撒战争史》1960年商务中译本，第一卷，第二章，第21~25页）。公元前5世纪中叶，这城市开始铸造自己的货币。它的铸币通行于当时希腊及其影响下的各地，南至意大利南部，北至多瑙河畔。有一时期，伊利里亚的道兰提亚族的君主莫努（Monoun，公元前350~335年在位）占有这城，建都于此，并在这城所铸的货币上铸上他自己的名字。罗马奴隶主东征时，他们的军队便在这海港登陆，以攻占整个巴尔干半岛。都拉斯起初和罗马联盟，后于公元前30年左右沦为罗马殖民地。

考古发现方面，在都拉斯曾发现过阿尔巴尼亚铜器时代晚期的陶片和磨制石锤头，可见在希腊人来此以前这里确是伊利里亚人的住地。希腊罗马时代的出土物很多，但是由于当时的城区正压在今日城市的下面，发掘有困难，所以只能在都市建设的动土工程中配合着进行考古发掘，略知当时城区的大概轮廓。除了街道、下水道和住房的残迹以外，最重要的发现是公元前4~3世纪的保存完好的镶嵌画（mosaic）地面、公元1世纪的公共浴场的建筑群（1960年发掘）和最近几年发掘的规模宏大的公元2世纪初建筑的圆形竞技场（1966年发现）。城外则有城西北的公元前6~1世纪的科科马尼山墓区和城东北的罗马时代的达乌特山（Daute）墓区。这些墓地中发现有浮雕石刻、墓碑、石槌、彩陶罐、金银首饰、铜器和铁器等。公元前4~1世纪的许多墓碑上有伊利里亚人名；除了希腊彩陶瓶、罐以外，还有伊利里亚式的陶器。更早的公元前7~6世纪的墓中，有伊利里亚式两耳罐和科林斯输入的彩陶瓶同出。这些都可以和文献记载互相印证。

我们去都拉斯参观的那一天（9月21日），正遇上雨天。我们先去博物馆。这馆是1951年建立的，近20多年来此城遗址的发掘工作便是由该馆主持的。许多重要的出土物便陈列在这里，主要是希腊罗马时代的遗物，如希腊彩陶、小陶像、小铜像、金属首饰、钱币、铜、铁武器和工具、石刻、玻璃器等。室外的庭院中，放着石樽和石祭台，庭院边沿的走廊上放着比较大件的石雕建筑构件、石像、石刻浮雕和带铭文的墓碑。还有从海中捞上来的大陶瓮，可能是当时沉船中的酒瓮，外表满布蛎壳。另一边的庭院中竖立着从附近移来的一排列的以石柱支持的拱门。我们站在这些遗物的前面，不禁遥想起当年这城市的万家鳞次，建筑壮丽，港口的商船往来如梭的盛况。

我们还参观了博物馆整理新近出土物的工作室和修整陶器的技术室。由博物馆出来后，雨已停止，我们驱车到高处的中世纪城堡。这城堡仅留残垣一段，现作为文物保护单位。我们参观了城堡东南隅新发现的罗马时代的圆形竞技场，这是都拉斯古迹中最庞大和最精好的建筑，建于公元2世纪初（即哈德良皇帝时），一直使用到6世纪，到中世纪初叶便被废弃了，后来成为墓地。这竞技场是1966年发现的。因为上面叠压有现代房屋，连年发掘，还只发掘了总面积的四分之一。周围的看台，是石砌的台阶形的，已暴露的一段作圆弧形，长度已达150米左右。看台最高处，高出决斗场（arena）约20米。看台底下有暗道（gallery），是当年角斗士等进出的地方。我们拾级而下，沿着暗道前行，又出来沿着看台巡视一番。暗道中有一个10世纪的神龛的遗迹，由五色石子镶嵌成各种耶教图像，是10世纪这里成为墓地后的一个小礼拜堂的残存。据博物馆的负责人说，这里还准备继续发掘下去，以求搞清楚这座圆形竞技场的全貌。

二　从地拉那到萨兰达（阿波罗尼和布特林特）

首都地拉那，从考古方面来说，以考古学民族学博物馆为最重要。该馆的"伊利里亚人和阿尔巴尼亚人起源的展览"，反映了阿尔巴尼亚近20年间在考古学和民族学研究方面取得的成就，尤其是考古学方面的丰硕收获。地拉那市中心的斯坎德培广场，在这民族英雄的雄壮的骑马挥剑的铜像的东侧，矗立着高耸的钟楼和更高的清真寺唱经楼。瘦削的白色唱经楼，背衬着蔚蓝的天空，峻峭清雅。清真寺建于19世纪初叶（1812年），钟楼稍晚，并经后来重修。地拉那城本身是17世纪初叶（1614年）才创建的，现仍保存一段城墙的残迹，作为文物保护单位，我们曾去参观过。

9月21日，我们由地拉那出发参观，南行117公里抵费里。这里是阿尔巴尼亚农业中心之一，同时又新创建了规模较大的化肥厂、炼油厂等新工业。著名的古迹阿波罗尼，便在城西不到12公里的地方。我们在费里稍息后，便前往阿波罗尼。

（1）阿波罗尼（Apollonia）是阿尔巴尼亚境内希腊罗马时代留下来的最大的古迹中心，城区面积达120公顷。据希腊作家记载，它是公元前588年由希腊人从科西拉和科林斯前来建立的一个殖民地，原先是伊利里亚人中道兰提亚族的一个居民点。这里离海不远，由奥维斯河（Aous，今名维约萨Vjosa）可以与海交通，另一方面又和附近肥沃平原上居住着的伊利里亚人通商贸易，所以建立城市后经济繁荣，蒸蒸日上。公元前5世纪中叶便自铸银币和铜币。它的货币不仅流行于伊利里亚地区内，并且还在境外流通。公元前4~3世纪时这城有时曾为伊利里亚人所建的国家的一部分。公元前3~1世纪时，这城市繁荣昌盛，人口达5~6万人；文化教育发达，有为罗马贵族所设的学校，罗马帝国的奥古斯都皇帝（Augustus）和他的密友阿古利巴（Agrippa）便曾在这里求学过，他在这里得到了恺撒（J. Caesar）被刺的消息后赶回罗马。阿波罗尼的雕刻和镶嵌画，也都自成一流派。公元3世纪，发生地震，奥维斯河改道南移9公里，断绝了这城市和海的直接交通，加以当时罗马的奴隶制发生危机，政治动荡，经济萧条，这城市也便衰落了。公元345年的大地震，给它一个最后的打击，此后便成为废墟了。今日这废墟上由中世纪留下来的，只有一座14世纪的圣马利亚小教堂，现在成为博物馆的一部分。第一次世界大战时，奥地利人便曾在这里做过考古发掘。1924年起，法国考古队曾在这里继续不断地发掘了15年，到第二次世界大战爆发后才中止。最近20多年来，阿尔巴尼亚考古学家在这里作了很多工作，出土物经过整理便在现场博物馆中择优陈列出来。

我们去参观时，车子未抵阿波罗尼以前，老远地便看到废址上矗立着的石柱。下车后，沿坡路上行，没有多远便看到暴露于地表的城墙。这石砌的城墙厚3.4米，周围长达4.5公里，是公元前4世纪时所建的。据云发掘工作中曾发现较早的伊利里亚的遗迹和遗物。

我们由城门缺口进入城中，直抵城的中心区，有一大片经过发掘而暴露出来的古建筑遗迹。这里有一条宽达6米的石铺的大街和一些较狭的小巷。大街两旁有一座小剧场（Odeon），半圆形的台阶式的看台，铺以石板，可容纳约200名观众。隔着音乐池，便是舞台。小剧场旁边是一条长达77米的柱廊，是公元前4~3世纪所建立的，但在公元1世纪时曾改建过。柱廊分为17间，每间有一神龛，但神像已无存了。隔街有一座前置六根石柱的半圆形建筑物，是当时市议会会场（bulè）的废址。附近又有图书馆的废址，墙壁上有安装书架的凸出横条数行。

我们参观了这里的博物馆，它是1960年创建的。陈列品除了城中出土的遗物之外，还有附近的墓区中所发现的随葬品。陈列室外的原先教堂的柱廊下陈列着十几个高大的石雕立像。院子周围的走廊也放置一些石椁、墓碑等。前面说过，这博物馆的一部分便是利用14世纪的圣马利亚教堂的建筑，这教堂本身便是一个博物馆，还保存着一部分14世纪留下来的残破的壁画，包括一幅当时拜占庭皇帝安德罗奈卡·巴雷俄罗古（Andronicus Paleologus）的画像。

我们又参观了1967～1969年发掘的一座石砌的水池（Fontana），这水池利用地下涌出的泉水，经过四道水道汇为一渠，下注到水池中去，以供居民饮用（图2）。我们下山时，又在半路上参观了1958～1960年发现的镶嵌画地面，它是公元3世纪时住宅的遗存，用各色小石子镶嵌成精美的图案和神话故事，构图优美，色泽鲜艳。

图2　阿波罗尼古城的泉水池

（公元前4～3世纪）

（2）吉诺卡斯特（Gjirokastra）是一座山城，鳞次栉比的房屋依着山势高下而建筑。我们由阿波罗尼返费里，稍息后，继续南行赴吉诺卡斯特，到达时已是夜晚，眺望这山城，万家灯火，远接天上繁星，风景极美。

吉诺卡斯特城本身便是一个博物馆。山巅是一座中世纪的城堡，可能创建于公元6世纪，但14世纪的文献记载才提到这城堡。这是阿尔巴尼亚现存的最雄伟的中世纪城堡之一。城堡外面，沿着山坡排列着一层层的样式古雅的18～19世纪的房屋，据云列为文物保护单位的达400余所之多，现在居民可以居住使用，但不得随便修理，更不准改建，以免失去本来面目。

我们利用一个上午的工夫，和其他外国代表一起参观了这城东南方的"伊庇鲁斯的安提哥尼"（Antigonia of Epirus）古城遗迹，今名泽尔美（Jerme）。遗址在山间，公路崎岖不平，车行1小时始达。这是1970年才开始系统发掘的。这座伊利里亚人在公元前3世纪所建立的山城，总面积为46公顷。巨石砌成的城墙，厚3.5米，长达4公里；保存较好的部分，高度仍达3.5米。城外三面是陡坡，只南面坡度稍平坦，城门便开在南面。这城市保持繁荣到公元前2世纪中叶，以后便成废墟了。这可能是史书中记载的罗马执政官爱弥尔（Paul Emil）于公元前167年所焚毁的70座伊庇鲁斯城市之一。这两三年的考古发掘，除了揭露出城墙和城门之外，还发掘了几座住宅遗址（图3）。宅临宽达6米的石铺大街，有阴沟和街道下面的排水沟相通。其中一座住宅，前有石柱廊。遗址中发现古钱达500余枚，还有希腊彩陶、小铜像及13件带有"安提尼亚"地名的铜牌。

那天傍晚，我们参观了吉诺卡斯特城堡中的"武器馆"，陈列有历代的武器，由古代伊利里亚人所使用的铜盔、铁剑，一直到解放战争中所缴获的德、意法西斯侵略者的枪炮。至于城堡本身，因为时间过晚，来不及参观了。

9月23日，我们由吉诺卡斯特南行抵萨兰达。这是阿尔巴尼亚沿海最南的港口，距地拉那275公里。稍息后，我们沿着海滨南行16公里抵达布特林特。

（3）布特林特（Butrint）也是公元前6世纪希腊人由科西拉（Corcyra）前来建立的殖民城市。在这以前，这里是伊利里亚人的高尼亚族（Kaonians）的居民点。当时这一带是重要的牧区，出产优良品种的牛

图3 安提哥尼的建筑遗迹
（公元前3~2世纪）

羊。城市建立后，由于与附近伊利里亚人的贸易而繁荣起来。它后来成为伊庇鲁斯联盟中的一城，所以不像阿波罗尼或都拉斯，在罗马时代以前没有自铸货币。拜占庭时代，它仍是一个重要的城市。中世纪后期，各封建主屡次争夺这城，以致城市被毁。1928年起直至第二次世界大战时，意大利考古队整年在这里进行发掘。后来意大利法西斯侵略军占领这一带，接着又是战争，使这里的博物馆遭受到很大的损失。

我们到达时，先看到一座18世纪的碉堡。由碉堡旁边一条大路进入遗址。址上树林郁茂，道旁有著名的"布特林特女神"的复制品（原物已被盗运到罗马去）。古城近中心处是一座公元前4~3世纪所修建的剧场，保存得比较完整（图4）。半圆形的石砌台阶形看台，共19级。隔着音乐池（Orchestra）是砖砌的舞台，曾经后来重修过。舞台后壁是一道砖墙，墙面陷入几个神龛，据云"布特林特女神"石像原来便是放置在这些神龛中的。看台西侧进口处的墙上刻了许多希腊文的铭文，主要是解放奴隶的法令。进口处的西边是一座奉祀医药之神埃斯叩雷彼（Aesculapius）的庙宇，是公元2世纪重修的。

图4 布特林特古城中心的剧场
(公元前4~3世纪)

剧场的东南是一所公共浴场，室内地面铺以黑白两种大理石板，相间成几何纹。更东的是一所公共建筑，中世纪时改为教堂。这教堂的洗礼所（baptistery）是这里最华美的遗迹（图5）。洗礼所平面为圆形，中心为供洗礼用的小水池。池的周围绕以镶嵌画的同心圆七圈，每个圈环中镶嵌几何纹和花草纹，最外边的二圈，有64个镶嵌出禽鸟或走兽的圆牌（medallions）。6世纪改为洗礼所时，镶嵌画中添入了一些基督教的象征物。这些镶嵌画构图和配色都很华美。洗礼所的大理石柱十余根，多已中断，但仍在原来位置。周围的石砌墙壁，有一部分还保存窗洞和窗额。由洗礼所向东北行，有一所尚残留有红砖砌的高墙的大教堂，是14世纪的建筑。

过了大教堂后，是古城中心卫城（citadel）的石墙和它的南门。更东行，古城的东墙临着布特林特湖。这里城门保存完整的有"大城门"，高处离地5米余。稍北为"狮子门"，规模虽较小，但门楣上刻有狮子搏牛的浮雕。进狮子门后，拾级而登，石阶的上端左侧是口圣井，修筑以供奉水神者。这两座城门的门侧都有巨石砌的一段城墙，据云可能是伊利里亚人的建筑遗存。

我们接着登上城中心高处的14世纪威尼斯人所筑的城堡，现在改作为古物博物馆。第一陈列室展出的是这遗址和附近所发现的古物。其

图 5　布特林特城中教堂的洗礼所
（公元前 5 世纪）

中有 2 件打制的旧石器（刮削器），是附近的卡拉（Kara）和希马里（Shi Mari）出土的，可见远在旧石器时代这里便有人生活着。主要的展品是希腊罗马时代的，如彩陶和素红陶的瓶、罐和铜铁器等。第二陈列室展出的是石刻肖像、浮雕、铭刻等。陈列室外的柱廊上也陈列着石刻立像等。

　　从博物馆出来时，我们看到卫城的院子里，阿尔巴尼亚国家歌舞团演员们正在这里拍摄彩色电影。男女演员穿着五彩缤纷的民族服装，在古香古色的古堡前面，载歌载舞，可以预期这电影一定拍摄得很成功。我们一面看歌舞团表演，一面俯瞰四周的风景。东边城墙濒湖，湖外峰峦连绵，高低起伏，湖光山色，不啻图画。西边淤积平原不远处便是爱奥尼亚海，这海有一条蜿蜒如带的水渠和布特林特湖相通。海上波涛汹涌，不远处便是希腊的科富岛（Corfu），也便是古代的科西拉，原是公元前 8 世纪科林斯人的殖民地。当年希腊人便是由这岛上到布特林特、阿波罗尼和都拉斯建立殖民城市的。

　　由布特林特返萨兰达（Saranda），我们在这里有半天的休息，乘暇可以参观市容。萨兰达有它的古老的历史，同时又是一个新建设起来的城市。希腊时代这里是一个叫做翁彻摩斯（Onchesmos）的海港，后来衰落了。最近 20 余年来，它又由一小镇发展为城市，有停泊海轮的码头。同海岸相平行，一排排的楼房在大街两旁兴建起来。阶梯式的磴道将上下相邻的大街连接起来。在建设工程中，有时发现希腊罗马时代的遗迹。我们参观了邮电局旁边的一处镶嵌画地面的残存，它便是在工程中发现的，现在已经保护起来，并盖上房子作为保管所，由此可见阿尔巴尼亚重视文物保护工作的一斑。

9月24日，我们由萨兰达经吉诺卡斯特、费里而返地拉那，中途我们又参观了一座伊利里亚古城。这城址是在费里东南马拉卡斯特（Mallakaster）一座小山上，今名克洛斯（Klos）堡，古名为比里斯（Byllis）。也有人以为比里斯是指相距约1.5公里的另一山城赫卡里（Hekal），也有人以为二者是一个城市的两部分，可能共用一名，后者（公元前4世纪）创建比前者（公元前5世纪）稍晚，但后来同时存在。这克洛斯城南临维约萨河，这河东流由阿波罗尼附近入海。城区面积约18公顷，用方块巨石砌成的城墙，周围约1850米，现在已暴露长达80米的一段，高度有达3.4米的。遗址中发现百余枚古钱，其中以比里斯铸的为最多，阿波罗尼和伊庇鲁斯联盟（这联盟包括布特林特城）铸的次之。此外，北方的都拉斯、南方的马其顿和塞萨利的铸币也都有发现，可见这城市和各处贸易的频繁。城市中有手工业，曾发现制陶作坊。附近一带农业和牧业都很发达，是这城市繁荣的经济上的原因。

当天傍晚，我们在细雨中乘车回到了地拉那。

三　从地拉那到科尔察

9月26日，我们由地拉那经过爱尔巴桑、波格拉德茨到了科尔察，计行178公里。

距离科尔察尚有12公里处，是一个市镇，叫做马立奇（Maliq）。这一带从前是沼泽湖泊地带，1948年排水工程开始施工后不久，便发现了一个保存良好、层次清楚的史前遗址，时代由新石器晚期经铜石并用时代而至青铜时代。1961～1966年这里进行了系统的发掘，发现有规则地排列的许多桩柱，似是水面湖居。发掘工作中获得大量的陶片、骨器等。我们经过那里时，已看不到遗迹，揭露出来的已用土重行盖上，改为农田。出土物一部分送往地拉那考古学和民族学博物馆，另一部分便放在科尔察的地方博物馆中。我们到达后，当天便参观了这个博物馆，看到许多马立奇遗址的出土物。

次日，我们参观了科尔察的两处工厂和一处农业合作社后，便离开了科尔察，北返波格拉德茨（Pogredec）。这又是一个美丽的城市，是避暑的胜地。城市背靠着树木葱茏的青山，面临着明澈如镜的奥赫里湖（Ohri），风光绝佳。这湖是阿尔巴尼亚最大的湖泊之一，面积达 360 平方公里。湖水特别深，最深处达 286 米，而清澈到可以看得见 17 米深处游鱼的那样程度。

我们先参观了地方博物馆，考古部分主要是下列三处的照片和出土物：（1）这城市后面山上的城址，是伊利里亚人所建的，罗马时代和中世纪早期继续居住，1969~1971 年连续进行系统发掘。（2）下舍尔察的伊利里亚人崖墓。（3）林村的伊利里亚古城墙和罗马时代镶嵌画地面。除了第一处未去外，另两处我们于次日都去参观过。

林（Lin）村是一个渔村，伸入奥赫里湖。9 月 28 日，我们由波格拉德茨城，沿湖滨北行约 20 公里，便抵林村。最近几年在村后一个小山的顶部，发掘到一座 5 世纪的教堂，保存有好几处的镶嵌画地面，花纹包括几何纹、禽鸟纹、花草纹等，构图和颜色都很优美。近年同时在山半腰发现有巨石砌的城墙残迹，当为伊利里亚人所建。同属于伊利里亚时代的还有山麓滨湖处的一座渔舍遗址，发掘工作中出土有陶片和青铜鱼钩。我们立在山巅上东望，万顷湖光，烟波沧茫。湖的东半是属于南斯拉夫的，我们可以看到湖东岸的南斯拉夫境内的奥切尼达（Ochnida）等城。

接着我们又去下舍尔察（Lower Selce），是在山区。因为前一天的夜里下过一场雨，山路泥泞难行。我们大家讨论了一番，决定还是依照原计划一试。车行约 1 小时许，到达山中一小村，即下舍尔察。感谢农业合作社的社员同志送来长统胶鞋让我们换上，沿着崎岖的山路上山参观 1969~1972 年所发掘的五座崖墓和一片居住遗址。崖墓是公元前 3 世纪伊利里亚人所开凿的（图 6）。将近山巅处，有一片壁立于道侧的山岩，是伊利里亚人当年开采岩石以修建他们的城市时所遗留的痕迹。后来他们便在这岩壁上开凿几座崖墓，墓前还凿成建筑物式的门面。我们先看到的第 4 号墓，墓门外的崖壁上还有摩崖题字，有伊利里亚的人名，用希腊字母写的，字体是公元前 3 世纪后半。附近还有一座用石砌

图6 下舍尔察的伊利里亚时期崖墓
（公元前3世纪）

的石墓。这两墓在古代便被盗掘过。我们沿着山路向北走了数十米，是另一群崖墓，原来也是由背后山巅冲刷下来的石屑泥土所覆盖的，现已揭露出3座崖墓，其中2号墓在最北，地面上凿成剧场式，有二层的半圆形看台。音乐池的中间偏东处，由地面向下开凿一方形墓室，原来室顶是用石板遮盖。墓室放置骨灰罐，剧场为举行葬祭仪式之用。1号墓在中央，墓室的门面凿有半柱四根，柱头为伊奥尼亚式。墓室方形，有棺床。以上两墓，也经盗过。3号墓在南，墓门两侧各有半柱四根，柱头也是伊奥尼亚式。两柱之间有壁画或浮雕。壁画仅存残迹，但浮雕尚大体保存，右侧的是伊利里亚人所使用的圆形盾牌，左侧的是一个方框，框中刻一牛头饰（bucranion），框的上面置一头盔。门外的前庭铺以镶嵌画的地面，门内为小室，似非墓室，真正的墓室在前庭的底下，由下层的岩壁另开一门出入。这门被沙石遮盖后，这墓竟得保存下来，未被盗掘。墓中发现了大批珍贵的随葬物。崖墓的南面和山巅，都有居住遗址的痕迹，已发掘出几所住宅废址。

我们参观了林村和下舍尔察以后，很满意地回返波格拉德茨。下午参观了一个农业合作社。第 2 天（29 日）为了要赶上我国大使馆的国庆招待会，我们回返地拉那。中途曾在爱尔巴桑稍停留 1 小时许，参观了中世纪城堡的城墙和城门。现存的城墙是 1466 年的建筑，但在 1832 年土耳其占领者为防止当地人民起义固守，将这城墙拆毁了，现今仅南侧的保存稍完整。城门的门楣上面还嵌有 1 块 1466 年重修城墙的石刻题记。我们又参观了地方博物馆，是由城墙的一缺口进去。这里陈列有附近一座伊利里亚战士墓出土的头盔等物，有罗马时代刻有这城古名"斯堪帕"（Skampa）的刻石（当时它是罗马爱格那沙"国道"上重要的一站，西北达都拉斯，西南通阿波罗尼）和 1466 年重建城墙的另一件石刻题记。

参观后，我们离开爱尔巴桑，继续西行。将近地拉那时，还望见高踞山巅的庇特里拉（Petrela）中世纪城堡，听说保存得很好，但因时间关系，没有前去参观。

四　从地拉那到斯库台（绕道先去培拉特）

9 月 30 日下午，我们由地拉那经鲁什涅（Lushinja）赴培拉特（Berat），抵达时已天黑。我们住在新建的旅行社旅馆内。次日一早，我们打开房间的窗门，便可以看到在晨曦下的美丽的培拉特旧城（图 7）。这城和吉诺卡斯特一样，是一个博物馆城市，换句话来说，它本身便是一个博物馆。城市建于奥孙河（Osum）的两岸山坡上。一层层的房子占满了山坡，山巅是一个城堡。这里房子的特点之一是窗户很多，所以培拉特有"千窗之城"的美称。据云列为文物保护单位的房子达 200 余所之多。这城市的历史可以追溯到伊利里亚时代，罗马人称它为安提巴特里亚（Antipatrea）。公元前 200 年罗马人拆除了这里的城墙，6 世纪拜占庭皇帝查士丁尼（Justinian）加以重建。中世纪时这城市仍很繁荣，现今还保存有几所 13～14 世纪的教堂。

我们前往城堡参观。经过旧城时，我们到一所列为文物保护单位的

图7 培拉特旧城（在山上）

民居去参观，主人殷勤招待我们远方来的客人。我们上山后，由城堡南门进去。近城门处一段城墙，底部砌有巨石数层，据云是公元前 4～3 世纪伊利里亚城墙的残余。有一个城门外边墙上嵌以红砖组成的十字架和代表 13 世纪拜占庭皇帝迈克尔·安吉尔·孔纳尼（Michael Angel Komneni）姓名的三个首字母 M、A、K。城堡中有一处砖砌的地下水池，现仍有积水，可拾级下达水面。这是当年为了防止被围困时缺水而采取的措施。培拉特城中有许多古教堂，有早到 13～14 世纪的。从前这些教堂中常收藏有古抄本圣经。前年（1971）送到我国来修理的 6 世纪银字体和 9 世纪金字体的所谓"培拉特古抄本"，原来便是这里一个古教堂中收藏的。我们参观了这里一所 13～14 世纪的圣马利亚教堂。教堂不大，但还保存有当时的壁画。这些教堂都是文物保护单位。

在培拉特，我们还参观了郊区的毛泽东联合纺织厂。由培拉特赴都拉斯过宿，次日再北行至斯库台。途经莱什（Lezha）时，我们下车休息。本来想参观这里一座叫做利赛斯（Lissus）的伊利里亚城（1968～1970 年发掘）、罗马时代的城市废址和著名民族英雄斯坎德培的坟墓所在的教堂。但是，由于时间关系，只好作罢。我们便直接前往斯库台。

斯库台（Shkodra）是阿尔巴尼亚北部最重要的经济和文化中心。我们利用傍晚的时间，参观了距城约 13 公里的毛泽东水电站。第二天（10 月 2 日），我们参观斯库台城堡。这个城堡叫做洛赞发特（Rozafat）

堡，结构很是雄伟，始建于罗马时代（公元前2世纪），现存的遗迹则主要是中世纪早期的（图8）。城门附近有几处以巨石砌成的墙，据云可能是伊利里亚人所曾使用过的石料。距斯库台约5公里处的小山上保存有一座巨石砌成的古城，叫做盖约坦（Gajtan），1961~1963年曾加发掘，证明它是伊利里亚人所建的。上二层是伊利里亚人时代（公元前4~3世纪）和罗马时代的文化层，底下叠压着铜器时代末期和早期铁器时代的文化层。因为时间关系，我们没有到盖约坦去参观，只是站在斯库台城堡遥望一下而已。

图8 斯库台附近的古城堡（中世纪早期）

我们由斯库台城堡东门进去。这城门共有三重门。门后两侧有当年防守战士所住的小屋。城堡中分外、中、内三部分。外城中现今空无所有。中城有伊斯兰教清真寺的几段残墙，这寺是由基督教的教堂改造而成的，旁有一地牢。内城现仍保存着一座石砌的房子，原是城堡指挥机构所在地，土耳其占领时期改作武器库。原来这房子是三层的，现今楼板已无存，仅留一处石砌的楼梯，最近曾经修理过。城中有一地道通德林河（Drin），并且还有蓄水池。这些都是为了保证城堡被围困时不致缺水。1478年土耳其侵略者的大军围攻这城堡时，曾坚守达1年之久。这英勇的事迹曾引起全欧人民的赞扬。

由城堡中出来后，至地方博物馆参观。考古部分有盖约坦古城的照片和出土物、中世纪（7~8世纪）科曼文化各墓地的随葬物，并且有地图表示科曼文化的分布。革命历史方面有中世纪抵抗土耳其侵略的斗争、近代民主革命的斗争和民族解放战争等的有关文物。此外，还有民族学标本，包括民族服装、旧式的生活用品和生产工具等。

当天傍晚，我们由斯库台前往英雄城市克鲁雅（Kruja）。到达时正细雨蒙蒙，又是在夜间，黑暗中看不到周围的风景。第2天早晨天阴，远山虽笼罩在云雾中，但仍可看出这小城附近的地理形势。这城现下只有6000左右人口，位于山坡低处的一小片平坦的地方。城背后高耸着石壁一样的克鲁雅山，两侧丘陵起伏，前面是平原，一直伸延到亚得里亚海滨。据云晴天的夜晚可以看到都拉斯的灯火。城中心竖立着斯坎德培的骑马铜像。这位民族英雄据鞍凌厉，雄姿英发，可以想见当年为了替克鲁雅解围而奋战土耳其侵略者时候冲锋陷阵的英雄气概。城堡是建筑在城外另一小山顶部平坦处，海拔605米，除了一条小路和城相通之外，四面都是陡坡。这是当年斯坎德培反土战争中以奋勇拒敌而闻名于世的英雄的克鲁雅城堡。

这一带是农业地区。公元前4~3世纪时伊利里亚人在平原上离克鲁雅不太远的西格得什（Zgerdhesh）的地方（据云由克鲁雅步行1.5小时可达），建立了一座城市，后来发达繁荣，一直到公元后4世纪才衰落。以后居民为避乱而迁移到今天克鲁雅所在地，以其有险可守。西格得什古城遗址近年（1969年）曾加发掘。有人以为这便是罗马时代的希腊地理学家托勒密（Ptolemy，公元2世纪）所提到的阿尔巴诺波利斯（Albanopolis）。这是很可能的，虽然还不能确定。克鲁雅自中世纪初期创建后，7~8世纪时颇为繁荣。在城堡中曾掘到这个时期的墓群，是属于科曼文化的。他们是伊利里亚人中阿尔巴族（Arbens）的后裔。后来阿尔巴成为整个伊利里亚的名称，而伊利里亚一名便不复使用了。13世纪时，克鲁雅成为阿尔巴王国的主要中心。14世纪时将城堡加以重建和加固。15世纪中叶，斯坎德培领导下的抗土战争（1443~1468年）使克鲁雅获得了不朽的名誉。在这次战争中，克鲁雅城堡曾4次被围攻，其中2次是土耳其苏丹亲自统率的大军，但是由于守军的坚持斗争和斯坎德培从外面支援，前3次土耳其侵略者都在遭受到沉重的损失后撤围。只有在1478年，即斯坎德培死后第10年，克鲁雅城堡坚守两年以后才被攻下。1832年土耳其侵略者拆毁了这城堡的城墙。后来虽经重建，但城墙很低，不像斯坎德培时代那样雄伟了。

我们由旅馆步行到城堡，由城门进去后，便看到两侧以石墙分隔的小屋，是原来守卫的战士所住的。城中高处有几间房子，又有一座碉楼，现改为钟楼。地方博物馆便在城堡中，主要的陈列品是有关斯坎德培抗土战争的文物。除了当年留下来的文物以外，还有近年来世界各国用各种文字发表的有关这民族英雄的文学作品和历史著作，包括我国用汉文出版的作品或译本。

由城堡出来后，我们步行到附近的市场。这市场在第二次世界大战时曾被毁，现经重建。狭窄的街道和两侧的木构平屋的店铺，仍保留着从前的旧貌。我们到一个小店中喝咖啡。店中座位、陈设和用具，都是当时的风格。墙上挂灯，虽然里面是电灯不是蜡烛，但外表仍采用民族形式的灯罩。这时雨越下越大了。我们再赴斯坎德培铜像前瞻仰一番后便离开这里。

10月3日中午，我们由克鲁雅返回到地拉那，结束了我们这次愉快的考古旅行。

（本文为夏鼐与王仲殊合写，原载《考古》1973年第5期）